D1729138

Rudolf Elhardt
Max III. Joseph

Rudolf Elhardt

Max III. Joseph

Kurfürst zwischen Rokoko und Aufklärung

Ehrenwirth

Deutsche Bibliothek – CIP-Einheitsaufnahme

Elhardt, Rudolf
Max III. Joseph : Kurfürst zwischen Rokoko und Aufklärung /
Rudolf Elhardt. - München : Ehrenwirth, 1996
ISBN 3-431-03435-7

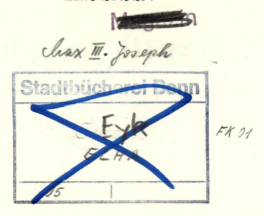

Bildquellennachweis:
Bayerische Verwaltung der staatlichen Schlösser und Seen (8/9, 10, 12 o.),
Bayerisches Armeemuseum Ingolstadt (3), Bischöfliche Administration der
Heiligen Kapelle Altötting (2), Rudolf Elhardt (7 u., 16), Germanisches National-
museum Nürnberg (7 o.), Harenberg Verlag (13), Heimatmuseum Traun-
stein (12 u.), Landschaftsverband Rheinland (1), Nymphenburger Porzellan-
manufaktur (4, 5, 6), Pustet Verlag (15), Wittelsbacher Ausgleichsfonds (11),
Stiftsdechant G. Schauber, Reichersberg (14)

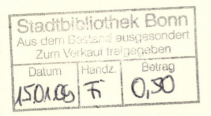
ISBN 3-431-03435-7
© 1996 by Ehrenwirth Verlag GmbH, Schwanthalerstr. 91, D-80336 München
Umschlag: Atelier Kontraste, München
Satz: ew print & medien service gmbh, Würzburg

Inhalt

Die Dynastie

Kein Wittelsbacher vor ihm und keiner nach ihm konnte eine derart erlauchte und glänzende Ahnenreihe aufweisen wie Max III. Joseph. Er war der Sohn Kaiser Karls VII. und der Kaiserin Maria Amalie, einer Tochter Kaiser Josephs I. Zu seinen Vorfahren zählen weitere habsburgische Kaiser, aber insbesondere der Wittelsbacher Fixstern, Kaiser Ludwig IV., der Bayer, dessen Linie mit ihm aussterben wird. Von Wittelsbacher Seite gehören außerdem zu seinen Vorfahren der weise Herzog Albrecht, der große Staatsmann Kurfürst Maximilian I., nach dem er neben seinem Wiener Großvater benannt ist, der Friedens- und Kurfürst Ferdinand Maria und der Türkenheld Max II. Emanuel. Zugleich zählt neben den Wittelsbachern und Habsburgern der Großteil des europäischen Hochadels, die Valois und Bourbon, die Luxemburg und Lothringen, die Gonzaga und Visconti, die Jagellonen und Sobieski, blühende und ausgestorbene Familien der Herrscher Europas, zu seiner Verwandtschaft. Auch die Welfen und Wettiner, die Brandenburger und Badener. Einige Namen leuchten hervor wie König Ludwig der Heilige von Frankreich, Karl der Kühne von Burgund, Isabella von Kastilien und Ferdinand von Aragon. Die Verwandtschaft reicht weiter zu den Königen von Litauen, Polen, Dänemark oder Portugal. Und doch, viel Auswahl hatten Heiratswillige dieser höchsten Schicht nicht, so finden sich im Stammbaum Max III. Josephs einige Namen an Verästelungen wieder, Zeichen dafür, daß Ehepartner oft in denselben Familien gesucht wurden, aus denen man selbst stammte. So ist Ludwig der Bayer beispielsweise viermal, dessen Vater Ludwig der Strenge gar fünfmal in seinem Stammbaum vermerkt.

In einer Zeit der Rangerhöhungen um fast jeden Preis, in der Fürstenpropaganda die Legitimation des Herrschers von Gott ableitete und die Selbstdarstellung dieser Fürsten zu einer gottgleichen Apotheose geriet, waren die Familie und die Vorfahren nicht nur sentimentale Erinnerung, sondern Argument und Waffe im Kampf um Anerkennung. Daß sich Stammbäume auch alter Hochadelsfamilien mangels schriftlicher Quellen nur bis zu einem bestimmten Zeitpunkt zurückverfolgen lassen, hat bei der Erstellung von Ahnenlisten nicht ernsthaft gestört. Ein Angehöriger der Pfälzer Wittelsbacher ließ im 16. Jahrhundert die Geschichte seiner Familie weiter als bis dahin bekannt zurückverfolgen, mit Erfolg. Schließlich konnte ein alter Trojaner, Antenor, als Ahnvater Wittelsbachs präsentiert werden, der vor dem Trojanischen Krieg seinen Landsleuten geraten hatte, die schöne

Helena zurückzuschicken. Auch Äneas, der mit Vater und Sohn aus dem brennenden Troja floh, und sogar der göttergleiche Herkules werden nach phantasievollen Ausgrabungen zu Wittelsbachern erklärt. Ähnlich verfuhren andere Fürstengeschlechter.

Die Beschäftigung mit Abstammungstheorien und die Erstellung von Ahnenlisten zeigt ein grundsätzliches Bedürfnis, die Bedeutung eines Herrscherhauses über den Umbruch der Zeiten hinweg hervorzuheben. Damit stellte und beantwortete sich zugleich die Frage, welche Führungsrolle der jeweiligen Familie allein aufgrund ihrer erlauchten Abstammung zuerkannt werden mußte. Die Frage nach dem Haus war zugleich eine nach der Herkunft der Dynastie, ihrem Wesen, ihrer Rolle in der europäischen Gesellschaft. Nachdem das individuelle Charisma des einzelnen Fürsten sich in der Neuzeit dem Amtscharakter seiner Herrschaft mehr und mehr unterordnen mußte, wurde im Gegenzug immer größerer Wert auf die Bewahrung und Fortführung der Mythen und Traditionen des Hauses gelegt. Sie legitimierten den besonderen Rang des Fürsten und hoben ihn damit in seiner Bedeutung als Herrschaftsträger heraus.

Darin liegt auch zur Zeit von Max III. Joseph die Bedeutung seiner Familie und des Hauses Wittelsbach: in der Legitimation, im tradierten Mythos und im Auftrag als Summe der geschichtlichen Erfahrungen seiner Ahnen. Die Dynastie war in dieser Sicht ein Machtfaktor von unwägbarer Stärke. Ihr Gewicht läßt sich ebensowenig festlegen, wie sich Stalins Frage nach der Stärke der Bataillone des Papstes zutreffend beantworten ließ.

Um wieviel mehr mußte Kurprinz Max Joseph in seiner sorgfältigen Erziehung vom Gewicht dieses Arguments des Hauses Wittelsbach beeindruckt sein, beschränkte sich doch politisch-historischer Prinzenunterricht damals weitgehend auf die Geschichte der Taten früherer Herrscher des Landes. Und es waren nicht entrückte Gestalten, sondern seine unmittelbaren Verwandten, Eltern, Großeltern und weitere Vorfahren, deren Mythos und Auftrag er weitertragen mußte. Ein Schriftsteller des 18. Jahrhunderts beschrieb diese Prägung, die auch der zukünftige Herrscher Bayerns erfahren hat: »Man träumt sich in jene Zeit hinein, wird beseelt von dem Geiste, der aus den Taten und Reden jener erhabenen Menschen hervorgeht, und in diesem Sinne hat der Umgang mit Verstorbenen sehr oft größere Wirkung auf Köpfe und Herzen und durch diese auf große Weltbegebenheiten geäußert, als der Umgang mit Zeitgenossen.«

Wenn wir jetzt einige Stationen dieser berühmten Dynastie der Wittelsbacher Revue passieren lassen, dann zugleich mit einer Vorstellung vom Stolz und der Verpflichtung, die der junge Kurprinz Max Joseph dabei verspürt haben muß.

1120 erhielten die Wittelsbacher, ursprünglich nach ihrem Stammschloß Scheyern, Grafen von Scheyern, benannt, das bayerische Pfalzgrafenamt, eine Vertrauensstellung, die sie besonders zum Ausbau ihrer Stellung in Bayern benutzten: Heiratsverbindungen, Erbschaften, friedlicher und unfriedlicher Landerwerb, Bau neuer und Ausbau bestehender Burganlagen erbrachten für das Haus eine beträchtliche Stärkung von Herrschaftspositionen und Güteranhäufung. Streubesitz und auseinanderliegende Güter regten zu Zusammenfassungen, Abrundungen und Tausch mit oder Erwerb von weiteren Gütern an. Aber noch waren sie nicht einmal die mächtigsten Grafen des Herzogtums Bayern. Ihr regionaler Widersacher, der Bischof von Freising, wurde mehr und mehr durch Burganlagen eingekreist: Grünberg, Ebersberg, Scheyern, Wittelsbach, Dachau, Bruckberg, Wartenberg und Landshut. Als im Jahre 1180 die Lande des gebannten und vertriebenen Welfen-Herzogs Heinrich des Löwen verteilt wurden, konnte man an den Wittelsbachern nicht mehr vorbei – sie wurden mit dem verkleinerten Herzogtum belehnt. Und mit der Abtrennung der Steiermark von Bayern wurde ein weiterer Schritt zum jahrhundertelangem Streit Bayerns gegen Österreich gelegt. Steiermark, Ostmark, Österreich, die Grafschaften Mautern, Wels und Lorch: die Abtrennung dieser Teile des Stammesherzogtums Bayern schloß dieses vitale und kolonisatorisch fruchtbare Herzogtum von weiterem Ausbau nach Südosten ab. Die Rolle Bayerns als Kolonisator übernahm seither Österreich. Die Belehnung der Wittelsbacher mit dem Herzogtum Bayern wiederholte sich in ununterbrochener Reihe bis 1806, solange das Lehnsrecht im Reich in Geltung blieb. Insofern stellt die Belehnung Ottos von Wittelsbach eine Erhöhung der gesamten Familie dar, eine Handlung, die für die gesamte politische Entwicklung Bayerns einschneidende Bedeutung zeitigte.

Das Haus Wittelsbach beeinflußte seither nicht nur die Geschicke Bayerns, sondern auch die des Reichs und darüber hinaus oft europäisches Geschehen in charakteristischer, unverwechselbarer Weise. Man denke dabei nur an die Politik der bayerischen Wittelsbacher in Zeiten der Reformation oder der Gegenreformation. Weniger als bayerischen Sonderweg denn als kaisertreue Amtsführung – so läßt sich die Politik der ersten Wittelsbacher Herzöge beschreiben. Sie waren vollauf damit beschäftigt, sich neben der laufenden Arrondierung ihres Hausbesitzes um ihre nicht selbstverständliche Anerkennung innerhalb Bayerns durch die, die zum Teil mächtiger waren als sie, zu kümmern.

Nach alter Tradition besaßen alle legitimen Söhne eines Herzogs ein Anrecht auf die Erbfolge. Die Belehnung erfolgte somit zur gesamten Hand, das heißt gleichzeitig an alle erbberechtigten Söhne. Diese Praxis führte in Bayern zur Aufteilung des großen Besitzes der Pfalz und Bayerns. Derartige Erbteilungen schwächten die Zentralgewalt und trugen in die Familie des Herzogs Zwist. Allerdings stieg mit der Zahl der Fürstenhöfe auch die Zahl der kulturellen Zentren. Ingolstadt, Landshut, München, Straubing sind dafür Beispiele. Erst Ludwig IV., dem Bayern, gelang es als Kaiser die bayerischen Linien wieder zu vereinen. Diese imponierende Kaisergestalt des späten Mittelalters ist für das Haus Wittelsbach wie kein zweiter zum Leuchtturm in stürmischer See geworden. Eine ausgreifende Hausmachtpolitik brachte dem vereinten Bayern unter anderem Holland, Tirol und Brandenburg ein. Ludwigs Streit mit dem unversöhnlichen Papsttum machte München zum Zentrum der Reformkräfte innerhalb der Kirche. Sein Hof stand in kultureller Blüte, literarische Dokumente umwanden ihn mit Mythischem. Auf den verschiedensten Ebenen war er als Grundleger für Wichtiges und Nichtiges tätig: für den Feuerschutz der Stadt München, die Gründung des Ritterordens von Ettal, den Ausbau von Fürstenfeld, der Unterstützung der Reichsstädte oder die Privilegierung der Bäckerzunft. Es gab damals keine Stadt in Bayern, in der er nicht kraftvoll seine Handschrift hinterlassen hatte. Unter seinen Söhnen zerfiel das Erbe langsam, sogar die Einheit des Landes ging verloren. Besonders schmerzlich war der Verlust der Grafschaft Tirol, die an den österreichischen Nachbarn fiel. Vom Undank Habsburgs war damals bei den Wittelsbachern schon lange die Rede, verhalfen sie doch Rudolf von Habsburg zur Königswürde. Er dankte es ihnen freilich nicht.

In den Teilherzogtümern Bayerns wurden große kulturelle Leistungen erbracht. Die politische Erpreßbarkeit und Abhängigkeit vom jeweiligen habsburgischen Kaiser schmälerte sowohl den Einfluß Bayerns als auch seinen territorialen Besitz. So wurde Herzog Albrecht IV. aus der Sicht der Dynastie wie des Staates Bayern mit Berechtigung als »der Weise« bezeichnet, da er das Primogeniturgesetz erließ, das in Zukunft dem ältesten Agnaten den ungeschmälerten Besitz des Landes sicherte. Einen weiteren Meilenstein der Rangerhöhung der Dynastie und der Schaffung eines kraftvollen Mittelstaates setzte Maximilian I., zunächst Herzog, dann Bayerns erster Kurfürst und größter Staatsmann. Seine Leistungen für die katholische Sache und den Bestand des Kaiserhauses brachten der Dynastie mit dem Kurhut die langersehnte Rangerhöhung und dem Land mit dem Zuschlag der Oberpfalz eine solide Ausgangsbasis für einen geschlossenen Territorialstaat im

19. Jahrhundert. Beide, Rangerhöhung und Landerwerb, waren dynastische Verpflichtung. Sein Sohn Ferdinand Maria sicherte das Erbe. Sein Enkel Max II. Emanuel und sein Urenkel Karl Albrecht versuchten beides, Rangerhöhung und Landerwerb, in mehreren Anläufen. Sie lebten im letzten dynastischen Zeitalter. Die große Politik ihrer Zeit war geprägt durch dynastische Heiraten, Sicherung der Erbfolge, Geburten und Todesfälle von Erbprinzen, die zu weiteren Auseinandersetzungen zwischen Völkern führten. Jahrelange Kriege wurden durch Erbansprüche ausgelöst. Zielsetzung der Politik der Dynastien, die so eng miteinander verwandt waren, daß ein Historiker sie mit Recht als europäische Familien bezeichnet hat, war, für das Haus, die Familie, die Dynastie das Beste zu erreichen. Das konnte auch durch einen vorteilhaften Tausch von Landesteilen oder ganzen Ländern geschehen. Bayern weist zwei spektakuläre Tauschversuche auf, am Anfang des 18. Jahrhunderts und am Ende. Beide Male prüfte der jeweilige bayerische Kurfürst die Möglichkeiten, sein Bayern gegen ein ranghöheres Reich an anderer Stelle einzutauschen. Um 1700 war das nichts Ehrenrühriges: Daß ein Fürst zum Herrscher bestimmt war, ergab sich aus seiner Abstammung; wo er herrschte, das konnte sich ändern. Erst mit dem Anwachsen eines eigenen Staats- und Zusammengehörigkeitsgefühls wurde ein derartiges »gutes Geschäft« anrüchig. Der Kurfürst Max III. Joseph hat nie versucht, sein Land gegen Rangerhöhung oder sonstige Lockung zu vertauschen. Er war zu sehr in Bayern verwurzelt. Sein Nachfolger Karl Theodor erwarb sich mit seinen mehrfachen Tauschversuchen am Ende des 18. Jahrhunderts nur die Abneigung seiner bayerischen Untertanen.

Das Land

Das Kurfürstentum Bayern umfaßte zur Zeit Max III. Josephs etwa die heutigen Regierungsbezirke Oberbayern, Niederbayern und die Oberpfalz. Außerdem gehörte ein Streifen Landes gegenüber Burghausen dazu, das sogenannte Innviertel, das Bayern 1779 an Österreich verlor. Nicht zum Kurfürstentum gehörten die Gebiete der Hochstifte von Passau, Eichstätt, Augsburg, Regensburg, Bamberg, Würzburg, Freising, das Fürststift von Kempten, die Fürstenprobstei von Berchtesgaden, die Reichsstädte Regensburg, Augsburg, Nürnberg, Nördlingen, Rothenburg, Memmingen, Lindau, Dinkelsbühl, Schweinfurt, Kempten, Windsheim, Kaufbeuren, Weißenburg, die Markgrafschaften Ansbach und Bayreuth, die Grafschaft Werdenfels, das Herzogtum Neuburg und verschiedene Enklaven auswärtiger Herrscher.

Im 18. Jahrhundert bedeckte Bayern eine Fläche von 40 580 Quadratkilometern, im Vergleich dazu umfaßt es heute 550 000 Quadratkilometer. Kurbayern bildete ein ziemlich geschlossenes Territorium. Innerhalb des Staates gab es nur wenige ethnische, gesellschaftliche, kulturelle oder politische Differenzen, die die Herrschaft grundsätzlich in Frage stellten. Die Spannungen, die aus vielfältigen und unterschiedlich entwickelten Differenzierungen im wirtschaftlichen und gesellschaftlichen Bereich erwuchsen, konnten jedoch durch die dynamischen Kräfte aus Barockkultur, Frömmigkeit und gewachsener Anhänglichkeit an das Wittelsbacher Herrscherhaus ausgeglichen werden.

Das Siedlungsland Bayern war zu etwa 70 Prozent Kulturland und zu 25 Prozent Ödland, Gebirge, Moor- oder Sumpfgebiete. Bayern war ein reines Bauernland. Der Adel und die Prälaten bestimmten Lebens- und Denkweise des Volkes. Die geistliche und weltliche Führungsschicht richtete sich nach dem Hof des Kurfürsten aus. Das Bürgertum, im 16. Jahrhundert noch stilbildend, hatte sein Selbstbewußtsein verloren. Es pflegte hergebrachte Privilegien, veraltete Zunftverfassungen und servile Untertänigkeit gegenüber dem Adel. Die Bauernschaft war als »vierter Stand« neben dem Adel, der Geistlichkeit und dem Bürgertum in der Landschaft, der Ständevertretung, nicht vertreten, obwohl sie zwei Drittel der Bevölkerung stellte: Bauern, Söldner, Häusler, solche die wenigstens ein eigenes Haus, aber keine Felder hatten, Tagwerker oder Tagelöhner, Senner, Stallburschen, Ehalten, worunter man die Dienstboten, Knechte und Mägde verstand, Hirten, Kaiser oder Schweizer. Die zweite Gruppe der Bevölkerung umfaßte etwa 25 Prozent. Zu ihr gehörten die Handwerker wie Metzger, Bäcker, Büchsenmacher, Fischer, Schneider, Gärtner, Schmiede, Schuster, Müller, Konditoren, Schäffler oder Faßmacher, sei es als Zunftmeister, Gesellen oder Hofbedienstete, oder Freihandwerker, die meist auf dem Land arbeiteten. Ferner die Kleinhändler, Kramer, Bierbrauer, Tafeldecker, Diener, Sänftenträger, Kutscher, Reit- und Jagdbediensteten, Wald- und Salinenarbeiter. Etwa vier Prozent machten die Akademiker, Lehrer, Schreiber, Kanzlisten, Ärzte, Offiziere, Geistlichen und Beamten aus.

Die nächst höhere Schicht über den arbeitenden Leuten war die der reichen Bürger, der Prälaten, des Adels und der Ritter, zusammengefaßt in den Landständen. Und an der Spitze der Pyramide stand der absolute Herrscher, kraft Herkommens, Tradition und Selbstverständnisses der Besitzer des Landes, nur sich und Gott verantwortlich, seiner Dynastie insoweit verpflichtet, als er für Nachkommen sorgen und mit seinem Besitz, dem Land Bayern, »wuchern« mußte, wie der Knecht des Herrn in der Bibel. Das bedeutete, daß er sein Erbteil erhalten und mehren mußte. Obwohl Landesherr, besaß der bayerische Kurfürst als Grundherr nur etwa 10 Prozent des Landes und der Bevölkerung. Gut die Hälfte des Landes und der Einwohner gehörten der Kirche, über ein Viertel dem Adel. Freie Bauern mit vollem Verfügungsrecht über Feld, Wald und Hof gab es nur wenige. Verwaltung, Steuereintreibung und Justiz fanden in den Hofmarken der Grundherren statt.

Mit den Hofmarken berühren wir ein spezifisch bayerisches Phänomen der Herrschaftsausübung, das näher erläutert werden muß. Die Hofmarken gehen zum großen Teil auf die Dorfgerichte des 13. und 14. Jahrhunderts zurück. Sie vereinten die Grund- und Niedergerichtsbarkeit der Grundherren mit besonderen Verwaltungs- und Vollzugsaufgaben im Auftrag des Landesherrn. Hofmarken konnten unterschiedlich groß sein. Gewöhnlich hat man sich darunter eine Ansammlung von Häusern, ein Dorf, einen Weiher vorzustellen, dazu ein schloßähnliches Gebäude, den Sitz des Hofmarksherrn, und mehrere Äcker, Wiesen, Waldungen, vielleicht ein Sägewerk, einen Steinbruch und häufig ein Brauhaus. Die Hofmarksherren, meist Angehörige des Adels oder der Geistlichkeit, hatten die obrigkeitlichen Rechte unterhalb der landesherrlichen Gewalt inne. Selten waren auch Städte, Körperschaften wie die Ingolstädter Universität oder Bürger Hofmarksherren. Bürger, die Eigentümer einer Hofmark waren, befanden sich in einem Durchgangsstadium bis zu ihrer Nobilitierung. Erst dann konnten sie die Hofmarksrechte auch ausüben.

Diese Rechte, auch Hofmarksgerechtigkeit genannt, umfaßten drei Bereiche: zum einen die niedere Zivil- und Strafgerichtsbarkeit über alle Hofmarksangehörigen einschließlich der gewerbetreibenden Tagewerker und Dienstboten oder Ehalten; zum zweiten die Verwaltungs- und Durchführungsrechte in landesherrlichem Auftrag bei der Erhebung der Landsteuer, der Erfassung zur und Durchführung der militärischen Musterung, die höheren Ordnungssachen wie Kirchenpolizei, Schulaufsicht, Feuerwehr, Fleischbeschau, Seuchenvorsorge und -abwehr, Eichaufsicht über Maße und Gewichte. Der Hofmarksherr hatte die alleinige Befugnis über alle Gewerbe und die Aufsicht über die Märkte seiner Hofmark inne und besaß das Notariatsrecht. Drittens schließlich hatte der Hofmarksherr die sogenannte Scharwerkgerechtigkeit, das Recht, Frondienste einzufordern.

Die Untertanen der Hofmarken unterstanden somit ihrem Landesherrn nur indirekt. Den Hofmarken übergeordnet waren die entsprechenden Landgerichte, die der unmittelbaren Herrschaft des Landesherren unterstanden. Die Hofmarksgerechtigkeiten übte der Landesherr in den Landgerichtsbezirken zusätzlich zum Blut- und Hochgericht aus. In den Hofmarken war seine Herrschaft auf die Bestrafung der Kapitalverbrechen beschränkt.

Die Vorgänger von Max III. Joseph hatten durch Übertragung zahlreicher Hofmarksgerechtigkeiten das Gebiet der landesherrlichen Gerichtsbarkeit verkleinert. Die Gründe für diese Übertragung von Herrschaftsrechten waren Anerkennung für verdiente Staatsbeamte, landesherrliche Privilegien sowie insbesondere die Hofgerechtsamkeits-Verkäufe unter Max II. Emanuel. Max III. Josephs Großvater war, unter dauerndem Geldmangel leidend, auf die Idee gekommen, mit der Übertragung von Hofgerechtigkeiten einen schwungvollen Handel zu treiben. Dieser »Ausverkauf« von Herrschaftsrechten und einer ganzen Verwaltungsebene sollte sich im 18. Jahrhundert für den Landesherrn äußerst störend auswirken. Die Hofmarksherren, in den Hofmarken zugleich örtliche Verwaltungschefs, mußten als Ständevertreter oder als Grundherren landesherrliche Mandate ausführen. So ist zu erklären, daß manche Gesetze und Mandate Max III. Josephs nur verspätet, modifiziert oder überhaupt nicht ausgeführt wurden. Diese Friktionen haben viele Reformvorhaben des Kurfürsten Max III. Joseph behindert und wirken sich bis heute auf die wirtschaftliche Entwicklung mancher Regionen aus.

Sehen wir uns die flächenmäßige Auswirkung für das Dreieck München–Freising–Altomünster einmal an: Von München über Daglfing zog sich der ausländische Sperriegel des Hochstifts Freising bis in die

Nähe von Tuntenhausen. In und um München sowie Dachau und Altomünster gab es die Stadtgerichtsbezirke. Um München gruppierten sich die fünf kurfürstlichen Hofmarken, leicht erkennbar an den in ihnen gelegenen Schlössern Nymphenburg, Blutenburg, Schleißheim, Lustheim, Altes Schloß Schleißheim und Fürstenried. Der übrige Fleckerlteppich wies Hofmarken des Adels, von Klöstern, des Hochstifts Freising, des Deutschen Ordens und der Jesuiten auf. Und da jeder dieser Hofmarksherren sein ganz spezielles Interesse und seine spezifische Betroffenheit gegenüber der kurfürstlichen Politik aufwies, kann man sich leicht ausmalen, wie unterschiedlich dessen Gesetze und Mandate auf örtlicher Basis schließlich angewandt und ausgelegt wurden.

Auf den Landesherrn richteten sich unter dem Druck der Steuereinnehmer, ungerechter Grundherren oder in kriegerischen Zeiten die Hoffnungen der einfachen Leute. So entstand ein Beziehungsbogen zwischen den armen Schichten, die sich durch die Herrschaft der Stände zurückgesetzt fühlten, und dem Landesherrn, der den Ständen die Machtstellung im Staate entreißen wollte. Grundsätzlich standen die Vertreter der Stände dem Kurfürsten natürlich näher: Beide hatten in bezug auf die arbeitende Bevölkerung das gleiche Interesse, nämlich möglichst viel Geld herauszuholen.

Kurbayern hatte im Vergleich zu den Großmächten Europas Mitte des 18. Jahrhunderts nur wenige Einwohner. Frankreich zählte 20 Millionen Einwohner, Österreich knapp 20 Millionen, England sieben, Preußen vier, Portugal zwei, die Schweiz 1,8, Neapel 1,3 und Bayern etwas über eine Million Einwohner.

Oberstes Regierungsorgan dieses Kurbayern war die aus dem Geheimen Rat hervorgegangene Geheime Konferenz. Die wichtigen Entscheidungen behielt sich der Kurfürst meist selbst vor. Dies galt besonders für den Kurfürsten Max III. Joseph, der als Gern- oder Vielregierer bezeichnet wird. Der Geheimen Konferenz unterstanden die Behörden des Hofrates, der Hofkammer und des Kriegsamtes. Der Hofrat war für Polizei und Justiz, die Hofkammer für Wirtschaft und Verwaltung des landesherrlichen Besitzes zuständig. Die mittlere Verwaltungsebene bestand aus den Rentämtern Straubing, Landshut, Burghausen und Amberg. Sie waren dem Hofrat untergeordnet. Der Rentamtsbezirk München wurde vom Hofrat direkt verwaltet. Die Rentmeister überwachten die örtlichen Behörden. Bei den jährlichen Rentmeisterumritten wurden Verwaltung, Justiz, Finanzwesen, Schulen und kirchliche Einrichtungen überprüft. Die Rentämter waren in Gerichtsbezirke eingeteilt, in Pflege- und Landgerichte. Der Pfleger hatte verwaltungshoheitliche, juristische, steuerliche und polizeiliche Funktionen.

Die bayerische Lebensart war durch den Barock geprägt. Wohl kein anderer Stil entsprach so sehr dem Lebensgefühl und der Mentalität dieses Volkes. Die Bewegtheit, das vielfältige Formenspiel und auch die realistischen Szenen in barocken Fresken sind Abbild der Spannungen, in denen die Menschen jener Zeit lebten. Im absoluten Herrschertum, das es mehr als Anspruch denn in Realität gab, und im Sieg der katholischen Kirche fand dieser Stils einen festlichen und pompösen Ausdruck. Auch noch in seinem süddeutschen Ausläufer, dem Rokoko, war die Kraft dieses Zusammenspieles von Hof und Kirche spürbar, obwohl hier intimere Töne angeschlagen wurden und das Dekor die Begrenzungen der Architektur überwand. Fürst, Adel und Volk suchten und fanden im Barock die Sicherheit für das tägliche Leben, das durch Kriege, Krankheiten und Hungerszeiten ständig bedroht war, suchten und fanden in der Verheißung des Paradieses nach dem Jüngsten Gericht Tröstung. Der Barock vermittelte die Unvergänglichkeit und ewige Schönheit der Schöpfung Gottes angesichts wirtschaftlicher Not und Unsicherheit. Der Barock stellte die Spannungen des Lebens, die Leiden und Freuden der Existenz, deren gesellschaftliche Differenzierungen, ihr religiöses Empfinden dar. Gefühl, Phantasie und Ratio waren die treibenden Kräfte der Zeit und Wurzeln der Kultur.

Unter Max III. Joseph wurde Schritt für Schritt die Ratio zur dominierenden Kraft, Gefühl und Phantasie erfuhren weniger Achtung. Das Zeitalter der Aufklärung klopfte auch in Bayern an die Tür. Zunächst beschäftigte man sich in den gelehrten Zirkeln der Prälatenklöster mit ihrem Gedankengut, dann breitete es sich außerhalb der Kirche aus, um sich schließlich gegen die Kirche zu wenden. Der vom Barock gezeichnete Lebensstil der Mehrheit des Volkes wandelte sich langsamer, die Aufklärung blieb in ihrer Kampfphase eine Angelegenheit der Städter, der Vernünftler, des Hofes.

War die kulturelle Grundströmung Bayerns während des 18. Jahrhunderts noch weitgehend vom Barock geprägt, so kann man parallel dazu von einem neuen Phänomen sprechen, von der Herausbildung eines bayerischen Staatsbewußtseins in immer breiteren Volksschichten. Dieses Bewußtsein, das eine immer wichtigere Kraft im gesellschaftlichen Gefüge wurde, kam zu Beginn und gegen Ende des 18. Jahrhunderts in bemerkenswerten Aktionen zum Ausdruck. Während des Spanischen Erbfolgekriegs wurde Bayern von österreichisch-kaiserlichen Truppen zehn Jahre lang besetzt. Am Anfang dieser Besetzung kam es 1705/06 zu Aufständen in Altbayern, die durchaus den Charakter einer Volkserhebung des Oberlandes hatten und die sogar eigene Parlaments- und Verwaltungsstrukturen hervorbrachten. Ein bayerischer Landeskundler nennt diese heroische und langfristig angelegte Volkserhebung mit demokratischen Grundstrukturen sogar die erste europäische Revolution. Richtig ist, daß 1705/06 mehr in Bayern geschah als die Sendlinger »Bauernschlacht«, die im wesentlichen ein Bauernschlachten darstellte. Zu Recht darf man diese Volkserhebung im Oberland als Kristallisationspunkt eines bayerischen Volks- und Staatsbewußtseins verstehen. Zweierlei sollte dabei festgehalten werden: Zum einen fand die Erhebung ohne Wissen und ohne Billigung des angestammten Landesherrn statt. Max Emanuel lebte im Exil und distanzierte sich von der Erhebung wohl nicht nur aus taktischen Gründen. Zum zweiten richtete sich diese Volkserhebung gegen den Besatzer Österreich, landsmannschaftlich gegen einen Staat mit verwandter Bevölkerung. Je ähnlicher der Feind, um so mehr muß das Trennende, spezifisch Bayerische betont werden, so könnte die Formel 1705/06 gelautet haben.

Nach dem Tod von Max III. Joseph 1777, verbreitete sich in weiten Schichten wiederum so etwas wie ein Bewußtsein der Zugehörigkeit zu einem bayerischen Staat. Ziel war die Erhaltung der staatlichen Existenz Bayerns. Diesmal war der Kampf erfolgreich. Auch diese Aktion richtete sich gegen Österreich, gegen den Nachbarstaat mit verwandter Bevölkerung. Und wieder wurden die Träger der Aktion ohne Wissen und gegen den Willen des Landesherrn aktiv. Wenige Jahre später hatte das Staatsbewußtsein sich so gefestigt, daß dynastische Tauschpläne gar nicht mehr denkbar waren. Das bayerische »Nationalbewußtsein« war die selbstverständliche Grundlage des Staates. Dynastische Fragen waren Marginalien des politischen Geschäfts geworden.

Die Zeit

Von der Geburt 1727 bis zur Regierungsübernahme Max' III. Josephs 1745 setzte sich die Politik Bayerns das Ziel, das Habsburger Erbe zu erlangen. Der bayerische Kurfürst Karl Albrecht erhob nach dem Tod Kaiser Karls VI. diesen Anspruch als nächster männlicher Verwandter. Die Pragmatische Sanktion, ein Vertragswerk zur Anerkennung der weiblichen Erbfolge in allen habsburgischen Ländern, war von Bayern nicht anerkannt worden. Bayern hatte sich durch Bündnisse mit Frankreich, Spanien, Sachsen und der Pfalz auf den Erbfall vorbereitet. 1741 brach Karl Albrecht mit verbündeten französischen Truppen in Österreich ein und ließ sich in Linz als Erzherzog huldigen. Den angestrebten Marsch auf Wien vereitelte der französische Alliierte, der Bayern nicht zu mächtig werden lassen wollte. Karl Albrecht zog gegen Prag und wurde von den böhmischen Ständen zum König gewählt und gekrönt.

Mit Hilfe Englands und der Niederlande kämpfte die österreichische Erzherzogin und ungarische Königin Maria Theresia in der »Pragmatischen Armee« gegen Frankreich und Spanien gegen Preußen, das Schlesien annektiert hatte, und gegen die Ansprüche Bayerns und Sachsens. Ein Großteil Bayerns war von österreichischen Truppen besetzt, als 1742 der bayerische Kurfürst Karl Albrecht in Frankfurt von allen Kurfürsten zum deutschen Kaiser gewählt und von seinem Bruder, dem Kölner Erzbischof und Kurfürsten Clemens August, gekrönt wurde. Der neugewählte Kaiser konnte nicht in sein Land zurück. Er berief den Reichstag von Regensburg nach Frankfurt ein und schlug dort seine Residenz auf. Frankreich, Bayern, Pfalz, Preußen und Hessen-Kassel schlossen sich in der Frankfurter Union zusammen. Während zweier Entlastungskriege von Preußens König Friedrich II. konnte Kaiser Karl VII. zweimal Bayern weitgehend befreien, so auch im Herbst 1744. Im Januar 1745 starb er in seiner Residenzstadt.

Im Bann des Vaters

Der Tod des Kaisers

Nur selten kommt es vor, daß die Vorstellung, die wir von einer Person haben, sich schon in ihren jungen Jahren ausgeprägt hat. Bei Max III. Joseph ist das der Fall: Vorzeitig erwachsen, hat eine Äußerung von ihm sein Bild geprägt, an dem sich Untertanen und Nachwelt orientierten. Seine Stellungnahme zur Frage der Fortsetzung des ambitiösen Krieges seines Vaters gegen Österreich kennt fast jeder: »Und wenn keiner den Frieden will, so will ich ihn!« Diese Äußerung sicherte ihm Aufmerksamkeit, und bis in die letzten Zeilen zeitgenössischer Historiker ersteht vor uns das Bild eines Fürsten, der beherzt die Sache des Friedens vertrat.

Die Wahrheit ist schwieriger, und schon die Tatsache, daß er später den Friedensschluß bereute, zeigt, daß Krieg und Friede – wenigstens beim damaligen Stand der Waffentechnik – weder schlecht noch gut, sondern lediglich verschiedene Mittel der Politik waren.

Wie kam es zu der bayerischen Entscheidung, sich in einem Separatfrieden aus dem Krieg zu ziehen?

Der Tod Kaiser Karls VII. veränderte mit einem Schlag die politische Landschaft Europas. Mit dem Tod des Widersachers und Herausforderers aus Bayern waren wie alle düsteren Wolken, die über Habsburg-Lothringens Ländern hingen, weggeblasen. Maria Theresia erkannte, daß für sie die Umstände so günstig waren wie seit Jahren nicht mehr. Das Ziel, die Kaiserwürde für ihr Haus wiederzuerlangen, schien bei einer Aussöhnung mit Bayern in greifbare Nähe gerückt. Da der neue bayerische Kurfürst wegen seines jugendlichen Alters für die Kaiserwahl nicht in Betracht kam, sollte der Münchner Kurfürst mit einem Friedensangebot für die habsburgische Sache gewonnen, notfalls mit Gewalt gezwungen werden.

In Versailles beschloß Ludwig XV., sich aus der Frankfurter Union und dem Reichskrieg zurückzuziehen, um sich auf den Krieg gegen England und Österreich in Flandern zu konzentrieren. Der Wegfall seiner lästig gewordenen Marionette in München erleichterte ihm dies. Bayern wollte er nur noch eingeschränkt unterstützen. Frankreich orientierte sich um, als Speerspitze im Reich gegen Österreich sollte künftig Sachsen-Polen dienen. Dessen Kurfürst sollte mit französischer Unterstützung neuer Kaiser werden. Diese Konzeption wurde vom französischen Gesandten Chavigny in München weder geteilt noch vertreten. Noch vor Eintreffen neuer Instruktionen aus Paris versicherte er den jungen bayerischen Kurfürsten der uneingeschränkten Hilfe Frankreichs, der Aufrechterhaltung der Frankfurter Union und sogar der Unterstützung Max III. Josephs als Kandidat bei der bevorstehenden Kaiserwahl.

Der Bündnispartner Spanien kam in seiner Analyse zu ähnlicher Einschätzung wie Versailles: Einschränkung des finanziellen und militärischen Engagements im Reich. Damit, so kalkulierte Madrid, entfiel die Verpflichtung, an den Münchner Hof die noch ausstehenden, längst fälligen Subsidien in Millionenhöhe zu bezahlen.

Die gegnerische Großmacht England erhoffte sich wie die Niederlande von der neuen Konstellation den raschen Aufbau einer Reichsfront unter einem habsburgischen Kaiser Franz Stephan gegen Frankreich.

Preußens Friedrich II. schätzte den Tod des bayerischen Kaisers als eines der Mirakel ein, die Habsburg schon in der Vergangenheit immer wieder gerettet hatten. Für ihn war der Tod des Bundesgenossen ein besonders schwerer Schlag, weil mit dem Raub Schlesiens die preußisch-österreichische Gegnerschaft zu einer festen Konstante geworden war, die auch durch Neuorientierungen von Bündnispartnern nicht verändert wurde. Mit anderen Worten: Für Preußen konnte der drohende Ausfall Bayerns nur Nachteile bringen. So versuchte der preußische Gesandte Klinggräffen in München den jungen Kurfürsten mit Versprechungen und guten Worten bei der Stange, im Bündnis mit Preußen, zu halten ... wenigstens so lange, wie Friedrichs Friedensfühler nach England erfolglos blieben. Also auch bei Preußen eine zweigleisige Politik!

Für den Verbündeten Hessen-Kassel brachen mit dem Tod des Kaisers die hochgesteckten Erwartungen zusammen. Mit einem Abrücken Bayerns von der Frankfurter Union versiegten die französischen Subsidien, die bisher über Karl VII. nach Kassel flossen. Bayern konnte seine Außenstände an Hessen jetzt nicht mehr bezahlen. Und die Hoffnung des hessischen Landgrafen, durch Kaiser Karl VII. die Kurwürde zu erhalten, sank mit diesem ins Grab.

Auch dem Verbündeten aus der Pfalz, dem Kurfürsten Karl Theodor, war nach dem Tod des Kaisers das pfälzische Hemd näher als der Wittelsbacher Familienrock. Er nahm das pfälzische Korps schrittweise aus den Kämpfen heraus und drängte auf Beendigung des Krieges. Seine nächsten Ziele richteten sich auf die Erlangung des Reichsvikariats, und dabei mußte er in Konflikt mit seinem Münchner Cousin Max III. Joseph kommen. Europas Höfe hielten sich bedeckt und schauten gespannt nach München.

Max III. Joseph handelte schnell. Nachdem der Reichserzkanzler die kaiserliche Volljährigkeitserklärung seines Vaters anerkannt hatte, übernahm Max Joseph wenige Stunden nach dem Ableben des kaiserlichen Vaters die Regierung in Bayern. Dadurch wurde eine Regentschaft für den 17jährigen umgangen, aber die gesamte Verantwortung in schwierigster Situation einem jungen Mann ohne Regierungserfahrung überlassen.

Das ihm zur Verfügung stehende Regierungsinstrument, die Geheime Konferenz, war mit Ratgebern und Ministern seines Vaters besetzt. Sie verdankten ihren Verbleib in den entscheidenden Stunden der Kaiserin, Max III. Josephs Mutter, die aus Pietät keine personellen Änderungen wünschte. Max III. Joseph ist den Bitten seiner Mutter – widerwillig – nachgekommen. Hier beginnt eine sich lange hinziehende Spannung: Max III. Joseph mißtraute seinen Ratgebern, was dazu führte, daß er künftig oft hinter ihrem Rücken Entscheidungen traf. Die Ratgeber und Minister wiederum, weit davon entfernt, eine politisch homogene Gruppe zu sein, übergingen öfter ihren Kurfürsten.

Die erste Sitzung der Geheimen Konferenz hatte zwei Punkte zu klären: den reibungslosen Übergang der Herrschaft auf den neuen Kurfürsten und die Durchführung der Begräbnisfeierlichkeiten. Als Vorbild dienten die Regelungen beim Tod von Kurfürst Max Emanuel 1726. In der Besprechung der Todesnotifikationen brach dann die beherrschende Frage nach der zukünftigen Politik hervor: Wie sollten die ersten Erlasse des neuen Landesherrn unterzeichnet werden? Allen war klar, mit der gewählten Titulatur war auch eine Entscheidung über die einzuschlagende Politik verbunden. Denn: Der verstorbene Kaiser Karl VII. war ja nicht nur Kurfürst von Bayern, sondern er trug auch den Titel eines österreichischen Erzherzogs und Königs von Böhmen. Entweder Max III. Joseph nahm mit der Regierungsübernahme, wie in ähnlichen Fällen gewohnt, sämtliche Titel seines Vaters an, meldete folglich Ansprüche auf die böhmische Königskrone und das österreichische Erbe und von dieser Position her seinen Anspruch auf die Kaiserkrone an. Dabei würde dann wohl, da der Anspruch auf die Kurstimme Böhmens damit umstritten war, diese Stimme durch Suspension dem Hause Habsburg entzogen. Oder man verzichtete auf die ererbten Ansprüche des Vaters und kehrte zur Titulatur von vor 1740 zurück.

Drei Mitglieder der Geheimen Konferenz vertraten die erste Ansicht, die zugleich eine programmatische Erklärung zum Fortbestand der Frankfurter Union und für eine Erhöhung des Hauses Wittelsbach war: Toerring, Preysing und Fürstenberg. Die anderen, Königsfeld und

Praidtlohn, befürchteten die möglichen Konsequenzen aus der programmatischen Übernahme der väterlichen Ansprüche. Maria Theresia mußte, so argumentierten sie, die Übernahme des österreichischen Erzherzogtitels als neuerliche Kriegserklärung auffassen. Auch befürchteten die beiden, der französische König könnte im Falle eines selbstherrlichen Gebrauchs des böhmischen Königstitels durch den bayerischen Kurfürsten ebenso wie die verbündeten Könige von Spanien und Preußen verärgert sein. Die Geheime Konferenz einigte sich auf einen Mittelweg, der anscheinend alle Optionen offenhielt: Max III. Joseph solle, so ihr Vorschlag, auf den Gebrauch des Titels König von Böhmen verzichten, den Titel Erzherzog zu Österreich aber annehmen. Damit würden die Ansprüche seines Vaters aufrechterhalten. Zunächst solle er von dem österreichischen Titel aber keinen Gebrauch machen, sondern Dokumente nur mit seinem Vornamen unterzeichnen.

Max III. Joseph übernahm die Empfehlung der Geheimen Konferenz nach mehrtätiger Prüfung. Dennoch war er fest entschlossen, dem verstorbenen Vater in allen Würden nachzufolgen und die Ansprüche auf die Kaiserwürde, auf Böhmen und Österreich im vollen Umfang aufrechtzuerhalten. Seinen Anspruch auf die Kaiserwürde meldete er bei den Gesandten verschiedener Höfe an. Tatsächlich sicherten ihm die Gesandten der wichtigsten Verbündeten, Frankreich und Preußen, hierbei Unterstützung zu. So sandte Max III. Joseph Baron Fehrenbach nach Mainz, um den Reichserzkanzler und dortigen Kurfürsten ebenfalls um seine Unterstützung bei der Kaiserwahl zu bitten.

Nach dem vorsichtigen Votum seiner Geheimen Konferenz, das ihn angesichts seiner viel weitergehenden Wünsche enttäuscht haben mußte, legte er sich bei der Offenlegung seiner Ziele größere Zurückhaltung auf. Innerhalb Bayerns verwendete Max III. Joseph mehrfach den Erzherzogtitel, auch bei der Vereidigung der bayerischen Armee. Daß die Bayern jedoch in ihren Kondolenzschreiben ihren Landesherrn überwiegend ohne den österreichischen Titel ansprachen, muß ihn verstört haben. Sei es aus Unkenntnis in Fragen der Etikette und des Rangs, sei es aus Nachlässigkeit, dem Kurfürsten erschien die Auslassung dieser Titulatur als eine Anmaßung, als eine unerwünschte politische Äußerung seiner Untertanen. Er erwog sogar, den Kondolenzschreibern, die nicht seine volle Titulatur verwendeten, eine ausdrückliche Rüge zu erteilen. Da er sich von der Reaktion seiner bayerischen Untertanen auf die wichtige Etikettefrage selbstverständliche Loyalität und Unterstützung erwartete und enttäuscht wurde, verfolgte er mit um so größerer Spannung die Reaktion der wenigen Höfe, an die er – auch – als österreichischer Erzherzog geschrieben hatte. Da die Empfänger im Umgang mit feinen Andeutungen dieser Art versiert waren, konnte Max Joseph aus der Anrede von dieser Seite eine sichere Antwort auf die Frage nach zukünftiger Unterstützung bayerischer Ansprüche erwarten. In persönlichen Begleitschreiben an die Bündnispartner erbat er zugleich weitere Unterstützung. Diese Begleitschreiben, ordnungsgemäß ausgefertigt und von ihm unterschrieben, wurden jedoch von seiner Kanzlei aufgrund einer Initiative Praidtlohns nicht abgesandt. Praidtlohn brachte das Begleitschreiben vor die Geheime Konferenz, die ein gemäßigteres Schreiben entwarf, das jedoch, nachdem Max III. Joseph es übernommen und abgesandt hatte, dennoch das Mißfallen des Versailler Hofes fand. Frankreich monierte die Mißachtung der Rangunterschiede beider Höfe in der abschließenden Grußformel. Damit bestätigte sich zugleich, wie wenig der französische Hof gewillt war, den erörterten Königsanspruch des bayerischen Kurfürsten zu unterstützen. Für Max Joseph blieb als Erkenntnis, daß seine Ratgeber und Minister einen von ihm gewünschten selbstbewußten Kurs unter Aufrechterhaltung aller Ansprüche und Fortführung des Krieges nicht billigten und sogar entsprechende Briefe von ihm zurückhielten. Es blieb ihm ferner die Erkenntnis, daß Frankreich seinen Hof als nicht mehr gleichwertig ansah und ihn in seinen Ansprüchen nicht zu unterstützen gedachte.

Neben dem englischen König war es König Friedrich von Preußen, der klug auf die unsichtbaren Fragezeichen aus München einging. Er verwendete die volle Titulatur in seinem Kondolenzschreiben und versah seinen bisherigen Münchner Gesandten Klinggräffen sogar mit einem neuen Beglaubigungsschreiben für den Erzherzog Max Joseph. Der Fuchs Friedrich hatte den jungen tastenden Kurfürsten genau da gepackt, wo sein Herz schlug, bei der Verpflichtung, das Erbe des Vaters und des Hauses Wittelsbach zu bewahren und dessen Träume zu verwirklichen.

Das Ziel von Max III. Joseph am Anfang seiner Regierung war die Aufrechterhaltung der Frankfurter Union, sei es, um den Krieg fortzusetzen, sei es, um sich für den Fall von Friedensverhandlungen mit einer hinter ihm stehenden Koalition eine starke Position zu verschaffen. Die Antwortschreiben der alliierten Höfe ernüchterten ihn. Kein Hof sandte die erhoffte Zusage. Frankreich versicherte ihm Wohlwollen, Hessen-Kassel warme Anteilnahme, die Pfalz empfahl Max Joseph dem besonderen Schutz Gottes, und nur Preußen bekräftigte die Allianz, sprach aber angesichts der preußischen Niederlagen in Böhmen mit keinem Wort von militärischer Unterstützung.

Max III. Joseph wollte die Absage nicht wahrhaben und trat die Flucht nach vorne an. Denn ohne Unterstützung seiner bisherigen Bündnispartner, das war ihm klar, konnte er keines seiner hochgesteckten Ziele erreichen. Deshalb erinnerte er seinen Cousin, den pfälzischen Kurfürsten, dessen Empfehlung, sich um wirksamen Schutz an Gott zu wenden, er als besondere Enttäuschung und geradezu zynisch aufgefaßt hatte, direkt an seine Bündnispflichten. Um sein Anliegen zu untermauern, spielte er jetzt ein doppeltes Spiel: Er behauptete nämlich, daß jeweils die anderen Bündnispartner den Fortbestand der Frankfurter Union gefordert hätten. Entsprechende Erinnerungen mit falscher Grundlage gingen an die anderen Bündnispartner. Gerüchte über Separatverhandlungen Bayerns mit Österreich dementierte er.

Neben diesem Ziel, die Frankfurter Union zu festigen, versuchte Max III. Joseph zugleich den Wittelsbacher Block durch eine besondere Ansprache des Kölner Onkels, Kurfürst Clemens August, mit der Bitte um Unterstützung zu stärken. Baron von Ingelheim wurde nach Köln gesandt, Graf von Mortaigne nach Potsdam und auch der Onkel Kardinal Johann Theodor wurde reaktiviert, seinen Einfluß zugunsten des Stammhauses geltend zu machen.

Neben den wichtigen diplomatischen Schachzügen erforderte die Situation vom bayerischen Herrscher schnelle Entscheidung auf militärischem Feld. Das um so dringlicher, als der bisherige Oberbefehlshaber der kaiserlichen Truppen, Generalfeldmarschall Seckendorff, sein Kommando unmittelbar nach dem Tod des Kaisers niederlegte. Er begründete diesen Schritt, der Max Joseph in peinlichen Zugzwang bringen mußte, mit dem Vorwand, er habe seinen Eid dem verstorbenen Kaiser geleistet und der sei mit dessen Tod hinfällig. Es war aber allgemein bekannt, daß er seit einem Jahr auf die ehrenhafte Gelegenheit des Absprungs wartete. Schon beim Einmarsch der Österreicher in die Oberpfalz war er untätig geblieben. Der tiefere Grund war wohl, daß Ruhm und Ehre, seine beiden Leitsterne, in bayerischen Diensten nicht mehr zu gewinnen waren. Er sah die Sache des Hauses Wittelsbach als verloren an.

Ein Historiker beschreibt es so: »Der Feldmarschall verließ wieder einmal ein sinkendes Schiff.« Inwieweit Vorwürfe, die bis zum Verdacht der Korruption gingen, zutrafen, läßt sich kaum entscheiden. Wahr ist, daß er von verbündeten hohen Militärs öfter wegen Untätigkeit, die zu Niederlagen führte, gerügt wurde. Wahr ist auch, daß sein Besitz in Böhmen von den Österreichern konfisziert war und er noch ausstehenden Sold in Höhe von 20 000 Gulden von Österreich erwartete.

Beides würde er als bayerisch-kaiserlicher Oberbefehlshaber von Österreich wohl nicht erhalten, sondern nur im Falle eines rechtzeitigen Absprungs. Trotz persönlicher Vorstellungen Max III. Josephs blieb Seckendorff bei seinem Entschluß und wurde Ende Januar 1745 des Oberkommandos enthoben.

Wer sollte Oberkommandierender der Truppen der Frankfurter Union werden? Frankreich und Preußen schlugen Kandidaten vor. Am nächsten kam dem persönlichen Wunsch des Bayern wohl der unautorisierte Vorschlag des französischen Botschafters in München und Menschenkenners Chavigny, der dem Kurfürsten nahelegte, dieses wichtige Amt selbst zu übernehmen. Damit schätzte er Max Josephs Ehrgeiz durchaus zutreffend ein: Der Kurfürst war bereit, die militärische Tradition seines Großvaters, des Türkensiegers und zeitweiligen Oberbefehlshaber der Reichsarmee, aufzunehmen. Auch aus Schweden strahlte das militärische Genie des Wittelsbachers Karl XII. aus einer pfälzischen Linie. Und hatte nicht auch Friedrich von Preußen, kaum älter und ohne Kriegserfahrung, die preußische Armee in den Krieg geführt? Jedenfalls: Max III. Joseph hätte gerne das Oberkommando übernommen. Im Vorgriff ließ er sich durch seinen Hofmaler Desmarées mehrfach als Kommandierender mit Feldherrnstab darstellen. Da griff seine Mutter, die Kaiserin, wiederum ein und bewog ihn zum Verzicht. Ihr Argument war, daß er als letzter des Hauses Wittelsbach sich nicht leichtfertig derartiger Gefahr aussetzen dürfe. Sein militärischer Ehrgeiz habe angesichts seiner Verpflichtungen gegenüber seinem Haus zurückzustehen. So wurde Ignaz Felix Graf von Toerring, der vor Seckendorff diesen Posten schon innehatte, vorläufig zum Oberbefehlshaber ernannt. Toerring war ein entschiedener Freund Frankreichs und Anhänger der Frankfurter Union. War das nicht ein deutliches Zeichen an die Verbündeten? Nun, für die Höfe kehrte nur der frühere Oberbefehshaber zurück, dessen Augenkrankheit sich inzwischen noch verstärkt hatte. Konnte ein fast blinder Feldherr, der nicht einmal die Stellungen der eigenen Truppen, geschweige denn die des Feindes überblicken konnte, als ernsthafte Gefahr für den Feind gelten? Max III. Joseph wollte diese Ernennung jedenfalls als Fanal eines harten Kurses gewertet sehen. Er stärkte Toerrings Stellung am Hof und betraute ihn zusätzlich mit der Besorgung der auswärtigen Angelegenheiten. Der Feldmarschall sollte sofort wirksame Schritte einleiten, um den Krieg so erfolgreich fortzusetzen, wie er im Herbst 1744 abgebrochen worden war. Die in den Winterquartieren liegenden Truppen sollten durch Werbungen ergänzt, die durch zahlreiche Desertionen entstandenen Lücken geschlossen werden, durch

Waffenkäufe sollte die Ausrüstung verbessert, Magazine angelegt und Befestigungsanlagen instandgesetzt werden.

Das oberste Ziel der neuen Münchner Politik war – in Wittelsbacher Tradition – die Behauptung der Kaiserwürde und aller Ansprüche des verstorbenen Kaisers. Die Mittel und Wege zu diesem Ziel waren umstritten. Hier lavierte der Kurfürst und sandte widersprüchliche Signale aus. Zunächst sollte geprüft werden, ob Maria Theresia auf friedlichem Wege zur Anerkennung der Wittelsbacher Ansprüche zu bewegen war. Wenn nicht, sollte die Wiederaufnahme des Krieges sie dazu zwingen. Der erstrebte Friedensschluß sollte auf jeden Fall ehrenvoll und annehmbar sein, eine Auslieferung Bayerns an die Gnade und Ungnade Maria Theresias erschien undenkbar.

Zwiespältige Signale rufen unterschiedliche Echos hervor, je nachdem, was der Empfänger zu hören bereit ist. In Versailles und Potsdam entnahm man Max III. Josephs Beteuerungen, daß er von den Ansprüchen seines Vaters nicht abzurücken gedachte. Wien erfuhr durch den am Münchner Hof weilenden päpstlichen Nuntius Stoppani frühzeitig von der Friedensbereitschaft des neuen Kurfürsten. Wie erfreut Großherzog Franz Stephan darüber war, belegt, daß er – obwohl im Kriegszustand mit Bayern – dem bayerischen Kurfürsten die Geburt eines Sohnes offiziell anzeigte. Wien sah die Möglichkeit eines bayerischen Kurswechsels und einer raschen Aussöhnung. Deshalb wurden die österreichischen Truppen als Zeichen des guten Willens angewiesen, die militärischen Aktionen einzustellen. Die wahre Absicht Max III. Josephs blieb in Wien verborgen. Dort war man bereit, für einen Ausgleich mit Bayern sogar einen ersten vorsichtigen Schritt zu tun. Ein solcher Ausgleich hätte Kräfte gegen Wiens Widersacher im Norden, gegen Preußen, freigesetzt. Maria Theresia ventilierte nun über verschiedene Kanäle, über die Kurfürsten von Mainz und Köln, über Zeitungen und Publikationen, verschiedene Versöhnungsvorschläge mit Bayern. Da diese Vorschläge zum einen sich nicht deckten, zum anderen sich nicht direkt an den Münchner Hof richteten, wurden sie dort nicht ernst genommen. Und wirklich sind einige der publizistischen Friedensoffensiven Wiens aus dieser Zeit mehr als politisches Mittel zu interpretieren, als Stimmungsmache. Maria Theresia wollte Max Joseph auf halbem Weg zur Versöhnung entgegenkommen und erwartete das gleiche von ihm. So konnten in der Zeit der feinen diplomatischen Andeutungen zwei Höfe in der Einschätzung dessen, was den andern bewegte, meilenweit auseinanderliegen. Wien hielt Max III. Joseph reif für einen Kurswechsel, München wertete die Geste der Österreicher, keine militärischen Aktionen zu unternehmen, als Schwäche. Wäre die gegenseitige Einschätzung zutreffender gewesen, hätten sich aufgrund des realen Kräfteverhältnisses wahrscheinlich die Dinge genauso entwickelt, wie sie dann kamen.

Der Reichsvikar

Auf den böhmischen Königstitel verzichtete Max III. Joseph vor allem deshalb, weil er es als vordringlich ansah, das rheinische Vikariat zu gewinnen. Reichsvikar zu sein, das hieß, für die Zeit bis zur Königswahl stellvertretend kaiserliche Funktionen auszuüben. Das war für Max Josephs Vater die erste Stufe zur Kaiserwürde gewesen.

Zum Reichsvikariat hatte Bayern ein gespanntes Verhältnis. Während der Vakanz des Kaiserthrones führten traditionell drei Vikare die Geschäfte des Reiches. Während das norditalienische Vikariat von seinem Inhaber, dem Herzog von Savoyen, niedrig gehängt wurde, waren die Vikariate für die Gebiete des sächsischen Rechtes mit dem Kurfürsten von Sachsen und die Gebiete des fränkischen Rechts mit dem Kurfürsten von der Pfalz von großer politischer Bedeutung. Diese Aufteilung war in der Goldenen Bulle des Kaisers Karls IV., des erfolgreichen Widersachers Kaiser Ludwig des Bayern, festgelegt. Bayern blieb damals aus der Kurfürstenrunde und dem Vikariat ausgeschlossen. Erst im Dreißigjährigen Krieg gelang es Herzog Maximilian, die Kurwürde der Pfalz zugesprochen zu erhalten. Das damit verbundene Reichsvikariat blieb umstritten. Es blieb der letzte grundsätzliche Streitpunkt zwischen der Pfälzer und der bayerischen Linie Wittelsbach. Die Zuerkennung der Kurwürde an die Pfalz wurde aufgehoben durch die Verleihung der Kurhüte sowohl an den Pfälzer wie auch an den bayerischen Herrscher. Die Trennung der Linien in zwei Konfessionen bis hin zur Führung der Protestanten durch die Pfälzer und der Katholiken durch die Bayern wurde mit dem Übertritt der Pfälzer zum römischen Glauben überwunden. Seit 1623 stritten Pfalz und Bayern um das prestigeträchtige Vikariatsamt und damit um das Recht, im Reich oberstes Gericht abzuhalten, Kandidaten für bestimmte Kirchenpfründen zu präsentieren, Reichseinkünfte einzuziehen, Reichsvasallen zu belehnen sowie – besonders wichtig – Rangerhöhungen auszusprechen und prestigeträchtige Münzen zu prägen. 1657 hatte der bayerische Kurfürst Ferdinand Maria einen Vikariatsdukaten, zwei Sorten Vikariatstaler, einen Vikariatsdritteltaler, einen Vikariatssechsteltaler und zwei Sorten Vikariatsneunteltaler prägen lassen, etwas viel für die wenigen Monate zwischen dem Kaisertod und der Neuwahl. Aber das Prestige, wenn auch nur für einen kurzen Zeitraum kaiserliche Funktionen auszuüben, war nicht besser als durch Münzen zu dokumentieren. Wegen des Exils und der Verbannnung von Max II. Emanuel zwischen 1704 und 1715 war das Vikariat für Bayern ausgefallen. Dessen Sohn Karl Albrecht setzte das Vikariat gezielt für seinen Wahlkampf zur Kaiserkür ein. Er einigte sich mit dem pfälzischen Kurfürsten Karl-Philipp auf eine gemeinsame Vikariatsausübung. Sie gaben 1740 mehrere Vikariatsmünzen heraus, auf denen sie die gemeinsame Ausübung betonten und sich bei den größeren Sorten auch gemeinsam abbilden ließen. Eine diplomatische Meisterleistung Karl Albrechts von Bayern, der sich damit zugleich seinen Pfälzer Cousin verpflichtete und nach außen ein Signal der Wittelsbacher Einigkeit setzte. Zusammen mit den geistlichen Kurfürstentümern Trier und Köln bildete der Wittelsbacher Block, sofern er einig war, die Mehrheit im Kurfürstenkolleg. Unter diesem Gesichtspunkt sind die umfangreichen Prägungen in den Münzstätten von Mannheim und München 1740 zu sehen. Mannheim prägte einen Vikaritastaler, einen halben Vikariatstaler und einen Viertelvikariatstaler. München prägte einen Vikariatsdukaten, einen doppelten Vikariatsgoldgulden, einen Vikariatsgoldgulden, einen Vikariatsdoppeltaler, zwei Sorten Vikariatstaler, einen Vikariatssechser und einen Vikariatsgroschen. Auf der Rückseite dieser Münzen findet sich der Kaiseradler ohne Reichsinsignien.

Auf ein derartiges Propagandamittel und stellvertretende Kaiserfunktionen wollte auch der Kaisersohn Max III. Joseph nicht verzichten. So suchte er frühzeitig eine Einigung mit seinem Pfälzer Cousin Karl Theodor auf der Grundlage der Regelung von 1724. Vorsichtshalber legte sich Max III. Joseph unmittelbar nach dem Tod seines Vaters den Vikariatstitel »imperii in partibus Rheni, Suebiae et Franconii juris pro tempore comprovisor et vicarius specialis« zu und ließ auch Gedenkmünzen mit dieser Titulatur prägen. Aber Karl Theodor durchkreuzte seine Pläne, er strebte selbst das Vikariat an. Seinen Anspruch begründete er in Schreiben an das Kurfürstenkollegium unter anderem mit einer mündlichen Vereinbarung zwischen ihm und dem verstorbenen Kaiser. Dafür fanden sich aber keine Anhaltspunkte in den Akten; deshalb muß angenommen werden, daß der Pfälzer den Münchner Thronfolger mit einer Finte übervorteilen wollte. An den Höfen von Versailles und Potsdam und selbst am Münchner Hof mehrten sich die Stimmen, die dem drei Jahre älteren Cousin den Vorzug geben wollten. Aber Max Joseph ließ sich nicht überrumpeln. Hatte er sich zuerst auf ein gemeinsames Vikariat mit Karl Theodor eingestellt, so kämpfte er nach dem Vorstoß seines Cousins um das alleinige Vikariat. Von dieser Position aus wollte er dann entscheiden, welche weitergehenden Ansprüche sich verwirklichen ließen. Aber außerhalb seines Hofes fand er nur beim sächsischen Vikar, dem Kurfürsten von Sachsen und König von Polen sowie beim französischen Botschafter in München Unterstützung. Jetzt wurde die Vikariatsfrage zu einem politischen Prestigethema ersten Ranges unter den Höfen. Und da Frankreich als Großmacht mit beiden Kurfürsten verbündet war, kam ihm eine Schlüsselrolle bei der Entscheidung zu. Die Entscheidung ist damit eingebettet in die damaligen französisch-bayerischen Beziehungen.

Botschafter Chavigny gelang es, König Ludwig XV. davon zu überzeugen, daß eine Lösung zugunsten des bayerischen Kurfürsten mehrere Vorteile für Versailles barg: zum einen brachte sich Frankreich durch aktive Teilnahme als Garantiemacht des Reiches eindrucksvoll in Erinnerung, außerdem band es Bayern durch seine Hilfe stärker an sich, und letztlich verschaffte es dem bayerischen Kurfürsten heiß ersehnte höhere Ehren auf sehr billige Weise. Das sei insbesondere in Hinblick auf die Kaiserwahl, wenn etwa Frankreich den Bayern nicht unterstützen könne oder wolle, ein wertvolles Äquivalent. Somit wurde für Frankreich die Unterstützung des bayerischen Kurfürsten in der Vikariatsfrage zur Ersatzgabe, da es davon ausging, daß es mit der Kaiserwahl Max Josephs nichts werde. Max III. Joseph hingegen handhabe die Vikariatsfrage als eine Art Versuchsballon, ging sie günstig aus, fühlte er sich zu Höherem aufgerufen. In Mannheim bearbeiteten der bayerische Gesandte Raab und der französische Botschafter in München, Chavigny, den Kurfürsten Karl Theodor, um ihn zu einem Verzicht auf das Vikariat zu bewegen.

Schließlich verzichtete Karl Theodor tatsächlich, hauptsächlich wohl unter französischem Druck. Zwischen München und Mannheim wurden entsprechende Vereinbarungen getroffen, das Vikariatspatent auf den 18. Geburtstag Max III. Joseph festgelegt, um etwaigen Kritikern der Volljährigkeitserklärung den Wind aus den Segeln zu nehmen, und mit dem sächsischen Vikariatskollegen Kompetenzen abgesteckt. Unverzüglich nach der pfälzisch-bayerischen Einigung ließ Max III. Joseph Gedenkmünzen und Vikariatsgeld prägen: einen Vikariatsdukaten, wohl meist aus französischen Louisdors der Subsidien umgeprägt, einen Vikariatssechser, einen Vikariatsgroschen und einen Vikariatskreuzer.

Der Frieden von Füssen

Der Erfolg in der Vikariatsfrage erfüllte Max III. Joseph in Verkennung der Umstände, die zu dem günstigen Ergebnis geführt hatten, mit so stolzer Zuversicht, daß er es wieder wagte, sich als Erzherzog zu Österreich zu bezeichnen, und zwar sowohl im Vertrag mit Mannheim wie im Vikariatspatent. Auch in seiner an mehrere Höfe gerichteten Notifikation als Vikar bezeichnete sich Max Joseph wieder mit der österreichischen Titulatur. Mit diesem Sieg in einer von Max Joseph als wichtig eingestuften Frage stieg der Einfluß Chavignys und des Führers der Münchner Franzosenpartei, Toerring, weiter. Der französische General Segur kam nach München, um die gemeinsamen militärischen Aktionen im Frühjahr 1745 zu besprechen.

Aber der Kurfürst behielt seine zweigleisige Politik bei, die darin bestand, einerseits die bisherigen Verbündeten halten zu wollen, andererseits Österreich nicht zurückzuweisen. Er wartete ab, ob ihm die Zeit die Entscheidung abnehmen würde. Konkret wartete er auf bindende Hilfszusagen aus Versailles und Potsdam, von denen er weitere Entschlüsse abhängig machen wollte.

Dieses wochenlange Warten mußte zum Verhängnis werden, wenn im anbrechenden Frühling wieder größere Truppenbewegungen möglich waren. Dann war mit einem neuen österreichischen Angriff zu rechnen. Man wußte von Wiener Rüstungen und konnte sich keinen Illusionen hingeben.

Wien wartete auf Antwort aus München auf seine indirekten Friedensvorschläge, München wartete auf offizielle Friedensangebote aus Wien. Jede Seite war über die andere beunruhigt und rüstete gleichzeitig auf. So läßt sich die Situation nach ersten Signalen der Versöhnungsbereitschaft der Höfe von Wien und München beschreiben. Vermittlungsversuche unternahmen die verschiedensten Persönlichkeiten: Friedrich Karl von Schönborn, noch mit Auftrag des verstorbenen Kaisers, Papst Benedikt XIV., der zum Wittelsbacher Kaiserhof enge Beziehungen unterhalten hatte und dessen Bemühungen deshalb in Wien mit Distanz aufgenommen wurde, der sächsische Kurfürst und polnische König Friedrich II. August, mit dem Österreich seit kurzem verbündet war, der Reichserzkanzler Friedrich Karl von Ostein, der Herzog von Württemberg, Karl Eugen, der mit Hilfe einer deutschen Fürstenunion den Frieden herbeiführen wollte, der Kölner Kurfürst Clemens August, der seinen Münchner Neffen jedoch unerträglich bevormundete.

Von allen Vermittlungen hatten nur Vorstöße des Feldmarschalls Seckendorff Folgen. Er hatte erkannt, daß jede Seite auf den ersten Schritt der anderen wartete. So fädelte er eigenmächtig eine Geschichte ein, mit der er jeden Hof in dem Glauben wiegte, der andere habe den ersten Schritt getan. Für den Kurfürsten Max III. Joseph strickte er folgende Geschichte: Es habe sich bei ihm ein noch nicht zu nennender »redlicher, Treu, Glauben und die Wohlfahrt des Vaterlands wahrhaftig zu Herzen nehmender, erfahrener und in ansehnlichen Chargen stehender Mann« gemeldet, der zu seiner »großen Verwunderung« vom Wiener Hof gesandt sei, um Aussöhnungsverhandlungen zwischen Bayern und Österreich anzubahnen. Nun, dieser geheimnisvolle Mann Wiens war ein Verwandter Seckendorffs, der auf dessen Weisung hin in einer Audienz bei Maria Theresia vorgesprochen hatte, und den er jetzt als scheinbaren Beauftragten Österreichs dem bayerischen Kurfürsten unterschieben wollte. Seckendorffs gewagtes Spiel glückte nur, weil beide Höfe nicht direkt in Kontakt traten und die Angaben überprüften. In München stimmte Max III. Joseph nach Rücksprache mit seiner Mutter, mit Praidtlohn und Preysing der vorgeschlagenen Entsendung des von ihm als gefügig eingeschätzten Fürstenberg zu. Es gab allerdings – zu Recht – großes Unbehagen: Warum legte der alte Ränkeschmied Seckendorff seine Karten nicht auf den Tisch? Warum degradierte er den Münchner Hof durch sein intrigantes Versteckspiel zum Marionettentheater? Warum drängte er in so wunderlicher Weise seinen Kurfürsten? Warum endlich betrieb er den gleichzeitig ergangenen Auftrag, beim schwäbischen Kreis um Kredite zur bayerischen Rüstung nachzukommen, so nachlässig?

Angesichts dieser berechtigten Fragen, die auch jetzt noch den Verdacht zulassen, daß Seckendorff gegen seinen Auftraggeber Max III. Joseph ein eigenes Spiel trieb, hüllte sich der bayerische Hof nach einer ersten positiven Reaktion in Schweigen. In dieser Pause wollte Max III. Joseph die Angelegenheit nochmals gründlich überlegen und sich das Geschehen nicht aus der Hand reißen lassen. Er dementierte gegenüber Ludwig XV. von Frankreich Gerüchte über Gespräche zwischen Bayern und Österreich und erbat die Auszahlung der fälligen Subsidien. Praidtlohn hielt den Kontakt zum drängenden Seckendorff. Es gelang ihm aber weder durch mehrere Anfragen an ihn noch an Fürstenberg, den Namen der »hohen Person« zu erfahren, die Wien vertrat. Da er das Zögern der Münchner Zentrale richtig einschätzte, entwarf Seckendorff selbst eine Instruktion für die Verhandlungen, die er nach München zur Genehmigung schickte. Max III. Joseph genehmigte zwar die Instruktion für Fürstenberg, ließ sie aber voll Unbehagen über die Geheimniskrämerei noch nicht aushändigen. Seckendorff streute nun, um Max Joseph unter Druck zu setzen, Nachrichten aus, die alle einen Tenor hatten, die Verbündeten Hessen-Kassel, Pfalz, ja auch Preußen wären alle auf dem Sprung, sich von Bayern zurückzuziehen. Dadurch erreichte er bei Max III. Joseph tatsächlich Verbitterung und Enttäuschung über die Bündnispartner, beim Münchner Hof Verunsicherung und Verwirrung, bei beiden jedoch nicht schnelle Entscheidungen.

So ließ Maria Theresia gemäß ihrem Plan, Bayern »notfalls mit Gewalt« auf ihre Seite zu ziehen, einen erneuten Einmarsch nach Bayern vorbereiten. Außerdem schickte sie einen Unterhändler, Graf von Colloredo. Seckendorff bearbeitete währenddessen seinen Kurfürsten. Unter Vorlage gefälschter Schreiben behauptete er den unmittelbar bevorstehenden Ausgleich zwischen England, Österreich und Preußen. Er drohte seinem zögernden Kurfürsten, dem Wiener Unterhändler einen Paß zum vorgesehenen Verhandlungsort Füssen auszustellen, mit der Konsequenz der Vertreibung aus seiner Residenzstadt München durch österreichische Truppen. Er schickte seinen »Unbekannten«, seinen eigenen Neffen, in dessen ansbachische Heimat, um dort die Gespräche vorzubereiten. Wahrheitswidrig verwies er dabei auf eine Entscheidung von Max III. Joseph.

Ein endgültiger Bescheid aus Frankreich mit dem Rat an Max Joseph, sich in Zukunft mehr auf eigene Beine zu stellen, und der Verweigerung militärischer Hilfe machte die Seckendorff-Initiative, soviel Unbehagen sie Max III. Joseph bereiten mochte, wichtig. Die Position des französischen Botschafters Chavigny war durch die Bescheide aus Versailles untergraben, die Franzosenpartei in München ernüchtert.

Am 21. März 1745 überschritt General Batthiany mit nur 11 000 Österreichern die Inn-Salzach-Linie bei Passau, Schärding und Braunau. Zugleich stießen die österreichischen Truppen in der Oberpfalz und im Bayerischen Wald über die Donau nach Süden vor. Die österreichische Armee hatte die Bayern und deren Verbündete in den Winterquartieren überrascht. Die hessischen Hilfstruppen räumten die gesamte Donauebene, die den Österreichern in die Hände fiel. Pfarrkirchen, Eggenfelden, Griesbach, Vilshofen, Deggendorf, Plattling und Straubing fielen. Max III. Joseph blieb nach dem kampflosen Rückzug der Hessen nichts anderes übrig, als seine Truppen ebenfalls zurückzuziehen und eine neue Verteidigungslinie aufzubauen, die München abschirmen sollte. Die Franzosen zogen sich nach Schrobenhausen zurück.

Innerhalb einer Woche waren große Teile Bayerns von Österreich überrannt worden.

Wie war es dazu gekommen? Waren doch die verbündeten bayerischen, hessischen und französischen Truppen mit ihren 30 000 Mann in der Übermacht gegenüber den 20 000 Österreichern. Da es sich herumgesprochen hatte, daß Hessen-Kassel nach dem Tod des Kaisers sich von der Frankfurter Union zurückziehen wollte, griff Österreich gerade an dieser weichen Flanke an und rollte die kriegsmüden Hessen auf. Auch die französischen Truppen waren nicht zu offensiven Handlungen bereit. Die bayerischen Truppen aber lagen weit verstreut in ihren Winterquartieren, und ein Fünftel von ihnen war nach dem Urteil von Militärbeobachtern nicht einsatzfähig. So schrumpfte der Vorsprung der bayerisch-hessisch-französisch-pfälzischen Truppen. Wirklich kampfbereit waren nur etwa 10 000 Mann.

Inzwischen trieben die zahlenmäßig unterlegenen Österreicher die bayerischen Soldaten vor sich her. Allein von den hessischen Truppen gingen 3 500 Soldaten in österreichische Gefangenschaft. Oberbefehlshaber Toerring eilte nach Landshut, um den österreichischen Vormarsch zu stoppen. Aber Landshut fiel, Freising fiel. Das Zentralmagazin der bayerischen Armee mit Waffen- und Essensvorräten fiel den Österreichern in die Hände. Angesichts der Bedrohung Münchens floh von dort, wer konnte. Die Kaiserinwitwe zog ins Münchner Angerkloster. In Pfaffenhofen kam es zur Entscheidungsschlacht. Innerhalb von drei Wochen hatte Österreich das Kurfürstentum Bayern zurückerobert und die gegnerische Armee zerschlagen. Einen derart schnellen und kompletten Sieg über die Armee der Frankfurter Union hatte niemand erwartet. Für sein Husarenstück wurde der österreichische Oberkommandierende Batthiany in Wien trotz seines jugendlichen Alters zum Feldmarschall ernannt.

Der Feldzug Batthianys brachte tatsächlich, wie von Wien berechnet, die Friedensgespräche wieder in Gang. Max III. Joseph sandte dem immer noch wartenden Unterhändler Österreichs den erforderlichen Paß und ließ seinem Unterhändler Fürstenberg endlich die ausgearbeitete Instruktion aushändigen. Gesprächsort sollte die bischöflich-augsburgische Grenzstadt Füssen sein.

Wie wenig sich der Münchner Hof seiner prekären Situation nach der Zerschlagung der Allianzarmee bewußt war, zeigt beispielhaft die Sprache des Beglaubigungsschreibens seines Unterhändlers. In einer Prunkurkunde zählte Max III. Joseph noch einmal sämtliche bayerischen Ansprüche auf, bezeichnete sich selbst als Österreichischen Erzherzog und vermied es auffällig, Maria Theresia, deren siegreiche

Armee in seinem Land stand, direkt mit Namen und Titel anzusprechen. Welch ein Kontrast zur Wirklichkeit! Mit Vollmacht und Instruktion traf Fürstenberg Seckendorff, seinen Mentor. Seckendorff beschwor Max III. Joseph, seinen Unterhändler Fürstenberg zum sofortigen Friedensschluß ohne vorherige Rücksprache zu bevollmächtigen. Damit hätte er der Münchner Zentrale jeden Rückzug verbaut und zugleich seinen Einfluß auf Fürstenberg gesichert. Max III. Joseph jedenfalls wollte selbst die Entscheidung über Krieg und Frieden behalten und verweigerte Seckendorffs dringliche Anregung.

Wie abhängig sich Fürstenberg von dem intriganten Seckendorff inzwischen fühlte, zeigt, daß er darum bat, ihn zu den Friedensgesprächen hinzuzuziehen. Österreichs Unterhändler hatte nichts dagegen, und der Münchner Hof erfuhr von dieser Eigenmächtigkeit Seckendorffs und Fürstenbergs gar nichts. Colloredo protestierte gleich zu Beginn gegen die provozierende Vollmacht Fürstenbergs und verlangte unter der Drohung, das Gespräch abzubrechen, ihre Abänderung. Ohne die bayerischen Vertragsvorstellungen auch nur gehört zu haben, entwickelte Colloredo dann ein Zwölf-Punkte-Programm. Der Inhalt deckte sich mit den bekannten Wiener Vorstellungen: Anerkennung Kaiser Karls VII. durch Österreich, Einsetzen des Kurfürsten in seine Erblande, beiderseitiger Verzicht auf Kriegsentschädigung, Verzicht des Kurfürsten auf den Gebrauch der erzherzoglichen Titulatur, Anerkennung der Pragmatischen Sanktion. Die österreichischen Vorlande sollten zurückerstattet werden, bis zur Ausführung bleibe das Innviertel besetzt. München habe den Wiener Anspruch auf die böhmische Kurstimme anzuerkennen und verbindlich die Wahl des Großherzogs Franz Stephan zum Kaiser zuzusichern. Auf die Wittelsbacher Höfe in Köln und Mannheim habe München in entsprechender Weise einzuwirken. Schließlich solle Bayern einen Beitrag zur Vertreibung der Franzosen aus dem Reich leisten. Die Landesfestungen Ingolstadt, Schärding und Braunau blieben bis zur Erfüllung aller Punkte besetzt. Kriegsgefangene würden freigelassen. Konfiszierter Besitz in Österreich und Böhmen werde zurückgegeben, Streitigkeiten wegen Innzöllen würden beigelegt. In zwei Geheimartikeln stellte Wien zusätzliche Forderungen: Der Kurfürst solle 6 000 Soldaten stellen, 4 000 zu Fuß und 2 000 zu Pferd, falls der Friede mit Frankreich vor dem Frieden mit Preußen geschlossen werde. Zum Ausgleich erklärte Maria Theresia sich bereit, dem Kurfürsten beim Erwerb der Herzogtümer Pfalz-Neuburg und Pfalz-Sulzbach behilflich zu sein. Der Ausgleich für dieses pfälzische Gebiet sollte mit preußischen Territorien erfolgen.

In München war man über die österreichische Haltung erschüttert. Eine derartige Härte hatte niemand erwartet. Auch Fürstenberg und Seckendorff waren enttäuscht.

Österreich erwartete von Bayern einen Schwenk auf die gegnerische Seite, Verrat an den Bundesgenossen und Kampf gegen sie, Zustimmung zur Stationierung österreichischer Truppen im eigenen Land, Aufgabe aller eigenen Ambitionen bei der Kaiserwahl und aktive Unterstützung des österreichischen Kandidaten, eventueller Gebietszuwachs auf Kosten der Verbündeten Pfalz und Preußen, Aufgabe bayerischer Festungen ohne zeitliche Begrenzung. Die Gegenleistungen waren gering und vage.

Max III. Joseph, seine Mutter und Preysing konnten sich nicht einigen, wie angesichts dieses harten Auftakts der Verhandlungen weiter zu verfahren sei. Max Joseph setzte sich mit seinem Kurs nicht durch. Er neigte dazu, die Verhandlungen einzustellen und von einem Exil im neutralen Augsburg aus den Krieg weiterzuführen. Selbst bei einer militärischen Niederlage, so seine Einschätzung, konnten die Bedingungen nicht härter ausfallen. Schon bei den ersten Siegen Batthianys hatte Max III. Joseph wieder – wie schon beim Rücktritt Seckendorffs – mit der Möglichkeit gespielt, selbst das Oberkommando seiner Armee zu übernehmen. Besonders die Kaiserinwitwe klammerte sich an die vage Möglichkeit des Nachbesserns und wollte auf keinen Fall die Weiterführung des Krieges. Auch Fürstenberg und Seckendorff waren für Abschluß, »es koste, was es wolle.«

Am 14. April verließ Max III. Joseph mit seinem Hof die Residenzstadt München und zog sich hinter den Lech, in die sichere Reichsstadt Augsburg zurück, um von dort aus weiterzukämpfen. Damit setzte er sich erstmals in einer wichtigen Frage über den Willen seiner Mutter hinweg, die in München zurückblieb. Er war entschlossen, wenn nötig, weiter nach Mannheim auszuweichen und von dort die Befreiung seines Landes zu erkämpfen.

Seckendorff hatte in Kenntnis seines jungen stolzen Landesherrn diese Reaktion befürchtet. Die Fortsetzung des Kampfes ließe sein, Seckendorffs, Friedenswerk scheitern. Um das zu verhindern, trat er aus der scheinbaren Rolle des Mittlers, die er bisher gespielt hatte, heraus und griff offen in das Geschehen ein. Er reiste zum Kurfürsten und wich ihm nicht mehr von den Fersen, bis er seine schriftliche Zustimmung zur Annahme der österreichischen Bedingungen in der Tasche hatte. Doch auch die Franzosenpartei, Chavigny, Klinggräffen und Toerring, versuchte Max Joseph zu beeinflussen. Sie ermunterten ihn zum Exil in Mannheim, wo sie ihn besser in den Griff zu bekommen hofften und Chavigny bot sogar Asyl in Frankreich an. Allein, Seckendorffs Argumente verfingen besser: Es sei unehrenhaft, die Kaiserwitwe zurückzulassen. Max Joseph müsse bei seinen Untertanen bleiben. Militärisch sei sowieso alles verloren. Trotz energischer Versuche Fürstenbergs, den einen oder anderen Punkt des Füssener Präliminarfriedens zu verbessern, mußte Bayern dann angesichts eines dreitägigen militärischen Ultimatums von Batthiany die Bedingungen akzeptieren. Toerring versuchte mit einem Handstreich seinen Kurfürsten von der Unterschrift abzubringen: Er gab einer bei Friedberg lagernden bayerischen Einheit den Befehl, trotz des Waffenstillstandes die Österreicher anzugreifen, um durch diese Provokation die Feindseligkeiten wiederaufzunehmen und die Unterschrift unter den Füssener Vertrag zu verhindern. Max Joseph erfuhr von dem Handstreich seines Oberbefehlshabers und rettete die Waffenruhe mit einem energischen Gegenbefehl. Auch ihm schienen die Bestimmungen unakzeptabel. Aber er war fest entschlossen, im Definitivvertrag günstigere Bedingungen zu erlangen. Seine Unterschrift sollte, so seine Kalkulation, lediglich in militärisch aussichtsloser Situation einen Zeitgewinn erbringen. Mit seiner Unterschrift vom 22. April 1745 war für Bayern der Österreichische Erbfolgekrieg beendet. Einzig der Motor des Friedensprozesses, Seckendorff, und sein Gehilfe freuten sich auf der Seite Max III. Josephs. Fürstenberg: »Wir haben billige Ursache, Gott zu loben!« Der Krieg ging aber auch nach diesem Separatfrieden von Füssen, mit dem Bayern ausgestiegen war, weiter. Frankreichs Truppen unter dem Marschall von Sachsen waren gegen Österreich und die Seemächte zunehmend erfolgreicher. Und in diesen fortdauernden Krieg sollte Bayern gemäß der Füssener Geheimbestimmungen Truppen einsetzen, jetzt aber gegen die bisherigen Verbündeten!

Die Bestimmung des Friedens von Füssen, dem bisherigen Feind Truppen abzutreten, ist in damaliger Zeit nicht ungewöhnlich. Alle Kriege in dieser Zeit wurden auch mit Truppen geführt, die die verschiedenen Landesherren gegen Geld den Großmächten, in erster Linie England, Frankreich und den Niederlanden, zur Verfügung stellten. Mehrere Mittelstaaten im Reich vermieteten ihre Armee an die Großmächte und entlasteten so ihre Kasse.

Besondere Berühmtheit erlangte der Landgraf Ludwig von Hessen-Kassel, dessen Landeskinder in Amerika und auf Gibraltar für England kämpften. Allein Hessen hatte seit der Jahrhundertwende in 17 Verträgen Soldaten verliehen. Es waren dies:

1. Vertrag mit den Niederlanden von 1701 zur Stellung eines Regimentes von 1000 Mann,

2. Vertrag zur Überlassung eines weiteren Infanterieregimentes an die Niederlande, 1701, für 4 Holländische Reichstaler Werbegeld pro Kopf,

3. Vertrag über die Stellung von 6 Kompanien Infanterie von 492 Mann an die Niederlande, 1702, Pauschalgeld: 11 376 Reichstaler,

4. Vertrag mit England und den Niederlanden, 1702, über die Stellung von 1000 Mann Kavallerie und 3000 Mann Infanterie,

5. Vertrag über die Stellung von weiteren Truppen an England und die Niederlande von 1702,

6. Vertrag über die Stellung von 1 Regiment Infanterie mit 900 Mann an England und die Niederlande von 1703. Argent de levée: 21 000 Holländische Reichstaler,

7. Vertrag mit England und den Niederlanden, 1706, über die Stellung von weiteren 11 070 Mann für den italienischen Kriegsschauplatz,

8. Vertrag über Vertragsverlängerung von 1707, Erweiterung von 1707: Stellung von 2 Regimenter Kavallerie für 100 000 Taler, Tross- und Hospitalgelder werden auf 104 694 Taler erhöht, Entschädigungsvereinbarung für Kursverlust in Italien: 67 000 holländische Gulden,

9. Vertrag mit England und den Niederlanden, 1708, über die Übernahme der aus Italien zurückgekehrten Truppen für 100 000 Taler,

10. Vertrag für die Stellung von 17 Kompanien mit 2300 Mann auf drei Jahre mit Österreich, 1717: Ungeachtet des »Eigentums« des Landgrafen an den Truppen werden diese als kaiserlich bezeichnet. Kaiser zahlt für Proviant, Mobilmachung, Zeltwagen, Werbegeld für Ersatzmannschaften und Sold.

11. Vertrag über die Stellung von 12 000 Mann Infanterie an England, die *dans tous les lieux où il sera besoin* kämpfen sollen für 125 000 Pfund Sterling,

12. Vertrag über die Stellung von 3200 Mann Infanterie im Erbfolgestreit von Hanau und Rheinfels mit dem Kaiser, Sold bezahlt der Kaiser. Die nächsten fünf Verträge beziehen sich allein auf den noch nicht beendeten Österreichischen Erbfolgekrieg:

13. Vertrag über die Stellung von 6 000 Mann, davon 1 200 Mann Kavallerie auf vier Jahre mit England 1740,

14. Vertrag mit Preußen, 1743, über die Stellung von 1 Bataillon Infanterie mit 800 Mann. Die Soldaten überläßt der Landgraf von Hessen-Kassel dem preußischen König »für alle Zeit als eigen«. Preis: Unterstützung des Landgrafen bei der Erlangung der Kurwürde,

15. Vertrag über die Verlängerung der Verträge mit Preußen von 1744, Preußen garantiert wiederum Unterstützung bei der Erlangung der Kurwürde für den Landgrafen,

16. Vertrag mit Kaiser Karl VII., 1742, über die Stellung von 3000 Mann Infanterie und Dragoner. Der Kaiser hatte für die Mobilmachung 90 000 Gulden zu bezahlen, nach Übernahme der Truppen monatlich 30 000 Gulden. Gefallene und Verwundete hatte der Landgraf zu ersetzen. Weitere Bezahlung: Unterstützung bei Erlangung der Kurwürde für den Landgrafen und Hilfe im Erbfall Waldeck und Darmstadt.

Der Berechnung wird zugrunde gelegt: 1 Pferd mit 112 Gulden, 1 Soldat mit 36 Gulden, 3 Verwundete = 1 Gefallener,

17. Vertrag mit Kaiser Karl VII., 1744, über die Stellung weiterer 6 000 Mann. Preis: Monatszahlung im Winter 81 032, im Sommer 8 663 Taler. Nach Friedensschluß noch 3 Jahre lang 25 000 Taler.

Da Hessen-Kassel mit beiden Seiten Lieferungsverträge abgeschlossen hatte, kämpften hessische Soldaten in gegnerischen Armeen. Inzwischen verhandelte der Landgraf wieder mit seinem Dauerabnehmer England über neue Lieferungen.

Wie gesagt, Überlassung von Soldaten gegen Geld an Großmächte war im 18. Jahrhundert keine Seltenheit, wenn auch das Ausmaß dieses Geschäfts, mit dem der Landgraf seine Schatulle füllte, aus dem üblichen Rahmen fiel. Diese Praxis erklärt unter anderem die massenhaften Desertionen, deren Zahl die der krankheitsbedingten Ausfälle und die der Gefallenen weit übersteigt.

Auch bei den Offizieren war die Bindung an den Kriegsherrn weniger bedeutsam als der Korpsgeist unter den Offizieren feindlicher Armeen. So machte der Wechsel von einem Kriegsherrn zum andern, sogar mitten im Krieg, keine Probleme. Auch Militärkarrieren kreuz und quer durch verschiedene Staaten waren keine Seltenheit. Vom Feldmarschall Seckendorff und seinen verschiedenen Frontwechseln und Rücksichten war schon die Rede. Eine noch wechselvollere Karriere haben der Unterhändler Max III. Josephs bei den Verhandlungen zu einer Militärkonvention mit Österreich, Graf Saint-Germain, und Pfalzgraf Friedrich Michael von Zweibrücken, Vater des späteren ersten Königs von Bayern, aufzuweisen. Friedrich Michael von Zweibrücken begann seine Offizierskarriere beim bayerischen Kaiser Karl VII., führte sie in Frankreich und der Pfalz fort und beendete sie als Kaiserlicher Feldmarschall von Maria Theresia.

Bei Seckendorff hatte sich bereits gezeigt, daß der sich anbahnende Wechsel von einem Brotgeber zum andern auch die Loyalität zum bisherigen Herrn und seiner Sache beeinträchtigen konnte. Bei dem Grafen Saint-Germain war dies besonders deutlich. Er war die erste Wahl Max III. Josephs als Unterhändler in dem Treffen mit dem österreichischen General Bärnklau in Pöttmes, bei dem es um die Einigung in wichtigen militärischen Fragen zwischen Bayern und Österreich ging. Der fähige Offizier galt darüber hinaus als ein begabter Diplomat, der für den bayerischen Gesandtschaftsposten in St. Petersburg im Gespräch war. Saint-Germain also wurde zu General Bärnklau entstandt, um unter anderem folgende Fragen zu klären: die Behandlung der Gefangenen der französischen, hessischen und pfälzischen Hilfstruppen, die Zusammensetzung der künftigen Besatzung von Ingolstadt, dessen Räumung Österreich zugesagt hatte, die Freigabe der bei Günzburg erbeuteten französischen Kriegsmaterialien, den freien Abzug der Auxiliartruppen, eine Regelung für die Deserteure, die Einstellung der Kontributionserhebung in den Fürstentümern Neuburg und Sulzbach, das freie Geleit für die noch am Münchner Hof weilenden Gesandten und schließlich den ungefährdeten Abzug der französischen Garnison aus Konstanz und aus dem Breisgau.

Mit der Entsendung Saint-Germains anstelle des von Seckendorff empfohlenen, als nachgiebig eingeschätzten Fürstenberg verband Max III. Joseph die Hoffnung auf eine selbstbewußte und zähe Vertretung der bayerischen Interessen. Saint-Germain löste die ihm gestellte Aufgabe so zügig, daß er noch am Eröffnungstag der Konferenz Einigung über alle strittigen Fragen erzielte und seine Militärkonvention mit Österreich unterzeichnete. Sie sah die Kontribution zugunsten Österreichs, die Überlassung der bayerischen Artillerie an Österreich sowie ein Generalpardon für alle österreichischen Übergriffe vor. Kurz gesagt, es war die Wunschliste Österreichs an Bayern, die Saint-Germain und Bärnklau im österreichischen Hauptquartier unterzeichneten.

Wie konnte dies geschehen? Wie konnte der als fähiger Diplomat eingeschätzte Saint-Germain die Interessen seines Auftraggebers derart vergessen oder gar verraten? Seine Ernennung zum bayerischen Bevollmächtigten zu diesem Zeitpunkt war ein grober Fehler Max Josephs. Saint-Germain erfüllte keine der in ihn gesetzten Hoffnungen. Er war der ungeeignetste Unterhändler, den man sich denken konnte. Der aus Frankreich stammende General sah nach den letzten Ereignissen in Bayern keine Möglichkeit mehr, seine militärische Laufbahn und politische Karriere fortzusetzen. Darum interessierten ihn die Angelegenheiten Bayerns, für das er bisher gekämpft hatte, nicht mehr. Seine vordringliche Sorge war es, einen neuen zahlungskräftigen Dienstherrn zu finden, damit er seinen Abschied aus der bayerischen Armee nehmen konnte. Auch Österreich kam durchaus als zukünftiger Dienstherr in Frage. Wirklich verließ er kurze Zeit später Bayern und zog die preußische, später die französische Uniform an;

schließlich wurde er französischer Kriegsminister. Nur dieses Desinteresse ließ Saint-Germain so schnell durch die bayerischen Probleme schlüpfen, daß selbst die österreichischen Verhandlungspartner staunten. Saint-Germain übernahm einfach Bärnklaus Verhandlungsgrundlage. Damit gab er Maria Theresia noch einmal freie Hand in Bayern zum Konfiszieren und Kontributieren. Daß er lediglich eine Verhandlungsvollmacht und keine Vollmacht zum Abschluß hatte, störte ihn dabei nicht: Obwohl nicht dazu befugt, unterzeichnete er die Übereinkunft gleich am ersten Tag. Auch inhaltlich hatte er seine Vollmacht, die ihm nur Verhandlungen über militärische Probleme erlaubte, weit überschritten. Die von ihm unterzeichnete Regelung erstreckte sich weit in den Bereich der politischen Führung. Vielleicht hatte er dies nicht bemerkt, denn er war der deutschen Sprache nicht in dem Ausmaß mächtig, um die Bestimmungen der Übereinkunft in ihrer ganzen Tragweite zu erfassen. Kurz gesagt: Er hatte ganze Passagen des Textes mißverstanden.

Das Ziel Bayerns, mit einer derartigen Regelung den Füssener Vertrag im bayerischen Sinne auszulegen und zu verdeutlichen, war gescheitert. Die bestehenden Streitpunkte waren nicht nur nicht geklärt, sondern vermehrt worden. Zwischen Österreich und Bayern war die Vereinbarung von Pöttmes Anlaß für neuen Streit, denn Max III. Joseph erkannte die ohne seine Ermächtigung unterzeichnete Vereinbarung nicht an. Und Maria Theresia machte sie als verbindliche Übereinkunft zur Grundlage der weiteren Beziehungen zu Bayern.

Es blieb bei der schweren Bedrückung durch die österreichische Besatzung. Die Kontributionen wurden unerbittlich eingezogen.

Österreichs Härte gab der Franzosenpartei wiederum Auftrieb. Sie bestürmte Max Joseph, im letzten Moment zur Allianz zurückzukehren und den Füssener Vertrag nicht zu ratifizieren. Der einfallsreiche Chavigny bot französische Zahlungen in Höhe der österreichischen Zusagen, falls Max Joseph sich wenigstens neutral verhielte und Österreich die Kurstimme bei der Kaiserwahl verweigerte. Chavigny setzte bei seinen Bemühungen geschickt die Kaiserinwitwe ein, um die Ratifikation zu Fall zu bringen.

Max Josephs Zögern blieb in Wien nicht verborgen. Es war für Maria Theresia zugleich ein Grund, die harte Linie gegen Bayern aufrechtzuerhalten. In einer Denkschrift an den Münchner Hof drohte sie sogar mit der Wiederaufnahme der Feindseligkeiten.

Max Joseph suchte weiterhin nach Wegen, Erleichterungen für Bayern zu erreichen. Als einzigen auswärtigen Hof informierte er Köln über die letzten Ereignisse und bat seinen Onkel, Kurfürst Clemens August, im Interesse der Ehre des Hauses Wittelsbach, sich für eine Erleichterung der Bestimmungen des Füssener Friedens einzusetzen. Auch die Kaiserinwitwe wandte sich an ihren Schwager und bat ihn um Hilfe. Aber der wankelmütige und leicht verletzbare Wittelsbacher in Köln war beleidigt. Er hüllte sich voll Ärger über den Alleingang seines Neffen und die Mißachtung seiner Seniorschaft wochenlang in Schweigen.

Ähnlich unergiebig wie die bayerisch-österreichischen entwickelten sich die Verhandlungen Bayerns mit den Seemächten über die Zahlung von Subsidien gegen Stellung bayerischer Regimenter. Dieses Geschäft war im Füssener Vertrag vorgesehen gewesen. Max III. Joseph mußte aus Geldmangel versuchen, noch vor dem Winter einen Großteil seiner Truppen entweder aufzulösen oder einem andern Land zur Verfügung zu stellen. Wie Landgraf Wilhelm von Hessen-Kassel, der eben seinen 18. Truppenüberlassungsvertrag mit England und den Niederlanden abgeschlossen hatte, wollte auch der bayerische Kurfürst seine Soldaten in den Dienst der Seemächte stellen. Max Joseph war auch deshalb an einem schnellen Abschluß gelegen, weil er mit einem baldigen allgemeinen Frieden in Europa rechnete, in dem dann seine Truppen nicht mehr gebraucht würden. Am liebsten hätte er mit den Niederlanden abgeschlossen, weil diese nur defensiv kämpften, um ihr Land zu verteidigen, aber die Seemächte verhandelten wie gewohnt gemeinsam. Ihr Interesse an weiteren Truppen schwankte je nach militärischer Lage auf dem Kontinent.

Als die preußisch-französischen Waffen trotz des Ausfalls von Bayern, Hessen und der Pfalz Erfolge auf Erfolge verbuchten, wuchs der Bedarf der Seemächte an Soldaten. Besonders als der französische Oberbefehlshaber Moritz von Sachsen, ein unehelicher Sohn Augusts des Starken, mit 80 000 Mann unaufhaltsam auf die Grenze der Niederlande vorrückte, sollte der Truppenvertrag schnell abgeschlossen werden.

Vertreter Bayerns wurde der bisherige Reichsvizekanzler Johann Georg von Königsfeld. Er war treu und fähig. Von ihm waren keine Alleingänge zu befürchten, und er hatte lange Konferenzerfahrung. Nachdem es Seckendorff, der wiederum ohne Amt mitmischen wollte, nicht gelungen war, einen Kandidaten seiner Wahl durchzusetzen, griff er nach in Füssen erprobten Mitteln: Wiederum ohne Auftrag fertigte er Instruktionen für den bayerischen Unterhändler an. Der neue Minister Preysing unterband jedoch diese Einmischung. Königsfeld sollte den Seemächten 12 000 Mann anbieten, 8000 Infanterie und 4000 Kavallerie, samt einer Abteilung Artillerie. Die Truppen sollten

41

auf dem Reichsgebiet verbleiben. Einen Teil sollte an der Donau zur Sicherung Bayerns, der andere Teil in Sachsen eingesetzt werden. Max III. Joseph hoffte also, die gesamte bayerische Armee verkaufen zu können, den neuen Dienstherrn aber zu veranlassen, sie nur im Reichsgebiet und möglichst zum Schutz Bayerns einzusetzen. Als Entgelt schwebte ihm die Zahlung von 200 000 Talern vor. Nach Ende des Krieges wären die Soldaten wohlfeiler, um 100 000 zu haben gewesen. Zusätzlich sollten die Seemächte in Wien für Bayern eine Vergrößerung um die Fürstentümer Neuburg und Sulzbach erreichen, sowie die sofortige Räumung der bayerischen Festungen von österreichischer Besatzung. In einer geheimen Instruktion wurde Graf Königsfeld ermächtigt, die Truppen um jeden Preis, auch unter Aufgabe aller Bedingungen noch vor dem Winter zu verkaufen. Sogar ihr Einsatz in Flandern müßte im Notfall in Kauf genommen werden.

Die Verhandlungen erwiesen sich als schwierig, da Max Josephs Wunschliste beim Soldatenverkauf unüblich war. England dachte nicht daran, sich den Einsatzort vorschreiben zu lassen, schießlich befand es sich im Krieg mit Frankreich. Derartige Bedingungen, das wurde dem bayerischen Unterhändler Königsfeld schnell klargemacht, waren im Parlament nicht durchzusetzen. Schließlich bissen sich beide Seiten an der Forderung Bayerns fest, die bayerischen Truppen nur für defensiven Einsatz zu verwenden. Da brachten militärische Nachrichten wieder Bewegung in die Verhandlungen: Ostende fiel den Franzosen in die Hände, und der britische Thronprätendent, der Stuart Karl Edward, war mit französischer Unterstützung in Schottland gelandet und rückte mit einer Armee nach Süden vor. Der englische Verhandlungsführer Lord Harrington ließ Königsfeld als Vorleistung auf einen baldigen Abschluß 150 000 Gulden aushändigen. Beim Scheitern der Verhandlungen mußte diese Summe zurückerstattet werden. Damit endete die Hannoversche Konferenz zunächst mit einer Enttäuschung. Daß Bayern nicht so reibungslos wie Hessen-Kassel seine Soldaten verkaufen konnte, lag am hartnäckigen Beharren seines Kurfürsten, seine Truppen nur zum defensiven Einsatz, keinesfalls zur freien Disposition herzugeben.

Da zur gleichen Zeit in Frankfurt das Tauziehen um die Wahl des zukünftigen Kaisers stattfand, bei dem Bayern eine Schlüsselrolle einnahm, hatte Max Joseph die besseren Karten, wenigstens solange England noch Bedarf an Soldaten hatte und solange die Kaiserwahl nicht entschieden war. Anderseits konnte Max Joseph mit der Abtretung seiner Armee an England und Österreich bei der derzeitigen militärischen Lage leicht auf die Seite der Verlierer geraten und sich der Ra-

che seines früheren Verbündeten Frankreich aussetzen. Eine Befürchtung, die besonders den zuständigen Minister Preysing, aber auch Max III. Joseph sehr beunruhigte.
Nach der ersten Krise wurden die Verhandlungen in London weitergeführt, für die bayerische Seite vom dortigen Gesandten Haslang. Aber nun überzog Max III. Joseph. Forsch trat er als Reichsvikar gegenüber dem französischen Druck in der Wahlstadt Frankfurt auf und sattelte eine weitere Forderung an die Seemächte drauf: Sie sollten eine Garantie des bayerischen Territoriums abgeben. Jetzt verlor die englische Seite das Interesse. Dazu kamen noch zwei Nachrichten, die den Kurswert der bayerischen Soldaten fallen ließen. In London war ein Angebot der Zarin zur Stellung von über 40 000 Soldaten eingetroffen, ohne lästige Einsatzwünsche und sonstige Bedingungen. Außerdem zeichnete sich in Frankfurt das Ende der Wahlprozedur ab. England verlor zudem mit der anwachsenden Gefahr aus dem Norden durch den Stuart-Thronanwärter Karl Edward das Interesse an kontinentaler und Reichspolitik. Es zog sämtliche Truppen, auch die hessischen Soldaten, nach England ab. Ein halbes Jahr war England durch Aufruhr und Regierungskrise völlig gelähmt.
So mußte Max III. Joseph für die teuren Winterquartiere seiner zum Verkauf stehenden Armee für ein weiteres Jahr aufkommen. Der Bayer hatte einerseits in der letzten Phase dieser wichtigen Verhandlungen die Interessenlage Englands falsch eingeschätzt und seine Bedingungen überzogen, andererseits die zeitlich begrenzte günstige taktische Lage im Zuge der Kaiserwahl nicht rechtzeitig ausgenutzt.

Die Kaiserwahl

Im Vertrag von Füssen hatte Max III. Joseph Österreich versprochen, in der anstehenden Kaiserwahl dessen böhmische Kurstimme anzuerkennen und den Kandiaten Franz Stephan von Habsburg-Lothringen zu unterstützen. Weiter hatte er zugesagt, in der Pfalz und in Köln darauf hinzuwirken, daß auch diese Kurfürsten den Wiener Kandidaten unterstützten.
Nach Vertragslage brauchte der Kandidat Franz Stephan nicht mit großen Schwierigkeiten zu rechnen. Die Stimmen Böhmens, Hannovers, Mainz', Bayerns und wahrscheinlich Kölns und der Pfalz ergaben bereits eine sichere Mehrheit. So einfach geht es selten zu. Was Max Joseph im Vertrag von Füssen versprach und wozu er sich verpflichtet

fühlte, das waren zwei Paar Stiefel. Im Ministerkreis, der ihm sowieso überwiegend von Füssen abgeraten hatte, in Korrespondenzen mit befreundeten Höfen und in Gesprächen mit Gesandten hat Max III. Jospeh nie einen Zweifel daran gelassen, daß er sich durch den Vertrag nur insoweit gebunden fühlte, wie er unmittelbar zu seiner Erfüllung gezwungen werden konnte. War eine militärische Erzwingung wie in der Frage der Kaiserwahl oder der Einflußnahme auf andere Höfe nicht möglich, blieb unveränderte Richtschnur seines Handelns die Rangerhöhung seines Hauses. Und stand dies nicht zur Debatte, dann schraubte er den Preis für Bayerns Stimme so hoch wie möglich. Der Kurfürst wußte, daß diese Wahl für längere Zeit die letzte Gelegenheit war, bei der Maria Theresia ihn brauchte, und er war entschlossen, wenn er schon den Kandidaten Wiens nicht verhindern konnte, so doch dessen Wahl als Druckmittel im bayerisch-österreichischen Verhältnis einzusetzen.

Wie war die Interessenlage der anderen Staaten im Jahr 1745?

Seit ihrem Regierungsantritt war es unverrückbares Ziel Maria Theresias gewesen, für ihr Haus die Kaiserwürde wiederzuerlangen. Diesem Ziel waren alle anderen Aktionen Österreichs untergeordnet. Die ungarische Königin durfte sich dabei der Unterstützung Englands und der Niederlande für ihren Gemahl sicher sein. Frankreich und Preußen gingen nach dem bayerischen Ausscheren aus der Allianz mit dem Vertrag von Füssen davon aus, daß sich die Wahl des Großherzogs wohl nicht verhindern lasse, daß sie aber so lange wie möglich behindert werden sollte nach dem Motto: Ändert es auch nichts, ärgert es die Wienerin doch! Und in diese Einstellung ließ sich trefflich das bayerische Interesse auf Nachbesserung des Füssener Vertrages einbauen, kalkulierte durchaus zutreffend Max Joseph.

Als Gegenkandidaten des Großherzogs kamen ernsthaft nur drei Personen in Frage. Preußens Friedrich, der sich mit der Kaiserkrone zugleich den endgültigen Sieg über Habsburg erträumt haben dürfte; stellte mit Blick auf die Konstellation im Kurfürstenkollegium und dessen große katholische Mehrheit diesen Wunsch zurück.

Frankreichs Kandidat wurde, nachdem sich das bisherige Schwert Bayern als zu stumpf erwiesen hatte, der Kurfürst von Sachsen und König von Polen. Sein Vorteil war, daß hinter ihm ein größeres Machtpotential stand als hinter Bayern. Die Aussichten des sächsischen Wettiners auf die Kaiserkrone mußten nicht schlechter sein als die des Wittelsbachers. Auf diese Marschrichtung schwenkte schließlich auch Preußen ein. Und Bayern sollte durch den dortigen französischen Botschafter Chavigny auf französischen Kurs gebracht werden.

Bayerns junger Kurfürst war aber gerade durch Chavigny in seiner Einstellung bestärkt worden, daß allein er, Max III. Joseph, der rechtmäßige Nachfolger seines Vaters Kaiser Karls VII. sei. Seither trug sich Max Joseph ernsthaft mit dem Plan, die Kaiserkrone zu behaupten. Dies berichteten mehrere Gesandte übereinstimmend an ihre Höfe. In seiner Absicht wurde der Kurfürst von seiner Mutter, der Kaiserinwitwe, wie von seinen leitenden Ministern Toerring und Preysing unterstützt. Auch Reichsvizekanzler Königsfeld unterstützte das Vorhaben, wahrscheinlich, weil er nur so seine Reichsfunktion behalten konnte. Für die politisch bestimmenden Persönlichkeiten am Münchner Hof war die Behauptung der Kaiserkrone zunächst vorrangiges Ziel bayerischer Politik. Schon im Januar sondierten Bayerns Gesandten an den Höfen von Mainz, Köln, Brandenburg-Preußen, Hannover und Versailles in dieser Richtung.

Die Unterstützung der Kurie schien gesichert dank des engen und guten Verhältnisses des Heiligen Stuhls zum verstorbenen Kaiser Karl VII. Außerdem hatten österreichische Truppen im Kirchenstaat derartige Ausschreitungen verübt, daß Papst Benedikt XIV. sich entschloß, die Kandidatur des Großherzogs Franz Stephan zu bekämpfen. Auch Kardinalstaatssekretär Valenti vertrat diese Position trotz energischer Proteste aus Wien. Das päpstliche Ziel, den Verbleib der Kaiserkrone in München zu fördern, wird auch aus der Bestellung des bayernfreundlichen kurialen Wahlbotschafters Soppani deutlich. Nachdem sich der Papst über die geringen Wahlaussichten Max Josephs Klarheit verschafft hatte, kehrte er zur Neutralität zurück.

Max III. Joseph spielte also nur im Vorfeld der Kaiserwahl als Kandidat eine Rolle. Ernsthafte Chancen hatte er nie. Seine Mutter und seine Minister stuften seine Aussichten deutlich günstiger ein als er selbst. Trotz des brennenden Wunsches, seinem Vater im Kaiseramt zu folgen, hatte sein Wirklichkeitssinn sich bald durchgesetzt. Er entschloß sich, die bayerische Kurstimme so teuer wie möglich zu verkaufen. Die Aussichten dafür waren gut, denn das Münchner Votum war sowohl von Frankreich wie von Österreich und den Seemächten heiß umworben. Sollte ihm eine Absprache mit den anderen Wittelsbacher Kurfürsten in Köln und Mannheim gelingen, dann bildeten diese drei Stimmen einen gewichtigen Block. Sachsen und Brandenburg galten als unsicher. Der Großherzog konnte mit Mainz, Trier und Hannover fest rechnen. Die böhmische Stimme blieb umstritten. Im Mai tendierte der schwankende Kurfürst Clemens August wieder einmal zur Unzeit zu Wien und versprach, den Großherzog zu wählen. Karl Theodor aus der Pfalz schwenkte dagegen auf den preußisch-französischen Kurs ein. Die Stimmen aus Dresden und München mußten jetzt den Ausschlag geben. Damit die beiden nicht von Österreich gegeneinander ausgespielt wurden, erstrebte Max Joseph eine enge Absprache mit Sachsen. Dabei war ihm seine Tante Maria Josefa, Kurfürstin in Dresden, behilflich. Zu bayerischen Wahlbotschaftern wurden Graf Seinsheim und Baron Raab ernannt. Beide erhielten keine Vollmacht mit auf den Weg, sondern nur die Aufforderung, das Wahlgeschäft nach Möglichkeit zu behindern und zu verzögern. Dies besorgten sie in drei Monaten Vorgesprächen gründlich.

Als die Wahlverhandlungen im Juni endlich anliefen, sorgten die Vertreter Brandenburgs, der Pfalz und Bayerns für einen Eklat mit der Forderung, die Verhandlungen auszusetzen, um in einer vorbereitenden Konferenz über die umstrittene Zulassung der böhmischen Kur zu entscheiden. Der Reichserzkanzler hatte sie selbstherrlich wieder reaktiviert, nachdem sie bei der letzten Wahl 1740 wegen Beanspruchung sowohl von Bayern wie von Österreich suspendiert worden war. Der Suspensionsbeschluß des Kurfürstenkollegiums könne nur durch einen neuen Beschluß des gleichen Gremiums aufgehoben werden, argumentierten die drei Botschafter. Mit derartigen Geplänkel verzögerte sich der Beginn bis in den August 1745. Dann legte Baron Raab die geforderte Vollmacht vor. Nun war Bayern endlich mit einer bevollmächtigten, aber, da der zweite Gesandte immer noch nicht eingetroffen war, nicht vollständigen, ordnungsgemäßen Delegation vertreten. Wien übte über den Kurfürsten von Köln Druck auf Max III. Joseph aus, pochte auf die Füssener Zusage. Der Gesandte Raab erbat mehrfach dringlich Instruktionen.

Nichts schien den bayerischen Kurfürsten zu bewegen. Da erhielt Wien indirekte Hilfe von Frankreich, die Max III. Joseph aus seiner Obstruktionshaltung herausriß. Als Vikar war er für die Sicherheit der Wahlgesandten in der Reichsstadt Frankfurt verantwortlich. Nun wurden die Klagen der Wahlgesandten, die sich von französischen Truppen um Frankfurt eingekreist und bedroht sahen, laut. Der Appell an Max Josephs Reichstreue, Verantwortung und Ehre als Reichsvikar fruchtete: Max Joseph ergriff wirksame Schutzmaßnahmen für Frankfurt. Damit stellt er seine Pflichten als Reichsverweser über kleinliche Behinderungen. Vor allem aber wird er gehofft haben, mit dem Abdrängen der Franzosen auch die Österreicher schneller aus Bayern zu bewegen.

Sein leitender Minister Preysing, durch den Vertrag von Füssen völlig ins französische Lager gedrängt, billigte das Einschwenken seines Kurfürsten nicht. Er wollte weiterhin und in stärkerem Maße die bayerische Kur als Druckmittel zur Erreichung anderer politischer Ziele einsetzen. Als der für die Außenpolitik zuständige Minister instruierte er Botschafter Raab in Frankfurt, auch entgegen anderslautenden Anordnungen des Kurfürsten. Im daraus sich für Raab ergebenden Konflikt pochte Preysing darauf, daß er notfalls gegen die kurfürstliche Anweisung handeln müsse.

Aus Raabs Verhalten mußten Beobachter schließen, daß Bayern zur Gruppe derer zu rechnen sei, die der Wahl des Großherzogs ablehnend gegenüberstanden. Max III. Joseph sandte seinen zweiten Wahlbotschafter Seinsheim immer noch nicht nach Frankfurt, sondern nach Mannheim, um mit dem Pfälzer Kurfürsten das weitere Vorgehen abzustimmen. Daraus schlossen Friedrich II. und Karl Theodor, daß es möglich war, Max III. Joseph im Lager der Wahlgegner zu halten. Auch Frankreich schöpfte wieder Hoffnung.

Wo stand Preysing, der verantwortliche Minister Bayerns? Er wollte die Kaiserwahl weiterhin verzögern. Zum einen versprach er sich davon politischen Gewinn, zum andern erkannte er durchaus zutreffend die Gefahr von französischen Sanktionen, wenn Bayern ins Lager Wiens überwechseln würde. Die Franzosen hatten 1742 gezeigt, wie stark sie gegebenenfalls auf eine Kaiserwahl Einfluß nehmen konnten. Bei einer knappen oder zwiespältigen Wahl in Frankfurt konnten die französischen Truppen zu einer Gefahr werden. Daraus leitete Preysing die Alternative für die bayerische Kaiserpolitik ab: Entweder eine einstimmige oder keine Wahl. Da das erste nicht zu erwarten war, vertrat er die zweite Position.

Dies versetzte seinen Hauptgegner am Hof, Seckendorff, in Unruhe. Der Intrigant von Füssen wollte nach gleichem Muster wie beim Abschluß des Friedens auch bei der Kaiserwahl Österreich und Bayern durch einen erbetenen Eingriff »nützlich sein«. Auf diese Weise glaubte er wohl seine Anliegen am Wiener Hof am besten zu befördern. Zunächst dämpfte er durch den unselbständigen Praidtlohn eine scharfe von Preysing verfaßte Erklärung. Dann fuhr er selbst nach Frankfurt, um fernab vom Münchner Hof seine Mittelsmänner zu dirigieren. Diese Methode hatte er schon in Füssen erfolgreich erprobt. Mit dieser Reise trat er eine Lawine los: Chavigny fürchtete Seckendorffs Eingriff und begab sich nach Frankfurt, der österreichische Botschafter ebenfalls. Sogar der Gesandte Bayerns bei den Hannoverschen Subsidienverhandlungen mit den Seemächten, Graf Königsfeld, fuhr in die Wahlstadt. Ihr übereinstimmendes Ziel war es, Baron Raab jeweils in ihrem Sinne, vorbei am Willen des Kurfürsten, zu beeinflussen.

Aber die Grundrichtung blieb: In die Wahlkapitulationen wurde auf Antrag Bayerns und mit Zustimmung der anderen Kurfürsten die Bestimmung aufgenommen, daß der neue Kaiser den Vikariatsvergleich zwischen der Pfalz und Bayern sowie alle Verfügungen des Vikars anerkennen werde, vorbehaltlich der Genehmigung durch den Reichstag, für die er sich einzusetzen verpflichtete. Damit waren alle Wünsche Bayerns, die in einem inhaltlichen Zusammenhang mit der Kaiserwahl standen, erfüllt. Diese beruhigende Nachricht und die Neuigkeit von Erfolgender österreichischen Truppen am Rhein gegen Frankreich veranlaßten Max III. Joseph und Preysing, dessen diesbezügliche Befürchtungen damit hinfällig waren, Raab zu ermächtigen, den Widerstand aufzugeben und dem Großherzog Franz Stephan die Stimme zu geben. Am 13. September wurde er schließlich ohne die Stimmen von Brandenburg und der Pfalz gewählt. Nach einem Interregnum von einem dreiviertel Jahr hatte das Reich wieder ein Oberhaupt.

In Bayern fielen die Festlichkeiten anläßlich der Wahl und der Krönung des neuen Kaisers auffallend bescheiden aus. Zwar wurde nach erfolgter Wahl Gala, Te Deum und Salut für Kaiser Franz I. angeordnet, aber die Beteiligung an derartigen Festlichkeiten ging über zeremonielle Höflichkeit nicht hinaus. Während Wien sich noch im wiedergewonnenen Glanz der Kaiserkrone sonnte, holte Max Joseph enttäuscht zu einem letzten Schlag in diesem Gefecht aus, der Franz ganz besonders erbittern mußte. Er belehnte den brandenburgisch-preußischen Kurfürst-König Friedrich mit der Grafschaft Ostfriesland. Diese Grafschaft war seit 1690 zwischen Hannover und Preußen umstritten und seit 1744 zudem zum Zankapfel zwischen Preußen und Österreich geworden.

Max III. Joseph war als Vikar zu diesem Schritt befugt, wenn auch der Zeitpunkt – nach der Kaiserwahl – ungewöhnlich war. Während alle Welt auf den neuen Kaiser blickte, legte ihm sein Vikar im letzten Moment in einem geschickten Zusammenspiel zwischen München und Potsdam noch ein Kuckucksei ins Nest. Und nach der Wahlkapitulation war der eben gewählte Kaiser verpflichtet, sich für die Anerkennung auch dieser für ihn nachteiligen Verfügung einzusetzen. Indem Max III. Joseph seinen Gönner Friedrich in dieser umstrittenen Angelegenheit derart begünstigte, setzte er einen bezeichnenden Schlußpunkt unter seine Amtszeit als Reichsvikar. Er zeigte nämlich, daß er das ihm angetane Unrecht nicht vergessen hatte und gewillt war, sich bei erster Gelegenheit zu rächen.

Wien reagierte sofort mit der Aussetzung des nun fälligen Abzuges seiner Besatzungstruppen in Bayern. Wie wenig der Kurbayer fähig oder bereit war, seine Gefühle zu beherrschen, zeigte sich schon bei einem Zwischenspiel nach der Kaiserwahl. Königin Maria Theresia brach unmittelbar nach erfolgter Wahl auf, um persönlich an der Krönung ihres Gatten in Frankfurt teilzunehmen. Zweckmäßigerweise wollte sie ihre Reise durch Bayern nehmen. Trotz ordnungsgemäßer Ankündigung ihrer Reise schenkte die bayerische Seite ihr nur geringe Aufmerksamkeit. Max III. Joseph, der sie, die Ranghöhere, an der Grenze hätte empfangen und durch Bayern begleiten sollen, blieb in München und entsandte lediglich den Grafen Tattenbach zur Begleitung. Die bayerische Bevölkerung verhielt sich gegenüber Maria Theresia ebenfalls kühl und zurückhaltend: Nirgends fanden sich Zuschauer, ehrende Paraden, geschweige denn begeisterte Festgäste ein. Maria Theresia eilten sogar Schmähschriften voraus, und die Bevölkerung mußte wegen Beleidigungen und Schmähungen der Königin verwarnt werden. Zu mehr als dem Schutz des Lebens der Monarchin war Max III. Joseph nicht bereit. Ungeachtet seines Amtes als Erbtruchseß während der Krönungszeremonie blieb er ebenso wie Friedrich II. und Karl Theodor Frankfurt fern. Nicht einmal zu einer nachträglichen Höflichkeitsvisite konnte er sich durchringen.

War die Hinreise der Königin schon kühl abgelaufen, mußte nach Max III. Josephs Absagen die erste Begegnung des Kaiserpaares mit dem bayerischen Kurfürsten geradezu frostig verlaufen. Max III. Joseph beschränkte sich bei diesem Treffen auf unvermeidliche Höflichkeitsfloskeln. Nachdem er seine Glückwünsche zur Wahl ausgesprochen hatte, verließ er das Kaiserpaar in Pfater an der Donau wieder. Eine Begleitung des Kaiserpaares per Schiff von Ulm bis Passau lehnte er ab. Er änderte seine reservierte Einstellung auch nicht, als die österreichischen Truppen am 18. Oktober das Land endgültig räumten und im November das Kaiserpaar ihm ausdrücklich für seine Kurstimme dankte.

Die Politik des neugewählten Kaisers Franz I. war von Anfang an darauf ausgerichtet, das Reich gegen Österreichs Feind Frankreich zu mobilisieren. Dagegen hatte die Politik Max III. Josephs zum Ziel, eine Schwächung seines langjährigen Bündnispartners und seiner Schutzmacht Frankreich zu verhindern.

Bayern hatte sich in mancher Hinsicht von Frankreich entfernt: Es war aus der von Frankreich getragenen Frankfurter Union ausgetreten. Bayerische Soldaten hatten gegen Frankreich kämpfen und von den Truppen des Oberbefehlshabers Moritz von Sachsen eine vernichtende Niederlage einstecken müssen. Max III. Joseph war immer noch an einem Verkauf seiner gesamten Armee an Frankreichs Feind, England, interessiert. Der österreichische Kandidat war mit der bayerischen Kurstimme zum Kaiser gewählt worden. Dennoch versuchte Max Joseph aus historischen und strategischen Gründen die Balance zwischen Wien und Versailles zu halten. Die militärische Lage verschlechterte sich für Habsburg, das jetzt an drei Fronten – Flandern, Böhmen und Italien – kämpfte, zunehmend. In Flandern errang die französische Armee einen Erfolg nach dem anderen, so daß die gesamten Österreichischen Niederlande besetzt wurden. In Böhmen gewann Preußens Friedrich in der Schlacht von Hohenfriedberg am 4. Juni 1745 die Initiative gegenüber Sachsen und Österreicher zurück. Spanische Truppen eroberten ganz Oberitalien. Diese militärische Entwicklung verfolgte der Kurbayer hocherfreut, bot sich ihm doch anscheinend dadurch die Möglichkeit einer Revision des Füssener Vertrages.

So war Bayerns Haltung zu einem Reichskrieg gegen Frankreich, wie ihn Österreich anstrebte, zögernd bis ablehnend. Die Erklärung des Reichskrieges hätte dem Kaiser ein Reichsheer von 84 000 Mann Infanterie und 36 000 Mann Kavallerie verschaffen können. Im Füssener Vertrag hatte sich Bayern zur Unterstützung Österreichs verpflichtet. Aber Max III. Joseph dachte nicht daran, den erzwungenen Vertrag einzuhalten. Nachdem sich die Kräfteverhältnisse geändert hatten, fühlte er sich nicht mehr gebunden. Ausdrücklich stellte er fest, daß es angebracht sei, diese Verpflichtung des Friedens von Füssen nicht einzulösen. Die Abstimmung im Kurkollegium blockierte Max III. Joseph auf eine Weise, wie er sie schon bei den Verhandlungen zur Kaiserwahl erprobt hatte: Er sandte einen Vertreter, aber ohne Vollmacht. Für die Zeit bis Mitte Dezember war dann der Reichstag lahmgelegt, weil er von Frankfurt wieder an seinen angestammten Sitz Regensburg zurückkehrte. Als Bayerns Vertreter Karg-Bebenburg endlich, mit kurfürstlicher Vollmacht ausgestattet, dem Kaiser die Unterstützung seines Landes gegen Frankreich zusagte, verstand München diese Zusage nur als eine allgemeine, nicht bindende Willenserklärung.

Die Verweigerungspolitik Max III. Josephs und Preysings verwirklichte sich jetzt auf unteren Ebenen. Sie zeigt, daß Bayern aus der Schwächung des Kaiserhofes durch dessen militärische Niederlagen, den Verlust der Verbündeten Sachsen und England seinen Vorteil zu ziehen entschlossen war. Und hier erhielt die bayerische Außenpolitik unter Max III. Joseph, so zufällig und schwankend sie bis dahin wirkte, erstmals Konturen und Konsequenz. Der Kurfürst hatte im November seine Minister Preysing, Praidtlohn und Königsfeld um Gutachten zur politischen Lage gebeten. Preysing, der um so mehr Freude an seinem Amt bekam, als es ihm gelang, den Dauerschatten Seckendorff zu bannen und dessen Clique zurückzudrängen, legte schon nach einer Woche seine Überlegungen vor.

Preysings Konzeption war zugleich die Fortschreibung seiner bisherigen Politik. Er sah zwei Möglichkeiten für eine zukünftige bayerische Politik. Entweder Bayern blieb neutral, oder es schloß sich einem der kämpfenden Blöcke an. Krieg gegen den Kaiser schloß er wegen der Reichstreue Bayerns aus, Krieg gegen die bisherigen Verbündeten Frankreich, Preußen und Spanien auf einem der Kriegsschauplätze Flandern, Böhmen oder Oberitalien widerstrebte ihm angesichts der von Max Josephs Vater geschlossenen Verträge, die seiner Meinung nach trotz des Füssener Friedens gültig waren. Die »deutsche Ehr- und Redlichkeit« erfordere, daß der Kurfürst sich weiterhin zu diesen Abkommen bekannte. Neutralität sei angesichts der ungewissen und labilen Lage der einzig sinnvolle Weg bayerischer Politik. Das bedeutete aber die Unterhaltung einer starken Armee und die enge Verbindung mit der Pfalz, um das eigene Gewicht zu erhöhen. In Zukunft würden sich nur durchsetzungsfähige Staaten und Mächtegruppierungen halten können. Bei Aufrechterhaltung aller Ansprüche gelte es die eigene Position zu stärken. Damit werde zugleich der Friede im Reich erhalten, womit der Kurfürst sich »unsterblichen Ruhm« erwerbe. Sollte man auf diesem Wege der eigenen Stärkung und Allianz mit der Pfalz in der Verwirklichung der unveränderten Ziele auf Rangerhöhung und Gebietserweiterung nicht weiterkommen, so könne man sich nach Lage der Dinge immer noch anders entscheiden.

Preysings Konzept war sachlich, geradlinig und zielstrebig. Preysings Einschätzung kam Max III. Josephs Neigung zum Abwarten und Lavieren entgegen. Preysings Grundsätze zielten, wenn auch unausgesprochen, auf die Bildung eines Blocks deutscher Mittelstaaten. Für diesen wollte er außer Bayern und der Pfalz auch Preußen und Sachsen gewinnen.

Wie Preysing forderten auch Praidtlohn und Königsfeld in ihren Gutachten die weitere Unterhaltung einer starken Armee. Sie empfahlen jedoch einen Neutralitätskurs, der sich an das Kaiserhaus anlehnte.

Max III. Joseph entschied sich für Preysings Konzept und hielt mit einigen Schwankungen daran fest, solange er lebte. Freilich bedeutete die engere Zusammenarbeit mit der Pfalz, besonders aber mit Preußen, keine wirkliche Neutralität, vielmehr betonte sie die eigenständige Haltung gegenüber dem Kaiser, eine Nähe zu Frankreich, solange denn Österreich und Frankreich sich noch feindlich gegenüberstanden. Aber: Affront gegen Österreich gehörte für den bayerischen Kurfürsten Max III. Joseph inzwischen schon zur festen Tradition.

Heirat

Das entscheidende Problem, mit dem sich Max III. Joseph in seiner Regierungszeit auseinanderzusetzen hatte, war der Fortbestand der Dynastie. Die beiden weltlichen Wittelsbacher Kurfürsten, Karl Theodor aus der Pfalz und er, waren verheiratet. Karl Theodor hatte auf Wunsch seines Vorgängers eine Cousine zur Frau genommen, die Sulzbacher Prinzessin Elisabeth Auguste. Zweck dieser Verbindung war es, die niederrheinischen Herzogtümer Jülich und Berg dem kurfürstlichen Haus zu erhalten. Max III. Joseph von Bayern ließ sich bei der Wahl seiner Ehefrau mehr vom Prestige der Dynastie leiten.

Die ersten Überlegungen zu seiner Verheiratung waren bereits zu Lebzeiten seines Vaters angestellt worden. Kaiser Karl VII. hatte für Max Joseph Maria Anna Sophie, eine Tochter der Dresdner Schwägerin, ins Auge gefaßt. Zugleich sollte die kurbayerische Prinzessin Maria Antonia Walpurgis den sächsischen Thronfolger heiraten. Politische Absicht war 1743 gewesen, Sachsen stärker in die Anti-Habsburg-Front einzubinden. Aber Sachsens Minister Heinrich Graf von Brühl hatte andere Pläne und blockte ab. So kam der Münchner Hof, besonders nach dem Tod des Kaisers, zu anderen Überlegungen. Clemens August, Max Josephs Kölner Onkel, wollte den Neffen mit einer habsburgischen Prinzessin verheiraten und damit sein angestrebtes Ausgleichs- und Versöhnungswerk mit Österreich krönen. Sein Widersacher war der französische Botschafter Chavigny, der eine Bourbonenprinzessin nach München bringen wollte. Der preußische Botschafter bot die Schwester des Königs Friedrich II. zur Heirat an. Alle Vorschläge waren mit der Hoffnung auf eine bestimmte politische Kursrichtung verbunden.

Das verdroß Max III. Joseph, der sich den zukünftigen Kurs nicht durch eine politische Hochzeit vorzeichnen lassen wollte. Sein Bestreben war es, sich mit der Hochzeit von seinen drückenden Geldsorgen zu befreien. Er faßte die Tochter des Königs von Portugal ins Auge, nach dem Urteil des preußischen Königs die beste Partie in Europa. Zugleich wollte er seine Schwester mit dem portugiesischen Thronfolger vermählen und so starke Bindungen zur reichsten Fürstenfamilie herstellen. Aber Lissabon winkte ab. Daraufhin wandte Max Joseph sich der zweiten Königstochter zu, die zur Wahl stand, eben Maria Anna Sophie. Seit dem Sommer 1745 liefen die Verhandlungen bereits in diese Richtung. Im Frühjahr 1746 fiel dann mit Unterstützung seiner Mutter und des sächsischen Gesandten Gersdorf die Entscheidung. Durch die geplante Doppelheirat gewann Dresden eine bayerische Kaisertochter, Max III. Joseph die Tochter des Wettiners Friedrich II. August, Kurfürst von Sachsen und König von Polen. Maria Anna Sophie war eine sehr attraktive Prinzessin. Ende Juli 1746 wurde die Doppelverbindung in München bekanntgegeben. Im August reiste Max III. Joseph inkognito, es war seine erste Auslandsreise als Kurfürst, nach Dresden. Als Graf von Angelberg begleitete er eine bayerische Gesandtschaft, die der sächsischen Prinzessin die Glückwünsche ihres baldigen Gemahls überbringen sollte. Er wollte seine künftige Gemahlin kennenlernen, bevor er sich für immer an sie band. Nach seiner Rückkehr zögerte er Monat um Monat die Ausführung des bereits bekanntgegebenen Beschlusses hinaus. Während die Briefe der Braut herzlich klingen, sind seine Antworten kurz und förmlich. Eine kurze Affäre mit der Hofdame Seeau ließ dann seine Mutter eingreifen; sie erinnerte ihn an seine Pflichten als Landesherr. Daraufhin wurden die Heiratsverhandlungen beschleunigt und die Heiratskontrakte ausgehandelt. Wegen der nahen Verwandtschaft der vier Heiratenden mußte der Dispens der Kirche eingeholt werden. Obwohl der sächsische Monarch angeboten hatte, für beide Paare in Dresden eine festliche Hochzeit auszurichten, setzte sich in München die Meinung durch, daß ein regierender Fürst Bayerns unmöglich im Ausland heiraten könne. Am 13. Juni 1747 fanden in München und Dresden die Procura-Trauungen statt, an die sich vier Wochen lang in beiden Residenzstädten glanzvolle Feiern anschlossen. Die neue Münchner Kurfürstin trat in der Zukunft wenig in den Vordergrund. Sie ging in ihrer Rolle als Gattin Max III. Josephs auf. Ihre Ehe wurde, nach Aussagen von Beobachtern und Familienangehörigen, eine der glücklichsten Verbindungen in den Fürstenhäusern des 18. Jahrhunderts. München erlebte in den Festwochen anläßlich der kurfürstlichen Hochzeit die glanzvollste Zeit seiner Regierung. Mit Gedenkmünzen wurde auf den hohen Rang der beiden Familien hingewiesen.

Die Heirat Max III. Josephs war, wie damals in Fürstenkreisen üblich, keine Liebesheirat. Sie wurde aus Gründen der Staatsraison geschlossen und sollte mit der Geburt eines Thronfolgers den Fortbestand der Dynastie Wittelsbach sichern. Aber der erhoffte Kindersegen blieb in München aus.

In Mannheim, bei Karl Theodor von der Pfalz, gab es auch keinen Nachwuchs. Interessiert nahm man an den Höfen zur Kenntnis, daß damit nach der spanischen und der österreichischen nunmehr die Wittelsbacher Erbfolge für die Pfalz und Bayern auf der Tagesordnung der europäischen Politik erschien. In München fand man sich mit dieser Situation schon in den fünfziger Jahren ab. In der Pfalz zerstörte 1761 der Tod des Kurprinzen am Tag nach seiner Geburt die Hoffnungen auf Thronfolge.

Max III. Joseph und Karl Theodor führten deshalb die Politik der Hausunion ihrer Vorgänger fort. Zusätzlich zu abgestimmtem Vorgehen in politischen Fragen wuchs diesen Verträgen nun neue Bedeutung zu. Sie sollten durch den jeweils überlebenden weltlichen Kurfürsten oder durch andere Verwandte den Fortbestand der Wittelsbacher Dynastie in der Pfalz und in Bayern sichern. Einen ersten Schritt zur Erneuerung der Hausunion hatten Karl Theodor und Max III. Joseph bereits 1746 und 1747 getan, nachdem sich auch die Pfalz aus dem Österreichischen Erbfolgekrieg gelöst hatte. Die beiden Kurfürsten bezeichneten den vorangegangenen Vertrag von 1724 als einen »ewigen« und erneuerten ihn. Die weiteren männlichen Angehörigen des Hauses Wittelsbach wurden zum Beitritt eingeladen, ein Zeichen für die neue Richtung der Hausunion als Mittel zur Sicherung der Nachfolge in beiden Staaten.

Hier tauchte zum ersten Mal in der Geschichte der Hausverträge die Pfälzer Seitenlinie Birkenfeld-Zweibrücken auf. Regierender Herzog von Zweibrücken war Christian IV. Sein Bruder Friedrich Michael hatte eine Schwester der Pfälzer Kurfürstin geheiratet. Sie hatten einen Sohn. Friedrich Michael war außerdem, um von seinen mächtigen Verwandten als möglicher Erbfolger akzeptiert zu werden, katholisch geworden. Inzwischen waren ja wieder beide Hauptlinien des Hauses Wittelsbach, Bayern und auch die Pfalz, katholisch. Und einen katholischen Prinzen von zweifelsfreier Berechtigung brauchten beide Kurhäuser dringend.

Zehn Jahre später verspielte der Herzog Christian von Zweibrücken selbst seine bevorrechtigte Stellung als Erbe, indem er sich mit seiner unstandesgemäßen Geliebten, von der er bereits vier Kinder hatte, trauen ließ. Den Anspruch auf das zweibrückische Erbe und was da noch an Wittelsbacher Erbaussichten dranhing, überließ er seinem Bruder Friedrich Michael. Der hatte inzwischen zwei Söhne, Karl August und Max Joseph. Herzog Christian beauftragte seinen Archivar, die Rechtsansprüche der beiden Zweibrücker auf das Erbe der Kurwürde zu begründen.

Nach dem Tod des Kölner Erzbischofs und Kurfürsten Clemens August während eines Besuches bei seinem Trierer Kollegen verschärfte sich die Situation. Sein Bruder, Kardinal, Bischof von Lüttich, Regensburg und Freising, war nicht als Nachfolger durchzusetzen. Damit schrumpfte die Zahl der Wittelsbacher Kurhüte auf zwei. Max III. Joseph und Karl Theodor verabredeten einen Freundschafts- und Defensivvertrag. 1766 war der erste Teil, 1771 der zweite Teil des Hauptvertrages zwischen dem bayerischen und dem Pfälzer Kurfürsten unterschrieben. Damit wurden das bayerische und das Pfälzer Erbe endgültig als Teile des Wittelsbacher Gesamtbesitzes verstanden. Als Haupt der Familie war künftig nach dem Recht der Erstgeburt der Chef der jeweils älteren Linie anzusehen. Ihm kam unter Ausschluß aller anderen erbberechtigten Wittelsbacher allein die Regierungsgewalt zu. Seine Residenz und Hofstadt mußte München sein. Für Bayern wurde das dort herrschende Prinzip der ausschließlichen Katholizität bekräftigt. Auch in der Pfalz sollten die leitenden Stellen mit Katholiken besetzt werden.

1774 präzisierten die Kurfürsten noch einmal, daß das gegenseitige Erbrecht auch die weiteren Erbberechtigten einschließe. Ihnen stand kein Recht zur Mitregierung zu.

Münzkonvention

Seit 1747 überlegte man am Kaiserhof, ob die Aufwendungen einer eigenen Gesandtschaft in München noch erforderlich seien. Der Gesandte Chotek wollte höhere Ehren und wurde auf eigenen Wunsch tatsächlich abgerufen. Die Entscheidung, in München weiterhin eine Gesandtschaft zu unterhalten, traf Maria Theresia, um den kleinen Nachbarn besser im Griff halten zu können.

Und unberechenbar blieb der Münchner Hof in den Jahren nach Füssen für Wien. Max III. Joseph weigerte sich, die Belehnung mit seinem Land Bayern kniefällig vom Kaiser in Wien entgegenzunehmen. Diese Zeremonie war seit 1711 nicht mehr üblich. Er pochte mit großer Hartnäckigkeit und letztlich erfolgreich auf die Rückgabe der bayerischen Artillerie, die Österreich nach Kriegsende weggeschafft hatte: 13 Haubitzen und 250 kleinere Geschütze. Entgegen seiner Zusage hatte Kaiser Franz I. die Ausübung des Vikariates und dessen Maßnahmen sieben Jahre später noch immer nicht durch kaiserliches Dekret sanktioniert, wogegen der Kurfürst aus Prestigegründen regelmäßig protestierte. Bayern und Österreich trugen zu dieser Zeit einen Handelskrieg um Salzmärkte im schwäbischen und im Schweizer Raum aus. Dabei drohte Wien sogar mit Einsatz von Militär, um seine Interessen durchzusetzen. Max III. Joseph gelang es, den Schweizer

Raum als wertvollen Markt für bayerisches Salz zu sichern. Auch territoriale Grenzstreitigkeiten belasteten die Beziehungen. Österreich hatte nämlich im Spanischen Erbfolgekrieg die oberpfälzisch-böhmische Grenze einseitig zugunsten Böhmens verändert. Im Friedensvertrag war dann die Wiederherstellung der früheren Grenzziehung verfügt worden. Aber Wien dachte nicht daran, trotz wiederholter Mahnungen, das Unrecht wiedergutzumachen.

So war denn ein österreichisches Projekt in München, das die Absprache über das Münzwesen Süddeutschlands zum Ziel hatte, auf wenig Gegenliebe gestoßen.

Das Münzwesen war in jedem Territorium des Reiches anders geregelt. Der Münzwert der größeren Münzsorten richtete sich nach dem Materialwert. Im vorangegangenen Jahrhundert hatte es in der Kipper- und Wipperzeit viele Münzverschlechterungen gegeben. Auch jetzt noch unterschieden sich die Münzen der Staaten in ihrem Realwert. So suchte jeder Prägungen mit höherem Materialwert zu behalten und solche mit stärkerer Münzverschlechterung abzugeben. Daraus erwuchs einem Land wie Bayern mit relativ hohem Münzwert ein wirtschaftlicher Verlust. Die bayerischen Prägungen wurden ins Ausland, meist nach Österreich abgezogen, die schlechteren Münzen strömten ins Land. Dieser Mißstand konnte durch eine Übereinkunft behoben werden, eine Konvention zwischen benachbarten Staaten, die sich auf einen einheitlichen Münzwert einigten. Die Initiative dazu ging von Österreich aus.

Ein Blick auf die Geldverhältnisse Bayerns zu jener Zeit soll die Währungs- und Münzsituation beleuchten. Während der Regierung Max III. Josephs in Bayern gab es vielfältige Münzsorten: Als kleinste Münze wurde nur 1761 und 1765 der Heller geprägt. Der Pfennig war die übliche Kleinmünze, welche die gesamte Regierungszeit Max III. Josephs hindurch in Umlauf war. Das 2-Pfennig- oder 1/2-Kreuzer-Stück wurde bis 1767 geprägt, der Kreuzer bis 1769. Der Halbbatzen wurde nur 1753/54 und die Landmünze gar nur 1754 ausgegeben. Den Groschen und das 6-Kreuzer-Stück gab es bis 1767, während das 10-Kreuzer-Stück 1754, gleichzeitig mit der Einziehung des 12-Kreuzer-Stücks, eingeführt wurde. Ab 1753 gab es das 20-Kreuzer-Stück. 1747 wurde einmalig das 24-Kreuzer- und nur 1746 das 30-Kreuzer-Stück ausgegeben, 1753 folgten Halbtaler und Konventionstaler. Die goldenen Dukaten, darunter auch Flußdukaten aus dem Gold der bayerischen Flüsse, spielten im Wirtschaftskreislauf kaum eine Rolle. Sie wurden meist als Ehrengaben oder Repräsentationsgeschenke verwendet und als solche gehortet. Erstaunlich ist, daß in dieser Aufzählung der Gulden fehlt, in dem doch alle größeren Summen gerechnet wurden. Der Gulden war eine theoretische Rechnungseinheit ohne Münze.

Neben den genannten Münzen liefen in Bayern noch viele andere Währungssorten im Lande um, viele österreichische Kleinmünzen, aber auch das Geld der anderen Nachbarn. Ausländische Subsidien wurden in der Währung des Geberlandes ausbezahlt, so daß auf diese Weise auch französisches, englisches und holländisches Geld nach Bayern kam. Die Goldstücke darunter wurden oft zu Maxdors umgeprägt.

Münzstätten besaßen München und ab 1762 Amberg. Zwei Einschnitte fallen bei den Prägedaten des bayerischen Geldes zur Zeit Max III. Josephs auf: 1753/54 und 1767. 1767 ist das Jahr einer Flurbereinigung unter den vielen Prägungen Bayerns. Von 17 verschiedenen Prägungen bleiben nur sechs übrig, in Amberg werden von ursprünglich elf Münzarten schließlich nur noch zwei geprägt. Die meisten Münzsorten prägte Max III. Joseph in München und Amberg zwischen 1763 und 1767, nämlich 24. Um 1753/54 kommt es zu einer Auswechslung, einige Sorten werden neu ins Programm genommen, andere laufen aus. Der Wechsel hat mit der österreichisch-bayerischen Münzkonvention von 1753 und dem Austritt Bayerns aus der Konvention, 1754, zu tun.

Wegen der Zersplitterung seiner Territorien war Österreich sehr an einer Einigung mit Bayern und anderen Staaten gelegen. Nur wenn größere Währungsblöcke geschaffen wurden, konnte die innerösterreichische Münzreform sich positiv auswirken. In München stellte man ähnliche Überlegungen an, da das bessere bayerische Geld in die anderen Staaten abfloß. 1753 kam es zu einer Einigung, die gleiche Wertigkeit des Geldes und gegenseitige Umlauffähigkeit der Münzen vorsah. Auch Salzburg und Regensburg traten der Münzkonvention bei. Kern der Vereinbarung war die Prägung eines Silberguldens mit der Aufschrift 20 in allen vier Konventionsstaaten. Der Dukat war die maßgebliche Münze, sein Wert lag bei vier Gulden zehn Kreuzer. Die älteren Sorten wurden neu eingeschätzt, so etwa die bayerischen 30-Kreuzer-Stücke mit nur 26 Kreuzern. Die alten Groschen durften nur in Bayern umlaufen, jetzt mit zehn Pfennigen, die Sechser mit 20 Pfennigen.

Am Münchner Hof erhoffte man sich von der Münzkonvention mit Österreich einen verstärkten Handel mit dem Nachbarn. Aber es gab auch Gegner des Projektes. Preysing und Seinsheim waren gegen jedes Entgegenkommen gegenüber Wien. Der Kurfürst zögerte lange, ehe er die Konvention vom September 1753 in Kraft setzte. Bereits am

30. Juni 1754 trat er wieder von der Vereinbarung zurück. Der erhoffte Handelsaufschwung war nämlich ausgeblieben. Die besseren alten Prägungen flossen weiterhin nach Österreich. Der wirtschaftlich bedeutendere Grund war, daß die bayerischen Kleinmünzen schlechter als die österreichischen waren. So erwies es sich als unmöglich, sie ohne tiefe Eingriffe in das Lohn- und Preisgefüge in Bayern nach ihrem Materialwert in den Konventionsfuß einzuordnen. Man hätte die bayerischen Kleinmünzen so stark abwerten müssen, daß deflationäre Auswirkungen mit sozialen Unruhen die Folge gewesen wären. Wie der Alltag mit Pfennigen oder Kreuzern aussah, schilderte ein Zeitgenosse so: »... fiel ich auf die Frage: Was ist hier ein Kreuzer? Einigen sieht man es allerdings noch an, daß sie dazu geprägt worden sind. Für die meisten hielt ich mich an eine andere Regel. Eine dünne Metallscheibe, die zwischen Kupfer und Silber spielt und die nicht groß und rund genug ist, um als zwei, drei oder mehrere Kreuzer zu gelten, eine solche Scheibe gilt als Kreuzer. Dabei hatte ich noch zu unterscheiden zwischen Chaussee-Kreuzer, Kreuzer schlechthin und Bettel-Kreuzer. Nur in den größten Gasthöfen pflegte ich abzusteigen, weil man sich dort nicht die schmutzige Mühe machte, gerade das schlechteste Geld für die Durchreisenden aufzuheben. Was mir als das Größte und Rundeste in die Augen fiel, das gehörte in die Tasche der Chaussee-Kreuzer für den Postmeister oder die Stadtabgabe. Was dagegen gar zu schwarz und gar zu klein und unförmig war, das galt doch immer in den Händen der Bettler. Der Bettler hat in katholischen Gebieten zu viel Geltung, als daß man ihm sein Stück zurückschiebt, von dem er versichert, daß es einen Kreuzer gelten müsse. Was der Bäcker, der kleine Kaufmann und der Geistliche auf diese Weise einnimmt, muß doch wieder an den Mann gebracht werden. Dieser Umstand schien der Hauptgrund zu sein, weshalb die jämmerlichste kleine Münze in Geltung blieb.«

Innenpolitik

Hexenprozesse und Justizwesen

Hexenprozesse und Hexenverbrennungen sind im 18. Jahrhundert Kristallisationspunkte für Auseinandersetzungen zwischen Aufklärern und ihren Gegnern. Da es während der Regierungszeit Max III. Josephs die letzten Hexenprozesse und Hexenverbrennungen gegeben hat, bieten sie sich als besondere Beispiele für diesen Kampf an. Dieser Aspekt spielt auch bei der unter Max III. Joseph gegründeten Akademie der Wissenschaften eine Rolle.

Hexenverfolgungen, Hexenprozesse und Hexenverbrennungen verteilten sich vor dem Jahr 1775, als im nichtbayerischen Kempten die letzte Hexe in Deutschland hingerichtet wurde, nicht gleichmäßig über die Jahrhunderte und auch nicht über die deutschen Staaten. Sie traten zu bestimmten Zeiten gehäuft auf, während sie zu anderen Zeiten zahlenmäßig zurücktraten. Entgegen einer verbreiteten Ansicht führte nur eine geringe Zahl von Hexenbeschuldigungen zu Prozessen mit abschließender Hinrichtung. Die meisten Hexenverbrennungen – fast 75 Prozent der festgestellten Hinrichtungen – fanden zwischen 1586 und 1630, also innerhalb von etwa vierzig Jahren, statt.

Der Nährboden des Zauber- und Hexenglaubens ist der Glaube an die Wirksamkeit magischer Zusammenhänge. Hexenglaube ist Teil der Vorstellung, daß nicht nur Gott, sondern auch der Teufel unmittelbaren Einfluß auf das menschliche Leben nimmt. Theologisch durch Erzählungen von Hexen und Zauberern im Alten und Neuen Testament abgesichert, verband die Vorstellung von Teufelsbünden mit Hexen und Zauberern die Anhänger des alten wie des reformierten christlichen Glaubens.

Ob es zu einer Verfolgung von Verdächtigen kam, ob Hexenprozesse durchgeführt wurden, hing nicht von der Konfession der Bevölkerung, sondern von einem gemeinsamen Interesse von Obrigkeit und Untertanen ab. Wo sich die Bevölkerung einer Verfolgung aktiv widersetzte, endete diese rasch. Wenn sich eine Regierung einer Verfolgung widersetzte, unterblieb sie. Dies gilt trotz gleichbleibender juristischer Sachlage, trotz der unverändert angedrohten Todesstrafe für Hexerei.

Wie wird es in Bayern in punkto Hexenprozesse ausgesehen haben, einem Bollwerk des Katholizismus, dem Land mit besonders frommen Herrschern? Einer davon, Kurfürst Maximilian, regierte in der Hochblüte der Hexenprozesse und war sogar der Meinung, daß seine fromme lothringische Ehefrau verhext sei, weil sie keine Kinder bekam. Entgegen den tradierten Erwartungen war jedoch Bayern nie eine Hochburg der Hexenprozesse und Hexenverbrennungen. Dazu gibt es interessante Zahlen: Während der gesamten Zeit, in der es Hexenprozesse und Hexenverbrennungen gegeben hat, läßt sich für den geographischen Begriff Süddeutschland, der im wesentlichen Österreich und die heutigen Bundesländer Baden-Württemberg und Bayern umfaßt, folgendes zu Hexenhinrichtungen sagen: In diesen 213 Jahren des Hexenwahns gab es in Österreich etwa 900 Hinrichtungen, ebenso viele in Südostdeutschland, dem heutigen Bundesland Bayern ohne Franken. Allein in Franken wurden etwa 4000 Hexen verbrannt, ebenso viele in Südwestdeutschland, in etwa dem heutigen Baden-Württemberg. Das Kurfürstentum Bayern umfaßte aber ein viel kleineres Territorium als das gegenwärtige Bundesland: es fehlten die Reichsstädte wie Nürnberg und Augsburg, es fehlten die Bischofsländer wie Freising oder Passau, es fehlten weitere reichsunmittelbare Gebiete. Nehmen wir nur die Hexenverbrennungen des bayerischen Kurstaates, dann kommen wir insgesamt auf 340 Hinrichtungen, nicht einmal ein Zehntel der in Franken oder im Schwäbischen hingerichteten Hexen. Dieser Unterschied muß Gründe haben.

Man ist sich heute einig, daß die in Bayern zahlenmäßig relativ geringen Hexenverfolgungen und -verbrennungen mit der Verwaltungsstruktur dieses Landes im 17. Jahrhundert zu tun haben. Wie in Kurbrandenburg oder Kursachsen hatten sich auch in den süddeutschen Flächenstaaten Österreich und Bayern besondere Verwaltungsstrukturen herausgebildet, die einer Ausbreitung von Hexenprozessen hinderlich waren. Während in einer Adelsherrschaft der Inhaber der Gerichtsbarkeit, in Reichsstädten der Stadtrat oder in Hochstiften die Stiftsregierung, weitgehend allein entschied, bestand im Fürstentum Bayern ein System von Gewichten und Gegengewichten. Der Fürst stand nicht nur seiner politischen Beamtenschaft wie Hofrat, Hofkammer oder Geheimer Rat gegenüber, sondern auch den Vertretern der Landstände, den Magistraten der größeren Städte, den Vertretern der in das Land hineinregierenden Bischöfe, dem Landklerus, den Angehörigen der Fürstenfamilie, dem gesellschaftlichen Geflecht von Patriziat und Landadel, aus dem zum großen Teil die Landrichter und Angehörigen der Mittelbehörden stammten, und schließlich seinen Beratern. Obwohl sie keine institutionalisierten Mitspracherechte hatten, konnten in dieser Vielfalt Verfolgungsgegner ihre Ansichten wirksam zu Gehör bringen. Vorfälle wie die Hinrichtung kompletter

Stadträte wegen Hexerei, die Hinrichtung geistlicher Würdenträger und fürstlicher Regierungsmitglieder, wie in den fränkischen Hochstiften geschehen, waren in der politischen Kultur Bayerns undenkbar. Dank der Verwaltungsreform Maximilians I. verfügte zu Beginn der Hexenverfolgungen Bayern über eine für die Zeit moderne Administrationsstruktur mit stark zentralistischen Tendenzen. Dies garantierte in der Regel, daß Hexenprozesse von der Regierung entschieden wurden. Eigenmächtige Amtsleute mit finanziellen oder sonstigen Interessen spielten deshalb keine Rolle in Bayern, Übergriffe lokaler Beamter wurden mehrfach hart bestraft. Zum andern legte die Zentraladministration an die Beweisführung in Zauberei- und Hexereiprozessen strenge Maßstäbe an. Beschuldigungen wegen Hexerei waren mit hohem Risiko verbunden, es kam mehrfach zu Hinrichtungen von Denunzianten wegen falscher Anschuldigungen. Durch die Bindung jedes Prozeßschrittes an die Zustimmung der Regierung war das Verfahren umständlich, zeitraubend – und kostspielig. Ständig waren Boten zwischen Landgerichten und Münchner Regierung unterwegs, Landrichter wurden zur Einvernahme nach München zitiert, Regierungskommissare ritten zu den Prozeßorten, zur Folterung der Angeschuldigten mußten auswärtige Scharfrichter engagiert werden, und Gutachten von fremden Juristen und Universitäten wurden eingeholt. So endete fast jeder Prozeß trotz der Konfiskation der Verurteilten mit einem erheblichen Defizit in der Staatskasse.

Angesichts der geschilderten Situation kann man als sicher annehmen, daß Max III. Joseph als Landesherr durch seinen Geheimen Rat über den Verlauf jedes Hexereiverfahrens während seiner Regierungszeit genau informiert war. Da er sich in wichtigen Fragen in der Regel die Entscheidung selbst vorbehielt, wird man dies auch bei der Vorlage von Prozeßakten über Hexerei annehmen dürfen. Die Rechtslage war eindeutig, auf Hexerei und Zauberei stand der Tod durch Verbrennen des Schuldigen. Waren die Beweise also hieb- und stichfest, wird der Geheime Rat, wird der Kurfürst demgemäß der Verurteilung und Hinrichtung zugestimmt haben. In welche Richtung Max III. Joseph und sein Rat bei Hexenprozessen tendierten, läßt sich aus der Tatsache ablesen, daß es während seiner Regierungszeit im Bereich des Rentamtes München keine Hinrichtungen von Hexen mehr gegeben hat. Daraus, daß hier die Mittelbehörde fehlte und dieser Bezirk direkt der Zentralregierung in München unterstand, läßt sich schließen, daß der Kurfürst und seine Minister entweder erste Ermittlungen bei Hexereiverdacht in einer Weise führten, die mit der Einstellung des Verfahrens endeten, oder daß sie im Vorfeld den ihnen direkt unterstehenden örtlichen Behörden entsprechende Anweisungen erteilten. In den anderen Rentamtsbezirken jedenfalls sind Hexenprozesse eröffnet worden, davon endeten einige mit Schuldspruch und Hinrichtung. 1749 und 1751 wurden in Burghausen, 1750 in Straubing und 1749, 1752, 1754 und 1756 in Landshut Hexen verbrannt. Die letzte Hexenverbrennung in München datiert aus der Zeit Max Emanuels, des Großvaters von Max Joseph. Einige dieser Prozesse werden wir uns näher ansehen, um die Problematik der Hexenprozesse zur Zeit Max III. Josephs zu erkennen.

1746 erneuerte Kurfürst Max III. Joseph das Hexenmandat seines Vorfahren Maximilian von 1611, das »Landgebot wider den Aberglauben, Zauberei, Hexerei und andere sträfliche Teufelskünste«. Damit verschaffte er einem Gesetzt, das vor 135 Jahren von den Vertretern der strengen Hexenverfolgung durchgesetzt wurde, neuerlich Geltung. Es war bereits in der Zeit seiner Entstehung umstritten.

1611: Maximilians Hofratskanzler Wagnerekh, der die Verfolgerpartei in Bayern anführte, überrumpelte seinen Landesherrn, indem er ohne dessen Kenntnis das Hexenmandat drucken ließ. Auch die Regierung, der Geheime Rat, wußte von diesem Mandat ursprünglich nichts. Herzog Maximilian ließ sich diese Überrumpelung nicht bieten und reagierte unwirsch: Das Mandat wurde von ihm erst nach abschwächenden Änderungen unterschrieben. Diese Änderung mußten die hohen Beamten, die ihn hatten hintergehen wollen, handschriftlich in die gesamte gedruckte Auflage einfügen. Die Änderungen bezogen sich insbesondere auf die weitverbreitete Volksmagie und ihre Bestrafung. Hier setzte Maximilian in Kenntnis dieses neben dem offiziellen Kirchenglauben blühenden alten Aberglaubens, wie etwa der Sitte, Felder durch gereimte Segen zu schützen, Zauberzeichen, Kreise oder Triangel zur Abwehr von Krankheiten oder Unglück zu schlagen, die Strafen erheblich herab.

In mancher späterer Darstellung werden für das staatliche Festhalten an Hexenprozessen im 16.–18. Jahrhundert wirtschaftliche Vorteile für den Fiskus durch Einziehung des Vermögens der Verurteilten angeführt. Diese plausibel klingende Erklärung ist falsch, denn sie verkennt nicht nur, daß die meisten Angeklagten aus den unteren Schichten kamen, sondern auch die Tatsache der relativ hohen Prozeßkosten, die der Staat tragen mußte und die insgesamt um ein Vielfaches höher waren als die Konfiskationen.

Daß Hexenprozesse für den Staat einen erheblichen Kostenfaktor darstellten, belegt eine Abrechnung aus der Zeit vor der Regierung Max III. Josephs: Die Garmischer Verbrennung von vier Hexen kostete den Staat außer dem Klafter Holz für den Scheiterhaufen und den 12 neuen Ketten, »worin die Hexen verwahrt wurden«: Gerichtsdiener 62 Gulden 29 Kreuzer, Landrichter 77 Gulden 8 Kreuzer, 2 Wirte 99 Gulden 45 Kreuzer, Richter zu Mittenwald 97 Gulden 41 Kreuzer, Gericht Partenkirchen 132 Gulden 22 Kreuzer, Gericht Garmisch 211 Gulden 12 Kreuzer, Pfleggericht Werdenfels 113 Gulden 22 ½ Kreuzer. Insgesamt: 792 Gulden 19 ½ Kreuzer!

War man ursprünglich bei der Abfassung der Meinung gewesen, durch eine genaue Auflistung von Hexenkünsten Rechtssicherheit zu garantieren, so befürchtete Maximilian schließlich, daß das Volk durch die genaue Auflistung von verbotenen abergläubischen Handlungen und Riten auf ihm bisher unbekannt gebliebene Möglichkeiten der Zauberei hingewiesen würde. So unterdrückte er sein eigenes Mandat, verzögerte seine Unterschrift um ein Jahr, ließ die gedruckten Exemplare durch eine besondere Verfügung nur in je einem Einzelexemplar an die (Teil)Regierungen verschicken mit der ausdrücklichen Weisung, es nicht aus der Hand zu geben, es nicht abzuschreiben oder auf andere Weise zu vervielfältigen. Der Wert eines nicht verbreiteten Mandats aber war gering. Wie sich in der Folgezeit zeigte, wurde das Gesetz nur höchst nachlässig befolgt. Noch 1625 hatte man an der Universität von Ingolstadt nie etwas von dem Mandat gehört. Sie sollte im Falle des angeklagten Zauberers Reinboldt gutachterlich tätig werden und erhielt in diesem Zusammenhang das Mandat – 13 Jahre nach Inkraftsetzen. Nun fragte die Universität sich und den Hofrat, ob man ein unbekanntes Mandat überhaupt anwenden dürfe. Im gleichen Jahr, es ging um eine der Zauberei Angeklagte aus Burghausen, entschied deshalb die Universität in einem Gutachten entgegen dem Wortlaut des Hexenmandates auf Landesverweisung anstatt auf Hinrichtung. 1677 wurde das Mandat erneuert, aber den gleichen Verteilungsbeschränkungen wie 1612 unterworfen, was seine Wirksamkeit behinderte. So stellte sich die Situation beim Regierungsantritt Max III. Josephs dar. Sein Großvater Max Emanuel und sein Vater Karl Albrecht hatten an das alte Mandat nicht gerührt. Und so wäre es wohl langsam dem Vergessen anheimgefallen.

Kurfürst Max III. Joseph war kein Herrscher, der Rechtsunsicherheit zulassen und bestehende Mandate der Vergessenheit anheimfallen lassen wollte oder konnte. In allen Bereichen des Rechtswesens herrschte damals große Unsicherheit darüber, welche Rechtsquellen und Gesetzbücher verbindlich waren. Hier ließ sich der Rat Freiherr von Kreittmayr, ein fleißiger und sachkundiger Jurist, nur zu gern mit einer Kompilation des gesamten Rechtes und dessen Anleitung zur

Anwendung beauftragen. Er schuf damit nichts wesentlich Neues, das war weder seine Absicht noch sein Auftrag. Aber das herrschende, teils vergessene Recht wurde in brauchbarer Weise zusammengestellt, so daß es leicht angewandt werden konnte.

Kreittmayr wird seinen Kurfürsten – ob auf dessen Frage oder eigene Initiative hin, bleibt ungeklärt – auf das längst vergessene, doch gültige Hexenmandat hingewiesen haben. Beide waren in ihrem Bestreben nach Rechtssicherheit überzeugt, daß ein gültiges Mandat auch bekannt sein müßte. Hatte sich Herzog Maximilian als patrimonialer Landesvater aus den erwähnten Gründen gegen die Verbreitung seines eigenen Hexenmandates entschieden, so verfügte Max III. Joseph aus der allgemeinen Überlegung, daß nur ein bekanntes Mandat ein gültiges Gesetz sei, dessen Bestätigung und Publizierung. Sowenig wie aus Maximilians Entscheidung ein Widerstand gegen Hexenprozesse abgeleitet werden kann, läßt Max III. Josephs Beschluß den Hinweis zu, daß er ein entschiedener Hexenverfolger war. Im übrigen scheint das Hexenmandat von 1611, das immerhin bis 1813 in Kraft war, keine große Auswirkung gehabt zu haben. Weder gab es dadurch mehr Prozesse, noch spielte es für das Abflauen der Hexereiprozesse eine Rolle.

Von weitaus größerer Bedeutung waren Schlüsselprozesse wie der gegen den Hexenrichter Satter von Wemding, der, nachdem er fast die ganze Gemeinde Wemding wegen Hexerei hatte verbrennen lassen, 1612 selbst zur Verantwortung gezogen wurde. Das Ereignis stellte zugleich den Höhepunkt in einem Tauziehen zwischen dem Geheimen Rat Maximilians, in dem die prominentesten Verfolgungsgegner saßen, und dem Hofratskanzler Wagnerekh, dem obersten Beamten Bayerns, dar. Die Hinrichtung des Hexenrichters war mehr als nur eine symbolische Niederlage der Verfolgungspartei. Für alle, die geglaubt hatten, Gott würde die Verbrennung Unschuldiger als Hexen nicht zulassen, war die Hinrichtung des Richters Sattler ein grundsätzliches Debakel: Dadurch wurde öffentlich ihre bisherige Meinung widerlegt. Der Hinrichtung des Wemdinger Hexenrichters 1612, dessen Prozeß die Zentralregierung in München in enger Zusammenarbeit mit den zuständigen mittleren und unteren Instanzen begleitete, folgte 1618 die Hinrichtung eines weiteren Hexenrichters in Fulda.

Die weitere Diskussion drehte sich in Bayern um die prozeßmethodische und prozeßrechtliche Frage, welche Beweismittel möglichst ohne Ausübung von Druck zu einer Verurteilung führen dürften. Die neue Vorsicht wirkte sich zugleich mäßigend auf die Eröffnung und

Führung von Hexenprozessen aus. Somit ist eine weitere Ursache dafür gefunden, warum es in Bayern, etwa im Gegensatz zu den schwäbischen und fränkischen Nachbarn, keine Hexenverfolgungen größeren Ausmaßes gegeben hat.

Aber: Auf diesem Diskussionsstand verharrte man in Bayern über hundert Jahre. Eisern hielt man an der bei Hexenverfolgern und Verfolgungsgegnern einhellig verbreiteten Meinung fest, daß Hexerei todeswürdig sei, aber die wichtigste Aufgabe des Prozesses darin bestehe, etwa Unschuldige nicht zu verurteilen. Die Prozesse wurden also frühzeitig entschärft. Zugleich verhinderte die Entschärfung aber eine Veränderung des geistigen Klimas, in dem die grundsätzliche Berechtigung von Hexereiprozessen hätte diskutiert werden können. In anderen Territorien Deutschlands ging man hier im 17. Jahrhundert weiter. Besonders in protestantischen Reichsstädten hingegen verhärtete sich die Hexenverfolgung noch. So kam es in Schweinfurt, Nürnberg, Rothenburg, Augsburg und Memmingen zu Hexenverbrennungen. Durch seine »moderne« Prozeßpraxis machte Bayern die Hexenhinrichtungen zwar zum Nebenthema, perpetuierte aber die Existenz von Hexenprozessen.

Die Geschichte der Hexenprozesse unter Max III. Joseph ist zugleich eine Geschichte der Verdrängung. Das Zeitalter der Vernunft und der Aufklärung liebte seine Hexenprozesse nicht. Deren mutmaßliche Verbindung mit Magie und Teufelskünsten widersprach der säkularisierten Religiosität der Aufklärer. Lieber griff man zu Einzeldelikten, die sich ohne magische Unterstellungen behandeln ließen, wie Giftmischerei oder Kindesentführung. Schwierig wurde es für die Verfolgungsgegner bei Selbstbezichtigungen und freiwilligen Geständnissen. Denn wer sollte überhaupt noch als Hexe verurteilt werden, wenn nicht diejenige Person, die freiwillig und ohne Folter sich selbst bezichtigte? Im Zentrum der letzten Hexenprozesse in Bayern, die zu Hinrichtungen führten, standen stets junge Frauen und Kinder zwischen neun und 17 Jahren, die sich meist selbst oder enge Bezugspersonen der Hexerei bezichtigt hatten. Männern, Zauberbuben oder alten Frauen, die noch im Jahrhundert vorher oft wegen Hexerei angeklagt waren, wurde nicht mehr der Prozeß gemacht.

Der spektakulärste Prozeß dieser Zeit wurde 1749/50 gegen die 16jährige Dienstmagd Marie Pauer geführt. Er fand im salzburgischen Mühldorf am Inn statt, hatte aber auch Auswirkungen nach Bayern. Die Pauerin war im niederbayerischen Neumarkt als uneheliche Tochter einer Wäscherin geboren. Sie verdingte sich bei einem Schmied als Dienstmagd. Ihre Dienstherren erschreckte sie durch die Inszenierung von Spukerscheinungen. Benediktiner versuchten die bösen Geister durch Benediktionen zu vertreiben. Als alle Anstrengungen nichts fruchteten, geriet die Kindmagd in Verdacht. Sie sagte aus, ihr sei ein verstorbener Verwandter erschienen und habe sie zu den Spukereien veranlaßt. Später gestand sie – ohne Folter –, daß der ihr erschienene Geist der »böse Feind« sei. Über die Umstände ihrer Beziehung zu ihm machte sie freiwillig Aussagen.

Im Februar 1749 wurden der salzburgische Hofrat und das bayerische Landgericht Neumarkt eingeschaltet. Die Pauerin hatte nämlich zwei Frauen in Neumarkt der Hexerei bezichtigt: ihre Mutter, Maria Zötlin, und deren Arbeitgeberin, Maria Elisabeth Goglerin, genannt die Gusterer Liesl. Die Liesl wurde von Neumarktern der Hexerei bezichtigt, da sie von einem Kutschenunglück eine Brustwunde hatte, die sich nicht schließen wollte. Die Liesl machte freiwillig auch Angaben über ihre epileptischen Anfälle und ihre »Anfechtungen«, »als wenn schwarze Männer mit ihr Unzucht trieben«. Mit diesen Aussagen ohne Androhung oder Anwendung von Folter bekam der Prozeß nun Gewicht. Im April zogen die Oberbehörden die Fälle an sich. Die Pauerin wurde nach Salzburg gebracht, ihre Mutter, die Liesl und ein zehnjähriges Mädchen nach Landshut. Weitere Nennungen in Burghausen und Neuötting führten dort zu Verhaftungen. Die Gusterer Liesl bestätigte in drei gütlichen Verhören, ohne jeden Druck oder Androhung von Folter, ihren Umgang mit dem Teufel, und wurde im September 1749 hingerichtet.

Wahrscheinlich ebenfalls im Zusammenhang mit dem Prozeß gegen die Pauerin stand die Hinrichtung einer weiteren Person, anscheinend eines achtjährigen Mädchens, dem die Adern geöffnet wurden. In Burghausen wurden eine von der Pauerin denunzierte Frau und ein 14jähriges Mädchen hingerichtet. 1750 erlitt in Salzburg die Pauerin das gleiche Schicksal. 1751 kam es in Zusammenhang mit den Neumarkter Prozessen in Vilsbiburg zu einem Prozeß gegen ein zehnjähriges Mädchen und eine Frau mit dem bezeichnenden Namen »Geistnandl«. Das Mädchen floh, die Frau wurde 1752 in Landshut hingerichtet. 1754 wurde ein 14jähriges Mädchen als Hexe verbrannt. 1755 gab es in Landshut wieder einen Hexenprozeß, dessen Ausgang nicht überliefert ist. 1756 endete dann in Landshut der letzte bayerische Hexenprozeß mit einer Hinrichtung.

Die Angeklagte Veronica Zerritsch war die Tochter eines Landshuter Bortenmachers, zum Zeitpunkt des Prozesses war sie 13, 14 Jahre alt. Die Mutter hatte sich nach dem Tod des Vaters wieder verheiratet. Als die Mutter starb, jagte der Stiefvater die Kinder aus dem Haus. Die damals elfjährige Veronica lebte danach einige Zeit »auf der Gasse« und schlief unter Marktständen. Von Landshut ging sie nach Freising, dann nach Mühldorf, schließlich zu entfernten Verwandten nach Straubing. Diese steckten sie in das Heilig-Geist-Spital, wo sie durch mangelnde Frömmigkeit, Fluchen, fehlenden Anpassungswillen, Diebstahl von geweihten Hostien auffiel. Nach damaliger Auffassung der Hexenverfolger war die Schändung geweihter Hostien ein Charakteristikum des Teufels. Aussprechungsversuche von Benediktinern hatten bei Veronica keinen Erfolg. Angedrohte Schläge ließen die Dreizehnjährige aus dem Spital ausreißen.

Sie fand in Landshut bei einer »Frau Lieuthenant« als Kindermagd Unterschlupf. Nach einiger Zeit geriet sie in einen »Zustand der Verwirrung«, fühlte Anfechtungen durch Dämonen und stellte Zauberversuche an. Diese hatte sie angeblich vom Teufel, einem Mann mit weißem Rock und roten Überschlägen, »kennengelernt«. Sie hexte einem Studenten und zwei Kindern Krankheiten an. Von ihrer Dienstherrin wurde sie erwischt, wie sie gerade mit einem Messer deren Kind den Hals durchschneiden wollte. Nun ordnete der Bürgermeister ihre Einweisung in das Spital an, da sie mit 13 noch nicht strafmündig war. Das Mädchen bat um Hilfe zur Heilung von ihrer Besessenheit. Sie führte den Bürgermeister an den Ort, wo sie die gestohlenen Hostien vergraben hatte. Daraufhin wurde das Mädchen verhaftet und verhört. Die Geständnisse über Teufelspakt, Teufelsbuhlschaft, Flug- und Schadenzauber legte sie ohne jeden physischen Zwang ab. Sie sagte dem Stadtgericht unter anderem einen zwanzig Verse langen Zauberspruch zum Heraufbeschwören von Unwettern auf, den sie der »böse Feind« gelehrt hatte. Die Schuld der Veronica lag offen zutage. Es bestand keine Gefahr, eine Unschuldige zu verurteilen.

Der kurfürstliche Bannrichter fand viele mildernde Umstände wegen der Besserungsbereitschaft des Mädchens, seiner Mithilfe bei der Aufdeckung der Verbrechen. Auch den Hintergrund der familiären Katastrophe berücksichtigte er, die Lebensbedingungen »auf der Gasse«. Manches spreche dafür, sie nicht hinzurichten, sondern gut katholisch erziehen zu lassen. Gleichwohl fragte er in seinem Gutachten rhetorisch: Wenn man eine mit Sicherheit überführte Hexe nicht hinrichtete, wann wollte man dann überhaupt noch Hexen hinrichten. Deshalb sei es nötig, das Mädchen zu verbrennen.

Man kann aufgrund der erwähnten Zentralisierung der Malefizverbrechen in München und anhand der Aktenvermerke mit Sicherheit davon ausgehen, daß Fälle wie der der Liesl und alle folgenden bis hin zur Veronica, ob sie nun mit einer Verurteilung endeten oder nicht, bis ins kleinste von der Geheimen Konferenz in München, der Regierung Bayerns, verfolgt wurden. Der Kurfürst wird bei jedem Fall seine Meinung, seine Entscheidung eingebracht haben. In keinem Fall ist ein kurfürstliches Veto bekannt. Es verhielt sich wohl so, daß er unter dem Einfluß des Juristen Kreittmayr dieses Randgebiet so betrachtete wie den gesamten Komplex der aus heutiger Sicht barbarischen Strafen, von Brandmarkung über Nasenabschneiden bis hin zu Rädern und Vierteilen. Der Kurfürst war überzeugt, daß die »Bestie« im Menschen, die ihn hinderte, sein Verhalten und Leben nach der Vernunft auszurichten, allein mit drakonischen Strafen in Schach gehalten werden konnte. Die Hexendiskussion wurde zwar durch aktuelle Fälle beeinflußt, aber auf anderem Felde als dem der Justiz entschieden. Im Bereich der Justiz ging es ähnlich wie in der Hexendiskussion zu: Man faßte Bekanntes und Vergessenes zusammen und sorgte sich mehr um den Prozeßablauf als um die Strafbarkeit der Delikte und die Art der Strafen.

Der erwähnte Kreittmayr war einer der einflußreichsten Männer am Hof Max III. Josephs und seines Nachfolgers. Schon unter Kaiser Karl VII. als Reichshofrat tätig, wechselte er 1745 in das pfalzbayerische Hofgericht des Reichsvikars Max III. Joseph. Dann erklomm er einen ersten Gipfel in der Hierarchie Bayerns als Kanzler des Hofrates, um dann ab 1749 Minister und später Kanzler der Geheimen Konferenz Max III. Josephs zu werden. Diese Häufung von Pflichten, Auszeichnungen und Pfründen verdankte er ohne Zweifel der besonderen Anhänglichkeit des Kurfürsten, dem Kreittmayr als innen- und außenpolitischer Ratgeber unentbehrlich geworden war.

So war es keine Überraschung, daß Kreittmayr Ende der vierziger Jahre mit der Aufgabe betraut wurde, ein als notwendig erachtetes neues bayerisches Gesetzbuch, den *Codex Juris Patrii*, zusammenzustellen. Bereits 1751 hatte Kreittmayr das Strafrecht kodifiziert, das als *Maximilianeus Codex Juris Criminalis*, in Druck ging und die in Bayern bis dahin gültige Malefizordnung aus dem Jahre 1616 ablöste. Da lediglich eine Zusammenfassung und Vereinheitlichung der bestehenden Landes- und Reichsgesetzgebung beabsichtigt war, blieb es auch bei der Androhung drakonischer Strafen: Allein in 55 Fällen war die Todesstrafe vorgesehen. Auch die Folter und entwürdigende Leibesstrafen wurden beibehalten.

1753 erschien dann der *Codex Juris Bavarici Judiciarii*, ein Prozeßrecht, das das bisher sehr komplizierte Prozeßverfahren in bürgerlichen Rechtsstreitigkeiten in ein wissenschaftlich geordnetes und praktikables System goß. Die größte Leistung bildete dann 1756 das neue und verbesserte bürgerliche Recht, der *Codex Maximilianeus Juris Bavarici Civilis*. Aus einheimischem und fremdem Recht sowie aus dem Herkommen kompilierte er ein klar gegliedertes und leicht anwendbares Gesetzbuch. Zwar revidierte er einfühlsam und den praktischen Bedürfnissen angemessen die bereits bestehende Rechtstradition. Doch war es zu dieser Zeit weder seine noch des Kurfürsten Absicht, in einer neuen Rechtsordnung die Reformanstößte der Zeit zu verwirklichen, wie es in Preußen und Österreich wenige Jahre später geschah. Kreittmayr verfaßte nicht nur die drei Gesetzbücher, sondern zugleich deren ausführliche Kommentierung. Allein die Anmerkungen zum Landrecht füllen fünf Bände. Dabei überzeugt noch heute sein souveränes Urteil über die Qualität bestimmter Rechtsentwicklungen. Seine Eigenart sind Anmerkungen mit humorigen Denksprüchen und lebensnahen Beispielen. Große Verdienste erwarb Kreittmayr sich mit dem 1769 erschienenen *»Grundriß des Allgemeinen, Deutschen und Bayerischen Staatsrechts«*, wobei der volkstümliche Rechtskommentator sich als glänzender Theoretiker erwies. Kreittmayrs Stellung auf der höchsten Regierungsebene brachte weitere einschneidende Initiativen im wirtschaftlichen Bereich mit sich. Hier sei nur auf die Mautordnung von 1765 verwiesen.

Kreittmayrs Gesetzeswerk unter Max III. Joseph ist später viel kritisiert worden. Man warf ihm vor, daß sein Kriminalrecht barbarisch gewesen sei. Das Weiterbestehen der Folter wurde schon erwähnt, aber in seiner Zusammenstellung des Strafrechts war durchaus ein Fortschritt zur *»Carolina«*, der peinlichen Halsgerichtsordnung Karls V., feststellbar. Hier wurde nämlich in noch ungleich größerem Ausmaß gehängt und geköpft, geviertelt, gebrannt und gefoltert. Kreittmayrs Hauptleistung liegt in der Neufassung des Bürgerlichen Rechtes. Sein *Codex Juris Civilis* erntete seit jeher wegen der Klarheit seiner Rechtssätze und der zielstrebigen Systematik des Gesamtaufbaus Bewunderung. Er blieb bis ins 20. Jahrhundert in Kraft.

Der Vergänglichkeit des Menschenrechtes waren sich die Menschen des 18. Jahrhunderts wohl bewußt. In einer Inschrift auf dem Grabstein des Pflegers von Mitterfels Ertl, die in der Bogenbergkirche aufbewahrt wird, stand über seine Juristerei zu lesen: »Juri hin, Juri her, Todtes Recht gilt doch mehr.«

Finanzwesen und die Stände

Die Finanzmisere Bayerns unter Max III. Joseph hatte Tradition: Schon sein Großvater Max Emanuel und sein Vater Karl Albrecht gaben mehr aus, als sie einnahmen. Bei beiden war das Mißverhältnis zwischen Einkünften und Aufwendungen kriegsbedingter Mindereinnahmen noch größer als bei Max III. Joseph. Für die hohen Schulden Bayerns während des gesamten 18. Jahrhunderts lassen sich verschiedene Gründe anführen. Ein Grund, den Max III. Joseph und seine Minister hervorhoben, lag in der Finanzverfassung Bayerns. Darunter war die Gesamtheit der durch Reichsgesetz, Landesrecht und Herkommen gebildeten Normen zu verstehen, die die Einnahmen und Ausgaben Bayerns und zugleich in weitem Umfang die Beziehungen zwischen Reich, Landesherr und Ständen regelten.

Das Reich als die übergreifende Organisationsform garantierte den Status quo. Reichsgesetze schützten aber auch die bestehenden Herrschafts- und Verfassungsverhältnisse innerhalb der Territorien. Für das Bayern Max III. Josephs bedeutete dies: Das Reich schützte die Landstände vor der Gefahr, vom Landesherrn politisch, besonders finanzpolitisch ausgeschaltet zu werden. Max III. Joseph ist es nie gelungen, den von ihm angestrebten absoluten Herrschaftsanspruch gegenüber den Landständen durchzusetzen. Im Gegenteil, wie in anderen Ländern stärkte zunehmende finanzielle Abhängigkeit des Landesherrn die bayerischen Stände. Da sich Bayern nicht wie Preußen und Österreich aus der rechtlichen Einbindung in das Reich und seine beharrende Rechtsprechung zu lösen vermochte, konnte auch Max III. Joseph die für notwendig erachteten Finanzreformen nicht durchsetzen. Nach wie vor ließen Reichsrecht und Rechtsprechung der Reichsgerichte einem Landesfürsten hierfür nur geringen Spielraum. Hinzu kamen vom Reich auferlegte Lasten wie Reichssteuern, Abgaben und Teilnahme bei Reichskriegen und Reichsexekutionen, Leistungen an den Bayerischen Kreis im Reich, die die Landeshoheit Max III. Josephs von außen finanziell einschränkten.

Volle finanzpolitische Souveränität besaß der Kurfürst aber nicht einmal innerhalb Bayerns. Nach eigenem Ermessen konnte er praktisch nur über die Kameralgefälle verfügen, das waren die Erträge des Kammergutes, jener Güter, die ihm persönlich gehörten. Erst später wurden mit wachsenden staatlichen Aufgaben – oder auch lediglich wachsenden staatlichen Ausgaben? – zusätzliche Steuern und Abgaben der Untertanen unentbehrlich. Als landesherrliche Regale oder monopolistische Abgabenrechte des Landesherrn und die Kameralgefälle die laufenden Ausgaben nicht mehr deckten, halfen die Landstände ihrem Landesherrn bei besonderen Gelegenheiten aus der Klemme. Obwohl diese Hilfe sich im Laufe der Zeit zu einer regelmäßigen und nicht mehr gelegentlichen Abgabe der Stände wandelte, zog sie dem Landesherrn doch finanzpolitische Grenzen. Er mußte die Stände nicht nur um diese Steuern bitten und sich damit in eine für einen absoluten Herrscher unerträgliche Abhängigkeit begeben, sondern ihm stand im Bereich der ständischen Steuergesetzgebung auch kein Organisationsrecht zu.

Den Weg zu beschreiten, der Max III. Joseph wohl im Konfliktfalle am nächsten lag, die Macht der Stände im Finanzwesen einfach zu brechen, verbot deren im Reichsrecht niedergelegter Bestandsschutz. Wie Max III. Joseph es im Gegensatz etwa zu seinem Großvater Max Emanuel peinlich vermied, sich in der Außenpolitik außerhalb des Reichsrechts zu stellen, so scheute er auch in der Innenpolitik den Bruch reichsrechtlicher Normen. Die Finanzverfassung Bayerns trug deshalb während seiner ganzen Regierungszeit mehr das Gesicht eines Ständestaates denn die Struktur einer absoluten Fürstenherrschaft.

Die Landstände beanspruchten nach altem Herkommen und verbrieftem landesherrlichem Privileg persönliche Vorrechte und korporative Standesrechte. Die ersten, auch landständische Freiheiten genannt, waren hoheitliche Befugnisse wie die niedere Gerichtsbarkeit. Mit dieser rechtlichen Position verknüpft war das Recht der Stände, der Prälaten, Adeligen und Bürger, Steuern einzuziehen. Ein korporatives Standesrecht erwuchs den Landständen über ihre Vertretung im Landtag oder in der Landschaftsverordnung als Mitsprache in Bereichen der Finanzwirtschaft, unter Max III. Joseph wesentlich bei der Schuldentilgung. Die Stände verstanden sich als Vertretung des ganzen Landes, also nicht nur für sich und ihre Hintersassen, sondern auch für die landesherrlichen Untertanen.

Die bayerischen Landesherren versuchten mit gleicher Zähigkeit, mit der die Stände um ihre Rechte kämpften, diese zurückzudrängen. So nahmen sie ihnen die Möglichkeit, auf Landtagen Beschwerden und »Erinnerungen« über landesherrliche Übergriffe zu formulieren, indem sie keine Landtage mehr einberiefen. Der letzte Landtag war 1669 einberufen worden. Zur Regierungszeit Max III. Josephs lebte kein Standesvertreter, der jemals an einem Landtag teilgenommen hatte. Aber auch die statt dessen amtierende Landschaftsverordnung, die sich aus je vier Vertretern des Prälaten- und des Bürgerstandes sowie acht Mitgliedern der Ritterschaft zusammensetzte, brachte dem

Kurfürsten nur bedingt eine Erleichterung. Zwar konnte er gegebenenfalls diese kleine Gruppe besser beeinflussen als den schwerfälligen Landtag, aber die Verordnung bewies, daß sie, wenn es darauf ankam, die Rechte der Stände schnell und effektiv zu verteidigen wußte. So blieb die Landschaftsverordnung während der gesamten Regierungszeit Max III. Josephs wegen ihres beträchtlichen Rückhaltes in der tradierten Gesellschaft ein nicht zu unterschätzender Machtfaktor. Nachdem der Landesherr die Stände immer regelmäßiger um Hilfe bei besonderen Anlässen und später einfach bei Defiziten anging, schrumpfte die inhaltliche Mitwirkungsmöglichkeit der Verordnung. Im Mittelpunkt der Verhandlungen von Max III. Joseph mit der Landschaftsverordnung stand deshalb nicht mehr die Bewilligung, sondern nur noch die Höhe der Abgaben an den Landesherrn. Nahm die Bedeutung der Landschaftsverordnung bei der Bewilligung von Steuern in jener Zeit ab, so erhielt sie durch ihre Teilhabe an der öffentlichen Schuldenwirtschaft mehr Gewicht.

Planung, Vollzug und Kontrolle der Finanzpolitik besorgten für den Landesherrn wie für die Stände eigene Institutionen. Diese Organisationen waren nach Landesteilen dezentralisiert, durch Reichs- und Landesrecht unverrückbar auf allen Ebenen des Staates parallel eingerichtet, ein Behördenzug des Kurfürsten und einer der Stände.

Die kurfürstliche Finanzverwaltung unter Max III. Joseph war dreistufig aufgebaut. Ihre örtliche Ebene bildeten Land- und Pflegegerichte, Kasten- sowie Maut- und Zollämter. Diesen übergeordnet waren vier Rentämter. Die Rentmeister waren oberste Justiz-, Polizei- und Finanzbeamte des Bezirks. An der Spitze der kurfürstlichen Finanzverwaltung stand die Hofkammer. Sie war für sämtliche Finanz- und Wirtschaftsangelegenheiten des Landes und für die Verwaltung der kurfürstlichen Güter zuständig. In der Praxis kam es immer wieder zu Kompetenzüberschneidungen mit dem für alle Justiz- und Polizeifragen zuständigen Hofrat. Um solche Konflikte auszuschalten, richtete Max III. Joseph von Fall zu Fall besondere Deputationen, entweder als nebengeordnete Kollegien oder als selbständig arbeitende Direktionen ein. Ihre Aufgabe war es, Zuständigkeiten zu klären oder neue Aufgabenstellungen zu bewältigen. Koordiniert wurden die obersten Beamtenebenen von der Geheimen Konferenz, dem obersten Regierungsorgan, in dem sich erste Ansätze einer Ressortaufgliederung durchsetzten.

Ressortminister mit eng abgegrenzter Zuständigkeit wie in heutigen Regierungen gab es bei Max III. Joseph nicht. Wenn also etwa Preysing als Außen- oder später Berchem als Finanzminister bezeichnet wird, so trifft dies nur in bezug auf ihren Arbeits*schwerpunkt* zu, der ihre Mitarbeit in anderen Bereichen nicht ausschloß.

Das Finanzwesen des bayerischen Staates war im 18. Jahrhundert nicht scharf in Einnahmen- und Ausgabensektoren unterteilt, wie dies heute der Fall ist. Es herrschte das »Überschußprinzip«: Jede Kasse bestritt aus ihren Einnahmequellen zunächst die eigenen Ausgaben, der verbleibende Überschuß wurde – meist in unregelmäßigen Abständen – an die nächsthöhere Kasse weitergegeben. Von den lokalen Einzugskassen ging der Geldfluß über die Rentzahlamtskasse zu den Zentralkassen. Typisch für die bayerische Steuereinziehung war, daß die Überschüsse nicht in einer, sondern in drei Zentralkassen zusammenflossen: der Hofzahlamts-, der Kriegszahlamts- und der Schuldenwerkskasse. Jede der Kassen hatte nicht nur Ausgaben für genau umrissene Gebiete zu tätigen, sondern auch eigene, genau festgeschriebene Einkünfte. Infolge der Zweckbindung von Abgaben, Gefällen, Steuern, Maut- und anderen Gebühren und Akzisen entstanden viele Töpfchen, die in ihren Ausgaben wiederum zweckgebunden waren, und zwar meist ohne erkennbaren Zusammenhang mit dem einlaufenden Geldfluß. Die Töpfchenwirtschaft führte dazu, daß manche Projekte ausreichend, andere chronisch schlecht finanziert wurden. Darunter litt die Flexibilität der allgemeinen Kassenführung enorm. Eine Vermischung verschiedener Einnahmen war ebenso ausgeschlossen wie ein Ausgleich zwischen den Kassen. Da die Trennung nach Einnahmearten auf jeder Ebene vorgenommen werden mußte und die Überschußgelder nur unregelmäßig und je nach Einnahmeart unterschiedlich abgeführt wurden, konnte sich niemand einen Überblick über die dem Staat ingesamt zur Verfügung stehenden Einnahmen verschaffen. Deshalb führte Max III. Joseph 1762 die kurfürstliche Haupt- und Zentralkasse ein, in der alle landesherrlichen Einkünfte zusammenflossen. Das war sicher ein Fortschritt, wenngleich Kriegszahlamts- und Schuldenwerkskasse bestehen blieben. Erstmals setzte der Kurfürst mit der einheitlichen Kasse im Bereich der herrschaftlichen Einkünfte das Prinzip der gegenseitigen Deckungsfähigkeit durch und hob alle Zweckbindungen von Einnahmen auf. Damit setzte er ein wesentliches Merkmal moderner staatlicher Finanzwirtschaft durch.

Leider blieb der Erfolg der Maßnahme aus. Weder gab es größere Übersichtlichkeit noch bessere Verteilung der Einkünfte. Dies lag nun nicht am System, sondern daran, daß das Rechnungs- und Kontrollwesen in Bayern personell und strukturell darniederlag. Es fehlte eine unabhängige Behörde zur Prüfung der Rechnungsführung. Kontrollberechtigt war die jeweils übergeordnete Dienststelle. Und hier lag der Fehler: Die Aufsichtstätigkeit der jeweiligen vorgesetzten Behörde versagte völlig. Dienstanwartschaften, die beim Tode des Dienstinhabers an die Ehefrau oder den Sohn weitergegeben werden konnten, Pfründenwesen, Käuflichkeit der Ämter, schlechter Ausbildungsstand, Betrügereien und andere Mißbräuche waren im Beamtenstand Bayerns unter Max III. Joseph üblich. Damit verstärkten sich die institutionellen Mängel der herrschaftlichen Finanzverwaltung Bayerns, die auch andere Länder der Zeit aufwiesen.

Anders bei der ständischen Finanzverwaltung. Sie war aus dem Steuerbewilligungsrecht der Stände hervorgegangen. Seit dem 14. Jahrhundert hatten die Stände die von ihnen bewilligten Steuern selbst erhoben und verwaltet. Bis ins 18. Jahrhundert hatte sich eine eigene ständische Finanzverwaltung eingerichtet, die strukturell der kurfürstlichen glich. Auf der unteren Ebene gab es keine ständischen Geldeintreiber. Hier stützte sich die Verwaltung der Stände auf die landesherrlichen Pfleggerichtsbeamten oder auf Bedienstete von Hofmarksherren. Auf der mittleren Ebene wurden eigene ständische Finanzbehörden, die Steuer- und Aufschlagämter, tätig. An die Spitze der Verwaltung trat, seit kein Landtag mehr einberufen wurde, die Landschaftsverordnung, der Ausschuß von Landtagsvertretern. Alle Gelder und Steuern der Stände flossen in die Landschaftskasse, die dann die bewilligten Gelder an die kurfürstliche Haupt- und Zentralkasse entrichtete. Den Rest sammelte die Verordnung in einer Vorratskasse, über die sie nach eigenem Ermessen verfügte. Die ständische Finanzverwaltung erfüllte einen wichtigen Zweck. Nur so konnten die Stände sicherstellen, daß das von ihnen bewilligte Geld auch für den vorgesehenen Zweck ausgegeben wurde.

Es stellt sich die Frage, ob durch geeignete Kontrollmechanismen diese Funktion nicht anders hätte gesichert werden können, zumal das Nebeneinander von zwei Steuerbehörden in einem Staat auch zu Unzuträglichkeiten führte: Da die Landesregierung keinen Überblick über die vom Volk aufgebrachten Steuern hatte, war eine einheitliche Finanzplanung unmöglich. Allerdings kam die organisatorische Trennung durch personelle Überschneidungen, praktische Zusammenarbeit des Beamtenadels und funktionale Einbindung der führenden Adeligen in die kurbayerische Finanzwirtschaft nicht mit aller Schärfe zum Tragen. So konnte Graf Königsfeld, ein ehemaliger Reichsvizekanzler unter Kaiser Karl VII. und wichtiger Gesandter unter seinem Sohn, ohne Ansehensverlust einer der gewichtigsten Vertreter der Landstände und deren Sprecher sein.

Die Mängel der kurbayerischen Finanzpolitik unter Max III. Joseph lagen nicht nur bei den steuereinziehenden und den sie kontrollierenden Behörden, sie traten schon beim planenden politischen Gremium in Erscheinung. Die Entscheidungen über finanzielle Spielräume, die Einbeziehung der vorhandenen Verpflichtungen, die Planung über längere und mittelfristige Zeiträume, alles dies gehörte in den politischen Willensbildungsprozeß, in das Gremium der obersten Landesregierung Max III. Josephs. Zu einer derartigen Gesamtschau und Bestandsaufnahme, zu einem Kreislauf von Planung, Vollzug und Kontrolle ist es im Bayern seiner Zeit nicht gekommen.

Zwar hatte das 18. Jahrhundert eine erhebliche Ausweitung staatlicher Kompetenzen mit sich gebracht – als Beispiele seien nur die stehenden Heere, der aufgeblähte Hofstaat und die Armenfürsorge genannt —, aber ein erheblicher Teil der heutigen Aufgaben des Staates wurde noch in der zweiten Hälfte des Jahrhunderts von Hofmarksherren, Korporationen, mildtätigen Stiftungen, Klöstern und der Kirche wahrgenommen. Der staatliche Anteil am Wirtschaftsleben war vergleichsweise gering.

Außer den parallelen Finanzverwaltungen in Bayern erschwerte ein weiteres Faktum die einheitliche Handhabung von Finanzplanung, Vollzug und Kontrolle. Das Jahr 1762 hatte zwar die kurfürstliche Haupt- und Zentralkasse gebracht, die landesherrliche Einnahmen und Ausgaben zentral erfaßte, doch blieb das Überschußprinzip in Kraft. Folglich erschienen die Einnahmen nicht als Bruttoeinnahmen, sondern nach Abzug aller Lasten und Erhebungskosten. Außerdem wurden alle Kosten, die auf der unteren oder mittleren Behördenebene, nicht nur des Finanzwesens, anfielen, von diesen auch beglichen. Die Zentralkasse kam also nur für die Kosten der Zentralbehörden, den zentralen Staatsbedarf und außerordentliche Ausgaben auf. Das machte es unmöglich, einen Überblick über die gesamten Einnahmen und Ausgaben zu erhalten.

Was wofür in Bayern unter Max III. Joseph ausgegeben wurde, dafür gab es keinen geregelten Entscheidungsprozeß. Auf den unteren Ebenen wurden nach Gutdünken und örtlicher Einschätzung Gelder für Aufgaben dieser Ebenen zurückgehalten. Weder waren derartige Ausgaben von der Zentralregierung für diese Ebenen vorgeplant, noch hatte sie Instrumente entwickelt, um die Entscheidung darüber zu treffen. Andererseits waren die Abgaben, welche der Zuständigkeit der unteren und mittleren Ebene zur verantwortlichen Haushaltführung zur Verfügung standen, unzureichend. Auf der obersten Ebene hingen die Entscheidungen vom Tauziehen zwischen dem Landesherrn und den Ständen ab, ein Tauziehen, das nicht nur finanzpolitische Seiten hatte, sondern auch Bedeutung für das Verfassungsleben und den Machtkampf von Herrschaftsgruppen. In den Monaten nach Max III. Josephs Tod erhielt dieses Tauziehen eine neue Qualität: Das dynastische Interesse Karl Theodors kämpfte mit dem bayerischen Staatsbewußtsein, das die Stände proklamierten.

Ist dieser Blick auf das bayerische Finanzwesen unter Max III. Joseph schon verwirrend genug, so wird er durch weitere Einzelheiten noch unübersichtlicher: Die Ausgaben waren nicht streng nach den Ressorts getrennt, so konnten Kriegsausgaben unter Hofausgaben verbucht werden oder Einnahmen aus staatlichen Arbeitshäusern in die Hofkriegskasse gelangen. Und wenn der Landesherr für ein Projekt, eine Unterstützung, eine Schloßrenovierung oder eine Jagdveranstaltung, keine Geldquelle in der »ordentlichen« Finanzbehörde fand, konnte er immer noch auf seine »*Privatcassa*« zurückgreifen. In diese flossen ungeprüft, ohne Einblick von Finanzbeamten und ohne Rechnungslegung, die Subsidien, um die Max III. Joseph so hart mit Frankreich, den Niederlanden, England und auch Österreich feilschte. Dies ist der finanzpolitische Hintergrund des großen Tauziehens, das Max III. Joseph kurz nach seinem Regierungsantritt mit den Ständen seines Landes begann. Ihm ging es dabei nicht nur um Geld, Einfluß, effektivere Verwaltung, sondern zuerst um die Durchsetzung des Prinzips der absoluten Macht des Landesherrn.

Der bald nach seinem Regierungsantritt ausbrechende Konflikt mit den Ständen war demnach nicht nur in der katastrophalen finanziellen Lage nach dem Österreichischen Erbfolgekrieg, sondern auch in der Absicht des Kurfürsten angelegt, die Situation zur Entmachtung der Stände auszunutzen. Hierin durchaus in der Tradition seines Vaters und Großvaters stehend, die beide im Dauerstreit mit den Ständen lagen, begann Max III. Joseph ganz im Sinne des Absolutismus und der entsprechenden Vorgaben seiner Lehrer mit dem Versuch, der Landschaftsverordnung das Schuldentilgungswerk zu entwinden. Da Kaiser Karl VII. die Kassen der Stände und deren Schuldendienste für seine Kriegführung zweckentfremdet hatte, war nicht nur die Kasse des neuen Kurfürsten, sondern auch die Ständekasse leer. Die Stunde Null nutzte der junge Kurfürst für einen Schlag gegen die Selbständigkeit des ständischen Finanzwesens. 1745 forderte er die Landschaftsverordnung auf, das gesamte Schuldentilgungswerk sowie die Verwaltung der ihr zustehenden Aufschlagsgelder und Stempelabgaben an die Regierung zu übergeben. Die Stände erkannten, daß damit ihre Existenz bedroht war, und reagierten mit äußerster Schärfe.

Max III. Joseph kassierte nach seiner Beschlagnahme des Schuldentilgungswerks alle Aufschlaggelder der Landschaftsverordnung. Die Landschaft kündigte Verfassungsbeschwerde vor dem Reichsgericht an. Der Landschaftskanzler Unertl geißelte in scharfer Form die Politik des Kurfürsten und die seiner Vorfahren. Er erinnerte Max III. Joseph daran, daß jeder Regent zur Mehrung seines Landes aufgerufen sei, und forderte ihn auf, den Ruhm »mit Ernst und Nachdruck« auf dem Felde der »inneren Landeseinrichtung« zu suchen. Die Landschaftsverordnung kritisierte die große Armee und deren Kosten, erklärte, keine Ausdehnung der Regierungsgewalt des Kurfürsten hinnehmen zu wollen, und bot gegen die Vorlage eines Haushaltsplanes dem Kurfürsten zwei Millionen Gulden an. Zur Sicherheit ließ sie sich vom neuen Kaiser Franz gleich nach dessen Wahl ihre Freiheiten und Privilegien bestätigen.

Der Ton der Auseinandersetzung läßt darauf schließen, daß die Landschaftsverordnung sich im Konflikt mit dem jungen Kurfürsten stark fühlte. Im Zusammenhang mit dem Abschluß des Vertrages von Füssen war er nicht nur in Hofkreisen, sondern auch in weiten Bevölkerungskreisen kritisiert worden, nachdem sich herausstellte, daß die Österreicher auf allen Schlachtfeldern außer auf dem bayerischen auf dem Rückzug waren und daß Max III. Joseph Wien bayerische Truppen überlassen hatte. Das offene Geheimnis, daß Seckendorff, Max III. Josephs engster – wenngleich ungefragter – Berater in dieser Zeit, von den Österreichern gekauft war, verdroß viele. Als dann von 7000 Mann binnen eines halben Jahres 5500 umgekommen waren, stieg die Empörung noch. Bekanntermaßen hatte der Herzog Clemens Franz, der nächste bayerische Agnat, aus Verärgerung über Max III. Josephs Verhalten beim Vertrag von Füssen seine Erbrechte an den Kurfürsten der Pfalz abgetreten. Die Spannungen zwischen Landesherrn und Ständen verschärften sich, als Max III. Joseph 1746 von den Verordneten die öffentliche Rechnungslegung ihrer Steuerverwaltung verlangte. Sofort eskalierte die Situation: Die Verordnung berief sich auf ihre Privilegien und lehnte schroff ab. Bevor sie zu Verhandlungen überhaupt bereit war, wollte sie erst die Beschlagnahme der 1745 entzogenen Gelder rückgängig gemacht wissen. Da entschlüpfte dem Kurfürsten angesichts der großen Schuldenlast die Bemerkung, er fühle sich zur Zahlung der Schulden seiner Vorfahren nicht verpflichtet. Das Ergebnis ließ sich voraussehen: Sein Kredit rutschte gegen Null.

Nach achtwöchigen ergebnislosen Verhandlungen holte Max III. Joseph zu einem neuen Schlag aus. Im März 1746 erließ er – ohne Rücksprache mit den Ständen – anstelle der von der Landschaftsverordnung eingesammelten Abgaben eine landesherrliche Personalsteuer. Das Vorbild hierbei war Österreich, der Ratgeber sein ehemaliger Lehrer und Absolutismus-Praktiker Johann Adam Freiherr von Ickstatt. Diese Steuer sollte von allen, auch von Adel und Geistlichkeit, entrichtet werden und die sogenannte Standsteuer, mit der die Stände bisher recht bescheiden belastet waren, ersetzen. Wieder versuchte der Kurfürst mit der Reformierung des doppelzügigen Finanzwesens zugleich die Entmachtung der ungeliebten Landschaftsverordnung zu erreichen. Dieses Vorgehen widersprach jedoch der Rechtsordnung des Heiligen Römischen Reiches. Die Verordnung protestierte gegen den Verfassungsbruch. Um ihrem Protest Nachdruck zu verleihen, entschloß sie sich zu einem spektakulären Schritt: Sie schloß drei Landschaftsverordnete, die hohe kurfürstliche Ämter innehatten, quasi als Bestrafung für ihre Tätigkeit für den Kurfürsten aus der Landschaft aus. Es waren Max III. Josephs Obersthofmeister Toerring, sein Hofratspräsident Hegnenberg und sein Obersthofmarschall Egger.

Nach diesem Schuß vor den Bug und Signalen aus dem Reichshofrat gegen ihn wurde Max III. Joseph vorsichtiger. Er gab sogar der Forderung nach, sich von seinem Berater Ickstatt zu trennen. Max III. Joseph blieb aber bis zu seinem Tod den Maximen Ickstatts treu und hat nie aufgehört, der Landschaft feindlich zu begegnen. 1747 wurde die Personalsteuer vom Kurfürsten zugunsten des alten Erhebungsverfahrens wieder zurückgenommen. Die Verordnung stimmte im Gegenzug höheren Standsteuern zu.

Der Konflikt setzte sich fort. Der Kurfürst beharrte auf seiner Forderung nach Rechnungslegung der ständischen Finanzverwaltung. Die Verordnung lehnte diese weiterhin ab. Schließlich richtete Max III. Joseph eine Kommission ein, welche die Schuldentilgung organisieren sollte. Nach einigem Zögern beteiligte sich die Landschaftsverordnung an den Beratungen, die sich aber bald in Streitereien um die Vergangenheit festbissen. Die Landschaft wies nach, daß sie zwischen 1728 und 1741 schon 7,5 Millionen Schulden getilgt hatte. Der Kurfürst rechnete die Schuldentilgung der Stände auf 1,4 Millionen herunter, indem er die Schulden seines Vaters der Verordnung aufbürdete. Schließlich gründeten beide Seiten eine kurfürstlich-ständische »Schuldentilgungskommission«. Neue Berechnungen ergaben, daß die Schulden viel höher waren als ursprünglich angenommen; sie beliefen sich jetzt auf 35 Millionen Gulden!

Versuche des Kurfürsten, die Entschuldung ohne die Stände durchzuführen, scheiterten. 1749 übernahm die Landschaftsverordnung die gesamten Schulden. Die Schuldentilgung gingen der Kurfürst und die

Landschaft gemeinsam an. Einzelne Steuern wurden direkt zur Schuldentilgung bestimmt. Den Großteil der Leistungen in diese Tilgungskasse erbrachte die Verordnung, nämlich 432 000 von 687 500 Gulden jährlich. Der Kurfürst steuerte 15 000 Gulden bei. Der Rest kam von zweckgebundenen Abgaben. Diese Einigung brachte der Landschaft die Übernahme einiger Steuern, die Bestätigung ihrer Rechte und schließlich die Sicherung gegen Übergriffe Max III. Josephs oder eines Nachfolgers. Für diesen nicht unwahrscheinlichen Fall erklärten die Stände, sich aus der Schuldentilgung zurückzuziehen, und daß der Landesherr mit seinem Besitz haften müsse. Gegen diesen Proklamation der Stände protestierte der Kurfürst ebenso nachhaltig wie vergeblich. Nachdem aber die Verordnung nur aus einer Minderheit von Ständevertretern bestand, konnte sie weder für sich allein noch für andere eine Haftung für 35 Millionen Gulden übernehmen. Sie konnte allenfalls, wie geschehen, die Verantwortung für die Schuldentilgung übernehmen.

Max III. Joseph blieb bis zu seinem Tode finanziell von den Landständen abhängig. Mit dem großen Schuldentilgungswerk wuchs die Landschaftsverordnung in die Rolle einer Hüterin landesherrlicher Kreditwürdigkeit hinein und wurde zu einer Säule bayerischer Staatlichkeit. Sie wurde in gewissem Sinn zur Konkursverwalterin des Kurfürstentums. Dadurch verstärkten sich ihre Tendenzen, sich als Vertretung des ganzen Landes zu verstehen. Die experimentierende und schwankende Wirtschaftspolitik des Kurfürsten, der auch in diesem Bereich den Einfluß der Landschaftsverordnung zu brechen bemüht war, und äußere Ereignisse wie der Siebenjährige Krieg und die Hungerjahre von 1770 bis 1772 erschwerten die Schuldentilgung.

Die Landschaft blieb mißtrauisch und aufmerksam. Sie trat sofort auf den Plan, als der Kurfürst eine allgemeine landesherrliche Biersteuer einführte, und klagte gegen ihn beim Reichshofrat. Dieser schickte einen außerordentlichen Gesandten, der Max III. Joseph zur Rücknahme der neuen Steuer veranlaßte.

Mit Ausbruch des Siebenjährigen Krieges verfiel Max III. Joseph in die alten Sünden seiner Vorfahren. Er steckte die zur Schuldentilgung vorgesehenen Gelder in die Rüstung. 1763 glich die Situation etwa der zu Beginn der gemeinsamen Schuldentilgung. Zwischen 1747 und 1756 waren 5,4 Millionen Gulden an das Schuldentilgungswerk geflossen. Nun stellte die Umleitung der Gelder in die Rüstung alles wieder in Frage. Am Ende des Krieges war der Schuldenberg wieder so hoch, daß der kurfürstliche Rat Stubenrauch seinem Landesherrn riet, den Staatsbankrott zu erklären. Der Rest war nicht neu, der Kurfürst hatte diese Maßnahme schon mehrfach selbst als letztes Mittel erwogen. Die Verordnung erfuhr von den Überlegungen Max III. Josephs und seiner Minister und drohte, den Kurfürsten zur Verantwortung zu ziehen. Der war über die Widerspenstigkeit der Landschaft so erbost, daß er gewaltsam gegen die Stände vorzugehen beabsichtigte. Er wollte der Landschaft das Steuerbewilligungsrecht entziehen und forderte kurfürstliche Aufsicht über die ständischen Rechnungsführer sowie die Ausdehnung des Bieraufschlages auch auf die Privilegierten, eben die Stände. Daraufhin verlangte die Landschaftsverordnung die Einberufung eines allgemeinen Landtages. Als dies nicht half, appellierte sie wiederum an den Reichshofrat. Damit zwang sie den Kurfürsten zum Rückzug. Nun bewilligte der Kurfürst die Einberufung eines Landtages unter der Bedingung, die ständische Finanzbehörde der kurfürstlichen Kontrolle zu unterstellen. Das lehnte die Verordnung ab.

Nach dem Zusammenbruch der gegenseitigen Drohgebärden des Jahres 1763 kamen die Verhandlungen über die weitere Schuldentilgung wieder in Gang. Sie zogen sich bis 1767 hin. Der Kurfürst mußte den für die Schuldentilgung abgetretenen Steuern auf Bier, Wein und Fleisch noch die Herdstättensteuer und den Tabakaufschlag hinzufügen. Damit hatte die Landschaft alle wichtigen Steuern über das Schuldentilgungswerk unter ihren Einfluß gebracht.

Die Herdstättensteuer und der Tabakaufschlag waren erst 1717 eingeführt worden, damals noch als Steuer des Hofes, ähnlich wie die 1724 eingeführte Tanzsteuer, die 1748 eingeführte Tierkadaver- und Roßhaarsteuer, die 1765 neu geschaffene Straßenbausteuer und die Stempelgelder, die aber alle zusammen nicht den Ertrag der ersten beiden abgetretenen Abgaben erreichten. Einzig bei der Maut- und Zollreform blieb Max III. Joseph erfolgreich. Diese von Kreittmayr entwickelte und von Stubenrauch durchgesetzte Reform brachte dem Handel viele greifbare Verbesserungen. Hier gelang es Max III. Joseph, die Landschaft völlig herauszudrängen.

Die Verordnung suchte in diesen Jahren ihren wirtschaftlichen Einfluß durch die Gründung einer eigenen Bank auszuweiten. 1763 wurde ein Fonds zur Ausstattung der Bank gegründet, in den neben den jährlichen 80 000 Gulden der Verordnung auch 40 000 Gulden des Kurfürsten einfließen sollten. Aber hier spielte der Kurfürst mit falschen Karten: er gab in die gemeinsame Kasse zum Aufbau einer Schuldentilgungsbank nicht nur nichts hinein, sondern entnahm fast die gesamten dort lagernden 160 000 Gulden. Daß 1767 die Bank dennoch gegründet werden konnte, war allein einer Bürgschaft der Stände zu verdanken. Der Kurfürst hatte allen Kredit in der Finanzwelt verspielt. Die Bank, die der Kurfürst dann der Verordnung zur alleinigen Verantwortung übergeben mußte, wurde von dieser in den nächsten Jahren seriös geführt und von jedem kurfürstlichen Einfluß freigehalten.

In den Jahren der geordneten Schuldentilgung von 1751 bis 1768 waren trotz der Unterbrechung durch den Siebenjährigen Krieg etwa elf Millionen Gulden getilgt worden. Max III. Joseph hingegen häufte in den kommenden Jahren durch eine abenteuerlich zu nennende Wirtschaftspolitik neue Schulden auf. Mehrfach entwickelte er Pläne, die Schulden und damit zugleich die Fesseln, die ihn an die Stände banden, loszuwerden. Seit der Gründung der Ständebank versuchte der Kurfürst auf verschiedenste Weise, der Verordnung dieses Instrument wieder zu entreißen. Sein Argument war, daß die Bank nicht nur der Schuldentilgung dienen dürfe, sondern auch Handel und Wirtschaft beleben müsse. Dieser Zielsetzung verweigerte sich die Ständebank angesichts der wirtschaftspolitischen Fehlschläge, Fehlinvestitionen und Windprojekte. Als Max III. Joseph das Kapital der Bank um zwei Millionen erhöhen wollte, um sie seiner Wirtschaftspolitik zu unterstellen, wies ihn die Verordnung sarkastisch ab, so als wäre die gesamte »Beförderung der Manufakturen und Commercien« des Kurfürsten nur sein kostspieliges Spielzeug.

Der Kurfürst belagerte die Bank seines innerstaatlichen Gegners wie eine militärische Festung und versuchte sie mit Gewalt wie mit List zu erobern. Auf Vermittlung eines österreichischen Zwischenhändlers beabsichtigte Max III. Joseph, in Genua eine Anleihe in Höhe von zwölf Millionen Gulden aufzunehmen. Mit diesem Geld wollte er auf einen Schlag alle Schulden tilgen und sogleich eine neue, eine kurfürstliche Bank gründen. Die Verhandlungen hatten 1771 in größter Geheimhaltung begonnen und waren 1775 abgeschlossen. Eine Bedingung stellten die Genueser Geldgeber allerdings: die Landschaftsverordnung mußte als Bürge dem Geschäft beitreten. Nun konnte der Kurfürst seine Pläne nicht mehr geheimhalten, er mußte die Stände informieren. Dort erkannte man sofort seine Absicht, das gemeinsame Schuldenwerk zu beenden und sich durch die Gründung einer eigenen kurfürstlichen Bank aus der Zwangsehe mit den Ständen zu befreien. Man durchschaute Max III. Joseph und seine Finanzberater Stubenrauch und Berchem. Die Verordneten wußten nach den Erfahrungen mit dem Kurfürsten in den letzten dreißig Jahren, daß der Auflösung des gemeinsamen Schuldentilgungswerkes sofort die Zerschlagung der Landschaft folgen würde. Schonung erwartete keiner von ihnen, überdeutlich hatte ihnen Max III. Joseph zu verstehen gegeben, für wie überflüssig und schädlich er ihre Einrichtung hielt. Die Landschaft lehnte die Bürgschaft für das große Genua-Projekt ab.

Im September 1776 beschloß der Kurfürst wieder einen Frontalangriff: der Verordnung die Stände-Bank wegzunehmen. Er warf ihr vor, daß die bisherige Lösung die Schuldenlast nicht verringert hatte. Das war oberflächlich richtig, aber beide Seiten wußten, daß Max III. Joseph in den 29 Jahren seiner Regierung 15 Millionen Gulden neue Schulden gemacht hatte. Somit waren die 17 Millionen Gulden, die die Verordnung getilgt hatte, fast wieder »aufgezehrt«. Die Verordnung setzte die Geldgeber ihrer Bank gegen den Kurfürsten an, und im Februar 1777 wich er zurück. Gegen eine einmalige Übernahme von zwei Millionen Gulden durch die Landschaft und gegen die jährliche Zahlung von 220 000 Gulden auf vier Jahre sagte er den Genua-Kredit ab. Wieder war es der Verordnung gelungen, ihre Machtbasis, die auf Schuldentilgung und Stände-Bank beruhte, zu bewahren.

Als Max III. Joseph Ende 1777 starb, hinterließ er zusätzlich 14 Millionen Gulden persönlicher Schulden, zu denen sich noch sechs Millionen summierten, die wegen Erbansprüchen seiner Schwester an Sachsen zu zahlen waren. Im Schuldentilgungswerk verblieben etwas über 15 Millionen Schulden. Zählt man alle Verbindlichkeiten zusammen, die Max III. Joseph hinterließ, so sind sie etwa so hoch wie die von seinem Vater und Großvater übernommenen. Ein deprimierendes Ergebnis, das in klarem Widerspruch zu vielen seiner Lobschreiber steht, die behaupten, Max III. Joseph habe durch Sparsamkeit den Schuldenberg seiner Vorfahren teils oder ganz abgebaut. Ein Ergebnis, das sich nicht durch die Zinsfalle erklären läßt, sondern allein dadurch, daß Max III. Joseph seine Ausgaben nicht mit seinen Einnahmen in Deckung bringen konnte.

Sogar in Friedensjahren gab der Kurfürst regelmäßig mehr aus, als er einnahm. Dabei fällt auf, daß der Bereich des Militärs insgesamt an Bedeutung verlor, während die Ausgaben der Hofhaltung und Beamtenschaft stiegen. Grob geschätzt verschlang der Hof von Versailles etwa ein Prozent der Steuereinnahmen, die Kosten der bayerischen Hofhaltung schwankten um 30 Prozent der zentralen Steuereinnahmen. Das hieß nicht etwa, daß der französische Hof sparsam lebte. Nein, Frankreich zählte 25 Millionen Einwohner. Bayerns Hof, der mit den Großmächten mithalten wollte, konnte dagegen nur auf Einnahmen von nicht einmal einer Million Untertanen zurückgreifen. Eine Anpassung der Hofausgaben an die geschrumpfte Bedeutung Bayerns wäre geboten gewesen, doch das Gegenteil war der Fall: Bei festlichen

Gelegenheiten wie Hochzeiten, bei Repräsentationsbauten oder deren Instandhaltung versuchte Bayern mühsam mit den Großmächten mitzuhalten. Die Vorstellung des höheren Ranges, die durch Pracht und Repräsentation aufrechterhalten wurde, durchzieht die gesamte Regierungszeit Max III. Josephs. Der französische Botschafter prägte das Wort von der »bayerischen Chimäre«, der der Kurfürst nachlaufe. Das jahrzehntelange Tauziehen zwischen Max III. Joseph und den bayerischen Ständen erinnert an ein anderes Tauziehen, das Max III. Joseph einmal zur großen Erheiterung seines Hofes veranstaltete.

Die Geschichte ist schnell erzählt: Kurfürst und Hofgesellschaft ergötzten sich von Zeit zu Zeit an groben Scherzen, die sie mit einem Naturburschen aus Tirol, Peter Prosch mit Namen, trieben. Er hatte sich vom Waisenkind über den wohlbestallten Gasthausbesitzer zum Reisenden in feinen Damen- und Herrenhandschuhen emporgearbeitet und spielte an den Höfen nur allzugerne den naiven Bauerntölpel in der »drolligen« Tiroler Tracht, um seiner Kundschaft um so leichter dutzendweise teure Handschuhe zu verkaufen. Einmal wettete Kurfürst Max III. Joseph, daß Prosch ein Tauziehen mit der kurfürstlichen Katze verlöre. Auf der einen Seite des Nymphenburger Kanals stand Prosch, auf der anderen war die Katze mit dem Seil um den Kopf postiert. Hinter der Katze, verborgen in einem Busch, zogen zwei Domestiken mit der Katze zugleich den Tiroler in ihre Richtung. Natürlich fiel Prosch unter dem Gelächter der feinen Damen und Herren ins Wasser. Auch Max III. Joseph merkte bei seinem Tauziehen mit den Ständen nicht, daß er mehr als nur eine Katze zum Gegner hatte. Auf der Seite der Stände leistete mit dem Reichshofrat die gesamte Verfassungssituation des Reiches Widerstand, an der er nicht rütteln konnte. Im Unterschied zu Max III. Joseph landete der Tiroler Prosch nur einmal im Wasser. Der Kurfürst machte den gleichen Fehler wiederholt und ging in Verkennung der tatsächlichen Gewichte immer wieder baden.

Kunst und Kultur

Bayern ist ein uraltes Kulturland. Auch das Verhältnis des Herrscherhauses zur Kunst und zu kulturellem Schaffen hat eine lange Tradition. Die Wittelsbacher übten künstlerisches Mäzenatentum als selbstverständliche Herrschertugend. Welche Kunstart in welcher Ausprägung gefördert wurde, das war je nach Neigung der Kurfürsten freilich unterschiedlich.

Max III. Joseph ist bekannt, daß er die Musik besonders schätzte. Musik galt ihm mehr als bloß höfische Repräsentation, sie war ihm persönliches Bedürfnis. Er beherrschte vier Instrumente virtuos, und war damit der dritte Kurfürst in Folge, der bei Kammermusiken oder Hofkonzerten selbst mitspielte, auch Max Emanuel und Karl Albrecht musizierten. Max III. Joseph hat selbständig Kirchenmusik komponiert, die in den sechziger Jahren auch in Italien gedruckt wurde. Sein Onkel Clemens August, seine Schwester Walpurgis, spätere Kurfürstin in Sachsen, und seine Ehefrau musizierten ebenfalls gerne. In der Residenz kamen vor dem Hof italienische Opern zur Aufführung, sowohl die ernste, heroische *opera seria* von hohem ästhetischen Rang als auch die heitere *opera buffa* mit komischen Intermezzi.

Neben der ausgezeichneten Hofkapelle ist die Gruppe der 42 Stadtmusikanten Münchens zu erwähnen, die in sechs »Kompanien« eingeteilt war. Jede Sechsergruppe trat in einem anderen Lokal der Stadt auf: die einen im Löwengarten, die anderen im Bögner und im Stachus, die dritte in der Arche Noah, die vierte im Schwarzen Adler, die fünfte in der Trinkstube und im Lampelgarten und die sechste im Eberlstadel vor dem Sendlinger Tor.

Die höheren Genüsse bot Joseph Anton Graf von Seeau, kurfürstlicher Kämmerer und Musikintendant, der auf eigene Rechnung, aber mit Zuschüssen Max III. Josephs im alten Theater am Frauengottesacker und seit 1753 bei besonderer Gelegenheit im kurfürstlichen Hoftheater der Residenz Opern inszenierte.

Der Geschmack des Publikums war wichtigstes Kriterium bei der Stückewahl. Abwechslung war gefragt, nach einer oder zwei Aufführungen einer Oper mußte ein neues Stück gespielt werden, »sonst würde man zu wenig Leute im Theater sehen«. Auf der ständigen Suche nach Kassenschlagern ließ Seeau eine in Rom erfolgreiche *opera buffa* auch in München in Szene setzen, allerdings mit neuer Musik: *La finta giardiniera*.

Mit der Komposition wurde der 17jährige Wolfgang Amadeus Mozart beauftragt. Als er 1774 nach München kam, um die Aufführung seiner Oper zu überwachen, war dies sein vierter Besuch in der bayerischen Residenzstadt. Schon als Sechs-, Sieben- und Zehnjähriger hatte er zusammen mit seiner Schwester Nannerl Max III. Joseph und dem Hof vorgespielt. Auch vor Herzog Clemens Franz und dessen Hof in der Maxburg war er aufgetreten. Im Januar 1775 fand die Premiere der Oper statt. Im Anschluß daran tanzte, wie in München üblich, ein

Ballett. Mozart berichtete der Mama von einem großen Erfolg. Das Theater sei so »gestrotzt voll gewesen, daß viele Leute wieder zurück haben müssen. Nach einer jeden Arie war ein schreckliches Getös mit Klatschen und *Viva-Maestro*-Schreien ... so ist während der Zeit, wo man still ist, bis das Ballett anfängt, nichts als geklatscht und Bravo geschrien worden, bald aufgehört, wieder angefangen und so weiter ...« Bis zu seiner Abreise wurde die Oper noch zweimal wiederholt. Sie wird noch einige Male auf dem Spielplan gestanden haben. Dann verschwand sie im Theaterarchiv. Das Publikum war auf Neues gierig. Mozart hat vergeblich den Kurfürsten zu bewegen versucht, ihn in München anzustellen. Es ist viel herumgerätselt worden, warum der kunstfreudige und musikverständige Kurfürst Mozart nicht einstellte. Manche verwiesen auf seine Sparsamkeit, wozu anzumerken wäre, daß er sich dessen ungeachtet viele recht kostspielige Wünsche erfüllte. Der Wahrheit näher kommt man, wenn man berücksichtigt, daß seine Musikbegeisterung nur der von ihm bevorzugten italienischen Form galt, die an anderen Höfen schon überwunden war. Hinzu kommt noch ein außenpolitisches oder herrscherliches Moment. Zwar plauderte Max III. Joseph nach Mozarts Erzählung mit diesem recht leutselig. Aber eine ordentliche Audienz blieb dem jungen Künstler versagt. Mozart hatte sich unerlaubt vom Hof seines Dienstherrn, des Fürstbischofs von Salzburg Colloredo, entfernt und mußte – nicht nur in München – erleben, daß die anderen Herrscher dieses Verhalten als eine Art Desertion empfanden. Max III. Joseph sagte ihm das nicht ins Gesicht, aber seine Auffassung von Herrschaft ist zu bekannt, als daß ihn der Domestike Salzburgs, das war Mozart ja noch, mit seinem Anliegen überzeugen konnte. Darüber hinaus stand Fürstbischof Colloredo an der Spitze der Opposition bayerischer Bischöfe, die sich im Salzburger Bischofskongreß gegen die kirchenfeindlichen Mandate Max III. Josephs zusammengeschlossen hatten. Da hieß es vorsichtig sein und sich keine Blöße geben.

Bautätigkeit

Der Bau von Schlössern, Kirchen, Palais und Anlagen ist Wittelsbacher Herrschern immer eine Verpflichtung gewesen. Man spricht vom »Bauwurm«, einer Art Sucht zu bauen. Ende des 16. Jahrhunderts hatte sich Herzog Wilhelm in seiner Bauleidenschaft so sehr überschuldet, daß er seinem Sohn Maximilian die Regierung überließ. Die Michaeliskirche in München erinnert daran.

Sein Sohn Maximilian baute nicht weniger. Große Umbauten der Residenz in München erinnern daran, das Grab Kaiser Ludwig des Bayern in der Frauenkirche oder die Mariensäule. In der Barockzeit baute Ferdinand Maria seiner Frau Henriette Adelaide das Zentralgebäude von Nymphenburg und die Theatinerkirche. Sein Nachfolger Max Emanuel manifestierte seine Königs- und Kaiserträume in Stein: Ausbau von Nymphenburg, Dachau, Fürstenried, Bau von Lustheim und Schleißheim, der Pagodenburg, der Badenburg und der Magdalenenklause.

Diesen repräsentativen Rahmen füllte Sohn Karl Albrecht mit den »Reichen Zimmern« der Münchner Residenz aus. Der Erhebung zum Kaiser greift Karl Albrecht mit diesen Rokoräumen vor, das Spiegelkabinett, die Ahnengalerie, das Prunkschlafzimmer, die »Grüne Galerie«, das Spiegel- und das Miniaturenkabinett sind die angemessene Umgebung für den Träger der höchsten Würde. Im Georgssaal ist auf Wandteppichen die glorreiche Geschichte Maximilians I. festgehalten. Als unübersehbare Demonstration der Kaiseranwartschaft sind die zwölf Bilder römischer Imperatoren im »Äußeren« und »Inneren Audienzzimmer« Karl Albrechts zu verstehen, ebenso ein Gemälde von Kaiser Ludwig dem Bayern von Peter Candid. An der Ausführung seines Städtebauprojekts hinderte Karl Albrecht der Österreichische Erbfolgekrieg. Der Kurfürst wollte die Nymphenburger Schloßanlage beiderseits des Nymphenburger Kanals, den er nach München ausbauen ließ, durch eine regelmäßige Stadtanlage, deren Straßenzüge radial auf das Schloß ausgerichtet sein sollten, abschließen. Die sogenannte Karlsstadt blieb Planung.

Aber die Planungen für ein umfassendes Rondell von Kavaliershäusern und Wohnbauten für Angehörige des Hofes sollte sein Sohn Max III. Joseph vollenden. Obwohl sich die Errichtung der Bauten längere Zeit, bis 1758, ja noch bis in die späten siebziger Jahre, hinzog, ist die Einheitlichkeit der Planung deutlich. Wie in einem Kronreif die Edelsteine schmücken einzelne Häuser das Halbrund.

Im Park von Schloß Nymphenburg schließlich die Vollendung höfischen Rokokos unter Karl Albrecht, die Amalienburg. Intimität, Naturverbundenheit und äußerste künstlerische Galanterie zeichnen die Amalienburg aus. Waren in Zeiten des Barock die Repräsentativfassaden von Schlössern wie Nymphenburg und Schleißheim die Vorgaben für den nach außen wirkenden Lebensstil des Fürsten, so ist das höfische Rokoko mehr ein Ausstattungsstil für bestehende Gebäude oder der Baustil für kleine Palais.

Max III. Joseph stand sowohl in der barocken Tradition seines Großvaters Max Emanuel wie in der vom Rokoko geprägten des Vaters Karl Albrecht. Das heißt: Max III. Joseph unterhielt die Schlösser Nymphenburg, Schleißheim, Fürstenried und Dachau und die vielen kleinen Palais und Lustschlößchen mit großem Finanzaufwand. Zu hastiges Mauern, Materialmängel und kriegsbedingter Verfall machten den Unterhalt und die Reparaturarbeiten an und in den Schlössern teuer. Der Kurfürst pflegte aber auch die kostbaren Inneneinrichtungen, die sein Vater ausführen ließ. Seine Privaträume über dem Antiquarium der Residenz zum Beispiel ließ er mit sorgfältig abmontierten Türen, Schnitzereien und Vertäfelungen aus anderen Zimmern schmücken. Diese Privaträume, zunächst zur Hochzeit etwas zurückhaltend ausgestattet, werden nach dem Siebenjährigen Krieg noch prächtig »nachgebessert«.

Max III. Josephs Finanzmöglichkeiten waren also nicht nur durch die ererbte Schuldenlast, sondern auch aufgrund der sich über Jahre hinziehenden Instandhaltungsarbeiten an Gebäuden und Anlagen seiner Vorfahren eingeschränkt. Mehrere Gärten und Anlagen hat er erst fertigstellen lassen oder in größerem Ausmaß erweitert. Das gilt vor allem für Nymphenburg: die Rondellhäuser, die Kaskade, die Treppenabgänge und Gartenanlagen.

In Schloß Schleißheim, wo seine Mutter, die Kaiserin Amalie bis zu ihrem Tod hofhielt, ließ Max III. Jospeh neben Ignaz Günthers prächtigen Türen Umbauten im Inneren vornehmen. Die umfangreiche und von ihm durch viele holländische Meister erweiterte Gemäldesammlung fand in Schleißheim den großartigen Rahmen. Die Einrichtung eines Billard- und eines Musikzimmers deutet auf veränderte Raumwünsche des Fürsten in der privaten Sphäre hin. Der Speiseraum von Schloß Schleißheim wurde erst in den Siebziger Jahren umgebaut. Er liegt nördlich des großen Vestibüls. Zwar nimmt er durch große Leinwandbilder und Reliefs auch die Traditionen des Schloßerbauers Max Emanuel auf, doch durchzieht ihn ein neuer Geist der Kühle und Gemessenheit. Die Rokokoverspieltheit ist strengen Girlanden, Mäanderbändern und Lorbeerstäben gewichen. Die Ornamente sind in Silber gefaßt, das Meergrün der Wände verbreitet vornehme Zurückhaltung. Noch am meisten Fröhlichkeit lebt in Wincks Deckenbild. Es zeigt Odysseus' Ankunft auf der Insel Kalypsos und entspricht dem Aeneas-Programm des Schlosses. Schleißheim geriet im Vergleich zu Nymphenburg ins Hintertreffen: Es mußte Figuren an den Nymphenburger Schloßpark abgeben. Roman Anton Boos und Dominikus Auliczek erarbeiteten nach Vorarbeiten von Johann Baptist Straub und Ignaz Günther weitere Figuren für Nymphenburg.

Auch der Hofgarten der Residenz in München wurde umgestaltet. Der Kurfürstliche Hofgarten neben der Residenz hatte im 18. Jahrhundert mehrfach Umwandlungen erfahren. Ursprünglich von Kurfürst Maximilian I. aus nördlich der Residenz gelegenen Krautäckern geschaffen, grenzte er direkt an die neue große Stadtmauer. Die Anlage des Gartens geschah nach französischem Vorbild, indem der gesamte Bereich planmäßig in mehrere Partien symmetrischer Ziergestalten aufgeteilt wurde. Die größere Aufteilung geschah zu vier Teilen, zwischen denen breite Wege angelegt waren, auf denen man zu dem mittleren Rondell kam. Die Umzäunungen waren aus Buchsbäumchen, Hainbuchen und Kastanienbäumen gebildet, dazwischen Blumenbeete, Fruchtbäume und Springbrunnen. Die vornehmsten Zugänge führten durch zierliche Portale. Gegen Osten standen figürlich beschnittene Hecken, zwischen denen vergoldete Statuen und Bronzefiguren verteilt waren. Dann folgte ein viereckiger Weiher, in der Mitte von einem breiten Brückendamm mit Geländern durchzogen. Im Zentrum ein gefälliges Inselchen mit geräumiger Laube und zwei Pavillons. Im Weiher schwammen Schwäne zwischen Bronzefiguren wie wasserspeienden Delphinen, Hunden mit einem Bär und einem Wildschwein. Das Ufer umsäumten Orangen-, Lorbeer- und Pappelbäume in großen kupfernen Gefäßen auf Steinpostamenten. Dazwischen ergossen sich 128 Fontänen in den Weiher. An der Südseite erstreckten sich ebenfalls Abteilungen vom Baumgärtchen mit Lauben und Gittertoren. 1776 ließ Max III. Joseph den ganzen oberen Raum mit Lindenbäumen bepflanzen und mit Blumenbeeten zieren. Die metallenen Wassergruppen und anderer in der Unterhaltung kostspieliger Zierat wurde weggeschafft. Übersichtlichkeit, Klarheit und Würde waren die Forderungen des neuen Zeitgeschmacks.

Im Nymphenburger Schloß bekam 1755 bis 1757 der Steinerne Saal ein neues Aussehen. Effners monumentale Pilaster- und Gebälkformationen sollten mit Freskomalerei und Stukkatur aufgelockert werden. Oberhofbaumeister Gunetzrhainer und Johann Baptist Zimmermann, die mit der Ausgestaltung beauftragt waren, erfüllten die Erwartungen Max III. Josephs nicht. So übertrug er die Aufgabe François Cuvilliés, der die bereits ausgeführte Stukkatur korrigieren mußte. Das Ergebnis: Im Saal bleibt es bei Zimmermanns kräftiger Stukkatur, die zum Park gelegene Musikempore und der darunter liegende Bereich weisen feinere Rocailledekorationen von Feichtmayr auf. Die weite Fläche des Deckenbildes gestaltete Johann Baptist Zimmermann 1756. Dieses Werk verleiht dem Steinernen Saal sommerliche und musikalische Feststimmung.

Man hat das Deckenfresko das »Programm« des Kurfürsten Max III. Joseph genannt. Und tatsächlich spiegelt es einige Aspekte des Persönlichkeitsbildes wider, das dem Kurfürsten seit dem Friedensschluß von Füssen anhaftete, und das er – durchaus bewußt kalkulierend – pflegte. Worum geht es? Die Thematik ist der Zeit entsprechend voll antiker Mythologie. Das Deckenfresko zeigt auf blauem Himmelsgrund ein olympisches Weltenbild. In der Mitte steuert in gleißendem Sonnenlicht Apollo seinen Wagen über einen das gesamte Fresko durchziehenden Regenbogen. Auf goldgelben Wolken ruhen Jupiter, Neptun und Juno, unter dem Regenbogen schweben Merkur und Kronos. In der Bodenzone rings um das Fresko tummeln sich die anderen Götter in freier Gruppierung. In einer zeitgenössischen Beschreibung heißt es, daß das Gesamtthema »den Himmel der Kurbayerischen Familie und derselben vollkommenen Wohlstand, dann Blüte und Beförderung der schönen Wissenschaften« anzeigen will. Nun, die allegorische Unverbindlichkeit solcher Götterszenen wird von der Figur des Mars unterbrochen, der sein Schwert in die Scheide steckt. Neben ihm blühen Rosen auf: Das Land gedeiht, wenn der Kriegsgott beiseite tritt. Weniger die – austauschbare – Symbolik als vielmehr eine bemerkenswerte Naturfreundlichkeit des Freskos erstaunt den Betrachter: Neben künstlichen Parkanlagen erscheinen freie Naturbäume, Wiesen und ferne Bergzüge aus der Wessobrunner Heimat des alten Freskanten Johann Baptist Zimmermann. Weitere Neugestaltungen erfahren unter der Leitung von Cuvilliés und unter der Ausführung des Stukkateurs Franz Xaver Feichtmayr zwei Eckkabinette, das nordseits gelegene Schreib- oder Drechselkabinett und das Vorzimmer des Steinernen Saales. Die ungebrochene Begeisterung des 18. Jahrhunderts für China zeigt sich in dem Chinesischen Lackkabinett an der Südseite. Alles in allem ein durchaus aufwendiges Bau-, Umbau- und Einrichtungsprogramm, insbesondere wenn man bedenkt, daß in den vorangegangenen Jahren umfangreiche Baumaßnahmen an der Münchner Residenz erforderlich waren, um die gröbsten Schäden des großen Brandes vom 4. und 5. März 1750 zu beheben. Der Konzertsaal des Hofes, der prächtig mit Teppichen ausgestattete Georgssaal, die Katharinenkapelle, die Große Altane, der Pfalzgang, die Ritterstube, das kurfürstliche Bad, die Hofapotheke und viele reichgeschmückte Gemächer waren ein Raub der Flammen geworden. Von der ehrwürdigen Neuveste waren nur geschwärzte Mauern und der gekappte Christophturm übrig. Dies war innerhalb weniger Jahre der zweite Brand in der Residenz. Schon 1729 hatte der Residenzbrand unersetzliche Kunstwerke vernichtet, deren Wert auf über fünf Millionen

Gulden geschätzt wurde. Max III. Joseph ließ die niedergebrannten Gebäude wiedererrichten und ergriff die Initiative zum Bau eines prächtigen Hoftheaters.

Schon bald konnte ihm Cuvilliés die Baupläne vorlegen. Max III. Joseph hatte einige Sonderwünsche für sein neues Hoftheater: Der Zuschauerraum sollte in der Horizontale verstellbar sein. Außerdem sollte das Theater nur an einer Stelle mit der Residenz verbunden sein: dem Separateingang für den Kurfürsten und seine Familie. Die Wände sollten mit Brandschutzisolierungen versehen und das ganze Bauwerk mit einer hochmodernen Berieselungsanlage ausgestattet werden. Aus diesen Vorgaben sprach der Schock, den die wiederkehrenden Brände in der Residenz bei Max III. Joseph ausgelöst hatten. Seine Urgroßeltern Ferdinand Maria und Henriette Adelaide waren in gewisser Weise an den Folgen des Residenzbrandes von 1674 gestorben: Adelaide hatte sich bei der Rettung ihrer Kinder tödlich erschöpft, Ferdinand Maria hatte sich auf dem Gewaltritt zu seiner erschöpften Frau lebensbedrohlich verletzt. Max III. Joseph machte das Theater aber nicht nur zu einer technischen Sensation mit einem »überaus kostbaren Druckwerk unter dem Gebäude selbst, wodurch über die Decke und die ganze Länge des Plafonds Wasser ausgegossen werden kann«, wie noch im 19. Jahrhundert bewundernd geschrieben wird, das Opernhaus wurde auch das schönste Rokokotheater der Welt.

Wie kam es schon kurz nach dem Brand zu dem Neubau? Der Kurfürst beschleunigte die Arbeit mit allen ihm zur Verfügung stehenden Mitteln. Die Hofkammerrechnungen für diesen Zeitraum belegen, daß er sämtliche Subsidien in den Theaterbau fließen ließ. Bereits nach drei Jahren und drei Monaten Bauzeit konnte das Theater eröffnet werden. Und es waren große Schwierigkeiten zu überwinden! Der Magistrat der Stadt meldete Bedenken gegen die Tragfähigkeit der Fundamente an. Zur Vergrößerung der Grundfläche mußte ein Stadtgraben trockengelegt werden. Man befürchtete, daß der nahe Wasserlauf das Gebäude zum Einsturz bringen könnte. Cuvilliés ließ große Quadersteine für die Fundamente aus Steinbrüchen in Grünwald und Tuffsteine aus Wolfratshausen kommen. Um genügend Arbeiter zu haben, mußte die Hofkammer fünfzig Maurer »rekrutieren«. Sogar im Winter wurde weitergebaut, auch wenn die Isarflöße wegen Vereisung keine Steine anliefern konnten. Die Baumaterialien mußten auf Schlitten verladen werden. 1752 empfing Max III. Joseph die Arbeiter zum Richtfest in Nymphenburg. Die Abrechnungen spiegeln den Bauverlauf: 25 000 Gulden für 1751, 25 000 für 1752 und 74 000 für 1753. Im letzten Jahr erfolgte der Innenausbau. Unter Cuvilliés genauer Regie arbeitete ein Heer von hochqualifizierten Maurern, Wandtäflern, Schnitzern, Bestuhlern, Girlandern, Bodenlegern, Zimmerputzern, Schreinern, Vergoldern, Faßmalern, Anstreichern, Stukkateuren, Freskanten, Bildhauern, Modelleuren und Skulpteuren. Schmuckaufwand und Schmuckformen hatten den genauen Zeichnungen Cuvilliés zu folgen. Andere Meister müsen wenigstens erwähnt werden: Johann Adam Pichler, Carl von Lespilliez, Johann Baptist Zimmermann und Johann Baptist Straub.

Das Theater in der Residenz, für Opernaufführungen und für Hofbälle konzipiert, ist in seiner räumlichen Gliederung ein eindrucksvoller Spiegel der Ständegesellschaft zur Zeit Max III. Josephs. Die Ränge waren dem Adel und der Hofgesellschaft vorbehalten, vom ersten Rang aufwärts in negativer Abfolge. Zentral der Bühne gegenüber liegt, zwei Ränge übergreifend, als eigene Bühne die Kurfürstenloge mit Krone, Fama und Fürsteninitialen. Der rote Vorhang ist wie zufällig über die Brüstung drapiert und verläuft als roter Faden über der Balkonbrüstung der Adelsspitzen bis zu den Proszeniumslogen. Auch die Ornamentik zeigt, in welcher gesellschaftlichen Ordnung der Hof der Oper beiwohnte. Selbst das Parkett war unterteilt in das Parterre Noble (die ersten vier Reihen) und das gewöhnliche Parterre für das höhere Bürgertum. Die klare Gliederung diente dazu, den hohen Rang des kurfürstlichen Paares zu unterstreichen. Die Anwesenden spendeten Beifall, wenn der Kurfürst klatschte. Nicht dem Stück oder der künstlerischen Leistung zollte man Anerkennung, vielmehr gab man der Freude darüber Ausdruck, daß der Kufürst eine angenehme Stunde erleben konnte.

Von der Decke hingen 16 venezianische Lüster, an jeder Loge waren zu beiden Seiten Wandleuchter angebracht. Man zählte über 1300 Kerzen im Zuschauerraum. Weitere Kerzen erleuchteten die Bühne. Dieses flackernde Licht verband Bühne und Zuschauerraum, es belebte die Figuren und Statuen an den Brüstungen. Beide Gruppen, Zuschauer mit Fürst und Hofgesellschaft wie Sänger, Tänzer und Schauspieler bildeten ein Ensemble. Das ganze Theater spielte Theater.

Der Hof eines mittelgroßen Landes wie Bayern war dem Adel und der Kirche in vielfältiger Weise Vorbild. Von den Aufträgen des Hofes konnten die meisten Künstler nicht leben, zahlungskräftigere Auftraggeber waren in der Regel Kirchengemeinden, Bischöfe, Klöster und Adelige. In seiner Umgebung ermunterte Max III. Joseph reiche Würdenträger, zur Verschönerung seiner Residenzstadt beizutragen. So konnten 1747 nach langer Vorbereitung die Brüder Gunetzrhainer das Palais des Grafen von Toerring-Jettenbach erstellen. Das Gebäude war rechteckig um einen Hof angelegt. Die Stukkaturen schuf Johann Baptist Zimmermann, die Holzvertäfelungen fertigte Baumgärtl, die Kapelle dekorierte Funk. Das Palais wurde im Zweiten Weltkrieg zerstört. An seiner Stelle befindet sich heute die Hauptpost. Nur das marmorne Hauptportal konnte gerettet und in der Schalterhalle der Post aufgestellt werden.

In der Theatinerstraße stand das Palais Fugger-Zinneberg, auch »Alte Akademie« genannt. Es wurde 1741 begonnen, infolge des Krieges aber erst 1759/60 von Cuvilliés fertiggestellt. Max III. Joseph erwarb das Anwesen und bestimmte es zum Sitz der Akademie der Wissenschaften. Ein rückwärtiger Anbau war erst 1764 bezugsfertig. Hierher verlegte Max III. Joseph das Kurfürstliche »Maut- und Pack-Haus«. Bis ins 20. Jahrhundert stand auch das Palais der Grafen von Tattenbach an der Ecke Theatinerstraße/Maffeistraße. Davon sind heute im Bayerischen Nationalmuseum noch das graue Marmorportal und die vom Kistler Pessenbacher geschnitzten Torflügel zu sehen.

Noch heute erhalten ist das Palais Giese in der Prannerstraße. 1765 von Lespilliez erbaut, ist es ein gutes Beispiel für die Stilkrise, die die gestaltende Kunst in den sechziger Jahren durchmachte: Portal, Balkon und Rokokoverzierungen der Fenster passen nicht zusammen. Ebenfalls die Zeiten überdauert hat ein zierliches, schmales Rokokobürgerhaus, 1747 von Gießl in der Dienerstraße erbaut.

Aus dem Stadtbild verschwunden sind Gartenschlösser, die früher Münchens Umgebung zierten, wie das von Herzog Clemens Franz vor dem Neuhauser Tor, das 1760 bis 1763 von Gunetzrhainer nach Cuvilliés-Entwürfen erbaute Gräflich Toerringsche Gartenschloß in Bogenhausen, das 1747 von Johann Michael Fischer erstellte »Leopoldschlößl« an der Müllerstraße oder das Chédeville-Palais vor dem Schwabinger Tor.

Länger als das höfische Rokoko hielten sich spätbarocke Elemente beim Kirchenbau. Die fünfziger und sechziger Jahre waren die dritte bauwütige Epoche des bayerischen Barocks. Die erste Epoche reicht bis etwa 1704, als Österreichs Besatzung viele Bauvorhaben stoppte. Mit dieser Epoche verbinden wir einen so eindrucksvollen Bau wie Kloster Fürstenfeld, als barocker Eskorial Max Emanuels angelegt. Die zweite Epoche brachte in den Jahren 1715 bis 1741 zugleich mit dem Frieden die Blüte des Barocks im Rokoko. Dafür stehen Kloster Weltenburg, Kloster Rohr, St. Anna im Lehel, Ingolstadt, Bürgersaal St. Maria Victoria, Stiftskirche Dießen, Frauenkirche in Günzburg und Hofkirche St. Michael in Berg am Laim. Die dritte Phase reicht von

1745 bis in die sechziger Jahre. Hierzu sind Rokokoschöpfungen wie Kloster Ettal, Reichsabtei Ottobeuren, Klosterkirche Andechs, Kloster Rott am Inn, insbesondere die Nepomuk- oder Asamkirche in München und die Wallfahrtskirche in der Wies des Klosters Steingaden zu nennen. In der Barockzeit sind in Bayern wesentlich mehr Kirchen neu gebaut oder barock umgestaltet worden als in allen christlichen Jahrhundertel zuvor Sakralbauten errichtet wurden. Vor diesem Hintergrund wird der Einbruch baulicher Frömmigkeit in den sechziger Jahren deutlich, als Max III. Joseph neue, einfache Formen beim Kirchenbau vorschrieb. In den nächsten sechs, sieben Jahrzehnten wurden in München überhaupt keine Kirchen mehr, im Land nur wenige neu erbaut.

Überraschend vollendete Max III. Joseph in den letzten Rokokojahren noch eine vom Urgroßvater Ferdinand Maria hinterlassene Aufgabe, den Ausbau der Fassade der hochbarocken Kirche St. Cajetan, Theatinerkirche genannt. Diese Kirchenfassade war Cuvilliés' letztes Werk. Der Bau war bereits 1662 von Agostino Barelli entworfen und nach einem Gelübde der Kurfürstin Henriette Adelaide zum Dank für die Geburt des Thronfolgers Max Emanuel in Auftrag gegeben worden. Die Türme und deren Hauben wurden noch 1690 von Enrico Zuccalli vollendet. Über hundert Jahre nach Baubeginn gab Max III. Joseph die Gestaltung der Fassade in Auftrag. Eine Kirche mit repräsentativer Fassade und Figurenschmuck besaß München bisher nur aus der Zeit der Spätrenaissance mit St. Michael in der Neuhauser Straße. Bestimmten hier das gegenreformatorische Bekenntnis des heiligen Michael und der würdigen Bekenner das Programm der Figurenzusammenstellung, so dürfte für Max III. Joseph in erster Linie der repräsentative Abschluß des Platzes vor der Residenz maßgeblich gewesen sein. Zwischen Residenz und Theatinerkirche schob sich damals noch nicht die Feldherrnhalle.

Mit der repräsentativen Fassade der Theatinerkirche vollendete Max III. Joseph wenigstens eines der Projekte, mit denen er seiner Stadt das einer kaiserlichen Residenzstadt würdige Aussehen verleihen wollte. In diese Richtung deutete der Ausbau der Residenz, der viel umfangreicher geplant war, als er dann ausfiel. Cuvilliés mußte die Entwürfe für den weiteren Ausbau in einem maßstabsgetreuen Modell erstellen. Unter anderem war vorgesehen, alle Einzelbauten zusammenzufassen und mit einer ähnlich repräsentativen Fassade wie die Theatinerkirche zu schmücken. Auch war an eine Verzierung der mittelalterlichen Stadttore gedacht. Die Entwürfe dazu zeigen eher Triumphbögen als wehrhafte Stadttore. Nach der Bombardierung

Dresdens im Siebenjährigen Krieg war deutlich geworden, daß Stadtbefestigungen keinen Schutz mehr boten. Die umfangreichen Stadtbefestigungen Münchens aus der Zeit Maximilians I. wurden erst im 19. Jahrhundert geschleift.

Kleinkunst

Max III. Joseph, Kurfürst des Rokoko, hat in den sechziger und siebziger Jahren mit dem Baustil des Vaters gebrochen. Während das Rokoko im Land vielfach nachgeahmt und fruchtbar weiterentwickelt wurde, blieb seine Hinwendung zur Klassik ohne Breitenwirkung. Auf zwei Gebieten bereicherte er Kultur und Kunst. Er sammelte Gemälde nach der Art bürgerlicher holländischer Genremaler. Und er gab Kleinkunstwerke zum intimen Raffinement des höfischen Lebens in Auftrag. Nie zuvor und auch später nicht haben Porzellankunst und Medailleurkunst so exquisite Produkte hervorgebracht wie zur Zeit Max III. Josephs von Bayern.

Von den Porzellankünstlern Franz Anton Bustelli und Dominikus Auliczek wird noch zu reden sein. Sie gehören zu den besten Modellmeistern oder Porzellanplastikern aller Zeiten. Und die Nymphenburger Porzellanmanufaktur zehrt bis heute von den wenigen Jahren, in denen diese Künstler den Münchner Hof belieferten.

Weniger bekannt ist, daß unter Max III. Joseph und schon zur Zeit seines Vaters mit dem Hofmedailleur Franz Andreas Schega der wohl bedeutendste Münz- und Medaillenschneider der Zeit wirkte. Die Barock- und Rokokozeit zeichnete sich durch eine Fülle ausgezeichneter Medaillenschneider aus. Der bedeutendste Porträtist unter ihnen war zweifellos Schega, ein typischer Künstler des Rokoko. Geboren zu Anfang des zweiten Jahrzehnts, begann er seine Tätigkeit Mitte der Dreißiger Jahre und endete mit seiner Erblindung im Todesjahr Max III. Josephs, 1777. Befreundet mit einer ganzen Reihe von Künstlern wie dem Maler Desmarées, dem Bildhauer Straub, Schwiegervater des Malers Wink, künstlerisch verbunden mit den Künstlern der Porzellanmanufaktur, verbrachte er den größten Teil seines Lebens in München. Der ihm am nächsten verwandte Geist war wohl der geniale Porzellanskulpteur Bustelli, dessen Leistungen einen ähnlichen künstlerischen Höhepunkt erreichten wie die Schegas in der Münzgestaltung.

Franz Andreas Schega hat alle größeren Münzsorten Max III. Josephs geschnitten. Eine besondere Herausforderung war für ihn der Auftrag seines Landesherrn, eine Suite von Medaillen der bayerischen Herzöge und Kurfürsten zu schneiden. Vorbild dieser Schega-Suite ist eine vom Pfälzer Kurfürsten Karl Theodor 1758 herausgegebene Reihe von 26 Medaillen. Schega fertigte die 18 Stücke in ungleich besserer Qualität zwischen 1767 und 1770. Als Vorlagen dienten ihm Stiche und Gemälde, die inzwischen zum Teil verlorengegangen sind, so daß für manche der abgebildeten bayerischen Fürsten die Serienmedaille inzwischen die einzige indirekte Quelle ist. Sie umfaßt die bayerischen Fürsten von Otto I. bis Max III. Joseph und ist zugleich, da Max III. Joseph der letzte der bayerischen Wittelsbacher ist, eine Dokumentation des Hauses Wittelsbach in Bayern.

Der Kurfürst verband mit dem Auftrag den Zweck, in Gold, Silber und Zinn – je nach Ansehen des Empfängers – die Bedeutung des Hauses Wittelsbach zu dokumentieren und den Anspruch auf den höchsten Rang wachzuhalten.

Kriegsphase

Der Siebenjährige Krieg

Die sogenannte Grimberghen-Affäre ist ein Beispiel für die Illusion, die Max III. Joseph über die Würde und den Rang seines Hauses hegte. Derartige Illusionen standen ihm während der gesamten Regierungszeit im Wege, das Gewicht seines Hauses und Bayerns zutreffend und damit wirksam in das Gefüge der anderen Staaten einzupassen. Er stand mit dieser Überschätzung in ungebrochener Tradition der Politik seines Großvaters Max Emanuel und seines Vaters Karl Albrecht.

Dabei begann das, was Max Joseph zu einer Staatsaktion von internationalem Ausmaß aufbauschte, ganz harmlos mit einer internen Anfrage des bayerischen Botschafters Grimberghen am Hof von Versailles an die Münchner Zentrale nach ihm – seiner Meinung nach zustehenden – Geldern. Fürst Grimberghen hatte seit den Tagen Max Emanuels die Geldgeschäfte des Münchner Hofes mit dem französischen König abgewickelt. Er war nicht zur laufenden Rechnungslegung verpflichtet und hatte außer dem Kurfürsten kein amtliches Gegenüber, da Subsidien in die Privatkasse des Fürsten flossen. Erst 1748/49, als in München ernsthafte Versuche anliefen, des Schuldenberges auch durch bessere Kontrolle Herr zu werden, änderte sich dies. Den Anstoß dazu gab Grimberghen selbst mit seiner Anfrage 1748. Nun begann man am Hof die wenigen verfügbaren Unterlagen über Grimberghens Geldgeschäfte zusammenzusuchen. Eine Auswertung ergab den Verdacht, daß der Fürst große Summen unterschlagen habe. Zu diesem Ergebnis kam die Hofkammer.

Max III. Joseph forderte daraufhin von Grimberghen im Frühjahr 1749 die Rückzahlung von 990 000 Livres in bar und 1 153 900 Livres in Papieren sowie 715 810 Livres in sogenannten Finanzquittungen. Außerdem sollte der Botschafter jährliche Rentenrückstände in Höhe von 248 658 Livres zurückerstatten. Insgesamt ging es um eine gewaltige Geldsumme, die etwa einem Drittel der jährlichen zentralen Staatseinnahmen Bayerns entsprach.

Grimberghen bestritt die Berechtigung der Forderungen. Seiner Darstellung nach handelte es sich bei den umstrittenen Geldern um Entschädigung für seine Arbeit. In einem persönlichen Schreiben wandte sich der Kurfürst an den französischen König Ludwig XV., informierte ihn über das Hofkammerurteil und bat ihn, Grimberghen auszuliefern und der Beschlagnahme seines Vermögens stattzugeben. Zugleich wurde Grimberghen als Botschafter abgesetzt. Bayern besetzte seine im Schwäbischen liegenden Herrschaften Wertingen und Hohenreichen zur Sicherung der Ansprüche.

Grimberghen, hoch erzürnt, verteidigte sich mit einer umfangreichen Denkschrift, die er mehreren Höfen zustellte. Seine Position in Frankreich war stark: Er gehörte zu den angesehensten Diplomaten am Versailler Hof und unterhielt gute Beziehungen in höchste Kreise, unter anderem zum französischen Außenminister d'Argenson und zur offiziellen Mätresse des Königs, Madame Pompadour. Da Fürst Grimberghen auch französischer Adeliger war, wandte er sich an das Parlament und erhob Einspruch gegen das Vorgehen seines Dienstherrn. Das Pariser Parlament sprach sich gegen die Zulässigkeit der Güterbeschlagnahme und der Auslieferung des Franzosen Grimberghen an eine ausländische Macht aus. Versailles, wo die Angelegenheit bis in den *Conseil du Roi* getragen wurde, wies seinen Münchner Gesandten an, dem Kurfürsten keinerlei Hoffnungen auf ein Entgegenkommen Frankreichs zu machen. Der König wollte mit seiner klaren Absage den Kurfürsten davon abhalten, sich in die Angelegenheiten Frankreichs zu mischen.

Die Angelegenheit wäre erledigt gewesen, wenn Max Joseph in der Erkenntnis der beschränkten Macht eines deutschen Mittelstaates sich beschieden hätte. Aber der Kurfürst dachte gar nicht daran, klein beizugeben. Entgegen den Warnungen Seinsheims, Preysings und Toerrings, die Grimberghen seit Jahren freundschaftlich verbunden waren, die Angelegenheit weiterzuverfolgen, betrieb er sie mit verblüffender Hartnäckigkeit. 1750 eröffnete Max III. Joseph einen sich über Jahre hinziehenden erregten Briefwechsel mit Frankreichs Regierungschef Puyzieulx, mit dem Dauphin und mit Ludwig XV., um sie für sein Anliegen zu gewinnen. Ihm gehe es, so argumentierte er, nicht lediglich um drei Millionen Livres, sondern der Fall bedrohe eine der Grundsäulen der absoluten Herrschaft. Das Wort eines Monarchen, so Max III. Joseph, habe über dem Urteil von Behörden zu stehen. Er appellierte an die Solidarität aller Souveräne, deren gemeinsames Interesse gefährdet sei. Max III. Joseph versuchte nicht nur den aktuellen Fall Grimberghen zu einem grundsätzlichen Problem absolutistischer Herrschaft hochzureden, er stellte sich auf eine Stufe mit dem französischen König. Die Grimberghen-Affäre gewann für ihn den gleichen Stellenwert wie die Auseinandersetzung mit den Ständen. In beiden Fällen ging es ihm letztlich um die Stellung des Untertans zu seinem Herrn.

Ludwig XV. reagierte kaum und ließ den Fall nie zu mehr werden, als er war, eine Angelegenheit der Gerichte. Das Tauziehen um Grimberghen zog sich bis 1842 hin und endete mit dem Sieg seiner Partei. Max III. Joseph mußte aber als politisches Ergebnis dieses Falles zur Kenntnis nehmen, daß seine Anliegen in Versailles weniger zählten als die eines französischen Comte.

Die Gleichgültigkeit, mit der Frankreich Max III. Joseph in der Grimberghen-Affäre abgefertigt hatte, zeigte auch eine veränderte Einschätzung des in den letzten Jahrzehnten heißumworbenen Juniorpartners Bayern. Zwischen 1750 und 1755 ließ Versailles den Münchner Hof deutlich sein nachlassendes Interesse an der bayerischen Karte spüren. Es begann mit diplomatischen Kleinigkeiten wie der ausbleibenden Notifikation bei der Geburt des Dauphins, was in München Verärgerung auslöste. Fragen von Gewicht wurden zwischen beiden Höfen kaum noch erörtert. Die diplomatischen Verbindungen zu München wurden abgebaut: Frankreich verzichtete auf einen eigenen Repräsentanten am Hof des Kurfürsten. Ein Grund dafür war, daß Bayern keinen Nachfolger für Grimberghen ernannt hatte. Der pfälzische Gesandte in Versailles, Grevenbroch, wurde zusätzlich mit der Vertretung Bayerns beauftragt. Seine Aufgabe bestand lediglich darin, die noch ausstehenden 300 000 Gulden Subsidiengelder für Bayern in Empfang zu nehmen.

Neben finanziellen Engpässen in Frankreich und Bayern hatte Versailles noch weitere Gründe, auf Distanz zu München zu gehen. Sie lagen in der Unzuverlässigkeit der bayerischen Politik. Aus französischer Sicht hatte Bayern in den letzten Jahren nicht das gebracht, was man glaubte, sich aufgrund der Investitionen erwarten zu dürfen.

Ausschlaggebend war aber die sich wandelnde politische Konstellation unter den europäischen Großmächten, die der österreichische Kanzler Graf Kaunitz in die Wege leitete. Um Schlesien zurückzugewinnen, begann sich Österreich Preußens langjährigem Partner Frankreich anzunähern. Österreich wollte in Zukunft nicht mehr nur auf die Seemächte angewiesen sein, die ihm im Frieden von Aachen übel mitgespielt hatten. Zwischen 1751 und 1753 hatte Kaunitz als österreichischer Gesandter in Versailles auf eine Annäherung hingewirkt.

Nicht nur für Frankreichs Politik hatte Bayern an Gewicht verloren, auch Österreich zeigte sich gegenüber dem selbstbewußten Nachbarn abweisend, nicht zuletzt aufgrund der Gesandtschaftsberichte österreichischer Diplomaten über Bayern und den Münchner Hof. Wien beabsichtigte, das war an allen Höfen ein offenes Geheimnis, nach dem Tod Max III. Josephs das Land entweder auf dem Erbwege oder als kaiserliches Lehen für das Haus Habsburg einzuziehen. Zu diesem Zweck und um gesichertes Zahlenmaterial bei etwaigen Verhandlungen zu haben, gab Staatskanzler Kaunitz seinem Gesandten in München, Podstatzky, den Auftrag, alljährlich nach dem Schema des als vorbildlich geltenden österreichischen Staatshandbuches von Büsching einen genauen Zustandsbericht über Bayern abzugeben. Podstatzky und sein Nachfolger Hartig kamen dieser Weisung nach und sammelten Daten aus dem Land, in dem sie akkreditiert waren. Keine leichte Aufgabe, sich in jenen Zeiten vom Zustand eines Landes einen zutreffenden Eindruck zu verschaffen.

Über die Regierung des Kurfürsten Max III. Joseph hatte der österreichische Gesandte allerdings schon lange eine feste Meinung: Er interessiere sich nur mäßig für die Politik, treibe sich mit seiner Frau im Sommer oft wochenlang im Land und bei Jagden herum und wolle sich dann nicht mit politischen Fragen befassen. Außerdem sei er den jeweiligen Einflüsterungen seines Hofes wehrlos ausgesetzt und unfähig, einen einmal eingeschlagenen Kurs zu halten.

Max III. Joseph hatte das Verzögern und Zuwarten besonders in der Außenpolitik zu seiner bevorzugten Taktik gemacht. Dieses Lavieren mußte natürlich mit Ausflüchten garniert werden. Die Außenpolitik hatte er bald fest in der Hand, er machte sie so sehr zu seiner persönlichen Domäne, daß Minister sich beklagten, zu wenig Einblick in die Abläufe zu haben und nur als Schreiber verwendet zu werden.

Es mag bei den österreichischen Gesandten auch Eigeninteresse mitgespielt haben, die Vorgänge am Münchner Hof in schwarzen Farben zu schildern. Denn je schlechter die Aussichten schienen, an diesem Hof etwas für Österreich Günstiges zu erreichen, um so mehr konnten sie Lob und Dank der Zentrale erwarten. Ein Grund, warum die Außenpolitik Max III. Josephs so lange unterschätzt blieb, liegt sicher darin, daß die Geschichtsschreibung den parteiischen Berichten der österreichischen Gesandten zu viel Bedeutung beimaß. Ähnliches gilt für die Berichte über das Land. Der letzte wurde übrigens einen Tag nach dem Tod Max III. Josephs, am 31. Dezember 1777, geschrieben.

Werfen wir einen Blick hinein. Nach dem Vorbild des österreichischen Staatskalenders gegliedert, findet sich darin auch die Rubrik »Seemacht«. Dazu schrieb der österreichische Gesandte durchaus zutreffend: »Da Bayern an kein Meer grenzt, ist hierüber nichts Wesentliches zu berichten.« Nach einigen Ausführungen über die geographische Lage machte sich Podstatzky Gedanken über Bayerns Luft: »Denen so nahe gelegenen Bergen hat man zu verdanken, daß die Luft und Witterung eben nicht die angenehmste, sondern vielmehr rauh und stürmisch ist, und man kann wohl mit Recht sagten, daß der Winter hierlandes fast acht und die gute Zeit längstens vier Monate dauert. Auch will man behaupten, daß hiesige Luft jenen, so an Augen- und Brustschmerzen leiden, höchst schädlich sei.« Auch die Sprache störte den Diplomaten:»Sollte die Anmerkung fast überflüssig sein, daß hier die deutsche Sprache gesprochen wird, jedoch da ein großer Unterschied zwischen einer reinen und gemeinen Sprache obwaltet, so ist nicht undringlich zu sagen, daß nicht wohl möglich sei, ein schlechteres Deutsch als hierlandes zu sprechen und selbes mit noch weniger Zierlichkeit zu schreiben. Auch hat der Adel nichts vor dem Bauern voraus und hört man selbst am Hofe diese harte Sprache.«

Hier spricht der Beobachter eine Tatsache an, die noch heute Besucher Bayerns wundert. In diesem Lande ist der Gebrauch der Landessprache, des Dialektes, in allen Schichten selbstverständlich. Wer es etwa in den oberen Schichten nicht tut, wird als Fremder angesehen. Auch von Max III. Joseph wissen wir aus Erzählungen, dem Gespräch mit Mozart oder aus Randbemerkungen, die er auf die Akten kritzelte, daß er bayerisch sprach. Für seinen Vater, Kaiser Karl VII., war es eine überraschende Erfahrung, daß ihn in seinem Frankfurter Exil einige Diener absolut nicht verstehen konnten, wenn er bayerisch sprach.

Über Max III. Joseph schrieb der österreichische Gesandte:»Es fehlt ihm nicht an Einsicht und Findigkeit, und seine Gedanken wären oft das Beste. Allein aus Furcht, übel zu tun, traut er seiner Beurteilung nicht, sondern fügt sich jener seiner Ratgeber. Er ist auch guttätig und voll guten Willens, jedermann Gerechtigkeit widerfahren zu lassen, und dieser Mangel an nötiger Standfestigkeit ist auch die Ursache, daß er sich nicht getraut, getreue Diener, aus Besorgnis zu mißfallen, nach Verdienst zu belohnen und ungetreue zu bestrafen. Ansonsten ist der Kurfürst sehr habgierig, und die Hoffnung, sich zu bereichern, hat allzu schöne Reizungen für ihn. Diese Geldgier, die ihm viel Schaden eingetragen, ist bei niemanden und erst recht nicht bei einem Fürsten zu loben.« Die vom Gesandten als Geldgier bezeichnete Sparsamkeit des Kurfürsten scheint tatsächlich in Bayern und an anderen Höfen allbekannt gewesen zu sein.

Desweiteren hob Podstatzky Max III. Josephs Leidenschaft für prunkvolle Jagden hervor, die man aber ebenso wie die Fahrten auf dem Starnberger See mit dem Prunkschiff Bucentauro und anderen Lustschiffen wegen der Sparmaßnahmen eingestellt habe.

Zur Bevölkerung, und das mag den Wiener Hof mehr interessiert haben, sagte der Diplomat, daß 1 983 000 Einwohner anzusetzen seien. Hartig hob später die Bevölkerungsmaßnahme in Bayern hervor. Es seien im Kataster 36 000 Höfe verzeichnet, von denen sich immer noch 5000 bis 6000 öde, unbewirtschaftet finden, deren Übernahme niemand wolle. Für den Bevölkerungsrückgang machten die Gesandten die schlechten ärztlichen Verhältnisse verantwortlich. Die Ärzte und »Landphysiki sind nicht die tüchtigsten, befördern in den gefährlichen Krankheiten der Kinder mit ihren Kuren eher den Tod als das Leben.«

1769 klagte Podstatzky noch darüber, daß in Bayern alle Müßiggänger und Bettler heiraten dürften. Er brachte dies zutreffend mit den Plänen Max III. Josephs in Zusammenhang, die Geburtenzahl in Bayern zu steigern. 1770 wußte er dazu zu berichten, daß die neu gegründete Hebammenschule große Erfolge habe. Später berichtete Hartig, daß die Zahl der nach der Geburt sterbenden Kinder nachgelassen habe, und die Behörden nun allen Nichtbesitzenden das Heiraten erschwerten, da nun größerer Wert auf die Erziehung der Kinder als auf ihre große Zahl gelegt werde. Die Bemühungen um eine Schulreform fanden das Lob des kritischen Beobachters. Über das Schulwesen schrieb er: »Diese Grundlage zur Verbesserung des Nationalcharakters scheint hierlandes von Jahr zu Jahr bessere Konsistenz zu erhalten. Wenn auch keine neue Verordnung erlassen wurde, so wird dennoch über die vorhergehende feste Hand gehalten, weil der gute Erfolg davon augenscheinlich ist.«

Auch das Gerichtswesen wurde gelobt, besonders die Revisionsinstanzen kämen ihren Pflichten auf das genaueste nach und sprächen »ohne Vorlieb, Eigennutz und Rücksicht auf die Parteien das Recht«.

Einer genauen Kritik unterzogen die Gesandten auch die bayerische Polizei und die Wirtschaft, insbesondere den vom Kurfürsten bevorzugten Bereich des Manufakturwesens. Hierüber fanden sie ebensowenig Löbliches zu berichten wie über die bayerische Armee. Eine Ausnahme bildet allerdings die Artillerie und das Zeughaus. Der aus 300 Mann bestehenden Artilleriebrigade bescheinigten die Beobachter, daß sie sehr tüchtige Offiziere habe, die den jungen Leuten dieses Korps alle erforderlichen Übungen beibrächten und sie im Schießen vervollkommneten. Das Zeughaus, die Waffenkammer des Landes, fand ihre Anerkennung, da es »gar zu reichlich mit allem Nötigen versehen ist«.

Die Artillerie war ein Lieblingskind Max III. Josephs. So schmerzte ihn noch jahrzehntelang die handstreichartige Wegnahme der bayerischen Artillerie 1745 durch die Österreicher. Er versäumte nicht, diesen

Punkt – lange vergeblich – in bayerisch-österreichischen Gesprächen vorzubringen. Noch in seinem Todesjahr verstärkte Max III. Joseph die Artilleriebrigade auf 500 Mann. Damit legte er, dieser Ausblick sei erlaubt, das Fundament für den guten Ruf der bayerischen Artillerie, den diese noch in den Napoleonischen Kriegen genoß.

Eigentümliche Feststellungen trafen die österreichischen Gesandten zu Bayerns Steuereinnahmen. Eigentümlich deshalb, weil man über deren Höhe in Bayern selbst nichts Genaues wußte. Noch heute haben es Historiker schwer, sich über die verschiedenen Einnahmen, Abgaben, Ständesteuern, Dezimationen, Maut- und anderen Gefälle einen Überblick zu verschaffen. Die Österreicher kannten nur die Höhe der ständischen Einnahmen, die an den Kurfürsten abgeführt wurden. Sie beliefen sich nach ihren Ermittlungen auf 1 104 000 Gulden. Ihre tatsächlichen Einkünfte lagen darüber.

Über die Schuldenlast des Staates herrschte ebenfalls Unklarheit. Man schätzte sie auf etwa 30 Millionen Gulden. Auf der Grundlage dieser Zahlen traf man in Wien beim Tode Max III. Josephs 1777 Entscheidungen großen Ausmaßes, und sie wurden den späteren Austauschverhandlungen mit Karl Theodor, dem Nachfolger Max III. Josephs, zugrunde gelegt.

Daß diese Berichte sehr skeptisch und kritisch ausfielen, hatte politische Auswirkungen, zum Beispiel die, daß Kaiser Joseph II. beim Zahlenvergleich mit den Österreichischen Niederlanden diese als wertvoller ansah und deshalb den Tausch nicht vollzog. Sie bewirkten aber auch eine Unterschätzung Bayerns, was sich in den Napoleonischen Kriegen zeigte.

Die Umkehr der Allianzen

Eine neue Bindung an Versailles war aus Münchner Sicht notwendig, um sich vom Wiener Kaiserhof wieder freizuschwimmen. Aus französischer Sicht wuchs die Attraktivität Bayerns mit der Gefahr, daß der englisch-französische Krieg in Amerika auch auf dem Kontinent ausgetragen wurde. Für diesen Fall wollte Versailles vorbeugen und bemühte sich um Max III. Joseph, der in den letzten Jahren von der französischen Politik als zu vernachlässigende Größe eingeschätzt worden war.

Der bayerische Minister Schroff hatte gerade das Projekt der Heirat der kurbayerischen Prinzessin Maria Anna mit dem Markgrafen von

Baden-Baden zur Zufriedenheit seines Herrn abgeschlossen. Mit der Verheiratung setzte Max III. Joseph ein antihabsburgisches Signal: Baden-Baden galt als österreich-feindlich. Schroff freute sich, mit dem Hof von Karsruhe einen ersten Stein für seine gegen Habsburg gerichtete Wunsch-Union gefunden zu haben. Ende 1755 ging er auf sein Hauptanliegen zu, die Wiedererweckung der bayerisch-französischen Allianz.

Die politische Großwetterlage hatte sich geändert, und Bayern drohte in der neuen Konstellation unterzugehen. England beendete den Subsidienvertrag mit Bayern. Bayerische Truppen waren nicht mehr erwünscht. Der englische König hatte für 100 000 Pfund Sterling in Rußland und 54 000 Pfund in Hessen-Kassel Soldatenlieferanten, die keine Bedingungen stellten. Auch Wien und Den Haag rieten London von einer weiteren Unterstützung Bayerns ab. Max III. Joseph, dringend auf die Subsidien angewiesen, drohte ein Opfer des allgemeinen Friedens zu werden.

Aber der Frieden hielt nicht lange an. 1756 schloß sich die Koalition zusammen, die Österreich gegen Preußen eingefädelt hatte, um in einem weiteren Krieg Schlesien wiederzugewinnen: Rußland, Sachsen, Österreich und Frankreich verbündeten sich! Eine Sensation, eine Umkehr der bisherigen Allianzen! Frankreich und Österreich, seit über hundert Jahren Gegner, nun verbündet! Max III. Joseph, der wie alle bayerischen Herrscher aus der österreichisch-französischen Feindschaft Honig gesogen hatte, mußte zusehen, daß er Bayern aus dem politischen Windschatten zwischen den beiden Kontinentalmächten herausmanövrierte.

Die Ahnungslosigkeit des Münchner Hofes und das Erschrecken des Kurfürsten und seiner Umgebung über dieses Rochade der Mächte auf dem europäischen Spielfeld machen zum einen deutlich, daß Bayern bei der Umorientierung seiner Politik 1756 nicht aus eigenem Antrieb handelte, sondern sich in das neue Spannungsgefüge Europas einzupassen suchte, zum anderen zeigen sie, daß Bayern von den Großmächten für so leicht befunden wurde, daß es nur noch Objekt und nicht mehr Subjekt der Politik war. Inmitten der Bewegung versuchte nun Max III. Joseph seinen Kurs zu halten. Schon seit Jahren hatte er nach einer Chance gesucht, sich wieder enger an Frankreich zu binden und zugleich größere Distanz zum Kaiserhof zu halten. Von ihm aus hätte ein bayerisch-französisches Vertragsverhältnis schon vor Jahren abgeschlossen werden können. Aber erst der Abschluß der Westminsterkonvention zwischen Preußen und England im Januar 1756 rückte Bayern wieder ins französische Blickfeld.

Frankreich, das sich durch dieses Bündnis seines wirkungsvollsten Helfers im Reich während der letzten Jahre beraubt sah, schloß jetzt mit Österreich den Bündnisvertrag, der die Allianzen umkehrte, und bemühte sich, deutsche Bündnispartner für seine Reichspolitik zu finden. Auch Wien erkannte die gestiegene Bedeutung Bayerns als Bündnispartner und warb in Frankreich um Aufnahme Bayerns in die antipreußische Koalition. Doch der Kurfürst, der ja noch englische Subsidien bezog und nicht sicher war, ob sich die Londoner Geldlieferungen des Vertrags von 1750 nicht doch verlängern ließen, zögerte zunächst.

Dennoch waren die Würfel gefallen, und nach einer Schamfrist erklärte er seine Bereitschaft zum bayerisch-französischen Bündnis, das nach Ablauf des Vertrages mit England wirksam werden sollte. Im Juli 1756 kam es dann zum Vertrag von Compiègne, in dem Bayern sich für sechs Jahre verpflichtete, keine Truppen gegen Frankreich zu stellen. Ferner wurde vereinbart, daß Bayern nur in Absprache mit Frankreich Verpflichtungen gegenüber anderen Mächten eingehen werde und Max III. Joseph sich durch Erneuerung der Hausunion um einen Anschluß der Pfalz an Bayern bemühen sollte. Als Gegenleistung versprach Frankreich Subsidien in Höhe von 360 000 Gulden jährlich, Unterstützung der bayerischen Forderungen an Österreich nach Grenzregulierungen in der Oberpfalz und der bayerischen Salzlieferungen nach Böhmen.

Max III. Joseph konnte frohlocken. Ihm war ein ausnehmend günstiger Vertrag geglückt. Er erhielt Subsidien für seine Passivität und ohne große Verpflichtungen einzugehen. Dem französischen Außenminister Rouillé war es ganz einfach darum gegangen, Bayern von England loszureißen. Und damit stand Max III. Joseph wieder da, wo er am liebsten stand, mit keiner Großmacht fest verbunden, allenfalls Frankreich am nächsten.

Kaum einen Monat nach Abschluß des bayerisch-französischen Vertrages brach der Krieg aus, den man später den Siebenjährigen Krieg nannte: Friedrich II. von Preußen fiel mit 70 000 Mann in Sachsen ein und löste damit den Krieg aus, den ihm Österreich und die von ihm angeführte Koalition zugedacht hatten. Das Kurfürstentum Sachsen brach militärisch schnell zusammen. Schon im September 1756 kapitulierte die sächsische Armee. Innerhalb weniger Wochen besetzte Preußen ganz Sachsen. König Friedrich II. August floh in seine zweite Hauptstadt Warschau und richtete ein Hilfsgesuch an den Kaiserhof. Wien sah das Königreich Böhmen bedroht und schickte ein Heer von 30 000 Mann, das von den Preußen vernichtend geschlagen wurde.

Gemäß ihrer gegenseitigen Bündnisverpflichtung forderte Maria Theresia jetzt Versailles zum Eingreifen auf. Ludwig XV. von Frankreich kündigte auf Drängen seiner sächsischen Schwiegertochter Marie Thérèse und des österreichischen Botschafters Starhemberg die Entsendung von 60 000 Mann an. Wegen Widerständen am Hof von Versailles tat sich dort aber bis zum Frühjahr 1757 nichts.

In München hatte man schon seit Monaten befürchtet, daß der Funke des französisch-englischen Krieges auf das Reich überspringen und dort zu einem allgemeinen Brand führen könnte. Allerdings verpflichtete der Vertrag von Compiègne Bayern nicht zum Kriegseintritt. Aber Max III. Joseph fand sich bald von zwei Seiten zum Eingreifen gedrängt. Maria Theresia rief ihn als Reichsstand auf, seinen Beitrag zur Bestrafung des Friedensbrechers zu leisten. Sie veranlaßte ihren Mann, Kaiser Franz I., den bayerischen Kurfürsten in einer persönlichen Schrift zum Kriegseintritt aufzufordern.

Stärker dürfte Max III. Joseph das Hilfeersuchen der sächsischen Verwandtschaft berührt haben. Sein Schwiegervater forderte ihn in Briefen und durch den Gesandten Calenberg auf, »dem König von Preußen friedfertige Gesinnungen beizubringen«. Zu diesem Zweck regte er eine Allianz mit anderen Mittelstaaten wie der Pfalz, Kurköln, Württemberg oder Mainz an, da der Reichstag zu schwerfällig und langsam sei. Auch die sächsische Kurprinzessin Maria Antonia Walpurgis bat ihren Bruder Max III. Joseph um Hilfe. Der sächsische Minister Brühl schrieb, daß jetzt die Zeit gekommen sei, die seit Jahren beschworene Freundschaft unter Beweis zu stellen. Wie auch bei anderer Gelegenheit bewies der bayerische Kurfürst sein familiäres Verantwortungsgefühl. Ihm bedeuteten dynastische Verbindungen zugleich Verpflichtung.

Am Münchner Hof war man sich einig: Der Rechtsbrecher Preußen wurde verurteilt. Aber die Lage war unübersichtlich. Wo stand Rußland? In München nahm man an, daß Friedrich den Überfall nur gewagt haben konnte, nachdem er sich der Russen versichert hatte. Wo standen die Großmächte? Wie würde sich das Reich verhalten? Max III. Joseph reagierte zurückhaltend, um Klarheit zu gewinnen. Er befahl seine Minister vom Jagdurlaub in die Residenz zurück, blieb aber selbst weiter in Haag, damit er den Gesandten am Hof nicht Rede und Antwort stehen mußte. Er beobachtete die Entwicklung aufmerksam und ließ sich von Preysing laufend informieren. So konnte Max III. Joseph auf der Herbstjagd allen bohrenden Fragen nach seiner Entscheidung aus dem Weg gehen. Insgeheim hoffte er auf eine schnelle Lösung des Konflikts. Ihn schreckte die Vorstellung, nach wenigen Jahren des Friedens wieder zu den Waffen greifen zu müssen. Zudem hatte sein Schwiegervater in den vergangenen Jahren wiederholt die angetragene Zusammenarbeit zurückgewiesen. Würde nicht eine Parteinahme zugunsten Sachsens die Preußen zu einem kriegerischen Ausfall nach Bayern reizen? Schließlich entschied sich der Kurfürst, mit diplomatischen Mitteln zur Entschärfung des Konflikts beizutragen und somit dem Druck von seiten des Kaiserhofs, seines Schwiegervaters und seiner Ehefrau auszuweichen. Mit einer Absprache mit den beiden verwandten Wittelsbacher Kurfürsten wollte Max III. Joseph einem diplomatischen Vorstoß mehr Gewicht verleihen. Die Bildung eines derartigen Blockes konnte den Auftakt zu einer Allianz der Mittelstaaten bilden. Das war seit langem die Vision des bayerischen Kurfürsten. Einem gemeinsamen Vorstoß, Preußen zum Rückzug aufzufordern, stand der Kurs Preysings entgegen, der noch einmal seinen Kurs der Mitte durchsetzte. Preysing ließ Preußen wissen, daß Bayern nicht in den Konflikt eingreifen werde. Max III. Joseph versuchte durch Gesten den sächsischen und Wiener Hof zu besänftigen. Er übernahm die Patenschaft für Maria Theresias jüngsten Sohn. Der habsburgische Prinz Franz Maximilian sollte später der letzte Kurfürst Kölns werden, bevor die französische Revolutionsarmee das Fürstentum überrannte.

In einem Brief appellierte Max III. Joseph zusammen mit den Kurfürstenkollegen aus Köln, Trier, Mainz und der Pfalz an den englischen König und Kurfürsten von Hannover, er möge auf seinen Verbündeten Friedrich II. von Preußen einwirken, daß der Kurfürst von Sachsen wieder in seine Länder eingesetzt werde und die preußische Armee sich zurückziehe. Ein derartiger Brief war in der kriegerischen Situation freilich nur eine halbe Sache und diente vor allem den Kurfürstenkollegen als Alibi. Der englische König ließ die deutschen Kollegen dann auch deutlich abblitzen. Er schlug eine Besprechung der Angelegenheit vor dem Reichstag vor, wohl wissend, daß sie dort wenigstens für einige Monate begraben liegen würde. Bayern machte er den Vorschlag, die gesamte bayerische Armee in englischen Sold zu nehmen. So gerne Max III. Joseph unter anderen Umständen auf einen solchen Vorschlag eingegangen wäre, in Kriegsgefahr auf die Armee zu verzichten, dazu verstand er sich nicht, auch nicht angesichts reichlicher Subsidien.

Nichts bewegte sich. Das veranlaßte Max III. Joseph schließlich doch, den Kurs seines Premiers Preysing zu verlassen und zum Wittelsbacher Block zurückzukehren. Ende 1756 forderte er Friedrich II. auf, den Weg einer gütlichen Einigung zu gehen, andernfalls der Kurfürst auf die Gegenseite getrieben wäre. Die Klagen seiner sächsischen Verwandten ließen ihm keine andere Wahl. Max III. Joseph merkte, daß es Zeit war, Stellung zu beziehen.

Friedrich von Preußen versuchte nun Bayern vom Abschwenken nach Wien abzuhalten. Der Gesandte Plotho malte dem bayerischen Kurfürsten in düsteren Farben aus, was sein Land von Österreich zu erwarten habe, falls es dem Kaiser gelänge, Preußen niederzuringen. Friedrichs Absicht war klar, er wollte auf dem Reichstag mit den norddeutsch-protestantischen Reichsständen eine Koalition aufbieten, die ernsthafte Schritte des Reiches gegen Preußen verhindern sollte. Und in diese Koalition gedachte er Max III. Joseph einzubinden, dessen großen Einfluß beim Regensburger Reichtstag er zutreffend einschätzte. Die Preußen-Koalition und Friedrichs diplomatische Offensive sollten einerseits einen Reichstagsbeschluß gegen Preußen und andererseits Truppenverkäufe an die Kaiserseite verhindern. Parallel dazu unternahm England Vorstöße zum Aufbau einer Anti-Wien-Koalition. Die Frage einer Erneuerung des eben auslaufenden Subsidienvertrages mit Bayern wurde nach den Warnungen des scharfsichtig analysierenden preußischen Gesandten Plotho hinfällig, der über seinen König den englischen Hof warnte, mit Bayern einen traditionell französisch gesinnten Hof finanziell zu unterstützen. Möglicherweise setze München die englischen Gelder später sogar gegen Preußen und England ein, warnte er.

Im Januar 1757 beantragten Sachsen und der Kaiser auf dem Reichstag die Verurteilung des Angreifers Preußen und die Einberufung der Reichsarmee. Preußen hielt mit dem Antrag auf Garantie des preußischen Territoriums entgegen. Jetzt sahen alle gespannt auf die Mittelstaaten und warteten auf ihre Antwort. Die meisten hatten sich wie Bayern bisher auf dem Mittelweg der Neutralität bewegt und schauten nun nach München, wie Max III. Joseph sich erklären würde. Seit seinem Brief an Friedrich von Preußen war der Kurfürst entschlossen, seinen Beitrag zur Restituierung Sachsens zu leisten. Demgemäß sprach sich die bayerische Vertretung in Regensburg laufend mit der sächsischen ab. Die Abstimmung der Reichsstände über die Anträge ergab eine überraschende Mehrheit für den kaiserlichen Antrag. Auch Bayern unterstützte ihn. Da half es auch nichts, daß der preußische Gesandte Plotho beim Reichstag den Antrag stellte, die Stimmen von Bayern, Köln und der Pfalz nicht zu werten, weil sie das Ergebnis massiven Druckes vom sächsischen Hof, aus Wien und Versailles gewesen seien.

Mit der Durchführung des Dekrets zur Aufstellung von Reichstruppen des Bayerischen Kreises konnte Sachsen zufrieden sein. Bereits im Februar 1757 lagen die Beschlüsse des Kreistages von Mühldorf vor. Die Kreisdirektoren Salzburg und Bayern sowie die Vertreter der Reichsstädte, Hochstifte, Graf- und Herrschaften im Bayerischen Kreis beschlossen die Unterstützung des Kaisers und die Aufstellung von Reichstruppen. Innerhalb eines Monats sollten 3473 Mann aufgeboten werden und mit Artillerie und Offizieren ausgerüstet sein. Bayern übernahm sogar noch die 43 Mann, die das sich sträubende Stift Kaisheim stellen sollte. Die zügigen Verhandlungen und Abschlüsse waren das Ergebnis der Bemühungen des Münchner Hofes und seines Gesandten Baumgarten. Auch der neue österreichische Botschafter in München, Podstatzky, setzte sich für schnelle Beschlüsse ein. Zugleich mit dieser Neubesetzung kamen wieder englische und französische Gesandte nach München, das damit zu einem Zentrum diplomatischer Aktivitäten wurde. Andere Reichskreise hatten schon vorher ihre Entscheidung von dem Bayerischen Kreis abhängig gemacht, so daß dem Kreistag von Mühldorf große Bedeutung zukam. Sachsen und Österreich bejubelten die bayerische Haltung auf dem Kreistag, bedeutete sie doch, daß Max III. Joseph auf ihrer Seite aktiv am Krieg teilnehmen wollte.

Inzwischen hatten Österreich und Frankreich die zweite Versailler Konvention abgeschlossen, in der unter anderem vereinbart wurde, daß Frankreich mit einem selbständigen Kommando zwischen Niederrhein und Elbe gegen Preußen antrat. Französische Truppen sollten den Grundstock der Armee bilden. Zusätzlich wurden Hilfstruppen – auch aus Bayern – geworben. Frankreich wollte sich mit diesem Engagement als Garantiemacht des Westfälischen Friedens in Erinnerung bringen. In München verhandelte der französische Sondergesandte mit Max III. Joseph über ein bayerisches Hilfskorps. Man einigte sich darauf, daß Bayern zusätzlich zum Kreiskontingent 4000 Soldaten stellte. Frankreich bezahlte dafür pro Monat im Frieden 258 000 Gulden und zu Kriegszeiten 314 000 Gulden. Damit war das Kurfürstentum wieder durch ein umfassendes Vertragswerk an Frankreich gebunden. Der Kurfürst zog seinen Gesandten aus Berlin ab. Bayern war für die folgenden 15 Jahre nicht mehr in Preußen, seiner früheren – und späteren – Schutzmacht, vertreten. Die Gruppe um Schroff und die »Franzosen« am Münchner Hof hatten sich durchgesetzt.

Preysing und die Neutralisten verzögerten die Durchführung. Und der Kurfürst schwankte zwischen beiden. Aber an seinem Beschluß, gegen den Friedensstörer Friedrich vorzugehen, hielt er ebenso fest wie an

der Militärkonvention mit Frankreich. Daran konnte auch der Sondergesandte Eickstaedt nichts ändern, den Preußens König viel zu spät an
die süddeutschen Höfe entsandt hatte. Max III. Joseph und die Minister hielten ihn hin und ließen keine Neigung verspüren, von der eben
eingeschlagenen Richtung ihrer Reichspolitik abzuweichen. Die
preußische Diplomatie scheiterte mit ihrem Versuch, die Höfe von
München, Stuttgart, Mannheim und Karlsruhe umzustimmen. Einmal
mehr hatte sich Friedrich von Preußen in den deutschen Fürsten
getäuscht, die er alle für Schwächlinge hielt und nach Belieben mani-
pulieren zu können glaubte.

Seltsamerweise erfolgte die Neuorientierung der bayerischen Reichs-
politik zunächst unabhängig von dem großen »*renversement des alli-
ances*«, mit dem Österreich und Frankreich einerseits, England und
Preußen andererseits, zusammenrückten. Bayerns Hinwendung zu
Frankreich war die Antwort auf den Wiedereintritt Frankreichs in die
Reichspolitik nach einer Phase der Versailler Selbstisolierung. Die
Hinwendung ging nicht mit einem Näherrücken an Wien einher.
Schroff, der sich am Münchner Hof besonders für die Wiederaufnah-
me der früheren engen bayerisch-französischen Beziehungen einge-
setzt hatte, umwarb 1756 auch Preußen. Man war sich in München des
Umsturzes der Allianzen gar nicht in voller Schärfe bewußt und knüpf-
te an die Koalition des Österreichischen Erbfolgekrieges 1741 bis 1745
an, die ein immer wiederkehrendes Ziel des Kurfürsten war. Seine
Politik war zweigleisig, je nach Situation: einmal Äquidistanz zu den
Großmächten und einmal Anlehnung an Frankreich. Österreich kam
in seinem Konzept als vertrauenswürdiger Verbündeter nicht vor.

Erst die Reaktion der Großmächte, die österreichisch-englische Ent-
fremdung, das Auslaufen des englisch-bayerischen Subsidienvertrages,
Frankreichs Bereitschaft zu einem Subsidienvertrag und nicht zuletzt
die ungewohnten Aufmerksamkeiten von seiten Wiens ließen Bayern
die Umkehrung der Allianzen gewahr werden. Keine Rolle spielte bei
den Entscheidungen das religiöse Moment der katholischen Mächte
Frankreich, Österreich und Bayern gegen die protestantischen Staaten
England und Preußen. Die Vorstellung von einem Glaubenskrieg
spielte in Wien, Dresden, Berlin, London und am Heiligen Stuhl mit,
hatte aber in Frankreich und Bayern keine Bedeutung. Beide Staaten
waren sich der vergangenen Partnerschaft mit Preußen bewußt und
hielten aus strategischer Überlegung heraus in Zukunft eine Koalition
mit Berlin wieder für möglich.

Max III. Joseph, in dessen näherer Umgebung sich entgegen dem Prinzip der ausschließlichen Katholizität Bayerns immer auch Protestanten

befanden, legte Wert darauf, daß in seiner Armee die konfessionellen Gegensätze geglättet wurden. Nein, Religion spielte bei Max III. Josephs Entscheidung zum Kriegseintritt gegen Preußen keine Rolle. Er verglich die Stärke der Bataillone beider Seiten miteinander und kam zu dem Schluß, daß die französische Koalition dank ihres Übergewichts gewinnen müsse. Der letzte Krieg hatte mit dem französischen Marschall von Sachsen auch die einzige überragende Feldherrnpersönlichkeit hervorgebracht. Und Friedrich von Preußen? Dessen militärische Talente waren im Österreichischen Erbfolgekrieg durchaus sichtbar geworden, gute wie schlechte. Friedrich »der Große« wurde er zwar von Voltaire schon in den fünfziger Jahren genannt, aber dabei blieb es dann auch. Voltaires Bezeichnung bezog sich auch nicht expressis verbis auf die militärischen Fähigkeiten seines Briefpartners. Ansonsten brachte erst die äußerste Bedrängnis durch eine übermächtige Koalition Friedrichs militärisches und strategisches Genie hervor, erst im Siebenjährigen Krieg wuchs er zum »alten Fritz« .... um dann zwanzig Jahre später im Bayerischen Erbfolgekrieg 1778/79 wieder recht mittelmäßige Proben seines Feldherrntalents abzugeben.

Das zweite Motiv Max III. Josephs für den Kriegseintritt seines Landes war sein Rechtsempfinden und sein Verantwortungsbewußtsein als Reichsstand: Die Rechte seines kurfürstlichen Kollegen in Sachsen war er gegen jedermann zu verteidigen bereit, sei der Angreifer der Kaiser oder sonst jemand.

Und zuletzt darf nicht Max III. Josephs tiefe Bindung zur sächsischen Verwandtschaft vergessen werden. Die Bitten seiner Frau, die Tränen seiner Schwester, die Klagen des Schwiegervaters hatten ein größeres Gewicht als seine Hochachtung vor dem preußischen König. Die Stellungnahme für Sachsen war auch ein Akt der Selbstbehauptung: So wie heute Sachsen angegriffen wurde und die Hilfe der anderen Staaten brauchte, konnte es morgen Bayern bei einem Überfall Österreichs geschehen.

Und doch hoffte er, daß die entschlossene Sprache und die schnellen Entscheidungen auf dem Reichstag und dem Bayerischen Kreistag Friedrich II. dazu bewegen könnten, sich aus Sachsen zurückzuziehen. Max III. Josephs Votum für den Krieg war ein Bekenntnis für den Frieden. So behalten diejenigen, die ihn im Mythos der bayerischen Geschichtsschreibung als Friedensfürsten bezeichnen, wohl mit Blick auf den Vertrag von Füssen, beim Siebenjährigen Krieg doch indirekt recht, obwohl Max III. Joseph die Kriegserklärung des Reichstages unterstützte.

Dies kann nur verstanden werden, wenn man eine Triebfeder der gesamten Politik Max III. Josephs in Rechnung stellt, die Gesandte damals seine »Geldgier« nannten. Sein Finanzminister Maximilian von Berchem brachte es auf die Formel:»Ohne Subsidien können wir nicht sein!« Da England seinen Subsidienvertrag nicht verlängerte und Frankreich sich anbot, wurde der Kurfürst geradezu auf die Gegenseite gedrängt. So wollte er letztlich ein Geschäft machen und seine Truppen verkaufen. Max III. Joseph band sich an die Seite, die ihm das bitter nötige Geld gab. Dabei ahnte er bei Vertragsabschluß nicht, daß binnen kurzer Zeit ein Krieg ausbrechen würde. Max III. Josephs Eintritt in den Krieg auf der Seite Frankreichs und des Kaisers rührte aus seiner finanziellen Notlage. Daneben hoffte er, zur Wiederherstellung des Friedens, zur Wiedereinsetzung eines Kurfürsten-Kollegen und zur Unterstützung naher Verwandter beizutragen. Darin kam auch seine Überzeugung zum Ausdruck, daß die deutschen Mittelstaaten sich zusammenschließen mußten.

Den Krieg der Diplomaten hatte Österreich gewonnen. Es konfrontierte Preußen mit einer starken europäischen Koalition, während Preußen nur – laue – Unterstützung in England fand. Österreich, Frankreich, Rußland, Schweden und das Reich rüsteten gegen Preußen. England konnte Friedrich zunächst noch nicht militärisch unterstützen. Aber Friedrich verstand sich auf schnelles Handeln. Seine Armee stand in Sachsen. So marschierte er im Frühjahr 1757 in Böhmen ein und siegte im Mai bei Prag über die österreichische Armee. Beide Seiten erlitten große Verluste. Aber der Erfolg trug Friedrich die Bewunderung ganz Europas ein.

Max III. Joseph und seine Berater waren tief besorgt. War der Sieg so überwältigend, daß Friedrich sich erlauben konnte, Sachsen und Böhmen den Rücken zu kehren, um sich an die Bestrafung derer zu machen, die auf die Gegenseite getreten waren? Hatte man ihn zu schwach eingeschätzt und voreilig gehandelt? Friedrichs Sieg bei Prag wirkte sich auf die Politik des Kurfürsten aus: er hielt sowohl das bayerische Reichskontingent wie das Frankreich versprochene Auxiliarkorps zurück. Ihm stand das Schicksal der Truppen, die er im Friedensvertrag von Füssen Österreich zur Verfügung gestellt hatte, vor Augen, die gleich in den ersten Schlachten fast völlig aufgerieben wurden. Jetzt, da es ernst wurde, schreckte er vor den Konsequenzen seiner Politik zurück.

Er widersetzte sich dem Drängen Kaunitz' und dessen Botschafter Podstatzky, aber auch dem der österreichfreundlichen Gruppe seines Hofes, und zögerte den Marschbefehl hinaus. Er begründete sein

Zaudern mit dem nötigen Schutz seines Landes. Auch der Verzug der französischen Subsidien diente Max III. Joseph als Grund seines Zögerns. Aber das waren nur Ausflüchte – der Kurfürst wußte nicht, wie er sich verhalten sollte. Die politische und militärische Lage veränderte sich so rasch, daß – nicht zum ersten Mal – ihm »Abwarten« das klügste schien. Die Befürchtungen Max III. Josephs waren gerechtfertigt. Friedrich II. zog von seiner böhmischen Armee eine Abteilung ab, um im benachbarten fränkisch-oberpfälzischen Grenzgebiet seinen Gegnern eine Lektion zu erteilen. Er wollte sie, wenn nicht zur Zurücknahme der Kriegserklärung, so doch zur Passivität zwingen. Diese Rechnung ging auf.

Krieg in Bayern?

Die 1500 Preußen, »liederliches Gesindel« und undisziplinierte Soldaten, verursachten große Schäden im Land und trieben hohe Geldsummen bei der Bevölkerung ein. Die Oberpfalz lag völlig ungeschützt vor ihnen. Der preußische Kommandant ließ dazu verlauten, daß noch viel größere Zerstörungen, Kontributionen und Greuel auf die Bevölkerung zukämen, wenn auch nur ein Soldat der Reichstruppen das Land verließe. Resultat: Die Württemberger Soldaten desertierten zu Tausenden, die Pfälzer rückten nach Hause ab, die Nürnberger Stadtväter boten Geld an. Der Kurfürst war zutiefst entsetzt. Jetzt war der Fall eingetreten, den er unter allen Umständen hatte vermeiden wollen. Hatte er mit der Entscheidung gegen den Preußenkönig Krieg in das eigene Land getragen?
Sofort instruierte er die lokalen Behörden der Oberpfalz, den preußischen Kommandanten zu erklären, daß Bayern am gegenwärtigen Krieg nicht teilnehme, sondern neutral sei. Überall in der Oberpfalz wurden Plakate mit der Nachricht der Neutralität Bayerns angeschlagen. Der preußische Kommandant Mayr aber stocherte weiter in der offenen Wunde des Kurfürsten. Er schickte Rittmeister Petersdorff mit einer Soldatentruppe nach Süden. Bei Amberg fand diese Exkursion ein Ende, als die aufgebrachte Bevölkerung die plündernden Preußen kurzerhand gefangennahm und ins Gefängnis warf. Mayr drohte. Der Kurfürst befahl, Petersdorff freizulassen und bekräftigte die bayrische Neutralität. Daraufhin verließen die Preußen die Oberpfalz in Richtung Thüringen. Die Aktion dieser wenigen preußischen Soldaten hatte Max III. Joseph völlig aus dem Häuschen gebracht. Obwohl von

ihnen nie eine ernsthafte Gefahr für das Kurfürstentum, in dem ja mehrere Tausend eigene und befreundete Soldaten standen, ausgegangen war, konnte er sich nicht beruhigen. Österreichs Gesandter Podstatzky mußte ihm sogar zusichern, daß eine österreichische Abteilung zum Schutz der Oberpfalz abkommandiert würde. Max III. Joseph aber schickte sogleich einen Unterhändler in das Prager Lager des Preußenkönigs, um über die bayerische Neutralität zu verhandeln. Zunächst wollte er sein Land aus der Stoßrichtung der siegreichen preußischen Armee herausnehmen. Wie er vorher gehofft hatte, Friedrich werde sich durch die beeindruckende Koalition aus dem Kriege zurückziehen, so setzte er jetzt seine Erwartungen darauf, die Koalition werde sich angesichts der militärischen Siege der Preußen aus dem Krieg zurückziehen. Wieder schienen ihm Behutsamkeit und Abwarten das Gebot der Stunde.

In dieser Phase sollte der besonders fähige Obrist Montgelas die bayerische Seite vertreten. Montgelas, der Vater des späteren Ministers des ersten bayerischen Königs Max I. Joseph, war während des Österreichischen Erbfolgekrieges 1742 auf die bayerische Seite getreten. Er sollte Friedrich der Neutralität des Kurfürsten versichern und darum bitten, daß solche Aktionen wie in der Oberpfalz in Zukunft unterblieben. Im übrigen glaubte der Kurfürst nicht, daß der preußische König die ganze Aktion in der Oberpfalz angeordnet hatte. Montgelas sollte freundlich sein und den König nicht reizen, so die Instruktion, die von dem kindlichen Glauben des Kurfürsten an Friedrich von Preußen zeugt. Den Kernpunkt der Mission teilte der Landesherr seinem Montgelas nur mündlich mit: Er solle förmlich die Neutralität Bayerns anbieten. Wie und unter welchen Umständen, blieb offen. Die gesamte obskure Mission war ein Einfall Max III. Josephs, der auch die Instruktion für seinen Emissär mit handschriftlichen Einfügungen versah. Den Bericht Montgelas' hat Max III. Joseph denn auch nicht zu den Akten gegeben, um seine Minister über seine Privatkanäle im unklaren zu lassen.

Friedrich war über die mündlichen Ausführungen Montgelas' hocherfreut. Seinen Unwillen wird aber das kurfürstliche Begleitschreiben hervorgerufen haben. Darin war nur von den oberpfälzischen Vorfällen die Rede. Das Wort Neutralität kam nicht vor. Der Preuße durchschaute das Ränkespiel Max III. Josephs sofort. Der Kurfürst wollte die unliebsamen Begleitumstände des Konflikts mit Preußen in der Oberpfalz beenden, zugleich aber keine offiziellen, vertraglichen Schritte zur Neutralität tun, die ihn in Widerspruch zu seinen Geldgebern bringen konnten.

Friedrich konnte nicht einmal sicher sein, daß Montgelas zu den viel weiter gehenden mündlichen Zusicherungen des Kurfürsten autorisiert war. Der Begleitbrief jedenfalls lautete anders. Friedrich antwortete barsch: Der Kurfürst möge seine Truppen und die Auxiliartruppen ruhig gegen ihn schicken, er fürchte sie nicht. Die »Falschheit des Kurfürsten« werde aus der Diskrepanz zwischen mündlichem Vortrag und Begleitschreiben offensichtlich. So lautete denn die Antwort an den bayerischen Kurfürsten, Friedrich werde ihn so lange als Feind behandeln, wie ihm Max III. Joseph nicht eine schriftliche Zusage der bayerischen Neutralität zugehen lasse. Über die Formalitäten könne man dann verhandeln. Um München noch mehr unter Druck zu setzen, gab Friedrich entgegen seiner Zusage, das Treffen mit Montgelas geheimzuhalten, die Bitte des bayerischen Kurfürsten über seine Gesandten allen Höfen bekannt, mit dem Zusatz, dies sei ein weises Beispiel für andere.

Versailles, Wien und die sächsischen Verwandten fielen empört über Max III. Joseph her und überschütteten ihn mit Vorwürfen. Der Kurfürst antwortete mit der Veröffentlichung der Instruktion für Montgelas und beteuerte, daß dieser nur gegen preußische Übergriffe in der Oberpfalz protestiert habe. Reichsvizekanzler Colloredo ließ den Reichsständen die bayerische Richtigstellung zugehen, um jeder Verunsicherung vorzubeugen. Jetzt bemühte sich Wien, Max III. Joseph durch Schmeicheleien und Entgegenkommen im Lager zu halten. Sogar der Erwerb der Reichsstadt Augsburg wurde ihm in Aussicht gestellt.

Ein Absprung Bayerns hätte andere mittlere und kleinere Mächte mitgezogen und das Ende der Reichsarmee bedeutet. Österreich wäre isoliert gewesen. Noch stand ihm kein Reichs- und kein französischer Soldat im Kampf gegen Preußen bei.

In München beriet man intensiv, knüpfte Fäden nach England, formulierte an einer Antwort an Preußens Friedrich herum. Da änderte sich mit dem kaiserlichen Sieg bei Kolin die Lage. Preußen mußte die Belagerung Prags aufheben und sich aus Böhmen zurückziehen. Den frischen Nimbus des Unbesiegbaren hatte Friedrich im Juni 1757 verloren. Auch die verbündeten Engländer mußten gegen die Franzosen bei Hameln eine Niederlage einstecken. Und im August bereiteten die Russen Friedrich bei Großjägersdorf eine Niederlage. Nach den preußischen Anfangserfolgen machte sich nun die Übermacht der Koalition bemerkbar.

In München war man erleichtert, doch auf der Seite der Sieger zu sein. Gerüchte über einen Ausstieg oder über eine bayerische Neutralität wurden auf allen diplomatischen Ebenen entrüstet dementiert.

Friedrich von Preußen, nun in einer ungleich schlechteren Position als beim Treffen mit Montgelas, suchte am bayerischen Angebot der Neutralität wieder anzuknüpfen und eine entsprechende Konvention abzuschließen. Er ernannte einen neuen preußischen Gesandten am bayerischen Hof mit dem gezielten Auftrag, eine Neutralitätskonvention zustande zu bringen. Aber von Neutralität wollte der über die plötzliche Aufmerksamkeit Preußens erfreute bayerische Kurfürst nichts mehr wissen. Er wich allen Fragen aus. Max III. Joseph war überzeugt, daß Friedrich am Ende war und die Koalition über ihn siegen würde. Auch der preußische Versuch, den Bayern zu bewegen, die Frankreich zugesagten bayerischen Truppen zurückzubehalten, schlug fehl. Friedrich war darüber ebenso tief verärgert wie über die Hinhaltetaktik des Münchner Hofes. Er beschloß, bei Gelegenheit dem bayerischen Kurfürsten dafür einen Denkzettel zu verpassen.

Max III. Joseph, durch die Siege der Österreicher, Franzosen und Russen über Preußen wieder ein sicherer Bundesgenosse, unterzeichnete unterdessen eine Zusatzkonvention, in der Frankreich sich zur Vertretung der bayerischen Interessen auf einem künftigen Friedenskongreß verpflichtete. Versailles sollte sich auch dafür einsetzen, daß Bayern selbst als Verhandlungspartner auf einem derartigen Kongreß zugelassen wurde, obwohl es ja nur als Reichsstand am Krieg gegen Preußen stand. Außerdem sicherte der französische König den Bayern wiederum Hilfe bei allen Differenzen mit Österreich zu, bei den leidigen Grenzstreitigkeiten und dem Salzhandel nach Böhmen. Max III. Joseph versprach Frankreich weitere 2800 Mann und einen Zug Artillerie. Die Bezahlung sollte nach der Märzvereinbarung erfolgen.

Ursprünglich sollten die Württemberger und die bayerischen Hilfstruppen der französischen Armee zugeteilt werden. Im Mai 1757 wurde Max III. Joseph verständigt, daß sie zusammen mit der österreichischen Armee eingesetzt würden. Max III. Joseph befürchtete, durch diese Umplanung den Krieg in das Innere des Reiches, vielleicht nach Bayern zu ziehen, und erbat französischen und österreichischen Schutz für sein Land. Erst im August 1757 verließ das Auxiliarkorps mit halbjähriger Verspätung seinen Sammelpunkt. Ein Einsatz noch im gleichen Jahr 1757 schien wenig wahrscheinlich. Gleich nach dem Abmarsch zeigten sich der schlechte Ausbildungsstand und die laxe Disziplin der Soldaten. Als sie nach einem Monat in Böhmen ankamen, waren bereits viele Soldaten desertiert oder wegen Krankheit ausgefallen.

Zum Oberkommandierenden des Reichskontingents ernannte Max III. Joseph seinen Halbbruder, Graf Holnstein, einen natürlichen Sohn

Kaiser Karls VII. Er befehligte eine aus unterschiedlichsten Herrschaften zusammengewürfelte Truppe. Alle Reichsstände, die Schwierigkeiten hatten, die vorgeschriebene Anzahl von Soldaten zum Reichskontingent zu stellen, zahlten eine Ausgleichssumme. Das Geld kassierte Max III. Joseph, der dafür bayerische Soldaten stellte. Ende Juli 1757 sollten sich die einzelnen Abteilungen in Neumarkt zusammenfinden. Von dort aus ging es nach Fürth, wo man sich der Reichsarmee anschloß. Diese Armee war in einer ähnlich schlechten Verfassung wie die bayerischen Hilfstruppen.

Das Kreiskontingent wurde zum Schutz der Saalelinie eingesetzt, um einen preußischen Schwenk nach Süden zu vereiteln. Dabei gab es mehrfach ernsthafte Klagen über die mangelhafte Versorgung des bayerischen Kontingents mit Brot, Zelten, Stroh und Holz. Das Auxiliarkorps wurde bald in die Kämpfe der österreichischen Armee verwickelt. Aber auch hier klappte die Versorgung nicht. Im November wurden die Preußen geschlagen. Im Dezember griff Friedrich von Preußen konzentriert mit schiefer Schlachtordnung den von Württembergern und Bayern gebildeten Seitenflügel der Kaiserlichen an. Der Flügel wurde in kurzer Zeit aufgerollt, die Preußen gewannen die letzte Schlacht des Jahres 1757.

Die Reichsarmee hatte große Verluste erlitten: Über 22 000 Mann waren durch Tod, Verwundung oder Gefangennahme ausgefallen. Auch die bayerischen Auxiliartruppen hatten schwere Verluste zu verzeichnen: 77 Mann waren gefallen, 381 verwundet und 476 gefangengenommen worden. Schon im ersten Jahr ihres Einsatzes waren die bayerischen Truppen um mehr als ein Drittel zusammengeschmolzen. Zudem ging der größte Teil der Artillerie verloren. Max III. Joseph war durch die Verluste sehr betroffen. Zusätzlich mußte er sich von Wien Vorhaltungen wegen der schlechten Disziplin und Ausbildung der bayerischen Truppen anhören.

Inzwischen waren die Lücken in der Armee nicht mehr leicht zu schließen. Seit 1760 mußten die Handgelder, die den Geworbenen bei Verpflichtung und Einrücken ausbezahlt wurden, bedeutend heraufgesetzt werden. Das Handgeld differierte wie der Wert des Soldaten nach der Größe: ein Mann von 6 Fuß entsprechend 1,88 Meter, erhielt 10 Gulden, mit 5 Fuß 11 Zoll entsprechend 1,85 Meter 9 Gulden und einer mit 5 Fuß 8 Zoll und etwas weniger entsprechend 1,69 Meter 6 Gulden.

Wie wenig die bayerische Armee für einen Krieg ausgerüstet war, zeigten Nachrichten aus den letzten Jahren des Kurfürsten Max III. Joseph. So mußte der Hofkriegsrat immer wieder anordnen, daß jedes Regiment auch außerhalb der Exerzierzeit hin und wieder auszurücken habe. Einige Regimenter fanden die Übung in der Landschaft zu unbequem, wie zum Beispiel das Regiment Holnstein, das in einer Eingabe darum bat, diese »drückende Maßnahme« wieder aufzuheben. Aufgrund der dauernden Sparmaßnahmen des Kurfürsten herrschte in Bayerns Armee sowieso eine gedrückte Stimmung. Mitten im Siebenjährigen Krieg beurlaubte der Kurfürst in großem Umfang Soldaten. Jede Kompanie sollte mindestens zwanzig Soldaten auf Dauer beurlauben. Der Urlaub war natürlich unbezahlt; Zweck der Beurlaubung war es ja, Geld zu sparen. Max III. Joseph setzte Prämien aus, um die massenhaften Beurlaubungen noch steigern zu können. Von der eingesparten Löhnung flossen in die Regimentskasse der Füsiliere zwei, in die der Grenadiere drei Kreuzer pro Tag und Kopf; mit diesem Geld wurde die Montur der nicht beurlaubten Soldaten bezahlt. Jeder Kompanieführer, dem es gelang, mehr als zwanzig seiner Leute zu beurlauben, konnte die Ersparnis von zwei beziehungsweise drei Kreuzern einstreichen. Die Löhnung selbst erfolgte unregelmäßig und war niedrig. Jeder Offizier erhielt den Lohn der nächstniedrigen Charge. Frisch beförderte Offiziere erhielten fünf Monate lang überhaupt keinen Sold, denn der Staat behielt die ersten drei Monatsgagen für Steuern ein und die nächsten beiden für die feldgemäße Ausrüstung. Durch derartige Abzüge und Minderzahlungen gerieten fast alle Offiziere in Not und Schulden, so daß sie »oft nicht das trockene Brot zu essen« hatten. Eine solche Armee war nicht gerade kampffreudig. Friedrich mochte der Sieg gerade an der Position der bayerischen Truppen mit Genugtuung erfüllt haben. Max III. Joseph ließ diesmal keine Resignation nach außen dringen. Wien und der Oberbefehlshaber bekamen eine scharfe Antwort, die bayerische Bevölkerung die Geschichte von den besonders tapferen bayerischen Soldaten und die Welt eine publizistische Kampagne aufgetischt. Trotz persönlichen Einsatzes des Kurfürsten blieb aber die Lage der bayerischen Truppen bei der Reichsarmee weiter unbefriedigend. Sie wurden durch schlechte Versorgung und lange Wintermärsche zunehmend geschwächt. Auch kam es zwischen der österreichischen Armee und den bayerischen Truppen zu fortwährenden Reibereien.

Nach den Siegen von Kolin und Hastenbeck sahen Versailles und Wien den Zeitpunkt gekommen, Friedrich von Preußen nun auch mit den Mitteln der Reichsverfassung zu verfolgen. Ziel war, den preußischen König durch den Reichstag zu ächten. Am Münchner Hof nahm man den Vorschlag Wiens reserviert auf. Kreittmayr und Praidtlohn betonten, daß für eine derartige Aktion das Kurfürstenkollegium und nicht der Kaiser zuständig sei. Max III. Joseph bestritt dem Reichshofrat das Recht, eine Ächtung Friedrichs II. auszusprechen, und forderte eine Entscheidung des Reichskammergerichts. Er wollte damit die Entscheidung hinausschieben, weil er sie politisch für bedenklich hielt. Mehrere Reichsstände folgten der Münchner Argumentation. Das Scheitern des Wiener Planes hing aber wohl in erster Linie mit der sich verändernden militärischen Lage zusammen. Die Siege bei Roßbach und Leuthen hatten Friedrich wieder Punkte gebracht. Bayern blieb in dieser als grundsätzlich erachteten Frage auch bei seinen Argumenten, als der Kaiserhof später die Angelegenheit auf dem Reichstag vorbrachte.

Noch eine andere Angelegenheit beschäftigte Max III. Joseph im Jahr 1757, die Neuwahl des Fürstbischofs von Eichstätt. Der bayerische Kurfürst stufte die Wahl seines Onkels Johann Theodor, Kardinal von Freising, Regensburg und Lüttich, als erstrangig ein. Bei dieser Gelegenheit wollte er die kirchenpolitische Position des Hauses Wittelsbach ausbauen und festigen. Um den Partner bei der Stange zu halten, unterstützten ihn Wien und Versailles nach Kräften, erreichten auch von der Kurie die Zustimmung. Im Juli 1757 wurde jedoch Graf Strasoldo vom Domkapitel zum neuen Erzbischof gewählt. Max III. Joseph, der die Eichstätter Wahl wichtiger nahm als der Kandidat Johann Theodor selbst, hatte Bayern während der Zeit der Verhandlungen fest an der Seite Wiens und Versailles' gehalten.

Beim Bündnis mit Frankreich hatte die finanzielle Unterstützung durch Versailles eine große Rolle gespielt. Um eine neue Geldquelle zu erschließen und die Landschaftsverordnung nicht um Bewilligung bitten zu müssen, erhob Max III. Joseph ab Juni 1757 eine Steuer zur Landesdefension: Jeder Hof mußte einen Gulden und 30 Kreuzer entrichten. Aber schon bald stellte sich heraus, daß diese Steuer nicht ausreichte. Die ersten Gefechte hatten dem bayerischen Korps starke Verluste beigebracht, die vertragsmäßig aufgefüllt werden mußten. Das Ausfuhrverbot für Pferde zur Schließung der Lücken bei der Kavallerie schädigte Pferdezucht und -handel. Schließlich mußte der Kurfürst für die Aufstellung neuer Verbände zusätzlich zu den französischen Subsidien noch 340 000 Gulden aufbringen, um seine vertraglich zugesicherten Pflichten zu erfüllen. Das große Geschäft der Truppenüberlassung an Frankreich hatte sich im Krieg in ein Verlustgeschäft verwandelt. Max III. Joseph sah sich – wie so oft – nach weiteren Geldquellen um.

Die eine fand er in der sogenannten Dezimation, einer Sondersteuer, die an die Abgabe des Zehnten zur Finanzierung der Kreuzzüge erinnert. Mit ihr gedachte der Kurfürst den Klerus zu belegen. Bereits seit 1756 hatte er die Möglichkeit ihrer Realisierung überprüft. Die Schwierigkeit bestand darin, daß eine Besteuerung des Klerus nur mit der Zustimmung des Heiligen Stuhles erfolgen konnte. Papst Benedikt XIV., dem Hause Wittelsbach wohlgesinnt und in dem Irrglauben, der Siebenjährige Krieg sei ein Konflikt zwischen katholischen und evangelischen Mächten, genehmigte nach einigem Zögern den Antrag aus München, wegen der kriegerischen Sonderlasten für zehn Jahre das Kirchenvermögen mit einer zehnprozentigen Sondersteuer belegen zu dürfen. Da allerdings die bayerischen Bischöfe und Klöster der Zahlungsaufforderung nur teilweise nachkamen, behob auch diese Sondersteuer die Finanzmisere nicht.

Damit nicht genug, trafen die vereinbarten französischen Gelder nur mit Verspätung in München ein. Schließlich wirkte sich die Ersetzung des französischen Ministers Rouillé durch Bernis aus. Bernis' Zielsetzung war die baldige Beendigung des Krieges und vor allem die Beendigung der Subsidienzahlungen an Bayern und die Pfalz. In Frankreich war man über den mangelhaften Erfolg des hohen finanziellen Einsatzes enttäuscht. Bernis meinte, es wäre besser, Bayern und die Pfalz als Feinde denn weiterhin als Verbündete zu haben, zumal man dann ihr Territorium ausbeuten könnte und nicht dauernd Rücksicht auf sie zu nehmen brauchte. Die französische Reichspolitik brach 1757/1758 aus Mangel an Geld zusammen. Für Bayern hieß dies: Keine französischen Subsidien mehr!

Englischen Lockungen, Bayern durch Subsidienzahlungen an sich zu binden und aus dem Krieg zu lösen, fehlte die Ernsthaftigkeit. So verblieb Bayern im Bündnis. Da versuchte Friedrich von Preußen mit dem einzigen Mittel, das er für erfolgversprechend hielt, Bayern herüberzuziehen oder wenigstens zu neutralisieren. Er setzte militärischen Druck ein. Der preußisch-englische Block besiegte Frankreich im Juni 1758 bei Krefeld und konnte die Kaiserlichen zur Räumung von Sachsen und Schlesien zwingen. Seit Herbst 1757 rechnete man in München schon mit preußischen Angriffen auf Bayern. Im Mai 1758 erteilte der preußische König dazu den Auftrag, wiederum an den Oberstleutnant Mayr, der wenige Monate vorher schon die Oberpfalz verwüstet hatte. Wieder gingen Dörfer in Ober- und Unterfranken in Flammen auf. Hohe Kontributionszahlungen wurden erpreßt. Im Mai drangen 600 preußische Infanteristen und 1000 Husaren in die Oberpfalz ein. Waldsassen zahlte 2000 Gulden. Kemnath, Auerbach und Forchheim wurden verwüstet. Regensburg geriet in den Aktionsradius der preußischen Truppen. Schon packten Reichstagsgesandte ihre

Sachen ein, Wertgegenstände wurden auf Schiffe verladen. Der Reichstag bat den bayerischen Kurfürsten offiziell um Schutz. Doch der hielt eine Antwort nicht für opportun. Er fürchtete, den preußischen König zu brüskieren. Zum Schutz seines Landes schickte Max III. Joseph Truppen in die Oberpfalz, erteilte ihnen aber keinen Kampfauftrag; sie sollten sich nur defensiv verhalten. Die Posse des Jahres 1757 wiederholte sich. Die Preußen wurden darauf hingewiesen, daß sich Bayern mit ihnen nicht im Krieg befand. Und Friedrich II. wies den bayerischen Emissär wieder mit der Aufforderung ab, den Neutralitätsantrag schriftlich vorzulegen.

Nun ließ Max III. Joseph über den preußischen Reichstagsgesandten die Möglichkeit eines Kurswechsels ergründen. Zwischen dem bayerischen General Meinders, dem Bruder des letzten preußischen Gesandten in München, und dem Reichstagsgesandten Friedrichs II., Plotho, entwickelte sich in Regensburg eine so offensichtliche Übereinstimmung, daß die französischen und österreichischen Diplomaten Alarm schlugen. Auf bayerischer Seite wurde dementiert: Man habe nur über Entschädigungszahlungen für die Verwüstungen in der Oberpfalz verhandelt und sich dabei auf 33 000 Gulden geeinigt. Friedrich II. bestritt das bayerische Dementi, beteuerte, nichts von Abkommen über Entschädigungen zu wissen, und bezahlte auch nie. Der Streit hierüber zog sich noch sieben Jahre hin.

Wien befürchtete nun zu Recht, daß der Kurfürst wieder, wie schon im Jahr zuvor, nach Gelegenheiten suchen würde, um aus der Koalition, zumindest aus dem Krieg auszusteigen. Um dem entgegenzuwirken, wurde der kaiserliche Oberbefehlshaber, Pfalzgraf Friedrich Michael von Zweibrücken, ein Verwandter von Max III. Joseph und ehemaliger General seines Vaters, beauftragt, den Weg von Wien zum Heer über München zu nehmen, um den schwankenden Kurfürsten bei der Stange zu halten. Der Offizier erkannte trotz der vorsichtigen Sprache in München schnell, daß der Kurfürst seine Truppen am liebsten wieder nach Bayern zurückziehen wollte. Seit der Schlacht von Leuthen ängstigte ihn die Vorstellung, erneut auf der Seite der Verlierer zu landen. Gab es einen ehrenhaften Weg, sich aus dem Krieg zurückzuziehen? Max III. Joseph versuchte es mit kleinen Schritten. Er erließ ein Ausfuhrverbot für Futtermittel aus der Oberpfalz nach Böhmen. Er signalisierte Preußen, daß er seine Regimenter zurückziehen wolle. Er forderte den bayerischen General Pechmann in einem persönlichen Schreiben auf, sich bei der österreichischen Heeresführung für eine mehrwöchige Ruhepause in Bayern einzusetzen. Max III. Joseph war entschlossen, dann seine Truppen im Lande zu belassen, auf jeden

Fall die Lücken nicht mehr durch Neurekrutierungen zu schließen. Weitere Hilfstruppen wollte er verweigern. Österreichs Bestrebungen zielten unterdessen in die entgegengesetzte Richtung. Wien wollte die Kriegshandlungen intensivieren und weitere Hilfstruppen anwerben. Um dem Kurfürsten den Rückweg abzuschneiden, machte der Wiener Hof das bayerische Ersuchen um Urlaub für alle bayerischen Truppen beim Reichstag zu Regensburg bekannt. Die Folge waren erbitterte Auseinandersetzungen, die dem Kaiserhof unmißverständlich klarmachten, daß sich Bayern aus dem Krieg zurückziehen wollte.

Zwar dementierte der Kurfürst immer noch derartige Gerüchte, sorgte aber bereits dafür, daß die Sondersteuer des Reiches, die der Reichstag mit der Stimme Bayerns beschlossen hatte, nur noch zögernd weiterbezahlt wurde. Schließlich betrug der Rückstand 45000 Gulden. Im August 1758 schließlich rückte Max III. Joseph gegenüber Podstatzky mit der Wahrheit heraus: Er wolle sein Korps abziehen. In seinem Schreiben an den Kaiserhof begründete er seine Entscheidung mit der unzureichenden Versorgung und weiteren militärischen Mängeln. Von der Bedrohung der Oberpfalz oder anderen Motiven war keine Rede. Er versuchte, alle Verantwortung der Gegenseite zuzuschieben, und stellte die Sorgen und Entbehrungen des einfachen bayerischen Soldaten als Grundmotiv seines Schwenks dar.

Richtig ist vielmehr, daß die preußischen Erfolge im Jahr 1758 ihn dazu brachten, seine Truppen möglichst schnell zurückzuziehen. Preußens Siege hatten unter den bayerischen Soldaten hohe Ausfälle, besonders durch Krankheit und Desertion, verursacht und damit die aus Frankreich erwarteten Einnahmen gesenkt. Der Kaiserhof reagierte mit einem förmlichen Protest und tat einiges, um die Beschwerden des Kurfürsten über die schlechte Behandlung seiner Soldaten aus der Welt zu räumen. Auch Frankreich setzte sich für eine unverzügliche Bereinigung der bayerischen Klagepunkte ein. Nun war dem Kurfürsten die Argumentation seines Schwenks entwunden. Was würde er tun? Er tat zunächst gar nichts und suchte nach neuen Gründen für das gleiche Ziel. Drei Monate später schrieb er dem König von Frankreich einen Brief, indem er ihm die finanziellen Nachteile vorrechnete, die Bayern durch den Subsidienvertrag und die schleppenden Zahlungen erleiden mußte. Schluß des Briefes: Er werde die bayerischen Truppen zurückziehen müssen, wenn er nicht höhere Subsidien erhalte. Frankreich konnte diese Drohung nicht einschüchtern, war es doch froh, damit einen lästigen Kostgänger ohne große militärische Bedeutung loszuwerden.

Rückzug in die Neutralität

Zwar führte der Kurfürst die Verhandlungen oft an den Ministern vorbei, aber die Umorientierung seiner Politik seit 1757 fand mit Ausnahme von Kreittmayr und Seckendorff ihre Unterstützung. Letzteren hatten die Preußen von seinem Altersruhesitz in Sachsen vertrieben, und nun schaltete er sich wieder in die politischen Geschäfte ein – ohne Auftrag, wie üblich. Der Wiener Hof versuchte den kurbayerischen Rückzug aus dem Krieg mit allen Mitteln zu verhindern. Da Maria Theresia dem Hofbeichtvater und ehemaligen Lehrer des Kurfürsten, Daniel Stadler, einen verhängnisvollen Einfluß nachsagte, wandte sie sich an den Heiligen Stuhl und den Ordensgeneral der Jesuiten und bat sie, auf den lästigen Ratgeber Max III. Josephs einzuwirken, er möge sein Seelsorgeramt nicht politisch mißbrauchen und damit der katholischen Sache schaden. Stadler bot seinen Rücktritt an, den Max III. Joseph ablehnte. Im Januar 1759 gab der Kurfürst schließlich dem Oberkommandierenden des Hilfskorps den Befehl, das kurbayerische Korps nicht mehr an Kriegshandlungen teilnehmen zu lassen und die Truppen für den baldigen Rückmarsch vorzubereiten. Diese Entscheidung traf Max III. Joseph offensichtlich in Absprache mit Mannheim, denn das pfälzische Korps wurde etwa zur gleichen Zeit zurückgerufen. Auch der Herzog von Württemberg zog seine Truppen zurück.

Fühlte sich Wien durch den Rückzug der Bayern nur in seiner harten Haltung bestärkt und von Max III. Joseph verraten, so löste das Ergebnis der militärischen Zusammenarbeit mit Österreich beim Kurfürsten eine tiefe Verstimmung aus, die ihn an 1745 erinnerte. Der Bayer war überzeugt, daß die schlechte Versorgung seiner Truppen, ihr manchmal unsinnig erscheinender militärischer Einsatz, das Übergehen bayerischer Offiziere bei Beförderungen oder die rücksichtslosen Durchmärsche der österreichischen Armee durch Pfälzer und bayerisches Gebiet eine bewußte und gezielte Kränkung Wiens war. Maria Theresia war auch angesichts französischer Fürsprache nicht bereit, dem bayerischen Verbündeten in einem der vielen strittigen Punkte entgegenzukommen. Der bayerische Salzexport nach Böhmen wurde verboten, die Grenzstreitigkeiten der Oberpfalz blieben ungeklärt und viele Schikanen der Kaiserlichen in Bayern wurden nicht geahndet. Für Max III. Joseph war klar: die österreichische Seite würde diesmal unterliegen. Der Abfall von Rußland war ebenso möglich wie ein Angriff der Türkei auf Österreich. Max III. Joseph legte seine Karten für den bevorstehenden Friedenskongreß zurecht. Er wollte für

Bayern Gebietsvergrößerungen in Neuburg, Sulzbach und Vorder-österreich erreichen, ließ er im August 1757 Versailles wissen. Der Rückzug seiner Hilfstruppen war kein Votum für Neutralität. Noch stand das kurbayerische Reichskontingent im Feld. Max III. Joseph hoffte, sich damit die noch fließenden französischen Gelder zu erhalten und sich im anstehenden Friedenskongreß die Unterstützung von Wien und Versailles zu sichern. Er wollte vermeiden, wie 1748 vom Friedenskongreß ausgeschlossen zu werden. Um die Jahreswende 1759/1760 ergingen vielfältige Friedensinitiativen. Der neue Papst Clemens XIII. schaltete sich in die Diskussion um einen Frieden ein. Der spanische König bot seinen Verwandten in Versailles entsprechende Hilfe an. Preußen nahm Verhandlungen mit seinem früheren Verbündeten Frankreich auf. England legte ein Friedensangebot vor, um endlich freie Hand für einen siegreichen Abschluß des amerikanischen Krieges zu haben.

Diese Tendenzen wurden am Münchner Hof begrüßt. Max III. Joseph hoffte, daß der Krieg sich dem Ende zuneigte. Er rechnete mit einem Sieg der preußisch-britischen Allianz. Doch die militärischen Ereignisse des Jahres 1759 überraschten ihn. Im August 1759 erlebte Friedrichs Armee bei Kunersdorf eine der verlustreichsten Niederlagen. Friedrich befürchtete den Zusammenbruch Preußens und dachte an Selbstmord.

Im Zeichen des Sieges versuchten nun Versailles und Wien – allerdings vergeblich – den Kurfürsten zu einer Wiederaufnahme der militärischen Unterstützung zu bewegen.

Dieser war am Kriegsgeschehen nicht mehr interessiert, er wünschte nur, bei den Friedensgesprächen ein gewichtiges Wort mitreden zu können.

Verwandtschaft aus Sachsen

Wenn er schon in der großen Politik sich seine Ohnmacht eingestehen mußte, so wollte er wenigstens im familiären Bereich Akzente setzen. Die sächsische Verwandtschaft war durch den preußischen Angriff in große Bedrängnis geraten. Während der sächsische Kurfürst in seine polnische Hauptstadt Warschau auswich, blieben Max III. Josephs Schwester Maria Antonia Walpurgis und ihr Mann, der Kurprinz Friedrich Christian, als Repräsentanten der Regierung in der belagerten Residenzstadt Dresden und teilten die Leiden der Bevölkerung. Die

Schwester hatte frühere Einladungen ihres Münchner Bruders, in seine Residenz zu kommen, abgelehnt. Erst als sie wieder schwanger wurde, wollte sie seiner Einladung Folge leisten. Jetzt war eine Ausreise aber nur mit Billigung des preußischen Belagerers möglich. Max III. Joseph hatte sich in dieser Sache schon über den englischen König an die Gegenseite gewandt. Friedrich II. verweigerte seine Einwilligung. Er wollte das Paar lieber als Geisel in Dresden festhalten. Für den Dresdner Hof wurde der Aufenthalt in der belagerten Stadt immer schwieriger. Gegenstände des persönlichen Bedarfs mußten verkauft oder verpfändet werden, um Lebensmittel zu beschaffen. Schließlich mußte der Kurprinz den König von Preußen sogar um Geldzuwendungen bitten, da die Lebenshaltung nicht mehr bestritten werden konnte.

Im September 1759 eroberten die Österreicher schließlich Dresden zurück. Sogleich entschloß sich das Prinzenpaar, die weiterhin gefährdete Stadt zu verlassen. Auf Einladung von Maria Theresia reisten die schwangere Prinzessin und ihr behinderter Ehemann schließlich nach Prag. Im November 1759 besuchte sie Max III. Joseph dort, um das Paar mitsamt dem Dresdner Hofstaat nach München einzuladen und auf der Reise in seine Residenzstadt zu begleiten. Im Januar 1760 traf die gesamte Gesellschaft in München ein und hielt sich über zwei Jahre in der bayerischen Residenzstadt auf. So blieb es der geliebten Schwester des Kurfürsten und ihren Kindern erspart, den von Friedrich II. im Juli 1760 angeordneten Beschuß Dresdens miterleben zu müssen.

Der Kurfürst gab sich alle erdenkliche und kostspielige Mühe, seine sächsischen Verwandten alles Leid, die Gefahr und Entbehrung, aber auch die Sorge um ihr Land vergessen zu machen. Indigniert berichtete der französische Botschafter Folard in Anbetracht der schwierigen Verhandlungen mit Max III. Joseph um finanzielle Unterstützung seinem König: »Dieser Hof ist so damit beschäftigt, Feste und Vergnügungen abzuhalten, um den Münchner Aufenthalt der Königlich-Sächsischen Familie so angenehm wie irgend möglich zu machen, daß man an nichts anderes mehr denkt.« Max III. Joseph gab jeden Gulden, den er auftreiben konnte, für die ununterbrochene Reihe von Festen, Bällen, Opern, Jagden, Ausflügen, Zerstreuungen, Konzerten, Schifffahrten und Ausritten aus. Und als er keine Geldleiher mehr fand, pumpte er seine Noch-Verbündeten Wien und Versailles an. Zu den Vergnügungen gehörte unter anderem die Aufführung der von Maria Antonia Walpurgis komponierten Oper »*Talestri*«, zu der der Bühnenmaler Johann Paul Gaspari aufwendige Bühnendekorationen liefern mußte. Oder die Hofgesellschaft verkleidete sich als Gesellschaft der »Akademischen Hirten« und spielte »Landleben«. Max III. Josephs Schwester hatte dabei den Schäfernamen »*Ermelinda Talea Pastorella Arcada*«. Dann wieder kleidete man sich italienisch und spielte die *Commedia dell'arte.*

Es ist die Blütezeit der Nymphenburger Porzellanmanufaktur, die Sigmund Graf von Haimhausen von der Au in das Nymphenburger Schloßrondell geholt hat. Der geniale Modelliermeister Franz Anton Bustelli fertigte aus dem weißen Gold einen heiteren Reigen graziler und eleganter Figuren: kokette und zierliche Hofdamen und Grafen, einmal als Eierverkäuferin, als Fischhändler, als Apfelkramerin, als Chinese; den Höhepunkt bildet aber der Zyklus der Italienischen Komödie, die schöne Isabella, der verliebte Oktavio, die anmutige Leda, die zurückhaltende Corine, Julia mit dem Schönheitspflästerchen, der geizige Pantaleone und der eitle Dottore. Eine verspielte Maskerade voll höfischer Raffinesse, dazu bestimmt, der menschlichen Maskerade der immerwährenden Heiterkeit als Tischdekoration zu dienen.

Max III. Joseph, von Bangigkeit und Geldsorgen niedergedrückt, tat alles, um der Schwester und den ihren einen unbeschwerten Aufenthalt zu ermöglichen. Währenddessen hoffte er inständig, das sächsische Prinzenpaar, dem er jeden Wunsch von den Augen ablas, möge ihn nicht um militärische Unterstützung für Sachsen bitten.

Einen besonderen Einblick in die Bedeutung, die Max III. Joseph dem zweijährigen Aufenthalt seiner sächsischen Verwandten beimaß, bietet uns ein Bild des Hofmalers Horemans, das dieser 1761 im Auftrag seines Kurfürsten erstellte. Es zeigt die Spitzen des kurprinzlich-sächsischen Hofes, des kurbayerischen Hofes, außerdem den Kurfürsten Clemens August von Köln, den Kardinal und Fürstbischof von Lüttich, Freising und Regensburg, Herzog Johann Theodor, und die zweite verheiratete Schwester Max III. Josephs, die badische Markgräfin. Wie wichtig ihm dieses Bild war, beweist die Tatsache, daß er das Bild vom Künstler sogleich kopieren ließ. Das Original schmückte sein Audienzzimmer in Schloß Nymphenburg. Das Bild zeigt 52 Personen, die im Park bei Musik und Kartenspiel gesellig beisammen sind. Die Bäume sind dekorative Phantasiegebilde, die Fassade des Gebäudes und die Statuen im Hintergrund lassen griechisch-klassischen Einfluß spüren.

Leicht hervorgehoben sitzen von links der sächsische Kurprinz, wegen seiner Behinderung im Rollstuhl, der Kölner Kurfürst und der bayerische Kurfürst. Bereits hier fällt die Inszenierung auf: Kurfürst Clemens lebte zum Zeitpunkt der Bilderstellung nicht mehr. Er war auf der Reise nach München an einem Herzanfall gestorben. Mit seinem Tod begann ein heftiges Tauziehen im Reich um die Nachfolge des Kurbistums Köln, in dem die Wittelsbacher unterlagen. Das Bild beschwört mit der Anwesenheit des verstorbenen Seniors also ein letztes Mal die – inzwischen eingeschränkte – Machtfülle des Familienblocks. Mit dem Bild und seiner Präsentation an exponierter Stelle wollte Max III. Joseph wohl die dynastische Verbundenheit sowie Macht der Häuser Wittelsbach und Wettin ausdrücken, die auch in unruhigen und kriegerischen Zeiten zusammenhielten. Den Gesandten, die im Audienzzimmer des Bildes ansichtig wurden, mußte es aber zugleich in Erinnerung rufen, daß sich der bayerische Kurfürst aus einem Krieg zurückgezogen hatte, in dem das Land seiner Verwandtschaft überfallen, besetzt und ausgebeutet worden war. Die Solidarität erstreckte sich in diesem Fall in erster Linie auf die dynastisch-familiären Bande des Kurfürsten.

Nachdem Max III. Joseph seine Truppen aus dem Kriegsgeschehen zurückgezogen hatte, verbesserte sich seine finanzielle Lage keineswegs. Frankreich stellte seine Zahlungen ganz ein und verweigerte die noch ausstehenden Summen. Zuwenig hatte Frankreich von den bayerischen Truppen profitiert, als daß es bereit war, für den Verbleib Bayerns in der Koalition gegen Preußen weiterhin Subsidien zu bezahlen. 1759 erreichten die Subsidien noch einmal die vereinbarte Höhe von 360 000 Gulden, 1760 schrumpften sie auf 240 000 und 1761 auf 100 000 Gulden. Die Kurfürstlichen Einforderungen der noch ausstehenden Gelder stießen ab 1762 endgültig auf taube Ohren zu Versailles. Nach der Rechnung seines Landesherren standen Bayern aus den Verträgen vom Compiègne noch 780 000 Gulden zu.

Die französische Innenpolitik ließ kein finanzielles Engagement zugunsten der unsicheren Höfe Bayerns, Württembergs und der Pfalz mehr zu. Frankreich sah sich gezwungen, Prioritäten zu setzen. Und die französischen Prioritäten lagen in Amerika.

Max III. Joseph bemühte sich noch über Jahre hartnäckig, die ausstehenden Gelder von Frankreich zu bekommen. Inwieweit er die französischen Subsidien an das Hofzahlamt weitergeleitet hat, läßt sich übrigens nicht mehr mit Sicherheit nachweisen. Er hatte von 1759 bis 1761 etwa 740000 Gulden Subsidien erhalten. Davon hat er seit 1759 225000 Gulden, weniger als ein Drittel, an das Hofzahlamt abgeführt. Vielleicht lagen die Zahlungen auch höher, weil nicht jede Überweisung an das Hofzahlamt mit dem Zusatz »aus französischen Subsidien« gekennzeichnet wurde. Es ist jedoch sehr wahrscheinlich, daß der Kurfürst einen Großteil der französischen Gelder nicht dem vorgesehenen Zweck zugeführt hat, sondern in der Privatschatulle beließ.

Das zahlungskräftige England war nie aus dem Blickfeld des Kurfürsten geraten. Ihm schwebte eine Situation wie nach dem Österreichischen Erbfolgekrieg vor, als Bayern für einige Zeit sowohl aus London wie aus Versailles Gelder erhielt. Über den Gesandten Haslang sondierte er, unter welchen Bedingungen aus England Subsidien zu erwarten seien. Doch nun wirkte sich seine Politik der vergangenen Monate, mit der er sein Land aus allen Verwicklungen heraushalten wollte, zu seinem Nachteil aus. Auch seine Gegner Preußen und England honorierten Bayerns Abschwenken in die praktische Neutralität nicht. Preußen riet dem englischen König zu hinhaltenden Verhandlungen ohne Abschluß. Der neue König Georg III. war ohnehin entschlossen, dem Krieg in Europa so rasch wie möglich ein Ende zu bereiten. So waren denn die Befürchtungen Wiens, daß Bayern noch zur Seite der Gegner übergehen würde, gegenstandslos. Nun richtete Max III. Joseph sein Augenmerk auf Madrid. Spanien hatte aus den vergangenen Jahren noch erhebliche Außenstände bei Bayern. Um sie einzutreiben und die noch unverheiratete Schwester des Kurfürsten, Josepha, dem soeben verwitweten König Karl als zweite Gemahlin anzutragen, wurde Montgelas nach Madrid entstandt. Die Heirat sollte er als eigenen Einfall ins Gespräch bringen. Das Unternehmen mißlang: Spanien betrachtete die versprochenen Gelder als verjährt, und König Karl versicherte, er wolle sich nicht wiederverheiraten. Damit wollte er Max III. Joseph lediglich eine blamable Absage ersparen, denn kurz darauf heiratete er die Habsburgerin Christine.
In Wahrheit war die Ablehnung im Rangunterschied der Höfe von Madrid und München zu suchen, den der bayerische Kurfürst falsch einschätzte.
Zusammengefaßt: Anfang der sechziger Jahre mußte Max III. Joseph eine außenpolitische Niederlage nach der anderen einstecken. Einige davon bekamen erst durch sein persönliches Engagement das politische Gewicht, das ihnen nur der Kurfürst beimaß. Um so mehr traf ihn die Kette der Mißerfolge, die er im wesentlichen Wien anlastete.
Seine Suche nach potenten Subsidiengebern in Versailles, London und Madrid war erfolglos geblieben. Die Heirat seiner Schwester Josepha mit dem spanischen König hatte natürlich eine Habsburgerin vereitelt. Die von Max III. Joseph mit großem Einsatz unterstützte Wahl seines Onkels, des Kardinals Johann Theodor, auf den Thron des Kurfürsten und Fürstbischofs von Köln scheiterte am Habsburger Kandidaten.
Infolgedessen war der Kurfürst bestrebt, sich auf dem anstehenden Friedenskongreß, der für Augsburg angesagt war, mit einer eigenen

Delegation die Entschädigungen für all das Ungemach zu holen, das er hatte erdulden müssen, bis zurück zum Verlust der Kaiserkrone 1745. Wien und Versailles hatten kein Interesse an einer bayerischen Vertretung und zögerten eine Stellungnahme hinaus. London winkte mit der Begründung ab, Bayern habe im Krieg keinen Schaden erlitten. Da die Pfalz ebenfalls nicht mit einer eigenen Delegation rechnen konnte, rückten die beiden Kurfürsten wieder einmal in der praktischen Politik eng zusammen.

Die Zulassung Bayerns war für Minister Baumgarten, der in Mannheim für die Feinabsprache sorgte, wie für Max III. Joseph selbst eine Frage der Selbstbehauptung, der Wahrung des »Hausinteresses«, aber auch des Prestiges, das mit einer eigenen bayerischen Delegation auf dem nächsten Friedenskongreß gesteigert werden konnte. Zusätzlich strebte Bayern an, vom Reichstag mit der Vertretung der Interessen des Reiches beauftragt zu werden. Konkret erwartete Bayern Zugeständnisse vom Wiener Hof durch Abtretung der nach den Landshuter Erbfolgekriegen im 16. Jahrhundert an Österreich verlorenen Gebiete, zusätzlich zu den Reichsstädten Nürnberg und Ulm. Außerdem wollte man – womöglich mit doppelter Delegation – im Verein mit der Pfalz erreichen, daß die bayerische Erbfolge im Sinne eines gegenseitigen Erbes zwischen den Münchner und den Mannheimer Wittelsbachern akzeptiert wurde.

Nach einigen Siegen über das Reichsheer, dem Ausscheiden von Rußland und Schweden aus dem Krieg, dem englisch-französischen Friedensschluß und einem preußisch-österreichischen Waffenstillstand unternahm König Friedrich II. einen Vorstoß, um auch die übrigen Reichsstände zur Einstellung der Kriegshandlungen zu bewegen. Wieder bediente er sich derselben Methode wie im Herbst 1762: Er schickte eine Armee von 10 000 Mann ins Fränkische. Sie sollte dort Schrecken verbreiten und Konfiskationen durchführen. Die Preußen stießen über Bamberg nach Nürnberg vor, nahmen Windsheim und Rothenburg. Max III. Joseph beobachtete die Entwicklung mit Sorge. Er hielt es für möglich, daß die Russen, die nach dem Tod der Zarin Elisabeth aus dem Krieg ausgestiegen waren, aufgrund eines Preußen-Ticks des neuen Zaren Peter III. auf seiten Berlins weiterkämpften. Die Gefahr, daß der Krieg, der sich dem Ende zuneigte, zu guter Letzt noch in sein Land getragen wurde, war nicht von der Hand zu weisen. Außerdem ärgerte sich Max III. Joseph wieder über das Kaiserhaus. Immerhin hatte sein bayerisches Reichskontingent fünf Jahre lang an der Seite Wiens in diesem Krieg, an dem Bayern kein Interesse hatte, gekämpft – und nun überließ der Kaiser seine Verbündeten ihrem

Schicksal und stieg mit einem Waffenstillstand aus dem Krieg aus. Der Bayer war nun fest entschlossen, mit Preußen zu einem Neutralitätspakt zu kommen. Den Hilferufen des Würzburger Bischofs nach militärischem Beistand verweigerte er sich und ließ in Regensburg beim preußischen Gesandten Plotho die Möglichkeit zu einer Konvention prüfen. Bestärkt wurde er durch die Herzogin Maria Anna, die nach Jahren der Einflußlosigkeit nun wieder kräftig zugunsten von Preußens König mitmischte.

Nachdem klargeworden war, daß die Ehe Max III. Josephs kinderlos bleiben würde, hatten der Kurfürst und sein Hof auf Kinder aus ihrer Ehe mit Herzog Clemens Franz gehofft. Doch ihre fünf Kinder waren nacheinander gleich nach der Geburt gestorben. Nun griff sie wieder beherzt in die Politik ein. In der Endphase des Siebenjährigen Krieges wollte sie ihren Beitrag dazu leisten, daß sich Bayern rechtzeitig völlig aus dem Krieg zurückzog und an die Seite Preußens zurückkehrte. Sie führte einen regen Briefwechsel mit Friedrich von Preußen und dem preußischen Gesandten beim Reichstag. Als Schwester der pfälzischen Kurfürstin und als Tante der Zweibrücker Prinzen Karl August und Max Joseph war Maria Anna auch mit den anderen für die Hausunion wichtigen Höfen verwandtschaftlich verbunden. Friedrich von Preußen hat diese geradlinige und kluge Frau mehrfach als Vorbild für die Männerwelt gelobt. Aber die Korrespondenz erschöpfte sich nicht in gegenseitigem Lob, sondern führte ganz konkret zu den beiderseits gewünschten Neutralitätsverhandlungen.

Als Münchner Unterhändler bestimmte Max III. Joseph den Hofrat Johann Georg Lori, Initiator der 1759 gegründeten Akademie der Wissenschaften und ihr erster Sekretär. Lori hatte in Missionen nach Prag, Berlin und in die Schweiz Erfahrungen gesammelt. Er gehörte seit Beginn des Krieges zu denjenigen, die nicht nur den Kriegseintritt Bayerns mißbilligt, sondern auch ihre vielfältigen Beziehungen nach Berlin nie hatten abreißen lassen. Sein preußischer Verhandlungspartner war der erfahrene Plotho. Dieser diktierte das Verhandlungstempo mit der stillen Drohung, die preußische Armee in Franken weiter nach Süden rücken zu lassen. Plotho legte in seinem Entwurf Wert auf die Aufnahme der Bestimmung, daß nach der Erklärung der bayerischen Neutralität Preußen das Recht haben sollte, in Bayern militärische Werbungen durchzuführen. Nach Loris Bericht entschied sich der Kurfürst trotz einiger Bedenken wegen möglicher österreichischer Proteste gegen die Genehmigung der preußischen Werbung für die Annahme des Entwurfes. Darüber hinaus wollte er in die Verhandlungen folgende Punkte, die für Bayern von Interesse waren, einbringen:

Die Behandlung der Kriegsgefangenenfrage, die Zulassung Bayerns mit einer eigenen Delegation auf dem bevorstehenden Friedenskongreß und den bayerischen Salzexport nach Franken, wo bis dahin preußisches Salz verkauft wurde. Max III. Joseph versuchte mit seiner sattsam bekannten Verzögerungstaktik das Verhandlungstempo zu drosseln. Auch gab er Lori keine Ermächtigung zum Abschluß der Konvention. Plotho befürchtete, daß es dem Kurfürsten nur um Zeitgewinn und Schonung seiner Länder ging. Aber schließlich wurden die Verhandlungen in beiderseitigem Einvernehmen abgeschlossen. Max III. Joseph erteilte noch im Dezember dem bayerischen Reichskorps den Rückzugsbefehl, wobei er auf die notwendige Sicherung seines Territoriums verwies. Zugleich stationierte er eine starke Abteilung seiner Soldaten an der Südgrenze. Im Januar 1763 erfolgte schließlich die Unterzeichnung der Konvention durch Max III. Joseph. Neben den Artikeln, welche die konkrete Ausgestaltung des bayerischen Schwenks aus dem Krieg beinhalteten, sicherten sich beide Staaten künftig enge und freundschaftliche Zusammenarbeit zu. Preußen wollte mit dem Abschluß dieses maßvollen Vertrags mit Bayern ein Signal für die anderen Reichsstände setzen, sich ebenfalls neutral zu erklären. Max III. Joseph war über den Abschluß des Vertrages hocherfreut. Er beschenkte den preußischen Verhandlungsführer Plotho mit einem wertvollen Ring und versicherte Friedrich II. seiner immerwährenden Freundschaft.

Das Münchner Vorgehen wirkte tatsächlich wie ein Fanal. Wenige Tage später unterschrieb Karl Theodor von der Pfalz, ebenfalls auf Drängen der Herzogin Maria Anna, eine entsprechende Konvention. Sachsen-Weimar, Ansbach-Bayreuth, Württemberg und Baden-Durlach folgten. Zwei Wochen nach der bayerisch-preußischen Konvention sah sich der Kaiserhof gezwungen, vor dem Reichstag zu erklären, daß er die von den Reichsständen erhaltenen Kontingente nicht mehr brauche. Im Februar erklärte das Reich auf Vorschlag der Pfalz und Bayerns seine Neutralität. Die Rechnung Friedrichs II. war aufgegangen.

Max III. Joseph war noch einmal davongekommen. War damit die Zukunft Bayerns gesichert? Schon der kurz darauf folgende Abschluß des Hubertusburger Friedens zwischen Preußen einerseits und Sachsen sowie Österreich andererseits zeigte, daß es keine allgemeine Friedenskonferenz geben würde, bei der eine bayerische Delegation Forderungen stellen könnte. Max III. Josephs Hoffnung, bei dieser Gelegenheit die jahrzehntelang von ihm verfolgten Ziele zu guter Letzt noch durchsetzen zu können, zerschlug sich.

Und doch bedeutet der Friede von Hubertusburg eine tiefe Zäsur in der bayerischen Politik. Nach Jahrzehnten der außenpolitischen Bindung war Bayern nun ein neutraler Mittelstaat, der sich seinen Weg selbst suchen mußte. Das Land hatte seine strategische Bedeutung als Vorposten Frankreichs verloren. So geriet es in den Windschatten europäischer Politik. Sichtbares Zeichen dafür war, daß Bayern außer den ausstehenden Zahlungen keine Subsidien mehr von den Großmächten erwarten konnte. Der Friedensschluß beraubte Bayern des letzten Wertes für Preußen. Diese neue Position seines Landes wurde dem Kurfürsten und seinen Ministern noch schmerzhafter als nach dem Österreichischen Erbfolgekrieg bewußt.

Mit dem Siebenjährigen Krieg war endgültig der bayerisch-österreichische Widerstreit, der de facto während der letzten zweihundert Jahre für viele Spannungen im Reich ursächlich gewesen und von dem ihn überdeckenden Gegensatz zwischen Frankreich und Österreich zuweilen sogar verstärkt worden war, beendet. Im neuen Dualismus zwischen Preußen und Österreich, der das Reich und seinen Nachfolger, den Deutschen Bund, hundert Jahre beschäftigen wird, spielte Bayern nur eine Nebenrolle – eine wie unbedeutende, sollte sich schon im Bayerischen Erbfolgekrieg 1778/79 zeigen, in dem Bayern selbst neutral blieb.

Mit dem Tod des Kardinals Johann Theodor, Bischof von Lüttich, Freising und Regensburg, gescheiterter Wittelsbacher Kandidat für den Kölner Kurhut, brach die gesamte einstmals so eindrucksvolle Politik der Kirchenpfründe für die wittelsbachische Sekundogenitur zusammen.

Maria Theresia betrieb die Wahl ihres Sohnes, des Erzherzogs Joseph, zum römischen König, also zum Nachfolger des Kaisers bei dessen Tod. Diesmal konnte Max III. Joseph keine bayerischen Trümpfe mehr ausspielen wie noch bei der Kaiserwahl 1745, denn Preußen und Österreich hatten sich im Hubertusburger Friedensvertrag schon über die Königswahl geeinigt. Bayern war seines Parts als Zünglein an der Waage verlustig gegangen.

Im September 1763 mußte der Kurfürst – auch auf französischen Rat hin – der Wahl des Erzherzogs Joseph zum römischen König zustimmen, und zwar ohne jede Bedingung. Wien hatte lediglich eingeräumt, die offenen Fragen und den Wunschkatalog Bayerns nach der Königswahl in Freundschaft zu klären. Wie schon bei früheren Gelegenheiten blieb Wien auch diesmal hart, nicht ein Punkt wurde im bayerischen Interesse bereinigt. Die Wahl wurde für Januar 1764 in Frankfurt angesetzt. Baumgarten war zur Stimmabgabe ermächtigt. Er sollte in den Wahlkapitulationen die kurfürstlichen Recht sichern und unauffällig Weichen für den bayerischen Erbfall stellen. Baumgarten und Lori gelang es als Gesandte im Wahlkonvent, das eine mit dem andern zu verbinden, indem sie das kurfürstliche Akquisitionsrecht durch mehrere Einschübe in die Wahlkapitulationen sichern ließen. Das bedeutete, daß die Kurfürsten befugt waren, untereinander Verträge über Besitzerwerb ohne kaiserliche Bestätigung abzuschließen. Welche Bedeutung diese nebensächlich wirkenden Einschübe haben werden, wird erst aus dem System von Haus-, Unions- und Erbverträgen klar, die Max III. Joseph und Karl Theodor schlossen. Daß Preußen an einer Unterstützung bayerischer Belange alles Interesse verloren hatte, zeigte der Gesandte Plotho, der auf die bayerischen Einschübe erst einging, als Lori ihm darstellte, welchen Gewinn sein Land daraus bei einem eventuellen Erwerb von Ansbach und Bayreuth ziehen konnte. Im März 1764 wurde Erzherzog Joseph von allen Kurfürsten einstimmig zum römischen Kaiser gewählt. Schon im August 1765 starb Kaiser Franz I., und Joseph folgte ihm auf dem Kaiserthron nach.

Hochzeit Josephas mit Joseph

Max III. Joseph hatte sich in der Königswahl gegenüber Österreich aus gutem Grund nachgiebig gezeigt. Die von ihm und seiner Mutter schon in den fünfziger Jahren verfolgte Idee einer Hochzeit der unverheirateten Josepha mit Erzherzog Joseph von Österreich, dem kommenden Kaiser, wurde wieder aktuell. Hatte seinerzeit der Wittelsbacher seine Schwester über verschiedene Kanäle in Wien anbieten lassen, so ging diesmal die Initiative von Wien aus. Josephs erste Frau, Isabella von Parma, war an den Blattern gestorben und hatte ihrem Gemahl lediglich eine Tochter hinterlassen. In der Wiener Hofburg begann man das einstige Lieblingsprojekt des bayerischen Kurfürsten mit anderen Augen zu sehen. Maria Theresia und ihr Kanzler Fürst Kaunitz, erkannten die Chance dieser Verbindung, nach dem Ableben des Kurfürsten über dessen Schwester die Hand auf Bayern oder Teile Bayerns legen zu können.
Zwar hatten die beiden auch noch Kunigunde von Sachsen, Elisabeth von Braunschweig, Benedicta von Portugal, Luise von Spanien und Maria Luise von Parma ins Visier genommen, doch gab es gegen mehrere Kandidatinnen Einwände. Schließlich kamen nur die Wettinerin und die Wittelsbacherin in die engere Wahl. Als Maria Theresia

Kunigunde persönlich kennenlernte, gab sie ihre politische Vorliebe für eine sächsisch-habsburgische Heirat auf. Josepha von Bayern blieb übrig. Schließlich konnte auch Joseph nicht außer acht lassen, daß seine Verheiratung mit einer Wittelsbacherin Vorteile bei der erwarteten Sukzession in Bayern versprach. Außerdem besaß Herzog Clemens Franz in Böhmen beträchtliche Güter, die möglicherweise in einen Erbtopf Wittelsbach fielen.

Nachdem auch Wien zu der Überzeugung gelangt war, daß sich an der Kinderlosigkeit Max III. Josephs nichts mehr ändern werde, öffnete man sich dem Heiratsprojekt und verfolgte es zielstrebig weiter.

Dieser Gesinnungswandel zeigt, wie sich angesichts des sich abzeichnenden Erbfalles die Einstellung der Höfe zu Bayern zu wandeln begannen. Hatte in den fünfziger Jahren noch die Frage eine Rolle gespielt, ob man Max III. Joseph den so dringend erwünschten kaiserlichen Glanz durch eine Heirat mit seiner Schwester gönnen sollte, so waren Bayern und sein Landesherr jetzt allenfalls noch Objekt weiterreichender Pläne. Österreich erinnerte sich seiner Maxime zur Landnahme: »Laß andre Länder Krieg führen, du, glückliches Österreich, heirate!«

Joseph II. sträubte sich gegen die Heirat mit der Prinzessin aus München. In einer inoffiziellen Brautschau sah er sie sich inkognito an und schrieb: »... der Umstand, daß sie die Blattern noch nicht gehabt, eine kleine und dicke Gestalt ohne jugendlichen Reiz, Bläschen und rote Flecke im Gesicht, häßliche Zähne, alles das konnte mich nicht versuchen, zu einem Ehestande zurückzukehren ...« Aber die Entscheidung über die Ehe fällt Maria Theresia und Kaunitz. Übrigens schilderten Beobachter die bayerische Prinzessin als einen gütigen, freundlichen und umgänglichen Menschen mit Geist und kritischem Sinn. Was aber zählen Güte und Geist bei einer Frau, die als wenig attraktiv gilt?

Gegen eine Heirat der Prinzessin mit Joseph sprachen sich in Bayern die sogenannten Patrioten aus. Diese Gruppe um Lori lehnte teils das Haus Habsburg ab, teils berechnete sie die Gefahren, die sich im Fall des Todes ihres Landesherrn aus dieser Heirat für Bayern ergeben könnten. Die Patrioten fürchteten bei einer bayerisch-habsburgischen Vermählung, wie sie gegenüber dem pfälzischen Agnaten Karl August ausführten, nicht nur um Bayerns Unabhängigkeit, sondern um die deutsche Freiheit und das europäische Gleichgewicht.

Ganz so schlimm kam es dann doch nicht. Max III. Joseph jedenfalls war entschlossen, diese Hochzeit zu einem festlichen Signal der Größe und Würde des Hauses Wittelsbach zu machen. Ende Februar

1764 leistete Josepha auf alle bayerischen Allodien Verzicht. Wien hatte den Verzicht, da er seit langem Bestandteil derartiger Heiratsverträge war, hingenommen. Doch fand man im Artikel 3 des Vertrages eine Wendung, wie man an sein Ziel gelangen konnte. Der Verzicht wird danach für ungültig erklärt, wenn Max III. Joseph seine Schwester ausdrücklich testamentarisch mit dem Erbe von Land und Leuten bedachte. Nach einem Einspruch aus Dresden, das sich laut Heiratskontrakt der Kurfürstin, ebenfalls einer Schwester von Max III. Joseph, schlechter gestellt sah als Josepha, glich der Kurfürst auch für Maria Antonia Walpurgis dies mit einer einschränkenden Erklärung aus. Im Winter wurde dann in München und Wien die Hochzeit zwischen einer bayerischen Kaisertochter und einem künftigen Kaiser geschlossen. Der angemessene Pomp war ein würdiger Schlußpunkt unter eine im Grunde diplomatische Angelegenheit.

Nur wer Max III. Josephs unstillbaren Hunger nach kaiserlicher Würde, Prachtentfaltung, Macht, Fassade als wichtige Triebfeder seiner Politik erkennt, wird die Begeisterung, mit der er bei dieser Gelegenheit nochmals tief in die leere Staatskasse langte, verstehen. In München gab es einen Reigen von Bällen mit Verkleidungen und Schlittenpartien, wie die am 10. Januar inszenierte »Bauernhochzeit«, die der Kurfürst vom Stecher Will in Kupfer ritzen läßt. Es ist dies keineswegs, wie ein sachkundiger Brauchtumskundler vor einigen Jahren schrieb, »lediglich eines der herkömmlichen Faschingsvergnügen am kurfürstlichen Hof« oder »eines der ersten Zeugnisse des frühen Folklorismus in Bayern«, sondern Ausdruck des Zeitgeistes, der sich in die Schäferidylle verliebt, in die Schloßparks kleine, putzige Bauernhöfe baute, damit die jungen Prinzen beim Streicheln der frischgewaschenen Schafe ein Gefühl für die Natur erhielten. So war es auch bei der Bauernhochzeit von 1765. Bleiben wir noch ein wenig bei diesem Umzug, der für Hofgesellschaften so typisch ist, die unter den verschiedensten Themen wie »Türkischer Hof« oder »Hof Kaiser Ludwigs« in erster Linie einem diente: bei Aufrechterhaltung der Standesunterschiede dem Hof mit großem Aufwand an Kostümen und Kulissen die Möglichkeit zu geben, sich selbst zu inszenieren und zu amüsieren. Sieht man sich Wills Radierung mit der lustigen Prozession von Reitern und mehrspännigen Pferdefuhrwerken genauer an, so dürfte sie reichen Bauernhochzeiten als Vorlage gedient haben. Freilich hatte der Kurfürst einige Versatzstücke bäuerlicher Tradition für seine Inszenierung herausgegriffen, wie sich spätere Nachahmer des reichen Bauernstandes aus den Vorbildern das für ihre Zwecke Passende auswählten. Noch ist der Hof stilbildendes Vorbild und nicht umgekehrt. Das kurfürstliche Paar fährt in fähnchengeschmücktem Wagen an der Spitze des Zuges »in der Bauerntracht« als Wirt und Wirtin, die bei Würstl und Wein die ganze Hochzeitsgesellschaft zum späteren Hochzeitsehrentanz und zum großen Mahl in die Residenz führen. Der »Maschera« zugrunde liegt der Schnitt der bäuerlichen Kleidung rund um München, in der Umgebung der Schlösser, wo der Hof Bauern als Treiber und Feldbesteller sieht. Später wird daraus die Dachauer Tracht. Alpenländischer Loden kommt ein Jahrhundert später auf und setzt sich erst nach der Veredelung durch den Hof durch.

Zurück zu den Jubel- und Festtagen des Jahres 1765. Jeder Tag überraschte mit neuen Attraktionen und Feuerwerken. Hatte der Tag vor der »Bauernhochzeit« eine andere Maskerade im alten Redoutenhaus in der Prannergasse gesehen, zu der über 700 hohe und höchste Herrschaften geladen waren, so gab es am 14. Januar im Residenztheater einen Festball. Übrigens hatte man im Hauptsaal in der Prannergasse mitten im Winter einen frühlingshaften, anmutigen Garten aufgebaut, in dem sich die zahlreichen Gäste ergehen und Früchte von Sträuchern und Bäumen pflücken konnten. An die Gäste wurden Medaillen verteilt. Und für die Auffahrten des kaiserlich-österreichischen Botschafters wurde gar der Krönungswagen Kaiser Karls VII. wieder in Betrieb genommen, der seinerzeit über 100 000 Gulden gekostet hatte. Diese schönste aller Rokokokutschen wurde von acht mit prächtigen Geschirren – die allein 25 000 Gulden wert waren – geschmückten Pferdegespannen gezogen.

Aller Glanz konnte nicht über Mißstimmungen bei dieser Hochzeit hinwegtäuschen. Nicht nur die Patrioten sahen Max III. Joseph in der Falle seiner kaiserlichen Aspirationen, sondern auch Gesandte verschiedener Höfe wunderten sich, wie sorglos der Kurfürst diese Eheverbindung arrangierte, die Bayern nur Nachteile bringen konnte. Folard schrieb nach Versailles: »Vielleicht wird man in einigen Tagen die ganze Angelegenheit völlig anders sehen.« Ihm war unbegreiflich, daß Max III. Joseph das gefährliche Spiel nicht durchschaute. Er war sich bewußt, daß mit dieser Ehe die bayerischen Pläne zur Erbfolge gefährdet waren. Jeder Österreicher müsse sie begrüßen, jeder Bayer müsse sie bedauern. Aber Max III. Joseph war aus lauter Stolz auf die vermeintliche Rangerhöhung seines Hauses blind für die offenkundigen Zusammenhänge. Ein Historiker urteilte: »Der Kurfürst selber lieferte Kaunitz die Schaufel, mit der dieser das Grab des Kurfürstentum auszuheben entschlossen war.«

Aber der baldige Tod der Kaiserin Josepha 1767 machte die berechtigten Befürchtungen gegenstandslos. Die Ehe selbst muß für Josepha die Hölle gewesen sein. Ihr Mann hatte sie vom ersten Tag an spüren lassen, daß er die Verbindung nur gezwungenermaßen eingegangen war. Er sprach kein Wort mit ihr. Um sie auf den Weg in seine Räume nicht treffen zu müssen, ließ er sich einen separaten Zugang über den Balkon bauen. Joseph II. hat nicht einmal ihrem Begräbnis beigewohnt. Die Mißachtung, die seine Schwester in Wien erleiden mußte, hat Max III. Joseph tief gekränkt und seine Abneigung gegen den Kaiserhof, soweit das noch möglich war, verstärkt. Ausgerechnet die Heirat, von der sich der Kurfürst so viel versprochen hatte, vertiefte den Graben zwischen Bayern und Österreich.

Die Hochzeitsfeierlichkeiten selbst gaben schon Anlaß für eine der für Max III. Joseph typischen »bayerischen Chimären«, mit denen er sich an vielen Höfen einen »Namen« gemacht hatte. Der Kaiserhof war trotz inständiger Appelle aus München nicht bereit, dem kurfürstlichen Gesandten Königsfeld die »honores regii« zuzuerkennen. Es ging um den von den Kurfürsten geforderten königlichen Rang. Kaiser Karl VII. hatte ihnen diese für Protokollangelegenheiten bedeutende Anerkennung bestätigt. Und bei einer so unpassenden Gelegenheit wie der Hochzeit zwischen den Häusern Wittelsbach und Habsburg flammte der Streit nun wieder auf. Max III. Joseph bauschte die Angelegenheit auf, machte sich zum Wortführer der Kurfürsten und ließ Schriften verteilen, die anhand des Westfälischen Friedens und der Wahlkapitulation seines Vaters belegten, daß kurfürstliche Gesandte Minister ersten Ranges seien, denen königliche Ehre zukomme. Max III. Joseph mobilisierte den Reichstag, ließ allen Kurfürsten seine Eingaben zugehen und erwartete, daß sich das Kurfürstenkollegium mit dieser einzig von ihm als bedeutend eingestuften Sache beschäftigte. Er hatte sich völlig verrannt.

Der Brandenburger Kurfürst hatte preußisch-königlichen Rang, der Hannoversche Kurfürst englisch-königlichen Rang, der böhmische König ohnehin, die Sachsen zehrten noch von der polnischen Königskrone, und die geistlichen Kurfürsten waren im Protokoll sowieso vor den weltlichen bevorzugt. Die Höfe von Frankreich und Wien waren an einem höher einzustufenden Rang Kurbayerns nicht interessiert. Max III. Joseph versuchte sogar den König von Spanien in seine Diskussion einzubeziehen, vergeblich. Sogar dem Papst nahm er seine Haltung übel. Tatsächlich hat der Kurbayer eine weit überzogene Grundsatzdebatte entfesselt, die niemanden wirklich interessierte, in der er auf keinen Bündnispartner hoffen konnte und die nur deutlich machte, daß er sich in der Politik von Illusionen leiten ließ.

Nach dem Siebenjährigen Krieg tat sich Bayern schwer, seine Stellung im Konzert der europäischen Mächte zu finden. Zum Kaiserhof blieben die Beziehungen gespannt, zu Frankreich freundschaftlich, aber unfruchtbar, zu England vom britischen Desinteresse am Kontinent gekennzeichnet. Max III. Joseph suchte ein freundschaftliches Verhältnis mit Preußen, wie es auch in der Neutralitätskonvention skizziert war. Seine Gründe waren vielfältig: Vielleicht spielte schlechtes Gewissen mit, gegen Preußen in den Krieg getreten zu sein. Vielleicht erkannte er den aufbrechenden Dualismus Habsburg-Hohenzollern als neues innerdeutsches Dauerthema und wollte an enge preußisch-bayerische Beziehungen zur Zeit seines Vaters anknüpfen. Vielleicht war er auch – wie viele seiner Zeitgenossen – ganz einfach von der Person Friedrichs geblendet, diesem genialen Feldherrn, der gegen eine übermächtige Koalition durchgehalten hatte und wie kein anderer auf der Klaviatur des aufgeklärten Herrschers zu spielen und auch die Welt der Philosophen und Dichter zu beeindrucken vermochte. Der Siebenjährige Krieg ist insoweit ein unbeachtet tiefer Einschnitt im Geistesleben Deutschlands. Mit Friedrich dem Großen erleuchtete der Norden den Süden. Von da ab strahlten Geisteswissenschaften, Naturwissenschaften, Aufklärung und griechische Klassik nach Süden. Der Süden, noch in der Blüte des Barock und Rokoko als Baustil, Kunst- und Lebensart, in jedem Dorf ein Kleinod aufweisend, blickte zum Norden auf, wo Friedrich als Gott des Krieges so eindrucksvoll auch über Reichsrecht, Barockstil und freiere Lebensart gesiegt hatte. Preußen wurde – nicht nur in Österreich – auch in Bayern zum Vorbild für Reformen. Bei Max III. Joseph bewirkte der Ausgang des Siebenjährigen Krieges nicht nur eine außenpolitische Anlehnung an Berlin, eine Übernahme von Reformideen, sondern auch eine Besetzung der neuen Geheimen Konferenz mit preußenfreundlichen Ministern. Bayerns Kurfürst suchte in den Jahren nach dem Siebenjährigen Krieg seine Politik an Preußen auszurichten. Aus rein finanziellen Erwägungen ließ er sich durch den kurpfälzischen Gesandten in Berlin mitvertreten. Ein Beweis für die bayerischen Versuche einer Anlehnung an Preußen ist der Vorschlag eines bayerisch-preußischen Handelsvertrages von 1771. Daß es zu keinem Abschluß kam, lag an Friedrich. Der preußische König ging nämlich nur sehr zögernd auf die bayerischen Avancen ein. Er hatte deutliche und oft geäußerte Vorbehalte gegen Max III. Joseph, den er unter die unzuverlässigen Fürsten des Reiches einreihte. Bis zum Tod des Kurfürsten hielt Friedrich II. an dieser Reserve fest.
Überhaupt spielte Bayern für Preußen in Friedenszeiten nur eine

untergeordnete Rolle. Fast scheint es so, als hätte sich Friedrich schon damit abgefunden, daß Bayern eine Beute Österreichs werden mußte. Jedenfalls hat er erst sehr spät, und zwar nach dem Tod von Max III. Joseph, Schritte zur Erhaltung der bayerischen Selbständigkeit unternommen. Die Frage stellt sich, ob Friedrichs II. negative Beurteilung und seine persönliche Aversion gegen Max III. Joseph die einzigen Gründe waren, die ihn darauf verzichten ließen, den bayerischen Pfahl im Fleische Österreichs auch durch politische und wirtschaftliche Zusammenarbeit zu erhalten und zu sichern. Vielleicht wäre Friedrich der Bayerische Erbfolgekrieg erspart geblieben.

Max III. Joseph mußte die kalte Schulter des Preußen hinnehmen. Er hatte keine Wahl; wollte er die Existenz seines Landes die erwünschte Erbfolge sichern, blieb ihm nur noch der Weg zu einem dritten Deutschland zwischen Preußen und Österreich. Zu einem solchen Block konnten alle mittleren Territorien gehören. Anfragen in Sachsen fanden kein Echo. Die Sachsen waren eher kaiserfreundlich und preußenfeindlich. Ihr Staat lief eher Gefahr, von Preußen verschluckt zu werden als von Österreich. So blieb als Kern eines wie auch immer gearteten »dritten Deutschlands« nur die enge Zusammenarbeit mit der Pfalz, eingeleitet durch die praktische Zusammenarbeit der letzten Jahre, fortgeführt in den Hausverträgen.

Reformen

Wirtschaft

Territoriale Wirtschaftspolitik ist ein Kind des merkantilistischen Zeitalters. Jahrhundertelang erstreckten sich die Bemühungen der bayerischen Fürsten auf Ausbeutung und Verlag fürstlicher Regale wie Salz oder Bergbau. Ansonsten beschränkten sich die wirtschaftlichen Interessen auf die Bewirtschaftung der herzoglichen Güter. Diese beiden Bereiche waren die regelmäßigen Einnahmequellen des Staates. Gewerbe fand offiziell nur in den Zünften statt. Handel trieben einzelne meist in Reichsstädten ansässige Kaufleute.

Merkantilismus bedeutete im Grundsatz Aufbau wirtschaftlicher Strukturen in einem möglichst geschlossenen Territorium. Das merkantilistische System war damit die logische Ergänzung des Absolutismus, des Aufbaus staatlicher Strukturen in einem Land. Im absoluten Staat gab es – theoretisch – keine Nischen. Der Herrschaftsanspruch durchdrang selbst das Privatleben. In der merkantilistischen Wirtschaft war jeder Bereich der Produktion, der Verarbeitung oder des Handels allgemeinen Zielen zugeordnet oder wurde auf sie ausgerichtet. Je mehr der Untertan sich in diese absolute Herrschaftspyramide, je mehr sich der Produzent, Händler oder Verbraucher in den beabsichtigten Kreislauf einpaßte, als um so nützlicher und vernünftiger wurde er betrachtet. Zwei gern benutzte Zauberformeln, der Aufklärer waren die Begriffe *nützlich* und *vernünftig*. Nützlich und vernünftig war jeder, der dem Herrscher, dem Staat, der Allgemeinheit das Beste gab, was er zu leisten imstande war. Zugleich wurden beide Begriffe als quasireligiöse Argumente für alle Ziele der Aufklärung verwendet. Somit wohnte der Wirtschaftspolitik zur Zeit Max III. Josephs ein penetranter Zug der Belehrung inne. Selten verbarg sich die Ideologie hinter einem Wirtschaftssystem so wenig wie die des alles ordnenden und planenden Staates hinter dem Merkantilismus.

Zwar hatte Max III. Joseph kein großangelegtes Wirtschaftsprogramm, aus der Fülle seiner wirtschaftlich und sozial relevanten Mandate und Handlungen läßt sich jedoch eine klare, geradezu doktrinäre Übernahme merkantilistischer Forderungen erkennen. Bei seinen größten Einzelprojekten, der Förderung des Manufakturwesens und der Landverteilung, wurde bald deutlich, daß er die Linie nicht mehr durchhalten konnte, weil ihn die Verhältnisse oder die konkreten Umstände daran hinderten. Dennoch blieb er sich bis in die siebziger Jahre in der Begründung seiner Maßnahmen treu in dem Anspruch, ein absoluter Herr auf allen Gebieten in Staat und Wirtschaft zu sein. Die Konzentration auf bevorzugte Wirtschaftsgebiete wie Manufakturen oder Landverteilung rückten andere Bereiche der Wirtschaft, wie zum Beispiel das Salzwesen, zeitweise aus dem Blickfeld.

Die Bedeutung Bayerns als Salzproduzent und Salzlieferant war seit Jahrhunderten ungebrochen. Dem Salzweg nach Norden, der zunächst über Freisinger Bischofsgebiet führte und den dann Heinrich der Löwe gewaltsam über seine Brücke bei der Ansiedlung *»Ze den Munichen«* verlegte, verdankt München bekanntlich seine Stadtwerdung. Hauptproduzent in Bayern waren die Solequellen in Reichenhall. Trotz kontinuierlicher Investitionen der Kurfürsten an den Salinen in Reichenhall und Traunstein gab es noch keine entscheidende Produktionssteigerung durch technische Rationalisierung. In den letzten Regierungsjahren Max III. Josephs pendelte sich die jährliche Salzproduktion Bayerns in Reichenhall um 170 000 Zentner und in Traunstein um 120 000 Zentner ein. Der dabei insgesamt benötigte Holzverbrauch belief sich auf 100 000 Kubikmeter. Die mittlerweile erforderliche Schonung der Reichenhaller Wälder machten eine Verlagerung des Produktionsschwerpunkts nach Traunstein unumgänglich. Insgesamt erreichten die jährlichen Bruttoeinnahmen aus dem Salzwesen die enorme Summe von 500 000 Gulden. Kein anderer Wirtschaftszweig warf in Bayern eine so gute Rendite ab, und dies seit langer Zeit.

Die Schwachstelle dieses Geschäfts lag im Außenhandel. Der Kurfürst mußte mit Gegengeschäften, politischem Druck oder durch Ausschaltung von Konkurrenten den Absatz seiner Haupteinnahmequelle sichern. Für Salzburger Salz war Bayern als Zwischenhändler tätig. Es gelang Max III. Joseph, den schwäbischen Raum und die Schweiz vertraglich zum Salzabnehmer Bayerns zu machen. Österreichische Märkte, besonders Böhmen, gingen aber verloren und blieben es auch trotz jahrzehntelanger diplomatischer Bemühungen Max III. Josephs. Um den Absatz zu sichern, bemühte sich der Kurfürst um die strukturelle Verbesserung des Transithandels durch sein Territorium zu den Reichsstädten und den Bistümern um und in Bayern. Sein Land war bald für den guten Zustand seiner Verkehrswege bekannt und sicherte sich so weiterhin den Durchzug der Salzfahrer und anderer Transithändler. Die absatzpolitische Sicherung des schwäbischen Raumes mit dem Herzogtum Württemberg vor dem österreichischen Mitbewerber gelang durch das Gegengeschäft der Abnahme württembergischer Weine.

Bayern verstand es mit großer Zähigkeit, erstaunlichem diplomatischem Geschick und versteckten Pressionen, den westlichen Markt zu erweitern und zu sichern: Gegengeschäfte wurden klug verteilt, wenn nötig innerhalb Bayerns Gebiete »umgesalzt«, das heißt auf andere Salzarten umgewöhnt, eine attraktive Preispolitik betrieben – eine Meisterleistung merkantilistischer Außenhandelspolitik, die im Vergleich zu mancher außenpolitischen Schlappe während der Regierungszeit Max III. Joseph zeigte, daß Erfolge sich um so sicherer einstellten, je nüchterner ein Ziel ins Auge gefaßt wurde.

Auch die bayerischen Bergwerke, etwa am Kressenberg bei Traunstein, die Hüttenwerke bei Aschau und Bergen bei Siegsdorf waren gesunde gewinnbringende Unternehmen. Die gesamte Roheisenerzeugung Bergens belief sich in Max III. Josephs letzten Lebensjahren auf etwa 10 000 Zentner im Jahr, aus denen zirka 9 000 Zentner Schmiedeeisen hergestellt wurden. Die Eisenerzeugung zog viele eisenverarbeitende Handwerker an; um Aschau herum ließen sich Nagelschmiede, Drahtmacher, Waffenschmiede, Hand- und Hammerschmiede nieder. In Niederbayern beschränkte sich der Abbau auf Schwefelkiese und ihre Verarbeitung zu roter Farbe. Auch Polierrot für Glas- und Spiegelschleifer wurde daraus hergestellt. Mit bis zu 2 000 Zentnern Vitriol wurde das aufblühende oberpfälzische Glasgewerbe beliefert. Die kurfürstlichen Bergwerke in Altbayern erwirtschafteten einen jährlichen Umsatz von immerhin etwa 100 000 Gulden, dazu kam noch einmal der etwa gleiche Umsatz aus dem oberpfälzischen Bergwerken. Und doch ist er in Relation zum Salzgeschäft gering.

Bei der Betrachtung der Landwirtschaft ist zu berücksichtigen, daß dieser Bereich im damaligen Bayern weniger freie und unabhängige Bauern aufwies, als vielmehr Nebenerwerbslandwirte. So bezeichnen wir heute Personen, die neben landwirtschaftlicher Arbeit noch einer anderen Tätigkeit nachgehen, im Handwerk, Kleinhandel oder Freigewerbe. Diese Gruppe, damals als Söldner bezeichnet, wuchs durch Ansiedlung besonders in Adelshofmarken stark an und dürfte unter Max III. Joseph die größte Bevölkerungsgruppe überhaupt gewesen sein. Mit der Ausbreitung dieser Gruppe im ländlichen Raum brach die Allgewalt und Allzuständigkeit der Zünfte für das Gewerbe. Es gehörte durchaus zu den Zielsetzungen der merkantilistischen Ratgeber um Max III. Joseph, die abgeschlossenen Zünfte, die auf ihre traditionellen Rechte pochten, zurückzudrängen und sie der Konkurrenz auszusetzen. Dabei konnte Max III. Joseph auf diese Selbstverwaltungsorgane der städtischen Handwerker und Kaufleute gar nicht verzichten, waren sie doch in vielen Bereichen tätig, in denen der Staat

– noch – nicht tätig werden konnte, Versorgungswesen, Qualitätsprüfung oder Zunftjustiz. Es scheint dem Kurfürsten in seiner latenten Feindschaft gegenüber den Zünften wieder mal ums Prinzip gegangen zu sein. Die Zunftverfassung störte die Gleichstellung aller Untertanen unter ihrem Landesherrn. Die Zünfte hatten allerdings berechtigte Klagen gegen Max III. Joseph vorzubringen. Sie monierten, daß er in zunehmendem Maße Hofmeister ernannte, die nicht der Zunftordnung unterstanden und keine Verpflichtungen gegenüber Zunft und Stadt hatten. Des weiteren vergab er trotz gegenteiliger Beteuerung immer wieder Manufakturprivilegien, die die begünstigten Handwerker außerhalb der Zunftverfassung stellten. Diese meist mit etwa zehn Gesellen arbeitenden und damit einem größeren zünftigen Handwerksbetrieb vergleichbaren Manufakturen erhielten Vorteile und Privilegien, während der Kurfürst den Zunfthandwerkern immer neue Lasten aufbürdete.

Durch seine Erzieher und Ratgeber war der Kurfürst frühzeitig zu der Auffassung gelangt, daß das Heil der darniederliegenden Wirtschaft in der Gründung und Förderung von Manufakturen lag. Welche weitgesteckten Ziele er damit verband und inwieweit sie erreicht wurden, soll eine genauere Darstellung dieser für seine Zeit so typischen Förderung zeigen.

Die Förderung des Manufakturwesens

Die Förderung des Manufakturwesens war der zentrale Punkt der kurfürstlichen Wirtschaftspolitik. Die Kriege hatten in Bayern tiefe Wunden geschlagen, die nur langsam vernarbten. Allgemeiner wirtschaftlicher Notstand, unternehmerische Passivität und die Verkrustung der Zünfte gaben den Fürsten im 18. Jahrhundert genügend Grund zu Eingriffen in die Wirtschaft ihrer Länder. Die herrschende Wirtschaftstheorie erlegte den Landesherren die Verpflichtung auf, in der Wirtschaft die Rolle des Schrittmachers zu übernehmen und zugleich etwas gegen die vielen Arbeitslosen zu tun. Nur über die Gründung und Förderung von Manufakturen ließ sich ein weiterer Punkt, die Erhöhung des Exports gewerblicher Produkte, erreichen. Vom Außenhandel erwartete man Geldrückflüsse nach Bayern. Die Verhinderung des »schädlichen Geldausflusses« war nach Meinung der kurbayerischen Ratgeber Voraussetzung zur Erreichung einer aktiven Handelsbilanz. Und nur eine langfristige aktive Handelsbilanz konnte einen hohen Beschäftigungsstand und eine ausgewogene Wirtschafts- und

Sozialstruktur gewährleisten. So lautete, in heutige Begriffe übersetzt, das Credo der Wirtschaftspolitik, Endziel war ein – mit Edelmetallen – gut gefüllter Staatsschatz.

Also nicht nur die Entfaltung und die Nutzung aller Kräfte der heimischen Wirtschaft waren Motive für staatliche Eingriffe, sondern auch höhere Steuereinnahmen aus florierendem Manufakturwesen und ständigem Außenhandelsüberschuß. Neben diesen wirtschaftlichen, sozialen und fiskalischen Gründen für eine Förderung des Manufakturwesens unterstützte Max III. Joseph solche Projekte, von denen er sich eine Erhöhung des Prestiges versprach. So gehörte die Existenz mancher Manufakturen damals geradezu zum notwendigen Inventar eines modernen Staates.

Das Textilgewerbe war Kurbayerns bedeutendstes Gewerbe zur Zeit Max III. Josephs. Allerdings hatte es in dieser Epoche noch keine starke technische Entwicklung aufzuweisen. Es bestand eine Konkurrenz der Textilmanufakturen mit dem seit Jahrhunderten bekannten System des Textilverlagswesens, dem Handwerk und Hausarbeiter zulieferten. Einzig in der Veredelung des Gewebes, nicht in der maschinellen Herstellung des Garns bestand der Unterschied zwischen beiden Systemen. Dies war vor der Erfindung und Verbreitung der leistungsfähigen Spinnmaschinen in anderen Ländern ebenso.

Das von den Tuchmachern, Zeugwebern, Lodenmachern und Strumpfstrickern benötigte Wollgarn wurde auf den Spinnrädern in den Wohnungen der Armen und der Landbevölkerung, meist im Nebenerwerb, hergestellt. Die Spinnhäuser waren staatlich geführte Armenbeschäftigungsanstalten oder Zucht- und Arbeitshäuser. Nicht wirtschaftliche Überlegungen führten zu ihrer Gründung, sondern die Notwendigkeit, Arbeitslosen und Arbeitsscheuen eine nützliche Tätigkeit beizubringen.

Bereits seit Ende des 17. Jahrhunderts gab es in München auf dem Anger, vor dem Sendlinger Tor, in Bogenhausen, im Schäfferschen Haus und in der Au gegenüber der dortigen kurfürstlichen Tuchmanufaktur derartige Häuser. Ab 1774 war für Mädchen und Frauen eine Spinnerei in Betrieb, die der damaligen *Wollmanufaktur Schmalz und Fehr* zugeordnet war. Nach zwei Jahren endete das mit öffentlichen Geldern aufgebaute Projekt, wahrscheinlich, weil ein Mandat von der Manufaktur verlangte, daß sie den – meist unwilligen – Arbeiterinnen vollen Lohn auszahlte, und dies sich nicht lohnte. Nur drei Jahre hatte die ebenfalls mit staatlichen Zuschüssen 1775 gebaute *Münchner Armenspinnanstalt*, die *Landspinnereianstalt* des Zeugmachers Arnhard, Bestand.

Die Unterscheidung von Textilmanufakturen und Arbeitshäusern ist für die Organisation der Arbeit willkürlich: In beiden Häusern, ob privat organisiert oder vom Staat für Straffällige eingerichtet, herrschte Arbeitszwang. Auch die schon 1761 auf dem Rindermarkt in München mit Geldern aus einer Lotterie als »*Wohltätigkeitsanstalt*« eingerichtete Spinnschule kannte Arbeitszwang. Sie war zur »ständigen Ausrottung des Müßigganges und des Bettelns« eingerichtet worden. Bettler wurden »des Tags über eingefangen«, in das Spinnhaus gebracht, dort mittags oder abends wieder freigelassen, damit sie sich – mit Betteln – das Geld für Essen und Unterkunft »verdienen« konnten. Über den Leistungserfolg dieser zur Arbeit gepreßten Spinner berichtete ein Zeitgenosse: »Es war eine vergebliche Arbeit, erwachsene Leute im Spinnen und anderen Handgriffen abzurichten. Sie folgen nur so lange mit Unwillen den Lehrmeistern, so lange sie unter ihren Augen sind.« 1772 begann bei Ingolstadt ein Versuch, 153 Waisenkinder zur fabrikmäßigen Arbeit zu erziehen. Sie kamen fast alle elendiglich um. Auch der Einsatz christlicher Unterweisung, wie sie der Leiter und Hofkammersekretär Faßmann auf dem Rindermarkt versuchte, hatte bei den »vielen ungezogenen, ausgelassenen und frechen Leuten« nicht viel Erfolg. Ein fleißiger Spinner verdiente täglich etwa zwei bis zweieinhalb Kreuzer. Einen Kreuzer mußte er, falls er wie viele in der Au wohnte, schon wieder am Stadttor abgeben, wenn er nach 16 Uhr dort passieren wollte, um zu seiner Wohnung zu gelangen. Nach vier Jahren schloß auch das Spinnhaus am Rindermarkt, da die zum Unterhalt nötigen Zuschüsse des Staates ausblieben. Jetzt wurde nur noch das gesponnene Garn aufgekauft und weiterverarbeitet.

Der Hungerlohn, der in den Spinnhäusern bezahlt wurde, war neben der Arbeitsscheu vieler der Grund für die schlechte Arbeitsmoral. Max III. Joseph sah einen weiteren Grund in »der Neigung des Publikums zum Almosengeben«, also darin, daß man mit Betteln mehr verdienen konnte als durch Arbeit. Er hielt aber daran fest, daß es »für jedermann besser sei, mit der Arbeit etwas weniger zu verdienen als das Brot vom Publikum (=Almosengeber) lediglich umsonst zu genießen«. Allein, schon 1763 hatte eine auf Max III. Josephs Befehl durchgeführte Spinnprobe ergeben, daß auch bei fleißigem Arbeitseinsatz bei dieser Entlohnung niemand seinen Lebensunterhalt bestreiten konnte.

Zwei Motive für die Errichtung von Spinnhäusern wirkten sich auf ihre Wirtschaftlichkeit nachteilig aus: einerseits die »Unterbringung« von möglichst vielen Bettlern und Straffälligen, die eine Aufsicht haben mußten, und andererseits das Bestreben, möglichst vielen Ungelernten das Spinnhandwerk beizubringen. Von der Produktionstechnik der Zeit her gab es keinen sachlichen Grund, in Spinnhäusern viele Arbeiter zu beschäftigen. Nebenarbeit oder Handwerk schafften im Prinzip das gleiche Produktionsvolumen. Bei den Spinnhäusern fiel aber ein zusätzlicher Aufwand für Räumlichkeiten, Beheizung, Beleuchtung, Werkzeug und für die Aufsicht an. Dadurch waren Spinnhäuser, wollten sie konkurrenzfähig bleiben, auf staatliche Zuschüsse angewiesen. Das wirtschaftliche und finanzielle Motiv, das bei ihrer Gründung eine Rolle gespielt haben mochte, brachte nicht die erhofften Ergebnisse. Sie waren im Gegenteil sogar ein Kostenfaktor für den Staat.

Die Situation war in allen Städten gleich, so im 1762 gegründeten *Amberger Zucht- und Arbeitshaus*, oder im *Spinnhaus neben dem Arbeitshaus in Burghausen*, das 1750 eingerichtet wurde. Häufig verschlechterten Absatzschwierigkeiten die finanzielle Lage der Arbeitshäuser weiter. So sah sich der Leiter des *Münchner Zucht- und Arbeitshauses*, Hofkammerrat Weizenbeck, 1768 genötigt, neben der Spinnerei noch eine Metallknopfherstellung einzurichten und mit staatlichen Aufträgen zu unterhalten. Hier zeigte sich, wie bei anderen Manufakturen übrigens auch, die enge Verflechtung von Betrieb und Staat. Aber auch die Metallknöpfe brachten keine Besserung: Ihre Herstellungskosten überstiegen bald die Einnahmen. Unter dem Strich kostete allein das Münchner Zucht- und Arbeitshaus den Staat jährlich etwa 9 000 Gulden Zuschuß, von Personalkosten bei der Überwachung abgesehen.

Das Wollgewerbe, noch im 16. Jahrhundert einer der blühendsten Handelszweige Bayerns, war seither im Niedergang begriffen. Den bayerischen Tuchen fehlte das gefällige, gleichmäßige Aussehen des ausländischen Gewebes. Der Grund wird in der Abschließung Bayerns von Innovationen während der Gegenreformation gesehen. Die Stadt München und die kurfürstliche Regierung versuchten die Wollversorgung für die Manufakturen zu verbessern, die Tuchweberei auf bessere »Meißner Art« einzuführen und die englische Kunst des Einfärbens bekanntzumachen. Aber sie scheiterten. An den Export der schlechteren bayerischen Qualität war deshalb nicht zu denken. Im Inland wurde bevorzugt böhmische, sächsische und holländische Qualität gekauft. An bayerischen Produkten waren zur Zeit Max III. Josephs im Ausland lediglich Waldsassener Wollzeug, ein leichtes, nicht gewalktes Gewebe aus langhaariger Wolle, das billiger war als Tuch, sowie Münchner und Erdinger Loden gefragt. Der Textilmarkt wandte sich im 18. Jahrhundert immer mehr den leichteren und feineren Baumwollgeweben zu, bei denen die bayerischen Wollweber nicht mithalten konnten. So gerieten sie immer tiefer in den Teufelskreis von Armut, technischer Rückständigkeit und Absatzschwierigkeiten hinein. Angesichts dieser Situation erschien es Max III. Joseph das beste, Musterbetriebe zu errichten, die zugleich die Produktion der bayerischen Weber weiterverarbeiten konnten. Obwohl durch das Heer und den Hof ein gewisser Absatz gesichert war, war bei dem Mangel an Fachleuten und qualitätvollen, billigen Rohstoffen das Gründungsrisiko immer noch zu groß. Deshalb entstanden auch auf diesem Sektor die ersten Tuch- und Wollzeugmanufakturen nicht durch private Initiative oder wegen eines zunehmenden Bedarfs, vielmehr waren sie ein wirtschaftspolitisches Instrument des Kurfürsten. Die ersten Kurbayerischen Manufakturen und Organisationen waren schon vor Max III. Joseph gescheitert, die *Landtuchkompagnie* 1705 und die *»Fabrica«* in der Au 1720.

Unter dem Schutz eines Abnahmemonopols für das Heer und einer Einfuhrsperre versuchte der Braunauer Verleger Heiß mit den Resten einer gescheiterten Manufaktur, welche die Landschaft betrieben hatte, gegen 8 000 Gulden Konzession an den Kurfürsten das Unternehmen rentabel zu halten. Der erste Versuch war daran gescheitert, daß sich die staatlichen Einkäufer trotz Verbotes im Ausland billiger eindeckten und die Großhändler die Manufaktur boykottierten, um die freie Tucheinfuhr zu erzwingen. 1755 übernahm Heiß' Sohn, ein Hofkammerrat, die nunmehr *»Kurfürstlich privilegierte Landtuchmanufaktur«*. Schon 1757 klagte die staatliche Verwaltung über die schlechte Qualität des Tuches, inbesondere aber über Lieferverzögerungen. Auch Heiß hatte zu klagen, nämlich über schleppende Bezahlung. So waren nach Heiß' Tod seine Erben wegen der hohen Außenstände nicht in der Lage, das Werk zu übernehmen und die Gläubiger zu befriedigen. Der bisherige Buchhalter Mayer übernahm 1760 die Firma in der Au und das kurfürstliche Privileg. Gegen die Privilegierung eines Konkurrenzunternehmens konnte er sich 1761 erfolgreich zur Wehr setzen. Aber eine Änderung der Versorgungsvorschriften für das Heer brachte ihn in Zahlungsschwierigkeiten, so daß 1774 die Manufaktur schließen mußte.

Da bayerisches Wollzeug ein gefragter Artikel im In- und Ausland war, gedachte Max III. Joseph, mit einer Wollzeugmanufaktur endlich ein florierendes Unternehmen zu gründen. 1762 berief er sich in einem Mandat auf sein bekanntes Ziel, »In denen von Gott uns anvertrauten Landen mit Einführung mehrer nützlicher Manufakturen und Fabriken zu Werke zu gehen«, und befahl die Einrichtung einer *Wollzeugmanufaktur im Schloß Trausnitz* oberhalb Landshut. Er hatte sich

»die Ausbreitung der Wollspinnerei von besonderer Feine« zum Ziel gesetzt. 1762 arbeiteten in Landshut bereits 50 Wollarbeiter, darunter sechs Webmeister, 15 Wollklauber, sechs Wollkämmer und acht Spinnmeisterinnen. Aber auch hier machte man die gleichen Fehler wie in anderen staatlich betriebenen Manufakturen der Zeit: Man füllte die Lager, ohne zu beachten, daß die Ware in der produzierten Qualität nicht absatzfähig war. Außerdem beschäftigte die Manufaktur unverhältnismäßig viel Personal. Im April 1764 mußten die meisten Weber und Arbeiter wieder entlassen werden. Obgleich das lange vorbereitete Projekt gescheitert war, löste es der Kurfürst nicht auf, sondern subventionierte den verkleinerten Betrieb weiterhin.

Eine besondere Schwierigkeit derartiger Projekte bestand darin, daß manche Manufakturen einfach die billigere und qualitativ hochwertigere Ware – zollfrei – aus dem Ausland einführten und im Inland als bayerische Produkte verkauften. So war allen geholfen, den ausländischen Lieferanten, den Manufakturleitern und -arbeitern, dem Verbraucher – nur nicht dem Staat. Dem Staat entging der Zoll, er hatte keine Steuereinnahmen: Sein Plan, Arbeitsscheue an die Arbeit zu gewöhnen, mußte scheitern. Sein Ziel, bessere Produktionstechniken einzuführen, verfehlte er ebenso wie das der Sicherung der Arbeitsplätze und der Ankurbelung der Wirtschaft.

1765 wurde der bisherige Hofkammerrat und Hauptkassierer Wöhrl von Max III. Joseph mit der Leitung des »ganz verfallenen Werkes« betraut. Unter seiner Leitung entwickelte sich die Firma günstig: 14 verschiedene Arten Wollzeug wurden neu in das Produktionsprogramm aufgenommen, neue Maschinen und Geräte gekauft, brauchbare Arbeiter angeworben. Wöhrls Beauftragter Burger steigerte den Absatz der Manufaktur wie der Garnproduktion auf 130 Zentner jährlich. Parallel dazu gründete Wöhrl in der Au bei München einen Betrieb »Farb- und Appreturwesen« und vereinigte diese Firma mit der *Mayerschen Tuchmanufaktur zur Wollzeugmanufaktur bei München.* Dieser Manufaktur erteilte Max III. Joseph dann 1767 das ausschließliche Recht zum Färben und Appretieren aller in Bayern hergestellten Zeugwaren. Nach dem Tode Wöhrls wurde die Wollzeugmanufaktur seit 1768 von seinem Schwager, dem Hofkammerrat und Hauptkassierer Danzer, weitergeführt.

Nach Beschwerden und Anzeigen kam es zu einer Untersuchung der großen Gewinne Wöhrls, Danzers und Burgers. Demnach umfaßte der Münchner Betrieb 1769 31, der Landshuter mehr als 100 Personen. Die Manufaktur wurde von 146 Zeugmachermeistern und 168 Gesellen sowie über 4 600 Nebenerwerbsspinnern beliefert. Insgesamt gab die kurfürstliche Manufaktur 5 176 Personen Arbeit. Die Untersuchungskommission stellte fest, daß die drei Betreiber in großem Umfang billig Beuteltücher vom Ausland bezogen und im Inland als bayerische Tücher überteuert verkauft hatten. Den Landshuter Arbeitern wurden Lohnabzüge zugemutet, so daß sie halb verhungerten. Die Zeugmacher aus der Oberpfalz erhielten zu niedrige Abnahmepreise, die nur in schlechter Münze bezahlt wurden. Alle diese ungerechtfertigten Gewinne der kurfürstlichen Manufaktur kamen aber nicht dem Unternehmen oder dem Staat zugute, sondern flossen dank falscher Rechnungsführung in die Taschen der Unternehmer. Die in den Bilanzen ausgewiesenen Gewinne kamen durch Überbewertung unverkäuflicher Warenbestände zustande. Ohne diese Überbewertung zu berücksichtigen, gab es bereits 1769 ein Minus von über 4 000 Gulden. Die Kommission stellte schließlich die Frage, wem die Manufaktur eigentlich gehöre. Das war nicht zu klären, die beschuldigten Leiter hatten sich bei Entnahmen von Geldern wie Privatunternehmer benommen und alle Investitionen und Lasten dem Staat aufgebürdet. Eine Buchführung fehlte.

1769 wies der Kurfürst den letzten Leiter, Danzer, an, die Verwaltung des Werkes zu übernehmen und für die von Max III. Joseph investierten 180 000 Gulden Sicherheit zu leisten. Danzer lehnte ab. Darauf entschied Max III. Joseph, die Manufaktur zunächst auf eigene Kosten weiterführen zu lassen, um sie an »eine anständige Compagnie vermöglicher Privatpersonen« gegen Kaution zu übergeben. Durch ein Mandat von 1769 versuchte der Kurfürst bekanntgewordene Mängel abzustellen, den Schmuggel wirksam zu unterbinden und – durch recht komplizierte Vorschriften – den Absatz der Wollzeugmanufaktur zu steigern. Die unverkäuflichen Lagerbestände sollten in einer Art Ausverkauf abgestoßen werden. 1770 wurde die Landshuter Manufaktur aufgehoben. Der Werkmeister und der Zwirnmeister wurden nach München übernommen.

Die Regierung beschloß, staatliche Unternehmen aufzugeben oder zu privatisieren. Interessent war eine aus Adeligen, Unternehmern und Bankiers zusammengesetzte Unternehmensgruppe, die »Wiener Kompanie«. Schon Mitte des Jahres hatte Max III. Joseph die Verträge zwischen der Hofkammer und der »Companie Sobeck« über die Verwaltung der Mautabgaben und die Übernahme von Insassen der kurfürstlichen Arbeitshäuser als Arbeiter ratifiziert. Die Gesellschaft erhielt ein Monopol für die Wollzeugproduktion in Bayern. Sie wurde durch Einfuhrsperren geschützt. Nur sie selbst konnte ausländische Produkte einführen. Aber die Gesellschaft zögerte die Übernahme immer wieder hinaus, bis Max III. Joseph ihr im März 1772 mitteilte, daß er die Vereinbarungen als erloschen betrachte. Jetzt forderte die Gesellschaft 70 000 Gulden Entschädigung. Um dieser Zahlung zu entgehen, bot ihr der Kurfürst die gesamte ihm lästig gewordene Wollzeugmanufaktur wiederum an. Inzwischen hatte sich deren Situation weiter verschlechtert, die investierten Gelder des Kurfürsten waren verschwunden. Der Finanzrat Stubenrauch schlug sogar vor, in dem Gebäude ein Soldatenhospital zu eröffnen.

Schließlich einigte sich 1773 die Wiener Gesellschaft doch noch mit dem Kurfürsten über den Verkauf der Manufaktur. Für 18 000 Gulden, so weit war inzwischen der Wert aller Einrichtungen und Gebäude gesunken, erhielt die Gesellschaft die Manufaktur. Den entlassenen Arbeitern mußte der Kurfürst noch ein halbes Jahresgehalt bezahlen. Am 25. November 1773 wurde die Wiener Kompanie offiziell neue Eigentümerin der Manufaktur. Am 26. November beantragte die Münchner Kaufmannschaft, das gerade verkaufte Unternehmen dem gesamten Handelsstand des Landes zu überlassen. Anfang März teilte Max III. Joseph dem Münchner Handelsstand – wahrheitswidrig – mit, daß die Wiener Gesellschaft kein Monopol erhalten hätte und die Münchner mit ihr einen Gesellschaftsvertrag abschließen könnten. Dem Kurfürsten war es bei der Überlassung der Manufaktur an die Wiener Kompanie nur noch darum zu tun, den Rechtsstreit um Entschädigung zu vermeiden. Die schlechten Erfahrungen mit Monopolen, Umgehung der Zollbestimmungen, Korruption und Betrug veranlaßten den Kurfürsten nicht, mit derartigen Bestimmungen zu brechen. Mit der Fixierung der Preise auf das Niveau von 1772 glaubte er die Gesellschaft zu verantwortlichem Handeln zu zwingen.

Doch diese war nur an den Privilegien interessiert, die sie mit der Manufaktur erworben hatte. 1774 ging auch schon der Streit um die Privilegierung los. Die Tuchmacher beschwerten sich über die Knebelung durch die Wiener Kompanie, mußten deren harte Bedingungen aber akzeptieren, wenn sie weiter für Heer und Hof liefern wollten. Die Regimenter wiederum beklagten die schlechte Stoffqualität der Monturen. Nachdem mehrfache Tuchbeschauen zu keiner Besserung geführt hatten, wurde der Wiener Kompanie gegen eine Entschädigung von 40 000 Gulden das Monopol für die Lieferung von Uniformen entzogen. Trotz Hoflieferung und Einfuhrsperre klagten die Gesellschafter 1777, daß sie die Manufaktur nicht weiter halten könnten. Daraufhin beschloß Max III. Joseph, den Unternehmern den größten Teil ihrer jährlichen Personalkosten zwölf Jahre lang zu vergüten. Diese Summe wollte er durch Erhöhung der Einfuhrzölle wieder hereinholen. Der Tod enthob den Kurfürsten der Einlösung dieses Versprechens.

Auf dem Gebiet der Baumwollverarbeitung war die Tendenz zum Großbetrieb stärker ausgeprägt als bei der Spinn- und Wollmanufaktur. Aber auch hier hinkte Bayern hinterher. Von 17 Betrieben, die in Kurbayern seit dem Regierungsantritt Max III. Josephs privilegiert wurden, kamen zehn nicht über die Größe eines Handwerksbetriebes hinaus. Die übrigen sieben waren Baumwollmanufakturen, wie zum Beispiel die 1747 gegründete *»Bombasin- und Cottonmanufaktur«* in München und die 1760 gegründete *Reichenhaller Baumwoll-Strickwaren-Manufaktur*. Eine weitere 1763 in Amberg mit kurfürstlicher Unterstützung gegründete *Baumwollmanufaktur* machte nach vier Monaten Bankrott. Die Münchner Baumwoll-Manufaktur erhielt 1766 eine Verlängerung ihres Privilegs, eine Bestätigung des Monopols. Sie durfte den Zoll auf ihre Waren erhöhen und diese mit einem Einfuhrverbot schützen. Darüber hinaus erhielt sie jährlich 1 500 Gulden bewilligt. Nur mit Zuschüssen und dank ihrer Monopolstellung, durch die dem Staat hohe Zollabgaben verlorengingen, konnte sich die Manufaktur während der Regierungszeit Max III. Josephs halten.

Auch bei der Reichenhaller Manufaktur finden wir die für merkantilisierte Fabriken typische Entwicklung. Ursprünglich hatte Max III. Joseph selbst in Reichenhall eine Baumwollmanufaktur errichten wollen, um den Frauen und Kindern der niedrig bezahlten Salzwerk- und Salinenarbeiter eine Verdienstmöglichkeit zu bieten. 1760 erklärte sich dann eine Gruppe von Beamten unter einigen Bedingungen wie Privilegierung und weiterer Vorteile zur Gründung der Manufaktur bereit. Die Gesellschaft kaufte – mit einem Vorschuß des Kurfürsten – das Anwesen des Schlößchens Axlmann und errichtete darauf die Manufaktur. Das Gebäude diente gleichzeitig als Arbeitsstätte und Nachtlager für die Strickerinnen und Spinnerinnen, welche die Kinder und andere Leute unterwiesen. 1762 arbeiteten in Reichenhall 73 Personen meist als Zulieferer für die Manufaktur. Es waren überwiegend verheiratete Frauen und Kinder ab neun Jahren. »Damit arme Kinder keine Ausrede haben, daß sie, um die nötige Kost zu erbetteln«, nicht bei der Spinnarbeit bleiben könnten, verfügte Max III. Joseph, daß ihnen in der Fabrik etwas zu essen gegeben würde.

Trotz aller Bemühungen und guter Startbedingungen erwirtschaftete auch diese Manufaktur keinen Gewinn. Als Gründe nannte die Gesellschaft die teuren Einrichtungskosten, den Schaden, der durch ungeschulte Arbeiter entstand, die Kosten für die auf kurfürstlichen

Wunsch errichteten Filialbetriebe in der Au, in Landshut und in Burghausen, fehlerhafte Buchführung, Betrug ausländischer Händler und zu geringe Unterstützung durch den Kurfürsten. Nachdem eine kurfürstliche Kommission die Gründe bestätigt hatte, schoß der Kurfürst nochmals 8 000 Gulden zu und sagte eine zehnjährige Beihilfe von jährlich 500 Gulden zu. Außerdem ließ er die Akzise für ausländische Baumwollwaren verdoppeln. Somit hing auch die Reichenhaller Manufaktur indirekt durch Privilegien und Einfuhrzoll, direkt durch Subventionen am staatlichen Tropf.

Die Leinengarnweberei büßte zur Zeit Max III. Josephs an Bedeutung ein, da die schlesische Konkurrenz immer besser und billiger produzierte. Bayerische Zentren waren das obere Mühlviertel, das Hausruckviertel, das Innviertel und der Bayerische Wald. Der Kurfürst unterhielt mit Baron Schurff in Amberg von 1763 bis 1764 eine *Leinwandmanufaktur*. Der Hofkammersekretär Faßmann gründete 1765 in München eine *Leinendamastweberei*, und eine zweite – auf kurfürstliche Kosten unterhaltene – gab es seit 1768 in Sulzbach. Alle drei Betriebe arbeiteten als Verlage. Die Unternehmen waren nicht konkurrenzfähig, da den Gründern jegliche Sachkenntnis fehlte oder sie keine finanziellen Mittel einzusetzen hatten.

Der erste Versuch, eine Wachsleinenmanufaktur zu errichten, scheiterte 1759 an der Unerfahrenheit und Mittellosigkeit des »Fabrikanten«. Es war der Hartschier der Leibgarde Gözlmann, der behauptet hatte, ein Geheimnis zur Herstellung von Wachsleinwand zu besitzen. Als Beweis stellte er 400 Stück zur Probe her, mit einem staatlichen Vorschuß von 1 000 Gulden. Dann übernahm die *Münchner Kattunmanufaktur* die Leitung der »*Waxleinwathfabricatur*«, die aber den Kurfürsten um Entlassung aus der für sie kostspieligen Produktion des Gözlmann, der immer schlechtere Qualität produzierte, bat. Max III. Joseph befahl daraufhin dem Kommerzienrat Strauß, die Direktion zu übernehmen und das erforderliche Kapital »durch seinen Kredit oder durch Hinzuziehung« weiterer Gesellschafter« zu beschaffen. Da die kurfürstlichen Beteiligungen und Garantien an anderen Manufakturen bekannt waren, fand sich für die Wachsleinenherstellung keine Gesellschaft, die bereit war, das Risiko alleine zu tragen.

Als 1762 Hofrat Widmer um eine Genehmigung für eine Wachsleinenmanufaktur nachkam, verband der Kurfürst dieses Projekt mit der Last des Gözlmann-Unternehmens. Er erteilte Widmer die Genehmigung mit der Auflage, Gözlmann und die anderen Wachsleinenmacher mit Arbeit zu versorgen. Das gute Widmersche Wachsleinen war etwas teurer als das ausländische. 1763 ersuchte deshalb Widmer um Erlaß eines Einfuhrverbotes für Wachsleinen. Der Kurfürst lehnte ab. 1764/65 ersuchte Widmer um einen Kredit. Der Kurfürst lehnte ab. Dann bot er dem Kurfürsten an, die Hälfte des Betriebes zu übernehmen, wohl um sein Interesse an Schutzmaßnahmen und Subventionen zu steigern. Nachdem der Kurfürst auch das abgelehnt hatte, verkaufte Widmer die Manufaktur an den Kämmerer und Musikintendanten Seeau.

Die kurfürstliche *Gobelinmanufaktur in München* entsprang dem Kunst- und Repräsentationsbedürfnis des Landesherrn. 1718 von Max Emanuel gegründet, war sie nie auf Gewinn aus, sondern führte ausschließlich Bestellungen des Hofes aus. Die höchste Zahl der Beschäftigten belief sich auf neun. Die Herstellung eines großen Gobelins dauerte fünf Jahre und kostete mehr als 10 000 Gulden. Die Wandteppichmanufaktur erreichte unter Max III. Joseph einen Höhepunkt. Alle Kosten wurden vom Hof getragen.

Im letzten Drittel des 18. Jahrhunderts entstanden weitere Seidenmanufakturen, die meist weniger als zehn Arbeiter beschäftigten. Max III. Joseph strebte die Ausweitung des inländischen »Seidenbaus« und die Förderung der inländischen Seidenverarbeitung an.

1762 wurde der *»Seidendamastfabrikant« Fumasi* aus Augsburg privilegiert. Max III. Joseph ließ ihm 1765 für 10 000 Gulden eine Seidenspinnmaschine, ein Filatorium, im alten Fischhaus des Hofgartens aufstellen. Ein Jahr später verschwand Fumasi spurlos. 1769 scheint er wieder aufgetaucht zu sein, denn er zahlte 2 000 Gulden Entschädigung für die »sich ergebenden Anstände« bei dessen »Seidenfilatij-Bauwesen« an die Hofkasse. Das Filatorium führte dann ein gewisser Berta weiter, der allerdings nur wenig Seide verarbeitete, weil in Bayern wenig produziert werden konnte; auch die noch von Fumasi angefangene Maulbeerbaum- und Seidenkultur brachte keine große Ernte. Bei nüchterner Betrachtung hatte die bayerische Seidendamastverarbeitung keine Chance, sich gegen den jahrzehntelangen Vorsprung Italiens und Frankreichs durchzusetzen.

Verhältnismäßig gut lief dagegen die 1776 gegründete *Seidenbandmanufaktur im Schönfärberhaus* am Anger in München. Sie geht auf ein Privileg zur Herstellung von Seidenbändern und Seidenzeug aus dem Jahre 1762 an die Hofkammerräte Stubenrauch und Kretz zurück. Sie beschäftigte acht Arbeiter und Lehrjungen. An dieser Manufaktur war auch die Landschaft beteiligt, ein Zeichen dafür, daß sie wahrscheinlich mit Gewinn arbeitete.

Betrachten wir das Auf und Ab der Textilmanufakturen zur Zeit Max III. Josephs zusammenfassend, so ist kein wirtschaftlicher Erfolg festzustellen. Durch Privilegien und Vorteile geschützt, gelang es ihnen dennoch nicht, konkurrenzfähig zu werden. Die Monopole und Privilegien, Einfuhrbeschränkungen und Hochzölle führten hingegen zu einer wirtschaftlichen Abschottung des heimischen Textilmarktes und zu überhöhten Preisen. Erhoffte Steuereinnahmen blieben aus, Investitionen gingen verloren. Das System der staatlich unterstützten Manufakturen ermöglichte in großem Umfang Betrug, Schmuggel und Bereicherung auf Kosten der Allgemeinheit. Der wirtschaftliche Nutzen lag eher in der Sozialpolitik: In den Textilmanufakturen und -verlagen fanden Arbeiter zumindest zeitweise eine Beschäftigung. Weitere, marginale Erfolge: Qualitätsverbesserung, Angebotserweiterung, Anhebung des Ausbildungsstandes und einleitende Mechanisierung des Gewerbes. Gerade die staatlich unterstützten Manufakturen des Textilgewerbes waren jedoch nie wirklich konkurrenzfähig und verfielen spätestens nach der Aufhebung von Privilegien und Schutzzöllen. Sie waren Hochburgen von Hofbeamten, die nicht an der Produktion, sondern an der Ausnutzung von Vorteilen interessiert waren. Ihre wirtschaftliche Tätigkeit richtete mehr Schaden als Nutzen an. Erstaunlich, daß Max III. Joseph doch an der Politik der Subventionierung gerade derartiger Manufakturen über Jahrzehnte festhielt, obwohl er sich und die Staatskasse damit immer höher verschuldete und das große Schuldentilgungswerk mit den Ständen untergrub.

Läßt sich dieses deprimierende Zwischenresümee auch für die anderen Manufakturen unter Max III. Joseph ziehen?

Die Ledermanufakturen hatten aus den Zeiten Max Emanuels einen Vorläufer. Der Kurfürst hatte mit einigen Gesellschaftern in Allach bei Menzing eine *Ledermanufaktur* zur Herstellung von Reitergarnituren eingerichtet. 1703 gegründet, zogen sich die anderen Gesellschafter 1705 wieder zurück. Die Manufaktur erlebte 1728 noch eine Zweigstellengründung in Schwabing. 1737 gingen beide ein. Obwohl 1747 die Ausfuhr von Viehhäuten und Rohmaterialien verboten wurde, fand sich erst 1756 ein Unternehmer für eine Ledermanufaktur. Hofkammerrat Käppler und Oberhoftapezierer Carré erhielten die Genehmigung, derartige Fabriken anzulegen. Es blieb jedoch bei dem Plan. 1762 mußte das Privileg wieder eingezogen werden, da der eine das Projekt aus Altersgründen fallenließ und der andere sein Geld anderweitig angelegt hatte.

Nun erhielten Vito und Lassner das Privileg. Ihnen wurden jedoch weder Zollvergünstigungen eingeräumt noch Importbeschränkungen zugestanden.

Mit der Privilegierung dieser beiden Ausländer wollte der Kurfürst ein anderes Ziel erreichen, das mit Leder nur indirekt etwas zu tun hatte. Die Innung der Metzger, die nach Meinung eines zeitgenössischen Beamten »in allen größeren Städten die Geißel der Polizei jederzeit gewesen und noch ist«, suchte seit längerer Zeit um Genehmigung für höhere Fleischpreise nach. Um ihrem Begehren Nachdruck zu verleihen, boykottierten sie seit einiger Zeit die Städte. Allerdings klagten die Bürger schon über zu hohe Fleischpreise. Kurz, am Fleischpreis konnte der Kurfürst nicht rühren. So verfiel er auf die Idee, von den Metzgern zwar die Beibehaltung der Fleischpreise zu verlangen, ihnen aber zum Ausgleich höhere Preise für die Rohhäute und den Talg, Unschlitt genannt, zu gewähren. Alles Unschlitt, das die Metzger nicht zu einem garantierten Mindestpreis verkaufen konnten, nahm der Staat ab. Aufgabe der Ledermanufaktur wurde es, die Rohhäute zu höherem Preis abzunehmen. In einem »Ringtausch« wurde damit der Ledermanufaktur die Last aufgebürdet, für niedrige Fleischpreise zu sorgen. Die Kopplung des Fleischpreises an einen bestimmten überhöhten Preis für Rohhäute war im Ledergewerbe eine der unglücklichsten wirtschaftspolitischen Maßnahmen Max III. Josephs und beeinträchtigte die Entwicklung der Manufaktur von vornherein.

Der Kurfürst investierte 25 000 Gulden in die Manufaktur, 1765 weitere 3 000 Gulden. Schließlich hatte er mit Einnahmen aus einer Lotterie 65 000 Gulden investiert. Kurfürstliche Schuldobligationen von Gotteshäusern und Bruderschaften ergaben weitere 29 000, und von Privatanlegern kamen weitere 25 000 Gulden, so daß die Ledermanufaktur mit 119 000 Gulden Kapital ausgestattet war. Diese Ausstattung war mehr, als man für den Aufbau einer Manufaktur brauchte. Und wirklich gingen die kurfürstlichen Pläne weit über die Fabrik hinaus. Max III. Joseph wollte nämlich, daß jede Gerberei, die aus »Saumsal, Unverstand oder wegen vorausgegangener Gant« ihr Geschäft einstellen mußte, von der Manufaktur aufgekauft und zu einer Filiale gemacht werden sollte. Damit hätte er Schritt für Schritt bald das gesamte Leder- und Gerberwesen des Landes zu einem Staatsbetrieb gemacht.

Aber der Erfolg des mit großem Finanzeinsatz geplanten Projektes blieb aus. Die Verluste stiegen. So beendete Max III. Joseph den staatlichen Unschlitthandel und übereignete 1772 die Ledermanufaktur an den Linzer Lederfabrikanten und -händler Haid. Die vom Kurfürsten persönlich eingebrachten Gelder in Höhe von 25 000 Gulden wurden als Verlust abgeschrieben.

Schließlich läßt sich in der kurfürstlichen Manufakturpolitik verschiedener Branchen um das Jahr 1770 eine Wende zur Privatisierung feststellen. Max III. Joseph und seine Berater scheinen sich um diese Zeit einigen wirtschaftsliberalen Vorstellungen aus England geöffnet zu haben. Natürlich verband der Kurfürst mit der Privatisierung unverändert die Erwartung auf höhere Steuereinnahmen.

Daß es mit der wirtschaftsliberalen Öffnung aber nicht weit her war, bezeugen die Umstände der Privatisierung, die den neuen Unternehmer Haid von Anfang an schwer belasten mußten. Den Häutevorrat, den die Manufaktur in letzter Zeit wegen Geldmangels nicht mehr aufkaufen konnte, mußte er den Metzgern sofort für 10 000 Gulden Vorschuß in bar, der Rest binnen zwei Monaten zahlbar, abnehmen. Dafür erhielt Haid das Monopol für den Handel mit Leder seiner Produktion in Bayern und nach Österreich sowie das Einfuhrmonopol für ausländisches Sohlenleder, dessen Preis allerdings festgelegt wurde. Für je dreißig Zentner eingeführten guten Sohlenleders erhielt Haid eine Art Anerkennung von zwölf Dukaten, die er wiederum bei der stufenweisen Bezahlung der Ledermanufaktur abziehen konnte. Mit der Öffnung der Zollschranken für Lederimporte hatte die Regierung die merkantilistischen Grundsätze des Schutzes des einheimischen Gewerbes aufgegeben und schädigte das bayerische Ledergewerbe.

Zwar wurde dem Haid zugesichert, daß – solange der Vertrag mit ihm bestehe – kein anderer im Lederwesen privilegiert oder monopolisiert werde, doch mußte er mit seinem gesamten Vermögen für die Manufaktur und den Vertrag bürgen. Durch die Handelsverträge begünstigt, hatte Haid weniger Interesse an der Manufaktur als am Import von Sohlenleder aus Österreich. In sechs Jahren erhielt der Unternehmer einen Zollnachlaß von über 20 000 Gulden. Demnach betrug seine durchschnittliche jährliche Ledereinfuhr von Österreich über 1 700 Zentner Leder. Die inländischen Gerber und Händler befanden sich ihm gegenüber in einer schlechten Lage: Sie mußten sich jede Einfuhr ausländischen Leders von ihm genehmigen lassen und ihm für jeden Zentner Importleder zehn Gulden Abschlag bezahlen. Der Nachfolger von Max III. Joseph hob denn auch bei Regierungsantritt diese Monopolstellung und Schädigung des bayerischen Ledergewerbes durch Kündigung des Vertrages wieder auf.

Aber den Keim des Zerfalls trug die Manufaktur schon seit der bei ihrer Gründung verfügten Verquickung von niedrigem Fleischpreis mit hohen Ankaufspreisen für Rohhäute in sich. Am Schicksal dieser Manufaktur wird wieder deutlich, daß die bayerische Regierung auch in dieser Branche ihre Anstrengungen selbst zunichte machte und durch ihre schwankende Manufakturpolitik die gesamte gewerbliche Tätigkeit in Bayern abschreckte und schädigte. Ein Beobachter urteilt treffend: »Seit sich die Regierung in das bayerische Ledergewerbe und den Lederhandel eingemischt hatte, nahm dieser und jenes eher einen Rückgang.«

Ein eklatantes Beispiel wirtschaftspolitischen Zickzackkurses bietet die Geschichte des *Tabakwesens* und der *Tabakmanufaktur* in Bayern. Schon im 17. Jahrhundert hatten sich die bayerischen Tabakanbaugebiete dank des Siegeszuges dieser Pflanze vermehrt. Immer mehr Menschen rauchten, kauten und schnupften Tabak trotz anfänglichen Widerstandes der geistlichen und weltlichen Obrigkeit. Letztere erkannte schnell, daß sie durch Steuern, Monopolregie und Zollabschöpfungen profitieren konnte. Der Kurfürst zählte den Tabakhandel ähnlich dem Salzhandel zu seinen fürstlichen Regalen, was bedeutete, daß Ein- und Ausfuhr, Verarbeitung und Handel seinen jeweiligen Experimenten ausgesetzt waren. Schon 1669 wurde der Tabakhandel zur Verpachtung ausgeschrieben. Daß sich zunächst kein Interessent fand, hatte mehrere Gründe: Die einzelnen Händler hatten in der Regel einen so geringen Absatz, daß sich großtechnische Verarbeitung nicht anbot. Außerdem hätte man mit Nürnbergs gut entwickelter Tabakverarbeitung konkurrieren müssen, die damals ganz Bayern belieferte. Nur durch staatliche Einflußnahme oder Garantien war dieser Furcht zu begegnen.

Noch vor der Jahrhundertwende entstand schließlich auf Initiative des Unternehmers Senser eine Reihe kurfürstlich privilegierter *»Fabrizierhäuser« für Schnupftabak* in Schrobenhausen, Rain, Menzing, Amberg, Ried, Friedberg, Schöngeising, Dietfurt, Berg und Kapfelberg. Mit recht einfachen Mitteln wurde hier eine beträchtliche Menge Schnupftabak erzeugt, etwa 1 800 Zentner, bei einem Verbrauch von bis zu 8 000 Zentner Tabak. 1692 übernahm der Staat den Tabakhandel in eigene Regie unter der Leitung eines staatlichen Kommerzkollegs. Im Laufe der Zeit sanken die Senserschen Betriebe zur Bedeutungslosigkeit herab und mußten schließen. Während der österreichischen Besetzung wurde Senser wieder eingesetzt und nach der Rückkehr Max Emanuels erneut durch staatliche Verwalter ersetzt. Dann gab der Staat den Tabakhandel völlig frei.

1727 erteilte der neue Kurfürst Karl Albrecht dem Unternehmer Meyer das ausschließliche Privileg zu Fabrikation von Rauch- und Schnupftabak und verbot alle anderen inzwischen aufgeblühten Produktionsstätten. Als es Beschwerden wegen steigender Preise gab und auch die Meyersche Manufaktur gegen den um sich greifenden Tabakschmuggel klagte, übernahm 1728 der Kurfürst selbst die Manufaktur. Zwischen 1730 und 1736 versuchte es die bayerische Regierung mit allen in Frage kommenden Methoden der Tabakbesteuerung: Sie eröffnete den freien Tabakhandel wieder, um darauf die Manufaktur neuerlich in staatliche Verwaltung zu übernehmen und anschließend Manufaktur und Handelsmonopol an Privatunternehmer zu verpachten. 1738 übernahm wiederum der Staat die Tabakregie.

Nach dem Regierungsantritt Max III. Josephs wurden der Tabakhandel und -anbau wieder freigegeben. Die Regierung erhoffte sich davon sinkende Preise, zurückgehenden Schmuggel und höhere Steuereinnahmen. Das letztere gelang: Der Tabakaufschlag stieg bis auf sechs beziehungsweise 13 Gulden je Zentner Rauch- oder Schnupftabak. Höchstpreise sollten verhindern, daß die Händler diese Abgaben an die Verbraucher weitergaben. Als 1768 Max III. Joseph den freien Tabakhandel beendete, war die *Körnersche Tabakmanufaktur in München* die einzige ihrer Art in Bayern. Max III. Joseph übergab nun der im Wollwesen bekanntgewordenen *Wiener Gesellschaft* das Monopol für die Herstellung von Schnupftabak und zum Import von Rauchtabak. Der Vertrag sah vor, daß der Kurfürst anstelle von Maut- und Akziseabgaben jährliche Pauschalen erhalten sollte, und zwar bis 1775 jährlich 100 000 und ab 1776 jährlich 112 000 Gulden. Mit dem Vertrag erhielt die Wiener Kompanie das Recht, ohne kurfürstliche Kontrolle und Rechnungsprüfung die beträchtlichen Gewinne einzustreichen.

Die Gewinne waren tatsächlich beträchtlich, allein in Stadt am Hof beliefen sich die monatlichen Einnahmen auf 5 000 bis 6 000 Gulden, schon 1769 hatte man dort über 68 000 Gulden eingenommen. Diese Umsatzzahlen geben eine Vorstellung davon, wie hoch die Gewinne umgerechnet auf das ganze Land gewesen sein müssen. 1770 verschärfte sich die Situation infolge der schlechten Tabakernte. Die Preise für Rohtabak stiegen an, aber die Verkaufspreise blieben aufgrund der kurfürstlichen Preisfestlegungen stabil. Da drohte die Gesellschaft, die Manufaktur und den Handel einzustellen, wenn der Kurfürst nicht eine Entschädigung zahle, die Erhöhung der Tabakpreise genehmige und bei Zollabgaben entgegenkomme. Um auch während der schweren Zeit Profit zu machen, verschlechterte die Manufaktur radikal die Tabakqualität, was wiederum dem Tabakschmuggel Auftrieb gab. Staatlicherseits wurde gegen den Tabakschmuggel nicht viel unternommen, die Beamten waren neidisch auf die hohen Gewinne, die die Kompanie einstrich, und drückten die Augen bei deren Schädigern zu. Als die eigene höchste Fachbehörde, das Kommerzkolleg, dem Kurfürsten sogar die Berechtigung bestritt, der Kompanie das Monopol zu den bekannten Bedingungen zu verleihen, trat Max III. Joseph mit dem Stand der ansässigen Händler in Beratungen ein in der Absicht, sich von der Wiener Kompanie wieder unabhängig zu machen. Sein Ziel war die Sicherung seiner Pauschalabgabe von 100 000 beziehungsweise 112 000 Gulden im Jahr und die Übernahme aller Einrichtungen, Mühlen und Warenlager durch den Handelsstand. Den Händlern ging es hingegen allein um die Wiederherstellung des freien Tabakhandels. Mit der Wiener Kompanie zogen sich die Verhandlungen hin. Es wurde nicht nur über das Tabakmonopol, sondern auch über die Übernahme der Wollzeugmanufaktur, der Ledermanufaktur und die Errichtung einer Bank verhandelt. Aber schließlich kündigte der Kurfürst den Vertrag mit der Wiener Kompanie und gab die Tabakeinfuhr frei.

Die Verhandlungen mit dem Handelsstand kamen mit der Unterzeichnung eines Privilegs durch Max III. Joseph Anfang 1773 zum Abschluß. Der Händler Tusch erklärte im Namen des Münchner Handelsstands, den freien Tabakhandel, an dem alle Händler beteiligt werden sollten, wieder einzuführen, die Preise zu senken und die Qualität zu verbessern. Mühle, Manufaktur und Waren der vormaligen Wiener Kompanie wollten sie für gerechte Ablösung übernehmen. Für das Tabakwarenlager zahlten sie die Summe von 46 000 Gulden. Nach Übernahme der Manufaktur durch Tusch und Konsorten wurden tatsächlich die Tabakpreise um weit über die Hälfte herabgesetzt. Um den Schmuggel zu bekämpfen, setzte die Regierung die Tabaksteuer und -preise herab. Erst mit dem Nachfolger Max III. Josephs kam es 1778 zum freien Wettbewerb auf dem bayerischen Tabakmarkt, der sich inzwischen durch stark zunehmenden Verbrauch und niedrige Preise ausgeweitet und gefestigt hatte.

Fassen wir die Geschichte des Tabakhandels und der Tabakherstellung in Bayern zusammen: Anfangs war Tabak für den Staat nur als Steuerquelle interessant. Die staatlich geförderten Tabakmanufakturen konnten allein in Verbindung mit Handelsmonopolen und Einfuhrbeschränkungen überleben. Aber das Monopol blockierte die Konkurrenzfähigkeit der bayerischen Unternehmen. Von staatlicher Seite fehlten langfristige Perspektiven und gesicherte Rahmenbedingungen. Die fortwährenden grundsätzlichen Änderungen im bayerischen Tabakwesen hemmten seine Entwicklung. Auch hier galt, daß den Unternehmern mehr am zollfreien Import und den Privilegien des Monopols gelegen war als am Aufbau einer inländischen Tabakproduktion. Waren langfristig für die Wollzeug-, die Leder- und die Tabakmanufakturen in Bayern genügend große Absatzmärkte zu erwarten, die die Fabriken auch ohne staatliche Hilfen trugen, so war der Absatz anderer

Manufakturen fast ausschließlich von den Aufträgen des Hofes abhängig und damit nicht ausbaufähig. Von der Gobelinmanufaktur und ihrer totalen Abhängigkeit von Hofaufträgen war bereits die Rede. Ähnlich verhielt es sich mit Manufakturen für Gold- und Silberdrähte, für Borten, für Spiegelbelag, für Kristallschleiferei, für Steinpoliererei und für Porzellan. Der Abnehmerkreis beschränkte sich auf die höfischen Kreise, soweit diese sich nicht mit qualitativ besseren ausländischen Produkten eindeckten. Abgesehen von wenigen Ausnahmen war bayerisches Porzellan nicht export- und konkurrenzfähig.

Und doch ist die *kurfürstliche Porzellanmanufaktur* die einzige Manufaktur Kurbayerns, die bis heute Bestand hat. Woran lag dies?

Der Eindruck, den die Entdeckung der Produktzusammensetzung und der Herstellungstechnik von Porzellan im sächsischen Meißen auf die höfische Welt machte, kann gar nicht hoch genug veranschlagt werden. Erfreute sich schon vorher chinesisches Porzellan besonderer Wertschätzung, so war das Meißner Produkt an Europas Höfen schnell als Prestigeträger fürstlicher Eleganz und Symbol der Rokokozeit gleichermaßen sehr beliebt. Die Goldmacher, die jahrzehntelang von Hof zu Hof zogen und leichtgläubigen, geldhungrigen Fürsten große Summen für das Geheimnis der Goldherstellung abschwatzten, wurden nach der Meißner Erfindung von Böttcher-Nachahmern abgelöst, die prestige- und porzellangierigen Fürsten weismachten, sie kennten die Zusammensetzung und die Stufen der Herstellung des Porzellans. Der Spiegelmacher Vater aus Böhmen machte 1729 vor dem Kurfürsten Karl Albrecht vergebliche Versuche. Dann war in Bayern lange Ruhe, während in vielen deutschen Territorien und Residenzstädten sich Porzellanmanufakturen etablierten. Der Grund lag wahrscheinlich im Österreichischen Erbfolgekrieg, der den Aufbau einer kurfürstlichen Porzellanmanufaktur nicht erlaubte.

Max III. Joseph beschloß jedoch bald nach seiner Hochzeit mit der Enkelin des porzellanbesessenen König-Kurfürsten August des Starken von Polen-Sachsen Anfang November 1747, eine eigene Porzellanmanufaktur ins Leben zu rufen. Der Münchner Hafnermeister oder Töpfermeister Niedermayer versprach viel, kassierte und konnte doch das versprochene bayerische Porzellan nicht herstellen. 1748 regelte der Kurfürst die Finanzierung des Projektes durch Abtretung von Tabaksteuern, eine damals kameralistisch notwendige Entscheidung, da es nur zweckgebundene Abgaben, Steuern und Akzisen, und keinen allgemeinen Staatshaushalt gab. Dem Niedermayer wurde für seine Zwecke das Renaissanceschlößchen Neudeck zur Verfügung gestellt, und hier bemühte er sich mit Hilfe von Wiener Fachleuten. 1750 ließ der Kurfürst den Betrieb wieder einstellen, der bei über 9 000 Gulden Kosten nur fünf Gulden Einnahmen erbracht hatte. Niedermayer experimentierte auf eigene Rechnung weiter – vergeblich. Erst 1753 kam es zu einem neuen Anlauf. Das Unternehmergenie Sigmund Graf von Haimhausen, der auf seinen böhmischen Mustergütern vorexerziert hatte, wie man in Zeiten des Merkantilismus erfolgreich wirtschaften konnte, kam bis 1756 für die Anschaffung von Betriebsmitteln, Einrichtungen und Werkzeuge, auf. Danach finanzierte das kurfürstliche Münzamt die Investitionen. Bis dahin war die Neudecker Manufaktur längst auf ihrem künstlerischen Höhepunkt und hatte auch der Kurfürst sich von Haimhausen überreden lassen, die Porzellanmanufaktur wieder zu übernehmen.

Mit der Einstellung des Modellmeisters Franz Anton Bustelli 1754 trat die kurfürstliche Manufaktur mit einem Mal in die erste Reihe der Porzellanmanufakturen Europas. Ihre Erzeugnisse wurden nach Frankfurt, Wien, Rastatt, Venedig, Turin, Brüssel und Amsterdam versandt, ja, sie baute sich später ein stabiles Absatzgebiet bei der Hohen Pforte im Osmanischen Reich auf. Durch den Ausfall der sächsichen Manufaktur Meißen infolge der preußischen Besetzung im Siebenjährigen Krieg wurde die kurbayerische Manufaktur bevorzugter Porzellanlieferant vieler Höfe. Aus Niedermayers Hinterlassenschaft wurde 1755 mit Mitteln des Münz- und Bergwerkfonds in Friedberg am Lech eine *Fayencemanufaktur* errichtet. Aber für die gestiegene Produktion reichten die Räume der Neudecker Manufaktur nicht mehr aus. 1761 war ihre Verlegung in eines der Gebäude am Nymphenburger Schloßrondell notwendig. Während Haimhausen als Präsident des Münz- und Bergwerkskollegiums bis dahin nur die Oberaufsicht innehatte, wurde er jetzt selbständiger Manufakturdirektor. Dank einer starken und anerkannten Stellung konnte er durchsetzen, daß er nur dem Kurfürsten direkt unterstellt war.

Aber auch dieser Organisationsfachmann konnte an der vorgegebenen Zwecksetzung nichts ändern. Die kurfürstliche Porzellanmanufaktur sollte vor allem den Ruhm und das Ansehen des Landesherrn mehren. Die *Nymphenburger Prozellanmanufaktur*, dieser Name setzte sich durch, wurde repräsentativ eingerichtet, um für Besuche von Fürstlichkeiten vorbereitet zu sein, und im Produktionsprogramm wurde viel Wert auf figürliche Plastik und luxuriöses Tafelgeschirr gelegt. Es entstanden höfische Kunstwerke von äußerster und noch heute bewunderter Eleganz, für deren Herstellung hohe Kosten aufzuwenden waren, wie sie nur ganz wenige sich zu leisten vermochten. Kostendeckend konnte das Unternehmen nicht arbeiten.

Kurprinz Maximilian Joseph in der Pose des Herrschers mit Feldherrenstab und Hubertus-Orden.

Kurprinz Maximilian Joseph. Silberne Votivgabe seiner Eltern in Altötting nach überstandener Krankheit des Prinzen.

Kurfürst Max III. Joseph (1727–1777) auf Pferd in Feldherrenpose mit gezücktem Degen, im Hintergrund Soldatenlager.

Kurfürst Max III. Joseph heiratet 1747 die sächsische Prinzessin Maria Anna Sophia (1728–1797), Tochter des sächsischen Kurfürsten und polnischen Königs.

Die Porzellanmanufaktur Nymphenburg war wirtschaftlich ein Fehlschlag, künstlerisch ein Glücksfall: Parforce-Reiter mit Jagdhorn aus der »Bayerischen Parforce-Jagd« mit blauer Uniform. Das Kernstück der Tafeldekoration, die Curée, die die Versorgung des erlegten Wildes zeigt. Aus der »Roten Nymphenburger Jagd« stammt der Reiter mit einem Falken bei der Beizjagd. Ebenfalls von Bustelli stammen »die Apfelkramerin und der Fischhändler«, zwar in Alltagsberufen, aber in geziert-höfischer Haltung.

rechts oben: Hohlguß-Büste Max III. Joseph mit dem Orden des goldenen Vließes (Blei) von R. A. Boos.

rechts unten: Die Medaille von F. A. Schega erinnert an die Stiftung der Akademie der Wissenschaften. Rückseite: Minerva mit Freiheitsmütze auf Stab.

Mit diesem Bild von P. J. Horemans von der Zusammenkunft der kurbayerischen und der kursächsischen Familie demonstrierte Max III. Joseph während des Siebenjährigen Krieges zugleich Solidarität mit der exilierten Familie seiner Schwester, der Kurprinzessin, wie auch die Macht des Wittelsbacher Blocks im

Reich (durch die Abbildung des bayerischen und des Kölner Kurfürsten). Freilich, der Kölner Kurfürst Clemens August (linke Mitte) war zum Zeitpunkt der Zusammenkunft schon verstorben. Hinter dieser Demonstration von Familie, Dynastie und Macht verbarg Max III. Joseph nur schlecht seine Hilflosigkeit im Siebenjährigen Krieg.

Max III. Joseph und sein Freund Graf Salern auf einem Bild von J.J. Dorner d. Ä. im vom Kurfürsten bevorzugten holländischen Stil. Der Ausschnitt zeigt ihn an der Drechselbank. Elfenbeindrechseln war eine seiner Lieblingstätigkeiten.

Max III. Joseph im Kreis seiner Schwestern und der Ehefrau. An der Staffelei die musisch begabte Schwester Antonia Maria Walpurgis. Die anderen Schwestern: Die badische Markgräfin Maria Anna Auguste und die spätere Kaiserin Josepha.

Für Fürsten des 18. Jahrhunderts war die Jagd zugleich Herrschermonopol wie Demonstration seines Kampfgeistes auch im Frieden.

Zu den wichtigsten Einnahmequellen von Kurbayern gehörte der Salzhandel. Das Bild zeigt einen Traunsteiner Salzstadel.

Kurbayern war trotz der umfangreichen Manufakturgründungen Max III. Josephs ein Agrarland geblieben. Die Stiche zeigen die Getreideernte und das Dreschen im 18. Jahrhundert.

*Nachdem endgültig offenbar wurde, daß seine Ehe kinderlos bleiben würde,
setzte Max III. Joseph alle Energie in das Ziel, durch Hausverträge mit der Pfalz
die gegenseitige Beerbung der beiden Wittelsbacher Höfe zu sichern.*

MAXIMILIANUS IOSEPHUS

Elecror Bavariae.

J. C. Nabholz Sculpsit.

Stich aus der 1. Biographie über Max III. Joseph von Rothammer, bereits wenige Jahre nach seinem Tode.

Da die Geschäftsführung auf kurfürstliche Anweisung derart von kaufmännischen Grundsätzen abweichen mußte, war die Sicherung der Manufaktur nur durch dauernde Zuschüsse möglich. Die Zuschüsse und die unentgeltlichen Lieferungen für den Hof mußten Haimhausens Ertragsrechnung immer mehr verfälschen. Andererseits wurden die vollen Lager und ausstehende Forderungen an ausländische Höfe als Aktiva eingesetzt. Die Außenstände waren meist verloren, die Lagerbestände unrealistisch hoch bewertet. Das täuschte zwar einen rechnerischen Ausgleich vor, half aber nicht bei der Bezahlung von Löhnen und Verbindlichkeiten. Weiter verkannte man, daß der Ausfall des großen Konkurrenten Meißen nur zeitlich begrenzt war. Man erweiterte die Produktionskapazität übermäßig mit Hilfe staatlicher Zuschüsse. Dabei spielten Absatzprobleme und Rentabilität nur eine untergeordnete Rolle. Kam man in den frühen Jahren mit dreißig Personen aus, so waren es nach dem Umzug nach Nymphenburg schon 171 Beschäftigte und 1765 gar 187. Der künstlerische Höhepunkt war zu diesem Zeitpunkt nach dem Tod Bustellis, allerdings überschritten.

Haimhausen lud dem Unternehmen noch einen karitativen Nebenzweck auf, als er für siebzig Buben, Söhne armer Hofbediener, eine Lehrwerkstatt zur Nachwuchsschulung schuf, in der die Lehrlinge, entgegen damaliger Übung einen Wochenlohn von eineinhalb bis zwei Gulden erhielten. Schon 1765 deckten die gestiegenen Verkaufserlöse die schneller gestiegenen Kosten nicht mehr. Bis 1767 hatte die Manufaktur über 200 000 Gulden verschlungen.

Nach dem Siebenjährigen Krieg setzte eine allgemeine Handelskrise ein, auch rührte sich die Konkurrenz auf dem Porzellanmarkt wieder. Für die Nymphenburger Manufaktur bedeutete dies einen starken Absatzrückgang. Da erklärte sich das Münzamt außerstande, die Porzellanmanufaktur – und die von ihm ebenfalls unterstützte *Goldtressenfabrik* – weiterzufinanzieren. Den 300 Beschäftigten in beiden Betrieben drohte die Arbeitslosigkeit. Am Hof war man sich des Prestigeverlustes bewußt, den eine Schließung nach sich zöge und ebenso der Tatsache, daß die großen Investitionen damit verloren wären. So beschloß man ein Konzept zur Sanierung: die Zahl der Arbeiter wurde auf sechzig abgesenkt, der Absatz ausgeweitet und die Produktion beschränkt. Aber man war sich darüber im klaren, daß für Betriebsmittel weitere Zuschüsse notwendig waren. Der Kurfürst erklärte sich bereit, für eine kurze Zeit nochmals 250 Gulden pro Woche zuzuschießen.

Im Jahr 1767 bot sich der Münz- und Bergrat Dominikus Linprun an, die Porzellanmanufaktur ohne Fremdmittel weiterzuführen. Im August wurde er mit der Leitung beauftragt und ihm ein letzter Zuschuß von 2 000 Gulden zugesagt. Zur Unterstützung Linpruns erhöhte Max III. Joseph den Zoll für auswärtiges Porzellan auf 50 Prozent des Wertes, was einer Vervierfachung gleichkam. Linprun gelang es, insbesondere durch die Ausweitung der Produktion des einzigen Artikels, der der Manufaktur jemals merkbare Gewinne brachte, des »Türkenbechers«, der in großer Stückzahl in Nymphenburg hergestellt und in der Friedbergischen Fayencemanufaktur bemalt wurde, den Absatz zu steigern. Trotz eines Großverkaufs dieser Kaffeeschalen 1768 und 1769 in das Osmanische Reich und Werbung für den Verkauf der Lagerbestände mit gedruckten Preislisten konnte sich die Manufaktur nicht selbst tragen. In den anschließenden Krisen- und Hungerjahren konnte der Betrieb nur durch Zuschüsse von 6 000 und 6 800 Gulden vor dem Zusammenbruch bewahrt werden. Es wurden auch Stimmen laut, die empfahlen, die Nymphenburger Porzellanmanufaktur ganz zu schließen, nachdem sie sich als ein Faß ohne Boden erwiesen hatte. Wegen ihres kontinuierlichen Zuschußbedarfes war sie bei allen kurfürstlichen Ämtern geradezu verhaßt. Es war die Zeit, in der Max III. Joseph auch die anderen verlustreichen Manufakturen abzustoßen oder zu privatisieren versuchte.

Im Falle der Nymphenburger Porzellanmanufaktur entschied Max III. Joseph jedoch, sie auf eigene Rechnung weiterzuführen. Angesichts der damaligen Not im Lande und der katastrophalen Kassenlage ein Beleg dafür, wie viel dem Kurfürsten an der Erhaltung dieses für seine Reputation und Repräsentation so wichtigen Produktionszweigs gelegen war. Die Manufaktur bekam ein neues Schrumpfungsprogramm verpaßt: nur 28 Arbeiter blieben übrig, Linprun wurde durch den Modellmeister Dominikus Auliczek ersetzt. Direktor wurde wieder Graf Haimhausen, die Manufaktur erneut der Münzkommission unterstellt. Die Orientierung am Bedarf war die wichtigste Neuerung. Hinzu kamen die Verpflichtung zur Rechnungsführung nach kaufmännischen Gesichtspunkten und das Verbot, mehr auszugeben, als man einnahm. Dieses Programm von 1773 trug tatsächlich bis in die neunziger Jahre. Das ist um so erstaunlicher, als das Unternehmen mit einigen Schwierigkeiten zu kämpfen hatte: So brach der Markt für die gewinnbringenden Türkenbecher wegen eines neuen Krieges des Osmanischen Reiches weg, kam die figürliche Plastik des Rokoko – ein Markenzeichen Nymphenburgs – aus der Mode und eroberte mit dem weit billigeren englischen Steingut eine neue konkurrierende Ware den Markt.

So seltsam es klingen mag: Nach dem Tode Max III. Josephs konnte die Nymphenburger Porzellanmanufaktur ihre Existenz nur deshalb sichern, weil der neue Kurfürst die pfälzische Manufaktur in Frankenthal bevorzugt mit Aufträgen bedachte. So konnte die Nymphenburger – ohne kostspielige höfische Aufträge und ohne Hoffnung auf einen Zuschuß – sich ganz auf ihre Selbsterhaltung durch marktgerechte Produktion einstellen. Dieser paradoxe Ausblick dient zugleich als Schlußgedanke für die Manufakturpolitik Max III. Josephs: Je mehr sich der Kurfürst für eine Manufaktur und ihre Produkte interessierte, um so höherer Zuschüsse bedurfte das Unternehmen. Das mag zum einen an der finanziellen Ausnutzung der kurfürstlichen Neigungen gelegen haben, zum anderen an kostspieligen Wünschen des Landesherrn, die entweder gar nicht oder nicht kostendeckend bezahlt wurden. Fürstliche Launen waren durchaus auch Kostenfaktoren.

Kommen wir zur Gesamtbewertung der Gründung und Förderung von Manufakturen durch Max III. Joseph.

Sehen wir uns zunächst den beschäftigungspolitischen Teil seines Manufakturprogrammes an. Im Jahre 1770 gab es bei 1,28 Millionen Einwohnern Bayerns mit Neuburg, Sulzbach und der Oberpfalz etwas über 850 000 Erwerbstätige. Zur gleichen Zeit waren in allen Manufakturen zusammengenommen etwa 1 000 Beschäftigte tätig, ihr Anteil an der gesamten erwerbstätigen Bevölkerung betrug zirka 0,12 Prozent, nimmt man die 2 000 Nebenwerker und Handwerker hinzu, die den Manufakturen zuarbeiteten und zulieferten, und geht man statt von der Gesamtzahl der bayerischen Erwerbstätigen nur von den Arbeitskräften in Handel und Gewerbe aus, steigt der Anteil auf etwa 1,5 Prozent. Dies beweist, wie wenige Arbeiter von den zahlreichen Manufakturgründungen profitierten.

Da die meisten Manufakturen, besonders die kurfürstlich geförderten, nach einiger Zeit wieder aufgelöst wurden, stellt sich die Frage nach dem Schicksal der Entlassenen. Sie gerieten meist in bittere Armut, denn es gelang nicht, sie in ähnlich bezahlten Stellungen unterzubringen. Dieses Schicksal traf Ungelernte wie Facharbeiter.

Sicher lernten Manufakturarbeiter – eine weitere Zielsetzung – während des Beschäftigungsprozesses Pünktlichkeit, Genauigkeit und Zuverlässigkeit, wichtige Basistugenden für eine spätere Industrialisierung, doch wurden sie in der Mehrzahl irgendwann arbeitslos und werden die Tugenden ohne tägliche Übung bald vergessen haben. Außerdem stellten die insgesamt 1 000 Manufakturarbeiter in Bayern eine zu geringe Gruppe dar, die keine breiten Lernprozesse in Gang zu setzen vermochte.

Hatte die Produktion wenigstens im Verhältnis zur Gesamtproduktion des Gewerbes in Bayern einen bedeutenden Anteil, der die große Aufmerksamkeit des Kurfürsten und seine finanziellen Hilfen gerechtfertigt hätte? Der Anteil der Manufakturen an der gewerblichen Produktion wird mit etwa 10 Prozent berechnet. Und dabei sind, wie gesagt, die großen Wirtschaftsbereiche Landwirtschaft, Bergbau oder das Salinenwesen überhaupt nicht zum Vergleich herangezogen. Der Anteil an der gesamtwirtschaftlichen Produktion in Kurbayern läßt sich schwer abschätzen. Nehmen wir den Export als Hinweis: Am gesamten agrarischen und gewerblichen Export des Landes in Höhe von rund sechs Millionen Gulden waren die Manufakturen nur mit 1,5 Prozent beteiligt.

Die siebzig Manufakturen trugen zum Sozialprodukt Bayerns nicht mehr als ein Prozent bei, kaum mehr zum Export. Die Arbeitsplatzsicherung gelang für 0,12 Prozent der Erwerbstätigen, und auch dies nur zeitweise.

Die für die Manufakturen von Max III. Joseph über Jahrzehnte aufgewandten Mittel waren in Anbetracht der hohen Schuldenübernahme, der damals vergleichsweise geringen Staatseinkünfte und der hohen Ausgaben für Hof und Heer unverständlich. Die kurfürstliche Manufakturpolitik lag zwar in den ersten Jahren seiner Regierung im Zuge der Zeit, wurde in Bayern aber doktrinärer und starrer gehandhabt als in anderen Staaten. Dabei war es nicht so, daß er mit seinem verfehlten Programm der einseitigen Wirtschaftsankurbelung über den Manufaktursektor keine Kritiker gefunden hätte. Von Ratgebern und aus Kreisen der Landschaftsverordnung kam mehrfach heftige und bittere Kritik. Auch die Bevölkerung lehnte das System der Monopole, Privilegien und Zollabschöpfungen ab, da sie erkannte, daß ein freier Warenzufluß wenigstens in einigen Bereichen Preissenkungen bewirkt hätte. Außerdem lähmte das merkantilistische System besonders da, wo es das Privatleben reglementierte, das wirtschaftliche Handeln. In einigen Bereichen, etwa im Lederwesen, sollen die Manufakturen sogar das gesamte Gewerbe ruiniert haben.

Erst spät und unter dem Druck leerer Kassen zog sich der Staat mehr und mehr aus der Wirtschaft zurück. Inzwischen aber hatten technologische Isolierung, verfehlte Unterstützung am falschen Ort, eine korrupte Beamtenschaft und eine Bestrafung jeder freien unternehmerischen Regung die Wirtschaft Bayerns in mehreren Bereichen schwer geschädigt.

Das Sozialwesen

Nähern wir uns der Armenpolitik Max III. Josephs, soweit sie über seine persönliche Mildtätigkeit und die seiner Mutter und seiner Ehefrau hinausgeht, so müssen wir uns zunächst eine zeitgerechte Vorstellung von diesem Begriff machen. Heute verstehen wir darunter umfassende Sozialpolitik. In der Zeit des aufgeklärten Absolutismus gehörten zur Armenpolitik im engeren Sinne auch die Bevölkerungspolitik und Teilbereiche der Wirtschafts-, Landwirtschafts-, Emigrations- und Rechtspolitik.

Doch zunächst zum allgemeinen: Staatliche Armenpolitik war in der Zeit Max III. Josephs etwas grundsätzlich Neues. Not und Armut waren in der mittelalterlichen Gesellschaft gottgewollt. Ein natürlicher Zustand, dem man von Geburt an ausgeliefert war. Der Mensch war in einen bestimmten Stand hineingeboren und gehörte ihm in der Regel bis zu seinem Tode an. Der arm Geborene war für seine persönliche Notsituation nicht verantwortlich. Der einzelne war Werkzeug Gottes. Wer sich gegen sein Schicksal wehrte, nach einem besseren Stand trachtete, lehnte sich gegen den Plan Gottes auf.

Diese Anschauung machte ein aktives Eingreifen des Staates oder auch nur der Stadt, der Gemeinde nicht notwendig. Grundsätzliche Veränderungen widersprachen der göttlichen Ordnung.

Die Almosenverteilung hatte in dieser Weltvorstellung einen festen Platz. Der Gläubige war verpflichtet, von seinem Überfluß den Armen abzugeben. Neben Beten und Fasten konnte der Gläubige seinen Glauben durch gute Werke unter Beweis stellen. Wohlfahrt und Fürsorge, die in erster Linie in kirchlichen Händen lagen, zielten nicht auf Beseitigung von Armut. Sie reduzierten bestenfalls den Gegensatz zwischen Arm und Reich. Eigentlich waren Not und Armut Einrichtungen der Gottesordnung und des Glaubenserweises.

In protestantischen Ländern änderte die Reformation diese Einstellung sowohl theologisch wie materiell. Aber auch in katholischen Ländern bewirkte die protestantische Ethik eine neue Einstellung zur Armut. Arme und Bettler galten jetzt als unnütz und faul. Ihre Lebensverhältnisse wurden als Folge ihrer Arbeitsscheu und damit als selbstverschuldet verstanden. Durch die Säkularisierung der Armutslehre entstand ein Vakuum, das staatliches Handeln, Armenpolitik und aktive Fürsorge erforderlich machte. Fortan – und im Grunde bis heute – teilte man die Armen in zwei Gruppen: zum einen die »wahren« Armen, die Alten, Kranken und Arbeitsuntauglichen; sie erhielten obrigkeitliche Fürsorge. Zum andern die »Müßiggänger« und Faulenzer; sie sollten zur Arbeit erzogen werden. Diese Gruppe erfuhr eine Mischung aus Pädagogik, Zwang und Strafe. Die Entwicklung zum Staat, der seine Untertanen etikettiert und mit einer Vielzahl von Vorschriften erziehen möchte, aber auch die Entwicklung zu einer neuen, vergeistigten Frömmigkeit, die das Leben dieser Welt von einer göttlichen Ordnung wohl zu trennen weiß, vollzogen sich schleichend und nicht bruchhaft.

So konnte Max III. Joseph durchaus in der Tradition mittelalterlich geprägter persönlicher Frömmigkeit Almosen geben und zugleich von der Notwendigkeit staatlicher Armenpolitik überzeugt sein. Oder war es etwas Neues, bisher Unbekanntes, nämlich Mitleid, das ihn trieb? Mitleid wiederum kann nur der empfangen, der keinem gottgewollten Stand angehört, und nur der empfinden, der die Verteilung der Güter auf der Welt als ungerecht ansieht.

Damit berühren wir ein Thema, das das ganze Zeitalter der Aufklärung mit den vielen Versuchen, durch obrigkeitliche Eingriffe und Maßnahmen andere Menschen zu schaffen, durchzieht. Da sie selbst die Güterverteilung als ungerecht empfanden, setzten die Fürsten aus Angst vor Unruhe und Umsturz alle Mittel ein, die Aufrührer, Ungezogenen und Unangepaßten oder die sie dafür hielten, zu kontrollieren und zu »bessern«. Infolgedessen bewegte sich die Armenpolitik Max III. Josephs im Spannungsbogen von karitativer Hilfe bis zum Korrektions- oder Besserungshaus.

Bevölkerungspolitik:
Bestandsaufnahme und Diskussion

Ein Volk und seine Geschichte waren nach mittelalterlicher Vorstellung Teil des Planes Gottes. Diese Vorstellung bildete sich analog zur mittelalterlichen Adaption der Geschichte des Volkes Israel als Vorstufe der Geschichte des Christentums und der christlichen Völker. So wie Gott das Volk Israel aus Ägypten geführt, ihm seine Gebote diktiert und es bei Widerspenstigkeit bestraft hatte, so empfand sich der mittelalterliche Mensch noch völlig in der direkten Bindung zu Gott, seinen Ge- und Verboten. Und wie Gott gleichsam als Geschenk dem Abraham und seiner bejahrten Frau Nachkommen wie Sand am Meer versprach, so empfing der mittelalterliche Mensch Geburt und Tod als göttliche Fügung, Bevölkerungsabnahme und -zunahme als göttlichen Plan.

Diese Vorstellung hielt sich im Kern bis in das 18. Jahrhundert. Erst die in diesem Jahrhundert allmähliche Loslösung der Politik von ihrer religiösen Grundlage schuf die geistige Voraussetzung dafür, Situation und Belange der Bevölkerung wissenschaftlich zu untersuchen. Zugleich wurden wissenschaftliche Überlegungen angestellt, wie die Probleme und Nachwirkungen des Dreißigjährigen Krieges zu lösen seien und wie der Wirtschaft aufzuhelfen sei. Eine Rolle spielte in diesen Überlegungen, den Bevölkerungsverlust des Krieges auszugleichen.

Das damit sich abzeichnende Wirtschaftssystem des Merkantilismus setzte auf gezielte und umfangreiche Planungen und Aktionen eines Staates zur Erzielung ganz bestimmter wirtschaftlicher Resultate. Es gründete auf der Überzeugung von der Planbarkeit und Steuerbarkeit aller von Menschen getragenen Wirtschaftskomponenten, also auch der Bevölkerungszahl.

So spiegelte die Bevölkerungspolitik unter Max III. Joseph zugleich die Überzeugung wider, durch staatliche Eingriffe und Lenkung das erwünschte Resultat zu erzielen. »Ein sehr bevölkertes Land ist auch allemal das reichste.« Diese Formel tauchte wiederholt in grundsätzlichen Überlegungen bayerischer Gelehrter und Politiker auf. Der Wohlstand eines Staates hing demnach vorrangig von der zahlenmäßigen Stärke seiner Bevölkerung ab – Wirtschaftspolitik war somit im 18. Jahrhundert auch Bevölkerungspolitik geworden.

Voraussetzung jeder staatlichen Bevölkerungsplanung sind statistische Angaben über die Ausgangzahl der Bevölkerung. Zwar hatte es in Bayern zu allen Zeiten Versuche gegeben, die Bevölkerung rechnerisch zu erfassen, jedoch erst während der Regierungszeit Max III. Josephs wurden dafür umfassende Erhebungen durchgeführt. 1752 wurde eine vollständige Güterkonskription angefangen, die Auskünfte über Menschen und Güter erlaubte. Jedes Landgericht hatte eine genaue Statistik sämtlicher Anwesen, gegliedert nach Hoffußgröße, in seinem Amtsbereich durchzuführen, und auch alle landwirtschaftlich genutzten Flächen, für die Abgaben zu entrichten waren, zu erfassen. Ebenfalls darin festgehalten wurde die Zugehörigkeit zur jeweiligen Grundherrschaft innerhalb der Landgerichtsbezirke; das ermöglichte es, die bäuerliche oder nichtbäuerliche Struktur der Grundherrschaften zu überblicken. Die einzelnen Grundherrschaften sind bei dieser Aufstellung noch in die einzelnen administrativen Zuordnungen, wie Obmann- oder Hauptmannschaften, unterteilt. Alle Zahlen und Angaben für das Gesamtwerk der Konskription mußte die unterste Verwaltungsebene in den Städten, Märkten und Dörfern, die Hofmarksgerichte der Stände, liefern.

Diese Güterkonskription sollte dem Staat natürlich nicht nur helfen, die Bevölkerungszahl zuverlässig zu ermitteln, sondern hatte auch – Kaiser Augustus' Volkszählung als Vorbild – den Zweck, Daten für die Besteuerungen zu beschaffen. Besonders aus diesem Aspekt der Landesregierung heraus läßt sich der Widerstand der Stände gegen die Konskription verstehen. Adel, Kirche, Klöster und Städte wollten dem Staat kein Material für weitere finanzielle Belastungen liefern. Sie argumentierten, über die Pfleger und Direktorien der (Teil-)Regierungen in den Rentämtern wüßten der Kurfürst und seine Minister sowieso genau Bescheid. Aber Max III. Joseph bestand auf neuen, standardisierten, vergleichbaren und unmanipulierten Erhebungen. Die Durchführung der Konskription zog sich angesichts des Widerstandes der untersten Verwaltungsbehörden, die meist von den Ständen gestellt wurden, über Jahre hin.

So mußte sich der Kurfürst anfangs auf laufende Auskünfte seiner Verwaltung stützen. Die Zielrichtung war ihm sowieso klar. Aus Furcht vor einer »Depopulation und Ausödung« des Landes mußte eine »Vermehrung der Mannschaft« erreicht werden, so drückte er es in den Mandaten vom 3. Juni 1762 und vom 28. Februar 1764 aus. Angesichts der Tatsache, daß Mitte des 18. Jahrhunderts Bayern noch nicht wieder die Bevölkerungszahl von vor dem Dreißigjährigen Krieg erreicht hatte, und angesichts der seit Jahrzehnten hinter den Sterbeziffern zurückbleibenden Geburtenzahlen in der Residenzstadt München, ist die Furcht verständlich. Die Zielsetzung war nicht einfach die Vermehrung der Einwohnerzahl, sondern der »Mannschaft«, womit das »gemeine Volk« gemeint war, der Personenkreis also, der Abgaben und Dienste leistete und Steuern zahlte.

Und innerhalb dieses Personenkreises faßte Max III. Joseph wieder jene Gruppe ins Auge, die zu seinen wirtschaftspolitischen Zielen paßte. Es war die Gruppe der ländlichen Arbeitskräfte, der Tagwerker, Knechte und Mägde. Nach Aussagen der Behörden fehlten im ländlichen Bereich Arbeitskräfte, während gleichzeitig viele Menschen bettelnd und arbeitslos durch das Land zogen. Hier wollte der Staat ansetzen. Man nahm einen Rückgang der Bevölkerungsgruppe der Tagewerker, besitzlosen Landarbeiter, der Knechte und Mägde an. Dafür fanden die Münchner Planer verschiedene Gründe. 1762 lag der Zentrale eine zusammenfassende »von dem vielfältigen (ein) Handwerk lernenden Söhnen der Bauern und Söldnern zum Nachteil des Ackerbaus« betitelte Schrift vor. Darin hieß es, daß immer mehr Bauernsöhne und Söhne von Tagelöhnern von den Höfen wegzögen, um ein Handwerk zu erlernen oder zu studieren. Als die bedeutsamere

Ursache für den Arbeitskräfterückgang erkannte man aber das Heiratsverbot von 1726, das allzu streng gehandhabt wurde. Der Vorschlag der Zentralbehörde lautete daher, Angehörigen bäuerlicher Gruppen sollte es verboten sein, zu studieren oder ein Handwerk zu erlernen. Parallel dazu strebte sie eine Lockerung oder die Aufhebung des Heiratsverbotes an.

Max III. Joseph ließ zu diesen Vorstellungen Gutachten aus den Rentämtern anfordern. Diese Gutachten kamen jedoch zu einer ganz anderen Einschätzung als ihr Kurfürst und seine Zentralbehörde. Das Studienverbot für diese Bevölkerungsgruppe sei nicht sinnvoll, da gerade aus dieser Schicht sich der niedere Klerus rekrutiere. Gegen eine Lockerung des Heiratsverbotes wehrten sich die Rentamtsmeister vehement. Dadurch würde nur das Heer der Armen vergrößert. Außerdem sei nach ihren Beobachtungen kaum ein Rückgang der ländlichen Arbeitskräfte festzustellen.

Da dies aber die Grundlage der Überlegungen der fernen Zentralbehörde in München war, stellt sich die Frage, ob Max III. Joseph es überhaupt um das Abstellen von Mißständen ging. Vielmehr liegt der Verdacht nahe, daß hier Maßnahmen propagandistisch gerechtfertigt werden sollten, die auf anderem Gebiet wirksam wurden. So führte zum Beispiel 1763 das Studienverbot für Bauernsöhne zu Maßnahmen, die sich gegen die Jesuiten und deren Bildungseinfluß in den Schulen richteten.

Eine Maßnahme, die uns Menschen des 20. Jahrhunderts viel näherliegt als Heirats-, Studien-, Ausbildungs- und sonstige Verbote, ist die medizinische und Gesundheitsfürsorge des Staates. Auch hier suchte man Verbesserungen vorzunehmen, zum Beispiel durch die Einrichtung von Hebammenschulen. Die erste derartige Institution wurde 1769 in Neuötting eröffnet. Die »jungen Weibspersonen«, die dort ausgebildet wurden, mußten einen tugendhaften, christlichen Lebenswandel nachweisen, darüber hinaus des Lesens und Schreibens kundig, zwischen dreißig und vierzig Jahre alt und verheiratet sein. Mit einer wissenschaftlich fundierten Hebammenausbildung wollte der Staat Max III. Josephs die Kindersterblichkeit reduzieren; auf 18 bis 19 Lebendgeburten kam eine Totgeburt. In den Städten lag die Rate der Totgeburten noch höher. Nicht vergessen sollte man, daß bei allen als medizinisch-wissenschaftlich ausgegebenen Maßnahmen des Staates auch ein aufklärerischer Impuls gegen die Macht »weiser Frauen« und ihr tradiertes Wissen vermutet werden muß. Ihre Kenntnisse wurden durch die studierten Mediziner und die Vernünftler als Aberglauben oder gar Hexenkunst diskreditiert und angegriffen. Vergessen wir nicht, daß die Scheiterhaufen der Hexen im 18. Jahrhundert noch brannten. Auch die schrittweise Einführung staatlicher Kontrolle über den Kreis der medizinisch Tätigen, der Ärzte, Apotheker und Bader und deren Ausbildung ist nicht nur unter dem Aspekt der besseren Gesundheitsfürsorge, sondern unter dem der Abgrenzung von Individuen zu sehen, die auf andere Weise Heilwissen erwarben und sich somit dem allgegenwärtigen Anspruch des Staates entzogen. Doch davon an anderer Stelle mehr.

Mit der Errichtung von staatlichen Findel- und Waisenhäusern glaubte man ebenfalls einen Beitrag zur Bevölkerungsvermehrung leisten zu können, gleichzeitig wurde diesen Kindern eine Erziehung zuteil, die sie zu einem nützlichen Glied der Gemeinschaft machen sollte. Mit anderen Worten: Man wollte Waisenkinder zur Arbeit anhalten und erziehen. So wurde 1771 bei Ingolstadt eine »Real-Landschule« eingerichtet, in der Kinder ab sieben Jahren das Spinnen, Weben, Flicken, Stricken und so fort erlernen sollten. Von den 577 Kindern starben 69 Buben und 63 Mädchen, so daß der Versuch als mißglückt angesehen werden mußte, und das Institut nach dem Tod Max III. Josephs aufgelöst wurde. Die Wartung der Waisenhäuser und Schulen behielt sich der Staat vor, um die Durchsetzung seiner pädagogischen Ziele zu sichern. Damit führte Max III. Joseph einen weiteren Schlag gegen vergleichbare kirchliche und klösterliche Einrichtungen.

Max III. Joseph und seinen Ratgebern und Ministern war klar, daß eine Politik, die allein die Vermehrung bestimmter Bevölkerungsschichten zum Ziel hatte, einem Staat mehr Nachteile als Vorteile brachte, sofern sie nicht mit flankierenden Maßnahmen einhergingen. Die Befürchtungen der unteren und mittleren Verwaltungsebenen, daß nämlich die Armen sich kräftiger vermehrten und damit den Staat schädigten, mußten vermieden werden. Wachstum der armen Schichten führte, so argumentierten sie, in unabwendbarer Folge zu noch größerer Armut, hohen Preisen und Lebensmittelmangel.

Auch die Zentrale erkannte, parallel zu den bevölkerungspolitischen mußten wirtschaftspolitische und soziale Maßnahmen in Angriff genommen werden. Denn das Ziel jedes Staatswesens, die »Glückseligkeit« seiner Untertanen, war erst dann erreicht, wenn jeder einzelne seine gesicherte Existenz hatte. Oder mit einem zeitgenössischen Schlagwort: »Der Reichtum der Untertanen ist die Schatzkammer der Fürsten.«

Max III. Joseph löste diese Aufgabe in zweifacher Weise. Er ergriff Maßnahmen zur Arbeitsplatzbeschaffung für arbeitslose Untertanen und er entwickelte einen Plan zur Verteilung von Grund und Boden für landlose Schichten.

Die Schaffung von Arbeitsplätzen bestand zum einen in der Förderung von Manufakturbetrieben mit vielen Arbeitern, zum anderen in landwirtschaftlichen Maßnahmen zur besseren Nutzung von Boden, in der Aufteilung zu großer Höfe und in der Verteilung von Gemeindeland an Landlose.

Die Landwirtschaft und ihre Verbesserung nahmen in Max III. Josephs Plänen eine wichtige Rolle als Rohstofflieferant für Manufakturen und Fabriken und zur Sicherung der Ernährung des Volkes ein. In Anbetracht der wenigen Fabriken in Bayern und seiner uneinheitlichen Agrarstruktur nahm er aber wohl die tatsächliche Bedeutung der Landwirtschaft, auch für den Außenhandel, nicht wahr. Sein Interesse blieb, wie wir gesehen haben, weitgehend auf die Gründung und Unterhaltung von Manufakturen und Fabriken beschränkt.

Betrachten wir vor dem Hintergrund dieser Überlegungen einige Daten zur Bevölkerung Bayerns zur Zeit Max III. Josephs. Nach einer Erhebung, die zwischen 1771 und 1781 in den vier Rentämtern München, Burghausen, Straubing und Landshut durchgeführt wurde, zählte Altbayern etwa 920 000 Einwohner. Zusammen mit den etwa 170 000 Einwohnern der Oberpfalz ergab das für Bayern eine Einwohnerzahl von 1 090 000 Personen. Das ist die untere Grenze der Wahrscheinlichkeit, neuere Schätzungen überschreiten diese ab 1771 durchgeführte Volkszählung um einige Tausend.

Während ab der Mitte des 18. Jahrhunderts in den europäischen Staaten ein Anwachsen der Bevölkerung zu verzeichnen ist, hinkte Bayern mit seiner Bevölkerungsentwicklung hinter den anderen Staaten her und vollzog den Anstieg nur langsam und schwächer. Die zitierte Angst vor einer Depopulation war also im Vergleich zu anderen Staaten durchaus gerechtfertigt.

Etwa 80 Prozent der bayerischen Bevölkerung lebte in Dörfern, Weilern oder Einöden. Die zahlenmäßig am stärksten vertretene ländliche Bevölkerung der Bauern, Häusler, Tagelöhner, Knechte und Mägde bildete den untersten Stand der Gesellschaft. Er war von der politischen Mitwirkung, die den anderen Ständen in bestimmtem Umfang möglich war, ausgeschlossen. Innerhalb der bäuerlichen Schicht gab es große Unterschiede. Bauern und ihre besitzlosen Hilfskräfte trennte vieles. Seit Beginn der Neuzeit hatte die Zahl der landwirtschaftlichen Arbeitskräfte ohne Wirtschaftsbesitz zugenommen, hingegen war die Zahl der Höfe zurückgegangen. Eine Zunahme erfuhren auch diejenigen Einheiten, die wir heute als Neben- oder Zuerwerbsbetriebe bezeichnen: Teilbauern, Gewerbetreibende mit Nebenerwerb, aber auch Kleingüter von Tagelöhnern oder das Gesinde, die Ehalten, Knechte und Mägde.

In Oberbayern stellten diese Nebenerwerbslandwirte, die etwa 50 Prozent ihrer Arbeitszeit auf den eigenen Boden verwandten, zirka zwei Drittel der gesamten Güterzahl. Ihr eigener geringer Landbesitz reichte dieser Gruppe nicht zur Sicherung des Lebensunterhaltes; deshalb mußte sie sich bei Großbauern verdingen oder einer gewerblichen Nebentätigkeit nachgehen.

Was die Ehalten, das Hofgesinde, also Knechte und Mägde, betrifft, so war ihre Tätigkeit oft lediglich eine Phase auf dem Weg zu anderen Lebensabschnitten, etwa im ländlichen Gewerbe oder zur Gründung eines Nebenerwerbshofes. Das starke Anwachsen des ländlichen Gewerbes im 18. Jahrhundert hat seine Entsprechung in der Stagnation des zunftgebundenen abgeschlossenen Gewerbes in den Städten und Märkten.

Maßnahmen der Bevölkerungspolitik: Auswanderungsverbot

Die Bevölkerungspolitik Max III. Josephs umfaßte im ländlichen Bereich einen Verbotskatalog und eine Reihe von Maßnahmen zur Arbeits- und Existenzsicherung.

Wollte ein bayerischer Untertan das Land Max III. Josephs verlassen, konnte er dies nur mit obrigkeitlicher Erlaubnis und gegen Entrichtung einer Steuer, Nachsteuer oder Freigeld genannt, tun. Diese Nachsteuer kann als eine Art Loskauf verstanden werden. Die Abgabe verhinderte, daß alles Vermögen des Emigranten außer Landes floß. Wie Kreittmayr in seinem juristischen Kommentar darlegte, erging es dem steuerpflichtigen Auswanderer wie dem Kranich der Fabel, der »sich bedanken mußte, daß er mit den Federn nicht auch den Kopf eingebüßt hatte«. Nachsteuererhebungen für Aussiedler nach Böhmen, Pfalz-Neuburg oder Sulzbach waren durch zwischenstaatliches Übereinkommen aufgehoben. Die Freizügigkeit für Auswanderer in das habsburgische Tirol hob Max III. Joseph mit dem Mandat vom 23. Mai 1769 auf. Ab da mußte jeder bayerische Übersiedler nach Tirol 10 Prozent seines Vermögen abgeben. Wer in das befreundete Frankreich oder in das ebenfalls befreundete spanische Sardinien übersiedeln wollte, zahlte pauschal nur fünf Gulden.

Generell galt: Ohne obrigkeitliche Erlaubnis durfte niemand auswandern. Wer das Verbot mißachtete, galt künftig als Ausländer, sein Vermögen wurde konfisziert. Sobald er wieder bayerischen Boden betrat, drohten ihm Arrest, Schanzarbeiten, Arbeitshaus und andere empfindliche Strafen. Der Verkauf von Haus und Hof, der in der Absicht, ohne Erlaubnis der Obrigkeit auszuwandern, erfolgte, war »null und nichtig«.

Waren derart einschneidende Androhungen und Gesetzesbestimmungen nötig? Gab es in Bayern einen Auswanderungsdruck? Zumindest unternahmen in jener Zeit mehrere Staaten, zum Beispiel der Nachbar Österreich, immer wieder Versuche, bayerische Untertanen durch Werber zur Kolonisation ihrer nichtbevölkerten Gebiete zu verlocken. Gegen diese Werber formulierte die kurbayerische Regierung strenge Strafbestimmungen, wobei sie ihnen zugleich unterstellte, die bayerischen Untertanen durch »falsche Vorspielungen irr« zu machen. Max III. Joseph bestimmte durch Mandat vom 28. Februar 1768, daß jeder derartige Werber, der ergriffen und überführt wurde, »inner 24 Stunden von dem Scharfrichter aufgeknüpft« werden solle.

Zwei Beispiele sollen belegen, welche Schwierigkeiten der kurfürstlichen Bevölkerungspolitik aus der Auswanderung bayerischer Untertanen erwuchsen, und welche behördlichen Hürden die Auswanderer zu überwinden hatten: das *Thürriegel-Projekt* und die *Ungarn-Kolonisation Maria Theresias*.

Auswanderungprojekt Spanien

Es muß wohl nötig gewesen sein, die Untertanen an das Verbot der Ausreise zu erinnern, jedenfalls nahm in den sechziger Jahren die Zahl der Ausreisemandate und Drohungen gegen fremde Werber und Emissäre in Bayern zu. Ein Mandat jagte das nächste: am 4. November 1767, am 27. Mai 1768, am 4. Juli 1768, am 5. August 1768 und am 23. Mai 1769. Dazu kamen noch Wiederholungen und Bekräftigungen alter Bestimmungen. Es war die Zeit, in der ein gewisser Johann Kaspar Thürriegel in den Niederlanden, der Schweiz und in Bayern, überall unter den katholischen Untertanen, für ein Kolonisierungsprojekt in der Sierra Morena in Spanien warb.

Dieser Thürriegel stammte aus dem Dorf Gossersdorf im Bayerischen Wald, 1765 stand er in Straubing wegen Fälschung vor Gericht. Er wurde dort vom Galgen begnadigt und des Landes verwiesen. Besagter Thürriegel hatte nun im April 1767 mit der spanischen Regierung einen Vertrag zur Anwerbung von 6 000 deutschen und niederländischen Kolonisten abgeschlossen. Bayern war durch seinen Botschafter in Madrid, Sarny, gewarnt, der vermutete, daß Thürriegel wohl in Bayern, seiner früheren Heimat, mit der Werbung beginnen wolle. Max III. Joseph ließ im Juni 1767 durch den Hofkriegsrat eine Warnung vor Thürriegels Werbung verbreiten und schob am 4. Juli noch ein Mandat nach, das sogar die Korrespondenz mit Thürriegel unter Strafe stellte. Wer einen Brief von dem Werber erhielt, mußte ihn laut Mandat innerhalb von drei Tagen der Obrigkeit abliefern, andernfalls drohte ihm »Lebensstraf«.

War Thürriegel wirklich, wie das Mandat ihm unterstellte, ein Betrüger? Über sein Vorhaben geben seine Werbeschriften Auskunft. Besonders eine erregte in Bayern Aufsehen. Sie war im Stil der Zeit als Gespräch verfaßt und stellte in 17 Artikeln das Vorhaben in Spanien vor. Unterzeichnet, auch dies typisch für die Zeit, war die umstrittene Schrift nicht mit Thürriegels Namen, sondern mit »Friedrich Gottlieb Menschenfreund, wohnhaft in der Sierra Morena.« In der Schrift unterhalten sich ein Bauer und ein Kolonist der Sierra Morena miteinander. Der eine stellt die drückenden Zustände in Bayern, die immer höheren Abgaben und die strenge Militärauswahl dar, der andere das wohlhabende und freie Leben in der spanischen Kolonie.

Und so sollte die Kolonie in Spanien aussehen: Es würden Dörfer mit jeweils zwanzig bis dreißig Häusern errichtet, jedes Dorf hätte einen eigenen Pfarrer. Auf dem dorfeigenen Gemeindegrund dürfe jeder ohne Unterschied sein Vieh weiden lassen. Jeder Kolonist erhalte Haus, Acker- und Weideland, verschiedenes Vieh, Werkzeuge und Gerätschaften, Saatgut und Lebensmittel für ein Jahr. Und alles solle dem Kolonisten gehören. Die ersten zehn Jahre seien frei von Abgaben und Steuern.

Abschließend rief die Schrift die »geliebtesten deutschen Landsleute« auf, das bisherige Joch abzuwerfen und sich Thürriegels Kolonisten anzuschließen.

Der Schrift beigefügt war eine Instruktion an die Organisatoren des Auswanderungszuges. Im Grunde handelte es sich dabei aber um eine Kampfschrift, um eine Empörung gegen die bayerische Regierung Max III. Josephs. Wer den Auswanderungswilligen auch nur das geringste Hindernis in den Weg lege, hieß es dort, solle erschossen werden. Die Parole war Befreiung von »Joch und Tyrannei« und besonders von der Politik der Beamten und Minister des Landesherrn Max Joseph. Wer einen der Minister tot oder lebendig bringe, erhalte eine Belohnung von 500 Gulden. Auch dem bayerischen Landesherrn drohte Thürriegel in dieser Schrift indirekt. Zwar wende sich die Wut der Auswanderer nicht gegen ihn, sondern gegen seine Minister, doch sei die Verbitterung bereits »bis auf den höchsten Grad« gestiegen, so daß er sich mit seinen Soldaten an einen sicheren Ort flüchten solle, da für den Gehorsam der Soldaten nicht garantiert werden könne. Thürriegel warb mit vermeintlicher Unzufriedenheit der Bevölkerung für sein Kolonisationsprojekt. Alarmiert durch die obrigkeitsfeindlichen und aufrührerischen Töne, forderte Max III. Joseph im Mai 1768 alle Behörden auf, auf dergleichen »gefährliche Reden und Diskursen ein wachsames Aug« zu halten und dadurch auch andern »das Maul zu stopfen«. Zweck dieser Schriften sei es, die Regierung beim Volk verhaßt zu machen, damit der Untertan zur Emigration verführt werde. Thürriegel fand »Mißvergnügte«, die ihm folgen wollten. Zur Anwerbung von Organisatoren wandte er sich an höhere Militärangehörige. Enttäuschte Offiziere, die sich in ihrer Position nicht genügend gewürdigt fanden, schlossen sich ihm an. Einer davon war Chevalier de Beckmann aus Ingolstadt, der im Februar 1768 an Thürriegel schrieb, in der Hoffnung, bei seiner Aktion mehr Anerkennung zu ernten. Die Oberleutnants Aschauer und Zarriwarry, die wegen Verfehlungen die bayerische Armee hatten verlassen müssen, erhofften sich von einer Beteiligung an Thürriegels Projekt einen Neuanfang ihrer militärischen Karriere auf höherem Posten. In Madrid angekommen, konnte Thürriegel den Vertrag jedoch nicht einhalten. Daraufhin wandten sie sich an den bayerischen Gesandten in Madrid mit der Bitte um Rückkehr nach Bayern. Max III. Joseph gewährte ihnen die Rückkehr – jedoch erst 1769. Bis dahin sollten sie als Spione gegen Thürriegel in bayerischen Diensten arbeiten.

Nicht nur in bayerischen Militärkreisen warb Thürriegel Kolonisten, er wandte sich an alle Bevölkerungskreise, besonders an die Handwerker und Bauern, aber auch an die Tagwerker, Amtsleute und Schergen. In Spanien sollten sie ohne Standesunterschiede alle gleich geachtet werden.

Hatten seine Werbungen mit derart verlockenden Versprechungen Erfolg? Zwar versicherte Thürriegel in Schreiben an die Regierung von Straubing 1769, daß in Spanien nur zehn bayerische Familien lebten. Diese Angabe muß aber bezweifelt werden, steht sie doch im Zusammenhang mit seinen Versuchen, nach Bayern zurückzukehren. So hatte er allen Grund, dem Straubinger Beamten Graf von Spreti, dem er zugleich zehn Fässer Malaga lieferte, niedere Zahlen zu nennen. Damit sollte die Aufregung um seine Person beruhigt werden.

Den spanischen Einwanderunglisten zufolge hatte Thürriegels Werbung in den bäuerlichen und handwerklichen Bevölkerungskreisen

Bayerns, der Schweiz und der Niederlande großen Erfolg. Sie verzeichnen rund 10 000 Einwanderer. Viele Auswanderungswillige reisten auch ohne obrigkeitliche Erlaubnis, manche verkleideten sich als Pilger, um die französische Grenze unbehelligt passieren zu können.

Ein Leutnant Zech hatte im Jahre 1767 ungefähr 1 900 Kolonisten angeworben und befand sich mit ihnen monatelang in der freien Reichsstadt Biberach im Schwäbischen. Sie konnten aufgrund des französischen Durchreiseverbotes nicht weiterziehen. Nachdem seine mehrmaligen Hilferufe an Thürriegel erfolglos blieben, schwenkte er um. Er fürchtete, daß er mit seinen begrenzten Mitteln die große Menschenmenge nicht mehr lange werde verpflegen können, und wandte sich in seiner Verzweiflung an den bayerischen Kurfürsten, um so »meinen gänzlichen Untergang als auch der armen Leute äußerstes Elend« aufzuhalten. Zugleich bat er den Kurfürsten, auf höchster Ebene Schritte gegen seinen Auftraggeber Thürriegel zu unternehmen. Wirklich sandte Max III. Joseph eine Kopie dieses Schreibens an seinen Botschafter in Madrid, um dort »den schlechten Charakter des boshaften Thürriegel« offenzulegen.

Auch die Zech-Geschichte erlaubt keine Einschätzung der Frage, wie viele Auswanderer aus Bayern kamen.

Die Aussagen eines Schneidermeisters Egger aus der Au bei München geben aber Hinweise darauf, wie die Bevölkerung über Thürriegels Werbungen dachte. Egger hatte sich im April 1768 dem Leutnant Zech in Biberach angeschlossen. Wegen Schulden und Arbeitsunlust hatte er sein Haus verkaufen müssen und sich »meistenteils mit Tagwerken ernährt«. Wie er weiter vor dem Münchner Polizeirat angab, hatte er sich wegen seiner schlechten Lage von Thürriegel anwerben lassen und war zum Sammelort Biberach gezogen. Dort hatte ihn der Werber Zech auf einen späteren Zeitpunkt vertröstet, weil die Reise durch Frankreich nicht möglich war. So war er nach München zurückgekehrt. Egger erzählte noch von weiteren Werbern in einer Münchner Manufaktur, die sich in Biberach nach den Bedingungen in der Kolonie erkundigt hatten. Ganz München schwirrte damals von Gerüchten und Erzählungen über das Thürriegel-Projekt.

Eine der drei Routen, die Thürriegel den Auswanderungswilligen vorschlug, führte quer durch Bayern. Von dieser wird wohl eine gewisse Sogwirkung auf die Bevölkerung ausgegangen sein. Man nimmt an, daß die meisten deutschen Kolonisten aber aus der Schweiz und dem Rheinland stammten. Also werden von den 7 000 bis 10 000 Auswanderern auch einige Hundert aus Bayern gekommen sein.

Wenn Thürriegel auch mit seinem maßlosen Angriffen auf die Obrigkeit und seiner Geißelung der Zustände in Bayern übertrieb, so lassen sich daraus doch zusammen mit Erzählungen von Rückkehrern Rückschlüsse ziehen. Wie Egger hatten auch andere Kolonisten Schulden und wenig Hoffnung auf Besserung ihrer Verhältnisse. Hauptmotiv könnte die schlechte wirtschaftliche Lage gewesen sein. Sie verschlechterte sich in den nächsten Jahren weiter und führte zu einer neuen Emigrationswelle. Schon das Thürriegel-Projekt zeigt die Probleme auf, mit denen Max III. Josephs Bevölkerungspolitik zu kämpfen hatte. Einerseits wollte er, durch die Theorie des Merkantilismus gestärkt, einen wohlhabenden Staat durch Bevölkerungswachstum. Andererseits waren viele seiner Untertanen von Armut und Ausgrenzung aus der Gesellschaft bedroht und sahen ihr Heil in der Emigration.

Die Diskrepanz zwischen dem politischen Anspruch Max III. Josephs und den realen Verhältnissen wird am Projekt der Ungarn-Kolonisation Maria Theresias noch deutlicher.

Auswanderungsprojekt Ungarn

Ausgangspunkt der bayerischen Emigration nach Ungarn war das Kolonisierungspatent der ungarischen Königin Maria Theresia vom 25. Februar 1763, das sich zunächst nur an österreichische Armeeangehörige und preußische Kriegsgefangene aus dem Siebenjährigen Krieg wandte. Ab 1764 setzte die Werbung außerhalb Österreichs, unter anderem in Bayern, ein. Kolonistenbesiedelungen in Ungarn beginnen 1764.

Die österreichischen Behörden wiesen die Neuansiedler in verlassene Dörfer ein. Auch neue Dörfer mit hundert bis zweihundert und mehr Haushaltungen wurden gegründet. Dazu wurden Grundstücke in drei Größen verteilt: 21 Hektar, 10,5 Hektar und 5,25 Hektar. Grundstücke und Bauholz für den Hausbau bekamen die Siedler gestellt. Die Ausstattung mit Vieh und Gerätschaften wurde vorgestreckt. Maria Theresia verplante für ihr Kolonisationsvorhaben in Ungarn rund zwei Millionen Gulden. Für einen Hof waren im Durchschnitt etwa 350 Gulden veranschlagt.

Bis 1773 warb Österreich ungefähr 45 000 Siedler an, darunter auch Bayern. Insgesamt siedelten sich während der Regierungszeit Max III. Josephs zwischen 150 000 und 200 000 deutsche Kolonisten in Ungarn an. Der größte Anteil bayerischer Auswanderer fällt in die Zeit der verheerenden Hungersnot zwischen 1770 und 1773.

In Bayern zwang die nackte Not die Untertanen aus dem Land. »Die Unmöglichkeit sich Nahrung zu verschaffen, tilgt die Liebe zum Vaterland aus.« Damit ist die Lage vieler Emigrationswilliger umschrieben. Sie stellten die Behörden vor die Alternative, ihnen mit Arbeit eine Existenzgrundlage zu verschaffen oder sie nach Ungarn ziehen zu lassen. Besonderer Auswanderungsdruck herrschte in den ostbayerischen Gerichten der Rentämter von Straubing und Burghausen.

Regierungsrat Egger aus Straubing machte in eindringlichen Berichten an Max III. Joseph den großen Getreidemangel für die Not verantwortlich. Gab es in seinem Distrikt schon in normalen Zeiten wenig Getreide, so verschlimmerte sich die Lage in Zeiten der Mißernten noch weiter. Verantwortlich für den stetig steigenden Preis sei aber die Spekulation. Durch den Verlust des Geldwertes stiegen Arbeitslosigkeit und Hunger. Viele versuchten sich mit »Stehlen und Rauben« zu holen, was mit ehrlicher Arbeit nicht zu beschaffen war. Auch »Gutdenkende« dächten daran, dieses »Handwerk« zu ergreifen. Dadurch werde auch die Sicherheit im Lande gefährdet.

Eine weitere Ursache für das Überhandnehmen von Arbeitslosigkeit und Not vermutete der Straubinger Rat Egger in der unbeschränkten Gewährung von Heiratserlaubnissen, wie sie die Hofmarken, Städte und Märkte betrieben. Diese Praxis vergrößere das Heer der Armen und Notleidenden zu eigenem und zum Schaden der Allgemeinheit unnötig. In den Hofmarken des Bezirkes Bayerischer Wald »wimmle« es von Bettelleuten. Er plädierte für eine erneute Einschränkung der Heiratserlaubnis, um die Zunahme der Armen und Besitzlosen einzudämmen. Außerdem, so sein Vorschlag, solle der Kurfürst eine uneingeschränkte Emigrationserlaubnis erteilen. Den Auswanderungswilligen sollte ohne weiteres der zur Emigration notwendige Paß ausgehändigt werden. Ansonsten bestehe die Gefahr, daß die Auswanderungswilligen heimlich außer Landes zögen.

Egger schrieb in einem Bericht an seinen Landesherrn, daß am 9. Februar 1772 sechzig Leute »mit Sack und Pack schon reisefertig« in seine Amtsstube kamen und um Erlaubnis zur Ausreise baten. Es handelte sich um »arme, zum Teil mit Kindern überhäufte Leute«. Sie fänden keine Arbeit, und da auch das Betteln verboten sei, wollten sie außerhalb »ihres Vaterlands ein besseres Glück suchen«.

Egger führte den Leuten vor Augen, daß es nach der Auswanderung für sie kein Zurück mehr gebe. Aber dies blieb ohne Wirkung. Egger schilderte im folgenden die Motive und die Lage vieler Armer in Bayern zur Zeit der Hungersnot. Die unteren Bevölkerungsschichten hatten schon in besseren Zeiten kaum ein ausreichendes Einkommen.

Für Notzeiten zu sparen gelang ihnen nicht. Sie arbeiteten für das tägliche Essen. Sie waren die ersten, die in einer Hungerszeit sich nicht mehr zu helfen wußten. Sie übten Beschäftigungen aus, die in schlechten Zeiten oft eingespart wurden. So kamen viele von ihnen zusätzlich um Arbeit und Brot. »Wer diesen Leuten die Auswanderung versage und vereitle, der zwinge sie zum Rauben und Stehlen.«

Da die Straubinger (Teil-)Regierung sich nicht in der Lage sah, die sechzig Armen bis zum Eintreffen einer Entscheidung aus München zu ernähren, entschloß sich Egger, allen die Pässe zu erteilen und sie ziehen zu lassen.

Viele deutsche Aussiedler zogen auf der Donau nach Ungarn. Der Pflegekommissar von Abbach, Rentamt Straubing, zählte allein 1770 19 566 Personen, die den Wasserweg wählten. Die Armen verdienten sich ihre Fahrt mit Rudern. An den Grenzorten registrierten die Behörden Schwierigkeiten, da die Kolonisten auf den Märkten alles Brot und Fleisch wegkauften.

Der Münchner Rat Kohlbrenner gab seinem Kurfürsten die Zahl der bayerischen Auswanderer in den Monaten von Januar bis April 1772 mit 1 241 Emigranten an, die mit oder ohne obrigkeitliche Erlaubnis auf der Donau nach Wien zogen. Ihre Schiffe legten von Straubing, Regensburg, Ulm und andern Orten ab. Auch donauabwärts fahrende Salzschiffe, Tiroler Flöße genannt, und flußaufwärts geruderte oder getreidelte steirische Schiffe beförderten Kolonisten.

Wie viele Auswanderer den Landweg über Passau nahmen, ließ sich weniger exakt überblicken. Kohlbrenner beobachtete jedoch, daß auch dieser Weg sehr frequentiert war. Passau spielte in der Kolonistenbewegung eine bedeutende Rolle. Hier – außerhalb des Kufürstentums Bayern – ließen sich die unverheirateten Paare trauen. Max III. Joseph protestierte dagegen heftig in dem Brief an den Passauer Bischof vom 21. März 1772. Nur der sei zu trauen, »der sich durch obrigkeitliche Attestata genügend zu legitimieren weiß, daß er sich mit Weib und Kind ehrlich zu ernähren imstande ist.«

Die Dunkelziffer der heimlich Ausgewanderten war nach Schätzung der Behörden hoch. Auf einen Emigranten mit Paß fielen nach Schätzung aus Straubing vier ohne eine obrigkeitliche Erlaubnis. Im Banat (Rumänien) stellten die bayerischen Kolonisten mit 1 212 Personen in 314 Familien das größte Kontingent der Zuwanderer. Im am meisten frequentierten Rentamt Straubing verging kein Tag, »wo nicht 7, 8 bis 10 oder wohl noch mehr Personen« um Pässe nachkamen, sie erflehten, um nach Ungarn auszuwandern. Straubing befürchtete sogar die »Verödung« ganzer Ortschaften. Die Welle wachse sich zu einer Seuche aus, berichtete die Behörde nach München, und, »daß diese Emigrationsbegierde zur ordentlichen Sucht« würde. Eine Sucht, die nicht nur die Armen, sondern auch die Vermögenden befalle. Über zehn Monate, vom Mai 1771 bis zum März 1772, listete das Rentamt Straubing alle Anfragen aus dem Distrikt auf. Das Register zählt 417 Anfragen von insgesamt 761 Personen auf. Die meisten Anfragen fallen in die letzte Zeit, Februar/März 1772: 408 Anfragen. Jetzt war ein sprunghaftes Anwachsen der Emigration festzustellen, jeden Tag wurden mehr Ausreisende gezählt, am 27. März waren es allein in Straubing 61 Personen. Dann entzog der Hofrat in München als übergeordnete Behörde den (Teil-)Regierungen die Kompetenz der Paßerteilung. Das Register bricht ab.

Über die 761 aufgelisteten Auswanderungswilligen innerhalb der notierten zehn Monate gibt uns das Straubinger Register folgende Auskunft: Es handelte sich um 154 Tagelöhner, 21 Weber, 15 Hüter, zehn Schneidermeister und Gesellen, sieben Bauernsöhne, sechs Knechte und Mägde, vier Schmiede, drei Schuster, drei Maurer, zwei Weinküfner, einen Bräuknecht, einen Drechsler, einen Binder, einen Müller, einen Metzger, einen Kramer, zwei Dienstlose, 242 Ehefrauen, 286 Personen ohne Angaben zu Beruf und Stand.

Die meisten derer, die Angaben machten, waren also Tagelöhner, die nächste Gruppe kam aus dem ländlich-gewerblichen Bereich. Die Landarbeiter waren von Arbeitslosigkeit besonders betroffen und waren wegen ihrer geringen Seßhaftigkeit – sie besaßen in der Regel kein Land – wohl am ehesten bereit und flexibel genug, ihr Auskommen auswärts zu suchen. Bei den genannten Bauernsöhnen wird es sich um nicht erbberechtigte Söhne gehandelt haben, die im elterlichen Hof kein Unterkommen fanden.

Die Auswertung des Registers ergibt weiter, daß die Ausreisebewegung als eine Familienwanderung bezeichnet werden kann. Bei 58,2 Prozent der Auskunftswilligen handelte es sich um Familienvorstände. Dabei ist eine Kinderschar von fünf, sechs und mehr Kindern nicht selten. Manchmal begleitete die Familie die unverheiratete Schwägerin mit Kind oder die Schwiegermutter. Manch ein Familienvater reiste auch allein voraus, um eine Existenz aufzubauen, und holte die Familie später nach.

Zum Beispiel die Familie Pex aus Moraweis, Landgericht Landsberg: 1770 war Veith Pex mit Frau und jüngstem Kind nach Ungarn gezogen und hatte die übrigen vier unmündigen Kinder in seiner Heimatgemeinde zurückgelassen. Im April 1772 teilte er seiner Heimatgemeinde brieflich mit, er habe sich inzwischen in Pest eine Existenz aufgebaut und ehrliche Arbeit begonnen. Dann bat er, man möge ihm seine vier Kinder nachschicken. Die Gemeinde erklärte sich bereit, die Fahrtkosten für die Kinder zu übernehmen und sie nach Ungarn zu schaffen. Dabei kalkulierte die Gemeinde die Fahrtkosten niedriger als den dauernden Unterhalt für die vier Kinder. Das Landgericht Landsberg aber prüfte zuerst, ob die Kinder wirklich zu ihren Eltern nach Ungarn wollten, verlangte Angaben über Alter und Militärtauglichkeit. Ein Gericht entschied, daß die Auswanderung der Kinder erlaubt werde.

Es konnte aber auch vorkommen, daß Ehepaare heimlich emigrierten und die Versorgung ihrer Kinder der Gemeinde aufbürdeten. So waren die Eltern des zwölfjährigen Bernhard Huber nach Ungarn ausgewandert und hatten ihren Sohn zurückgelassen. Auf Vorschlag der (Teil-)Regierung von Straubing wurde Bernhard in das kurfürstliche Waisenhaus in Heppberg bei Ingolstadt gebracht.

Der illegale Grenzübertritt war mit mehreren Kindern sicher nicht so einfach zu bewerkstelligen wie allein oder zu zweit. Deshalb dürften sich unter den Illegalen mehr Einzelpersonen oder Paare befunden haben als Familien. Laut Register stellten die Einzelpersonen die zweitgrößte Gruppe Auswanderungswilliger, die um einen Paß nachsuchten. Viele aus der Gruppe waren Geschwister wie die Brüder Veit, Franz und Andree Kunseder, zwischen 21 und 27 Jahre alt, »von schlechter Leibesstatur, arm, ohne Dienst und Brot«, wie der Registereintrag vom 25. Mai 1772 vermerkte. Bei 8 Prozent der Registrierten handelte es sich um Kleingruppen, mehrere unverheiratete Leute eines Dorfes, die sich zur Auswanderung nach Ungarn zusammentaten. Das Vermögen der Aussiedler war gering. Nur wenige führten Geld mit sich, das wohl aus dem Verkauf ihrer Habseligkeiten stammte.

Der Tagelöhner Hofer aus dem Markt Mauerkirchen, Rentamt Burghausen, bat im Januar 1772 den Magistrat von Mauerkirchen um die Erlaubnis, sein Haus, das er seit drei Jahren besaß, verkaufen zu dürfen. Er wollte mit seiner Frau und seinen drei unmündigen Kindern nach Ungarn auswandern. Ihm und seiner Familie wurde die Ausreisebewilligung erteilt mit der Auflage, daß sie nicht mehr nach Mauerkirchen zurückkehren dürften. Das Magistratstestat bescheinigte ihm Gehorsamkeit gegenüber seinen Dienstherren sowie einen frommen und christlichen Lebenswandel. Weder geistliche noch weltliche Obrigkeiten hätten während seiner dreijährigen Ansässigkeit Anlaß gehabt, sich über ihn zu beschweren. Der Magistrat habe nichts gegen seine Auswanderung einzuwenden.

Und doch wurde er in Braunau, der Grenzstadt zu Österreich, festgenommen. Ihm fehlte der zur Emigration erforderliche Hofrats- und Regierungspaß. Aus den Vernehmungsakten erfahren wir Genaueres über seine Lebensumstände und die Beweggründe seiner Emigration. Er habe nirgends Arbeit erhalten, und wenn, dann nur für zehn oder höchstens zwölf Kreuzer Lohn, womit er seine Familie nicht ernähren konnte. So mußten die Hofers schon im Vorjahr »mit Heublumen vermischtes hartes Brot« essen. Von Bekannten und auf den Märkten hörten sie von den wunderbaren Verhältnissen in Ungarn – so beschlossen sie, dort ihr Glück zu suchen. Weiter gaben sie zu Protokoll, sie hätten nicht gewußt, daß es verboten war, in ein anderes Land zu ziehen. Es habe ihnen auch niemand gesagt. Nach einem intensiven Briefwechsel zwischen der (Teil-)Regierung von Burghausen und dem kurfürstlichen Hofrat in München, in dem die Mittelbehörde die gesamte Problematik darlegte, gewährte man der Familie Hofer schließlich die Ausreise.

Im Laufe des dritten Hungerjahres häuften sich die Nachrichten von weiteren Kreisen der Bevölkerung, »angesessenen« Untertanen, Bauern, bürgerlichen Handwerkern, die nach Ungarn wollten. Die Kleinbauern sparten zwar an Dienstleuten und Ehalten, aber ohne Knechte und Mägde war die Arbeit nicht zu schaffen, sonst sank der Ertrag. Hohe Schulden zwangen andere Bauern zum Verkauf der Höfe. Überall fehlte es an Saatgut und Vieh. Das Saatgut war aufgegessen, das Vieh war geschlachtet. Die städtischen Handwerker litten unter einem starken Konkurrenzdruck und bekamen nicht mehr genügend Aufträge. Damit hatte sich die erwähnte Furcht der Straubinger Behörde, die Seuche der Emigrationswelle werde auch angesessene Gruppen erfassen, bewahrheitet.

Jetzt beschloß der Kurfürst Maßnahmen, um der Auswanderung einen Riegel vorzuschieben. Die angesessenen und noch vermögenden Gruppen sollten im Lande gehalten werden. Zahlreiche Mandate Max III. Josephs waren auf diese Gruppen zugeschnitten. So verfügte er, daß das Vermögen illegal Ausreisender konfisziert werde. Vermögende, die ihr Haus und ihre Habe verkauften, um Schulden zu bezahlen und mit einem Finanzpolster nach Ungarn zu ziehen, wurde der Verkauf ihres Besitzes verboten. Bei Hausverkäufen wie dem der Hofers, die der Magistrat trotz der bekannten Auswanderungsabsichten des Verkäufers bewilligte, zog der Hofrat fortan die Gemeinde zur Rechenschaft.

Der Antrag eines Ausreisewilligen, der über ein finanzielles Polster verfügte, hatte selten Aussicht auf Erfolg. Eine Resolution des Kurfürsten vom März 1772 bestimmte ausdrücklich, daß die vermögenden und angesessenen Untertanen im Land bleiben sollten. Ihnen war die Erlaubnis zur Auswanderung und die Paßerstellung zu verwehren. Deutlich kommt diese Haltung Max III. Josephs auch bei einem Kleinstbauern zum Ausdruck. Er hatte sein Gut verkauft und aus dem Verkauf noch 266 Gulden vom Gericht zu erhoffen. Mit diesem Startkapital wollte er in Ungarn neu anfangen. Die Hofkammer des Kurfürsten verweigerte dem Weber aus Moosburg die Auszahlung und fand es »bedenklich, solchen Leuten einen Emigrationspaß zu erteilen, bei denen noch Hoffnung vorhanden ist, daß sie sich häuslich niederlassen und ernähren können«.

Während die Zentralbehörden Max III. Josephs in solchen Fällen grundsätzlich die Genehmigung zur Emigration verweigerten, schätzten die örtlichen Behörden, die Rentämter und die Gerichte, die Notwendigkeiten anders ein. So wies der Abt Henricus aus der Hofmark Wallersdorf im April 1772 die Münchner Regierung darauf hin, daß die Erlöse aus Hausverkäufen meist gering und bald aufgebraucht seien, so daß die Ausreisewilligen doch in das Bettlerdasein abrutschten. Je häufiger der Auswanderungswunsch abschlägig beschieden wurde, desto stärker stieg die illegale Emigration. Die Untertanen Max III. Josephs verließen eben heimlich das Land, das ihnen die Erlaubnis zur Auswanderung verweigerte, und ließen alles zurück.

In solchen Fällen, so schrieb es Kurfürst Max III. Joseph in seinen Mandaten vor, waren das Haus und der Hausrat der Ausgereisten an den Meistbietenden zu versteigern. Gegen den Zugriff des Staates wandten sich im Einzelfall manche Unterbehörden wie in dem eines Schneidermeisters aus Marquartstein. Im Laufe der Verkaufsverhandlungen wegen des verlassenen Handwerks- und Wohnhauses stellte man fest, daß die Frau des Schneidermeisters, die mit ihm gezogen war, eine uneheliche volljährige Tochter zurückgelassen hatte. Da diese nach Einschätzung des Magistrates über kurz oder lang »in Ermangelung eines anderweitigen Unterkommens« der Gemeinde zur Last fallen mußte, durfte sie das Handwerk zu ihrer Versorgung weiterführen.

Seit der Hofrat die Entscheidungen über die Auswanderungsgenehmigungen an sich gezogen hatte, war bei der Prozedur, die ein Antrag durchlaufen mußte, mit Verzögerungen zu rechnen. Die Münchner Behörde stützte sich in ihrer Entscheidung auf schriftliche Informationen und Berichte der jeweiligen (Teil-)Regierung, wodurch mit Rückfragen und Antworten zusätzlich Zeit verlorenging. Da der Behördenweg zeitaufwendig war und die Pässe häufig verweigert wurden, verzichteten immer mehr Auswanderungswillige auf die obrigkeitliche Entscheidung.

Max III. Joseph und seine Minister waren sich bewußt, daß sie diejenigen, die sich zur Ausreise entschlossen hatten, mit der Verweigerung des Passes nicht zurückhalten konnten. Aber, so schrieb das kurfürstliche Mandat vom 2. Mai 1771, man wollte die Emigration der Untertanen auch nicht fördern, indem man wie andere Obrigkeiten freigebig Pässe erteile. Grundsätzlich durfte deshalb nur der Hofrat, und der nur »aus erheblicher Ursach«, Ausreisegenehmigungen erteilen. Die Regelung traf auf den Widerstand der Mittelbehörden, besonders in den stark betroffenen Regionen Burghausen und Straubing. Bei ihnen gingen weiterhin täglich Bitten um Paßerteilung ein. Schließlich entschlossen sich die örtlichen Beamten, da sich die Situation im März 1772 täglich verschärfte, die zur Emigration notwendigen Pässe auszustellen.

Wiederholt schlugen sie dem Kurfürsten vor, jedem Ausreisewilligen den Paß zu erteilen, da ihr Wegzug dem Land keinen Schaden zufüge. Auch die unteren Gerichte von Burghausen und Straubing schlossen sich diesen Vorschlägen an und fügten hinzu, daß bei einem Verbot der Emigration man obrigkeitliche Versorgung der Notleidenden zur Verbesserung ihrer Situation durchführen müsse. Verbote allein bewirkten also nach Einschätzung der Behörden vor Ort nichts.

Aber der Kurfürst wollte trotz des Ausreisedrucks das Ventil zur Druckentlastung nicht öffnen. Er klammerte sich an die Vorstellung, daß nicht sein könne, was nicht sein dürfe, rügte die unteren und örtlichen Behörden für ihre Insubordination und zentralisierte alle Entscheidungen über Ausreisegenehmigungen bei sich und seinem Hofrat.

Wie ist die starre Haltung des Kurfürsten zu verstehen? Max III. Joseph ist auch in anderem Zusammenhang häufig ein »steifs Gnack«, also große Hartnäckigkeit, nachgesagt worden, eine für richtig erkannte Entscheidung durchzuhalten. Hier kommt dazu, daß er als Landesherr sich eng den Grundforderungen des Wirtschaftssystems der Zeit verpflichtet fühlte. Und diese gingen von der Bevölkerungssteigerung als Basis für wirtschaftlichen Aufschwung aus. Die von den (Teil-)Regierungen geschilderte Wirklichkeit konnte die wirtschaftlich-wissenschaftliche Erkenntnis nicht außer Kraft setzen. Max III. Joseph glaubte an den Sieg wissenschaftlicher Erkenntnis oder das, was er dafür hielt, über die reale Welt.

Vielleicht spielte auch landesväterliche Fürsorge für die ausreiseentschlossenen Untertanen in den Entscheidungen des Kurfürsten eine Rolle. Denn seit Anfang 1771 galten die österreichischen Versprechungen für die Kolonisten nicht mehr. An Österreich und Ungarn war die europaweite Wirtschaftskrise nicht vorbeigegangen. Die Mittel wurden knapp. Angesichts geringerer Ausstattung und des wachsenden Zustromes kamen die Behörden mit der Unterbringung und Versorgung der Kolonisten nicht mehr nach.

Schon 1770 war es zu Engpässen gekommen. In den Kolonistendörfern fehlte es an ausreichender Verpflegung, an Holz und Stroh. Mangelnde Hygiene und schlechtes Trinkwasser ließen Seuchen ausbrechen. Die Situation in manchen Kolonistendörfern war bereits im ersten Jahr so schlecht, daß viele Neusiedler in die Heimat zurück wollten.

So kann man den Berichten der bayerischen Behörden entnehmen, daß sich in den an Österreich angrenzenden Gemeinden und Märkten Gruppen von rückkehrenden Emigranten mit Ausreisewilligen trafen. Die Rückkehrer befanden sich in noch elenderem körperlichem Zustand als vor ihrer Ausreise. Laut den Pflegern der Hofmark Kunding glichen sie mehr »entseelten Leibern und Schatten als lebenden Geschöpfen«. Sie waren so geschwächt, daß sie zur Landarbeit nicht mehr fähig waren. Weiter wurde von Überfällen, Räubereien und Mord der Rückkehrer an den noch Vermögenden berichtet. Angst breitete sich aus.

Die betroffenen örtlichen und Mittelbehörden wandten sich an München mit der dringenden Bitte um Hilfe. Das Ausmaß des Rückkehrerelends macht eine Schätzung des Straubinger Rats Egger deutlich, wonach von vier Emigranten einer wieder zurückkam. Die Gemeinden waren angesichts der vielen Armen, die sie zu versorgen hatten, mit dieser neuen Prüfung überfordert. Egger schlug dem Kurfürsten vor, er solle den Rückkehrern Straffreiheit gewähren, sie von der Bevölkerung separieren, um eine Ausbreitung von Seuchen zu verhindern, sowie ihre Versorgung aus Getreidemagazinen sicherstellen. Das Wie und Wo sowie die Frage der Finanzierung überließ er dem Landesherrn.

Die Rückkehrer stellten ihren Landesherrn vor schwierige Entscheidungen. Laut Emigrationsgesetz war die Rückkehr verboten. Gemäß seiner Mandate mußte Max III. Joseph seine rückkehrenden Landeskinder wie Ausländer behandeln und ihr Vergehen mit Schanzarbeit und Arbeitshaus bestrafen. Die entsprechenden Mandate vom 28. Februar 1764 und vom 3. Januar 1766 waren in mehreren Resolutionen in Erinnerung gebracht und bekräftigt worden. Angesichts der hohen Zahl der Rückkehrer und ihres schlechten Zustandes ließen sich diese Bestimmungen aber nicht aufrechterhalten. Der Kurfürst entschied sich mit der Resolution vom 9. Oktober 1773 zu einer Modifikation der Gesetzeslage. Er bestimmte, daß jeder zurückkehren dürfe, gleichgültig, ob er mit oder ohne obrigkeitliche Genehmigung ausgereist war. Jeder Rückkehrer wurde wieder Inländer. Schließlich wurden die Rückkehrer aufgefordert, sich an ihren Geburtsort zu begeben oder sich sonst im Land nach Arbeit umzusehen, sie sollten fortan »sich ehrlich fortzubringen trachten«. Wer aus Alters- oder Gesundheitsgründen zur Arbeit nicht in der Lage war, hatte Anspruch auf die in den Bettelmandaten garantierte Versorgung.

Damit entschied Max III. Joseph nicht nur in der Tradition eines treusorgenden Landesvaters, sondern auch in der Linie der von ihm verteidigten Wirtschaftsmaxime, daß Bevölkerungszunahme die Grundlage für den Wohlstand des Staates ist. Er dürfte auch daran gedacht haben, daß milde behandelte Rückkehrer die besten Propagandisten gegen die Auswanderung waren. Darüber hinaus wußten die Rückkehrer einiges über die Treulosigkeit und Wortbrüchigkeit der ungarischen Königin Maria Theresia zu berichten, was Max III. Joseph nicht zuwiderlief. Allein: Die finanziellen Lasten, die durch die entwurzelten Rückkehrer der Staat und besonders die Gemeinden zu tragen hatten, blieben enorm.

Hungerjahre

Auslöser und Motor der Emigrationswelle waren die Hungerjahre 1771 bis 1773. In der Korrespondenz zwischen den Behörden wurde immer wieder die Forderung laut, durch begleitende Maßnahmen die Ernährungssituation der unteren Schichten zu verbessern und damit die Armen im Land zu halten. Max III. Joseph unternahm auf diesem Gebiet einiges. Dafür muß nicht allein die vielerwähnte Szene beschworen werden, die ihn zu Tränen gerührt und zu energischen Maßnahmen veranlaßt haben soll. Ein Schreiber unserer Tage stellt den Abschnitt aus Bayerns Vergangenheit folgendermaßen dar: »Kurfürst Maximilian Joseph kam erst nach 25 Jahren dahinter, daß man ihm das Elend seines Volkes verheimlichte. Als er eines Tages von der Messe heimfuhr, muß irgend jemand nicht richtig aufgepaßt haben, denn sein Wagen wurde von ausgemergelten Menschen umringt, die flehentlich nach Hilfe und Brot schrien.«

Der Kurfürst war durch Berichte und Augenschein über die Notlage während der Hungerjahre gut informiert, was sein ganz persönliches Mitleid mit den Armen nicht ausschließt. Auf seine Anordnung wurden Getreide und Fleisch zu Vorzugspreisen an Arme abgegeben. Das Getreide stammte aus staatlichen Magazinen und sollte der ausufernden Spekulation wehren. Aus demselben Grund tätigte der Kurfürst Getreidekäufe in Italien, die er aus dem Verkaufserlös von Juwelen bezahlt haben soll. Im Register der Schatzkammer der Residenz sind »beklagenswert schwere Verluste« durch derartige Verkäufe in den Notzeiten der Jahre 1751, 1752, 1767 und 1771 verzeichnet. Die Spekulation suchte Max III. Joseph durch eine Neuorganisation des Getreidehandels zu bekämpfen. Er erließ zahllose Mandate über den Getreidesatz, die Getreide- und Schrannenordnung, den Getreidekauf oder die Einführung eines Getreideguldens. Doch blieb ihm die zeitlose Erfahrung nicht erspart, daß Profitgier sich mit Verboten kaum bekämpfen läßt.

Lobend heben die Geschichtsschreiber hervor, daß der Landesherr für die Beschaffung von billigem Fleisch die kurfürstlichen Wälder geöffnet hat und das geliebte Wild abschießen ließ. Wirklich erlaubte der Kurfürst dem Obristenjägeramt, monatlich »eine gewisse Quantität« an Wild zu schießen und »für den gewöhnlichen, soweit es die Armen betrifft, für geringeren Preis« zu verkaufen. Nachdem aus Kostengründen immer seltener Parforcejagden veranstaltet wurden, dürfte sich das Wild damals schneller vermehrt haben und aufgrund der Verwüstungen, die es in Feldern anrichtete, zu einem wirtschaftlichen Schadensfaktor geworden sein, der in Hungerszeiten nicht zu verantworten war. Das Entgegenkommen des Fürsten in bezug auf »sein« Wild wurde von der Bevölkerung mißbraucht. Jeder glaubte jagen zu dürfen, stellte der entsetzte Kurfürst in seinem Mandat vom 27. Mai 1771 fest. Oft, so beklagte er sich, täten sich ganze Banden zusammen, die zum Teil mit vermummten Gesichtern das Wild wegschössen.

Hier müssen zwei Anmerkungen erlaubt sein, die den Wildfrevel und Max Josephs Entsetzen darüber in damaliges Zeitempfinden einbetten. Seit alters wurde, besonders im Oberland, von vielen Bauernburschen das Wildern als ein überkommenes Recht des Volkes empfunden. Die Bauernschaft wilderte durchaus ohne Unrechtsbewußtsein, trug sie doch, abgesehen von den Fleischlieferungen, die sie sich widerrechtlich aneignete, mit der Dezimierung des Wildes zum Schutz des Getreides bei. Der Landesherr mag seinen Entschluß zum kontrollierten zusätzlichen Abschuß schweren Herzens gefaßt haben. Daß sich aber in der Folge viele Wilderer selbst bedienten, muß ihn empört haben, war doch die Jagd nach damaliger Auffassung alleiniges Fürstenprivileg. Die waidmännische Jagd mit allerlei Riten und eigens dafür angestellten Domestiken war Teil der fürstlichen Repräsentation. Max III. Joseph hat dies nicht anders gesehen und sein Vorrecht verteidigt.

Verbrecherunwesen

Max III. Joseph hatte es auch in der Gerichtsbarkeit immer wieder mit Burschen zu tun, die aus Not, Abenteuerlust oder Gewinnsucht wilderten. Zwischen ihnen und den kurfürstlichen Jägern gab es regelrechte Gefechte. Von den zahlreichen Erzählungen über Wilderer und Wildererbanden ist die Geschichte vom Bayerischen Hiasl, der zu Zeiten Max Josephs jahrelang in Bayern und benachbarten Ländern sein Unwesen trieb, am bekanntesten. Sie vermittelt einen guten Eindruck von dieser Zeit und dem Phänomen des Wilderns.

Geboren wurde der Bayerische Hiasl 1736 als Sohn des Kissingschen Gemeindehirten und Tagelöhners Michael und seiner Frau Elisabeth. Nach Schulbesuchen hütete er mit dem Vater, begleitete gelegentlich den Jäger Wörsching, wilderte ab und zu und wurde als Jagdgehilfe in Mergenthau angestellt. So hätte es bleiben können, aber wegen eines Faschingsscherzes wurde er wieder entlassen. Die nächsten Stationen waren Oberknecht beim Bauern Baumiller in seinem Heimatdorf, Verhältnis mit dessen Tochter Monika, Wilderei. Dann, es ist die Zeit vor dem Siebenjährigen Krieg, floh er vor den Soldatenwerbern über den Lech ins Schwäbische. Er schloß sich der Wildschützenbande des Bobinger, auch Krätzbub genannt, an, trennte sich wieder von ihr, wilderte allein und schuf sich eine eigene Bande. Im Mai 1765 wurde er auf dem oberen Lechfeld gefangengenommen. Im Münchner Prozeß wurde er zu neun Monaten Zuchthaus verurteilt. Inzwischen wurde ihm der Sohn Korbinian geboren. Er kehrte zu seiner Monika heim, geriet wieder unter die Wilderer, wurde deren Hauptmann. Auf seinen Streifzügen begleitete ihn sein großer Hund Tyras. Die Bande verübte schwere Gewalttaten, meist gegen die Jäger und obrigkeitliche Behörden. Hiasl und seine Männer fühlten sich aber so sicher, daß sie zwanzig Mann hoch sogar die Hochzeit von Monikas Bruder besuchten. Dennoch signalisierte der Hiasl, daß er mit dem liederlichen Leben aufhören wollte. Sein Vetter, Medizinalrat und einer der kurfürstlichen Leibärzte, Dominikus Geyer, verwendete sich bei Max III. Joseph für ihn. Der Kurfürst ließ sich rühren, zeigte sich geneigt, da bisher kein Lebensverbrechen vorlag, Gnade vor Recht ergehen zu lassen, und wollte ihn als Jäger einstellen. Medizinalrat Geyer schrieb zwei Briefe, einen an den Pfarrvikar Wolf, den zweiten an Schwager Maier, und bat sie, dem Hiasl mitzuteilen, daß der Kurfürst ihm verzeihe und er ohne Messer und Gewehr zu ihm nach München kommen solle, um eine Anstellung als Jäger zu erhalten.

Hiasl schwankte. Nach einer Begegnung mit einer Streife, die nichts von kurfürstlichen Angeboten wußte, glaubte er sich in einer Falle. Es folgte der Abstieg: große Wildererversammlung im Augsburger Wald, Terrorakte, Gewalttaten, Kampf auf den Krauthöfen mit drei Toten. Dabei wurde Hiasl verwundet. Er floh ins Asyl des Klosters Biberach im Schwäbischen. Kampf um die Wertachbrücke bei Schlingen, Verfolgung der Soldaten bis nach Irsee, Gewalttat an Forstmeister Hasel und seinem Gehilfen Unsorg. Im Juni 1769 schlossen die Fürsten und Städte des Schwäbischen Bundes eine Kooperationsvereinbarung zur Bekämpfung der Wildschützen. Die siegten noch einmal beim Hohlweg von Binswangen. Aber dann drehte sich das Blatt. Die Bauern setzten sich gegen die Übergriffe der Wilderer zur Wehr. Sie erhoben sich bei Deisenhausen gegen Hiasls Männer und wurden bei Roggenburg besiegt. Der Reichsprälat wurde bedroht, das Zuchthaus Buchloe angegriffen, das Amtshaus beschossen. Erschießung des Musketiers Leitner und nochmaliger Sieg über eine Augsburger Streife.

Dann kam es zu einer amüsanten Begegnung. Auf dem Weg zu ihrem Bräutigam traf die Tochter Maria Theresias, Marie Antonie, im Mai 1770 in Schwaben ein. Im April war sie mit dem Dauphin Frankreichs *per procurationem* getraut worden. Im Gasthof »Zum Goldenen Löwen« in Denzingen, südlich des habsburgischen Günzburg, machte sie Station. Hiasl und seine Männer planten einen Überfall und schmuggelten sich als Musikanten ein. Die Prinzessin Marie Antonie trat zum Hiasl, wechselte mit ihm einige Worte und wünschte ihm und seinen Leuten Glück. Auch er wünschte ihr Glück. Kein Überfall, kein Ausrauben. Die künftige Königin Frankreichs, dort Marie Antoinette genannt, wünschte ihm, dem Verbrecher, viel Glück! Auf dem Schafott endeten sie beide, er früher, sie später.

Die Hetze ging weiter: Kampf bei der Nachkirchweih in Kellmünz mit zwei toten Soldaten, Verwundeten. Hiasl floh. Der Studele, sein Bruder, der Tiroler und das Neuhauser Hänsele verließen die Bande und nahmen bayerische Landeshuld an. Kampf der Bande bei Leutkirch, Steckbrief gegen Hiasl vom Kammergerichtsrat Hemmer in München. Raubüberfall auf den Obervogt von Täfertingen bei Augsburg: 2102 Gulden Schaden. Tödliche Mißhandlung des Amtsknechtes von Agawang. Angriff auf das Kloster Obermedlingen. Kampf mit Ulmer Soldaten bei Oberelchingen: fünf tote Soldaten. Gefangennahme der Hiasl-Bande in Osterzell bei Kaufbeuren nach vierstündigem Gefecht durch Premierleutnant Schedel und eine Kompanie Grenadiere: fünf Tote und viele Verwundete. Überführung der Gefangenen nach Dillingen im Augsburgischen. Flucht von vier Wildschützen aus dem Gefängnis. Prozeß und Verurteilung des Hiasl. Hinrichtung des Hiasl am

6. September 1771 zusammen mit Brandmayer, genannt der Rote, und dem Locherer, genannt der Blaue, in Dillingen.
Im Dillinger Urteil hieß es: »...weswegen derselbe zu seiner wohlverdienten Strafe, anderen zum abscheuenden Beispiel, dem Scharfrichter zu Handen und Banden übergeben, zur Richtstatt geschleift, daselbst mit dem Rad, durch Zerstoßung der Glieder von oben herab, vom Leben zum Tode gerichtet, alsdann der Kopf vom Körper abgesondert, dieser aber in vier Stücke gehauen, und auf den Landstraßen aufgehangen, der Kopf hingegen auf den Galgen gesteckt werden solle...« Das Urteil hatte der Hiasl gleichgültig aufgenommen; in einer Mischung aus Trotz und Respektlosigkeit sagte er zu seinen Richtern: »In fufzg Jahr seids ös aa hi!«
Womit er für die Richter recht gehabt haben mochte. Er selbst lebte als Mythos weiter, als Mythos von einem, der sich nicht hat unterkriegen lassen von denen da oben. Unzählige Lieder und Bilder vom Bayerischen Hiasl kursierten nach seinem Tod im Oberland. Max III. Josephs Hofpoet Etenhueber dichtete zu dieser Hiasl-Manie:

> »Kein Haus war auf dem Land,
> kein Haus fast in der Stadt,
> wo nicht der Hiasl stand
> auf einem Kupferblatt!«

Ja, die Zeiten waren hart und die Spitzbuben Helden – zumindest in der Erinnerung.
Die kurbayerische Polizei war findig und fleißig. Das beweist ein Verzeichnis der gesuchten Übeltäter in Bayern, das Hofratssekretär Freisinger zusammengestellt hat und das überall in Bayern ausgehängt wurde: »Beschreibung nachstehend in hiesigen kurbayerischen Landen und angrenzenden Ortschaften sich aufhaltende Diebe und Räuber.«
Die Übeltäter wurden mit Namen und Spitznamen und unter Angabe ihrer Besonderheiten öffentlich bekanntgemacht. Da war zum Beispiel der Georg Neupert, genannt der schöne Handgörgel. Er war des Geigenspiels kundig, ungefähr »30 bis 34 Jahre alt«, hatte eine mittelmäßig spitze Nase, schwarze Haare, »derlei Augen« und Augenbrauen, trug manchmal einen graugrünen Rock, ein braunes Karmisol und einen roten Brustfleck. Auf dem Kopf hatte er eine grün samtene Haube und einen dreifach gestülpten Hut. Er war verheirateten Standes und sein Eheweib hieß Christina.
Der eine ging dem Gewerbe des Sackgreifens nach, der andere dem

Beutelschneiden. Dieser verkaufte falsche Goldstäbchen, und gegen jenen wurde schon prozessiert. Die meisten gerieten aus Armut und durch Bettelei auf die schiefe Bahn.

Dagegen aber setzte Kurfürst Max III. Joseph entschlossen seine Mandate, Strafandrohungen und die Polizei ein. Der Ruf der bayerischen Polizei war nicht der beste. Und man sagte, daß es eigentlich in Bayern jedem selbst überlassen bleibe, ob er ehrbar, ausschweifend, redlich oder betrügerisch sein wolle. Die Polizei störte ihn dabei nicht.

Um dem abzuhelfen, hatte der Kurfürst eine neue Truppe aufgestellt und eine Instruktion für ein Landessekuritätskommando erlassen. Diese Infanteriegruppe bestand aus einem Oberstwachmeister, fünf Leutnants, achtundvierzig Korporalen und 152 Gemeinen. Sie sollten die Straßenräuber, Diebe, liederliches Gesindel, die Mordbrenner, Bettler, Vagabunden, falsche Werber, Wildschützen, Ausreißer und sonstigen verdächtigen Individuen bekämpfen.

Die unter dem direkten Kommando des Hofkriegsrats stehenden Soldaten hielten sich aber bald in aller Ruhe und Gemächlichkeit in den Wirtshäusern ihres Bezirks auf.

Angesichts dieses offensichtlichen Mißerfolges kam dann zwei Jahre später der Hofratssekretär Freisinger auf die Idee mit dem Spitzbubenregister als Beitrag zur Sicherheit des Landes. Und wie sollte sich der Untertan verhalten, wenn er einen der Gesuchten erkannte? Sollte er ihn festnehmen, die Polizei oder anderweitige Hilfe holen? Freisingers Ratschlag war ganz pragmatisch: Der brave Untertan solle gefälligst das Weite suchen.

Bevölkerungspolitik und Heiratserlaubnis

Die Heirat als erste Stufe zur Familiengründung stand seit langem unter dem kirchlichen Postulat der freien Entscheidung. Weltliche Zustimmung zu diesem Schritt wurde als unwesentlich gesehen. Im Zuge der Säkularisierung des Lebens gelangten Verlobung, Heirat, Ehe und besonders Ehescheidungen in den Bereich staatlich-weltlicher Kompetenz. Zugleich wurden Theorien entwickelt, wie staatliches Eingreifen in diesem Bereich im Sinne einer gelenkten und kontrollierten Bevölkerungsbewegung fruchtbar gemacht werden könnte. Die Kontrolle von Eheschließungen und das regulierende Eingreifen des Staates in das Heiratsverhalten seiner Untertanen wurden als Instrumente verstanden, mit denen die neuen Staatsziele »Vermehrung der Mannschaft« und »Wohlfahrt des gemeinen Mannes« erreicht werden konnten.

Diesen Bestrebungen widersetzte sich die Kirche. Schon gegen staatliche Eheverlöbnisse hatte sich der Klerus gewehrt. Das Sponsalienmandat Max III. Josephs vom 24. Juli 1769, laut dem Eheverlöbnisse nur noch im Beisein zweier Zeugen vor einer weltlichen Instanz geschlossen werden sollten, weckte Widerstand in Bayern, der in ganz Europa Aufsehen erregte. Die Bischöfe bayerischer Sprengel und angrenzender Gebiete boykottierten diesen Versuch des bayerischen Staates, die Jurisdiktion in Verlobungs- und Heiratssachen an sich zu bringen. Sie verboten den Geistlichen, Paare zu trauen, die sich dieser weltlichen Verlobung unterzogen hatten. Somit wurde der Konflikt zwischen dem Staat Max III. Josephs und dem Klerus, zwischen den Priestern und den Heiratswilligen ausgetragen. Die Kirche bestand auf ihrer Tradition, nach der ihr die Gesetzgebung über die Ehe zustehe. Mit dem Argument, Gott habe den Ehestand frei und unmittelbar eingesetzt, wehrte sie die Einmischung Max III. Josephs ab. Der Konflikt wurde im 18. Jahrhundert nicht gelöst.

Der Kurfürst erkannte, daß er sich in einem so zentralen Punkt gegen die Kirche nicht würde durchsetzen können. Eine eheliche Gesetzgebung Bayerns war nur dann durchzusetzen, wenn sich Kirche und Priesterschaft daran hielten. Max III. Joseph stellte also die Einführung einer staatlichen Eheschließung zurück und wählte einen anderen Weg der staatlichen Einflußnahme auf die Eheschließung von Untertanen, den man als »Politik der Eheverhinderung« bezeichnen kann. Geschlossene Ehen konnte der Staat nicht aufheben, sie galten nach kanonischem Recht als gültig und unaufhebbar. Bei unerwünschten Eheschließungen konnte der Staat aber durch nachträgliche Strafen

Einfluß nehmen. Die Ehen an sich wurden dabei nicht in Frage gestellt.

Da es nicht gelang, die Bereiche Ehe und Heirat unter die weltliche Zuständigkeit zu stellen, versuchte Max III. Joseph mit vielfältigen Maßnahmen das Heiratsverhalten der Bevölkerung zu beeinflussen und je nach politischer Einschätzung und Notwendigkeit Familiengründungen zu fördern oder zu verhindern. Dazu einige Beispiele: Das Mandat vom 23. Mai 1772 erlaubte Töchtern von »unehrlichen« Gewerbetreibenden, Handwerksleute und andere »ehrliche« Personen zu heiraten, ohne sich »den mindesten Vorwurf« machen lassen zu müssen. Hier traf der prinzipielle Wunsch der Regierung, Eheschließungen zu fördern, mit dem Abbau irrationaler tradierter Tabuvorstellungen zusammen. »Unehrliche« Berufe, das war in den Jahrhunderten vor der Aufklärung ein weites Feld, und die Etikettierung diente zur Abgrenzung von vielen Berufen. Nicht nur die Wasenmeister und Abdecker, Scharfrichter und Schergen und Totengräber waren unehrliche Berufe, sondern noch viele andere.

Das Herumziehen der Hirten brachte diese ihn Verruf. Selbst in Sprichwörtern wehrten sich die Seßhaften gegen sie: »Wenn einer zehn Jahre Schäfer war, gehört er aufgehängt!« Oder: »Die Schäfer sind Diebe, sie haben weder Brief noch Siegel!« Unehrlich waren Bettler, Vaganten, Spielleute, Schausteller, Kleinhändler und Hausierer. Wegen ihres unsteten Lebenswandels und mangels festen Wohnsitzes waren sie von den tragenden und geachteten Säulen der Gesellschaft, den Zünften, Innungen und Gilden ausgeschlossen. Gleiches galt für Zigeuner, Landstreicher, herrenlose Kriegsleute, Spitzbuben, zum Müßiggang abgerichtete Landbettler, Zahnbrecher, Wahrsager, Teufelsfänger, Kristallseher, Segenssprecher und Kurpfuscher, Gaukler, Taschenspieler, Seiltänzer, Kunstreiter, Tierbändiger, Schaufechter, Tierstimmenimitatoren, Bärenführer, Possenreißer, Athleten, Ringkämpfer, Akrobaten, Zauberer, Marktschreier, Bänkelsänger, Feuerfresser, Komödianten, Sackpfeifer, Hackbrettler oder Schwertkünstler. Sie alle galten obwohl vielleicht gern gesehen, als unehrlich und rechtlos. Nicht anders verhielt es sich mit denjenigen, die am Hof aufspielten, Schauspielern, Musikanten oder Spielleuten, sofern sie nicht unter dem besonderen Schutz des Landesherrn oder eines Adeligen standen. Sie und ihre Kinder konnten niemals einen ehrbaren Beruf ergreifen. Führte der Sohn eines ehrbaren Handwerkers eine dieser Tätigkeiten auch nur zeitweise gegen Geld aus, wurde er enterbt. Zu diesen kam noch die Gruppe der Handwerker, die ihre Tätigkeit ohne handwerkliche Zunftausbildung ausübten: Kesselflicker, Quacksalber und Scherenschleifer. Sie und ihre Nachkommen waren von der Aufnahme in eine Zunft ausgeschlossen. In den letzten Jahrzehnten sahen sich die Landesherrn veranlaßt, nicht zunftgebundene Künstler an den Hof zu binden. Einigen, wie Hofkünstlern, Hofkistlern oder Hofbaumeistern, wurde besonderer Schutz gewährt. Andere, etwa Gründer von Manufakturen erhielten Sonderrechte, die sie von den Zünften unabhängig machten.

Als unehrenhaft galten den Zünftlern auch die Leinweber und Müller. Dagegen war selbst landesherrlicher Einspruch machtlos – das Gerücht, daß die Weber früher den Galgen aufstellen mußten, war stärker.

Auch die Reichsordnung von 1548, die die Aufnahme von Zöllnern, Pfeifern, Trompetern, Leinwebern, Müllern, Barbieren, Schäfern, Badern in Zünfte erzwingen wollte, sofern sie und ihre Eltern sich nichts zuschulden kommen ließen, erreichte nichts. Die Zünfte bremsten weiterhin.

Noch wenige Jahre vorher war ein Stadtbewohner nicht beerdigt worden, weil das Gerücht umging, daß er von Hirten abstammte. Daß auch der Beruf des Nachtwächters ein unehrlicher war, hatte damit zu tun, daß er mancherorts zugleich mit dem des Totengräbers verbunden war. Der Totengräber mußte unterschiedslos ehrliche und unehrliche Menschen berühren. Die Berührung mit Unehrlichen machte ihn selbst unehrlich. Tod und Grablegungen bewegten die Ängste des Volkes am hartnäckigsten.

Da war einmal ein Scharfrichter gestorben, und die Zunfthandwerker weigerten sich, ihn zur Grube zu bringen. Der Rat verpflichtete daraufhin die Nachtwächter dazu. Diese fügten sich protestierend und unwillig. Sie erschienen zur Beerdigung in schäbigen Kleidern und warfen die Schaufel hinter dem Toten ins Grab, um ihren Unmut zu zeigen.

Es war schließlich nur ein Scharfrichter, und der befand sich auch innerhalb der Gruppe der Unehrlichen auf der untersten Stufe der sozialen Wertschätzung. Wer einen Scharfrichter berührte, ihn traf, bei ihm wohnte, geriet selbst ins Abseits. Dieser Verruf war so strikt, daß Scharfrichter nur noch Scharfrichtertöchter aus anderen Städten heiraten konnten. Andere Frauen hätten nie in eine Ehe eingewilligt. Niemand hätte einen Scharfrichter oder seinen Gesellen je als seinen Freund bezeichnet, zur Hochzeit oder Taufe oder auch nur zum Essen und Trinken eingeladen. Genauso erging es seinen Zuarbeitern, Folterknechten, Kerkerleuten und Abdeckern. Da kein ehrlicher Handwerker dazu bereit war, mußte der Scharfrichter selbst den Galgen bauen. Aufgrund der allgemeinen Berührungsangst mit seiner Person wohnte der Scharfrichter meist weit außerhalb der Stadt. Die Furcht vor Berührungen mit ihm und Folterknechten ging so weit, daß Angeklagte, die unter der Folter ihre Unschuld beweisen konnten, wegen des Kontaktes mit dem Folterer als unehrlich galten. Zwar war das Scharfrichtergewerbe seit der Reichshandwerkerordnung von 1731 nicht mehr als unehrlich eingestuft, für seine Leute hatte sich aber nichts geändert.

Schon lange versuchten örtliche Obrigkeiten, der Diskriminierung von Menschen und Berufen, die für die Allgemeinheit nützlich und oft auch notwendig waren, entgegenzuwirken. Aber das ging nur in kleinen Schritten. Wenn ein Pranger und ein steinernes Podest dafür gebaut werden mußten, dann ergriffen Bürgermeister und Ratsherren vor den Maurern die Kelle und machten mit ihren Hantierungen die Arbeit ehrlich. Andernfalls waren die Handwerker nicht zur Arbeitsaufnahme zu bewegen. Auch der Landesherr griff ein. So mußte 1745 auf Anordnung Max III. Josephs in die Zunftordnung der Schäfer von Pfaffenhofen der Hinweis aufgenommen werden, daß die Söhne von Schäfern redliche Handwerke erlernen und ihre Töchter ehrbare Handwerker heiraten durften.

Nach dem Wegfall der unsichtbaren Ehrbarkeitsschranke der tradierten Ängste seines Volkes wollte Max III. Joseph nur noch diejenigen Einschränkungen zur Eheschließung gelten lassen, die er und sein vernünftiges Regiment für wichtig hielten, Einschränkungen des Staates gemäß seiner Auffassung von kontrollierter Wohlfahrt für die Allgemeinheit. Nachdem die tradierten Ehrbarkeitsvorstellungen des Volkes aber nicht durch Mandate außer Kraft zu setzen waren, mußten sich die tradierten Ehebeschränkungen und die staatlichen Eingriffe überschneiden, manchmal verstärken, manchmal aufheben.

Max III. Joseph verfügte, daß die Gemeinden und Obrigkeiten nur demjenigen den Heiratskonsens und die Niederlassung gewähren sollten, der darlegen und beweisen konnte, daß seine und seiner Familie Existenz gesichert waren. Heiratserlaubnis und Existenzgrundlage wurden miteinander verknüpft.

Ob gegen die kurfürstliche Heiratsverweigerung bei armen Leuten der Brauch heiratslustiger Mädchen half, in der Nacht des heiligen Antonius von Padua um einen Ehegespons zu bitten, ist nicht überliefert. Da der Heilige bei der Bitte des Mädchen freie Wahl hatte, mußte er einen wohlbestallten Bürger, Bauern oder Handwerker ausgesucht haben, gegen dessen Vermehrung die Behörden keine Einwände hatten. Und wollte das Mädchen erfahren, wer der Auserwählte sei, so half wiederum der Volksglaube: Falls sie in einer der Rauchnächte unter gewissen Zeremonien rückwärts in ihr Bett stieg, erschien ihr der Teufel selbst in Gestalt des Zukünftigen.

Gemäß dem kurfürstlichen Bettelmandat vom 2. Januar 1748 durften arme und unvermögende Leute, »gemeine Leute«, nicht ohne Konsens des Hofrates heiraten. Dazu zählten ausdrücklich Tagelöhner, Handlanger, herrschaftliche Bediente, Jäger, Kutscher, Handwerksgesellen, Studenten, Stallknechte, Dienstboten, Ehalten, leibeigene Bauern. Die Regierung Max III. Josephs bekannte in aller Offenheit, sie wolle damit verhindern, daß aus der »unordentlichen Verehelichung liederlicher, unvermögender Leute« der vielbeklagte Bettelstand weiter Zuwachs erhalte. Mit der Erteilung oder Verweigerung des Heiratskonsenses ließen sich Eheschließung und Familiengründung unvermögender Bevölkerungsschichten steuern.

Die Prüfung und Entscheidung über den Heiratskonsens oblag den Behörden der ordentlichen Gerichtsbarkeit. Dazu zählten neben den landesherrlichen Gerichten die weltlichen und geistlichen Hofmarken sowie die Städte und Märkte. In den meisten galt das Wort der Pfleger, von Adeligen, Klöstern, Märkten und Städten. Und die Beamten in den ständischen Hofmarken richteten sich nach den Vorgaben ihrer Herren, im Zweifel auch gegen Mandate ihres Landesherrn. Sogar auf kurfürstlichen Hofmarken konnte es geschehen, daß die zuständigen Verwalter sich im Zweifel für die örtlichen Interessen ihres Herrn, wie sie ihnen von der höchsten dafür zuständigen Behörde, der Hofkammer, diktiert wurden, entschieden. Bei der Frage der Heiratslizenzen konnte der Kurfürst nur hoffen, daß sich die lizenzerteilenden Obrigkeiten, insbesondere die Geistlichkeit und der Adel, an seinen Mandaten und seinem landesherrlichen Willen orientierten. Verpflichtet waren sie nicht dazu. Über die höhere Instanz der Entscheidung, den Hofrat, konnte Max III. Joseph dann doch wieder Einfluß nehmen.

Wie sah nun die aus Mandaten und Resolutionen ableitbare Politik Max III. Josephs in bezug auf den Heiratskonsens konkret aus? Sie bewegte sich zwischen zwei Punkten: Zum einen Bestimmungen zur Heiratserleichterung, zum anderen, und hier finden diese Bestimmungen ihre Grenze, Festhalten an der Forderung einer gesicherten Existenz der Heiratswilligen.

Die angedrohten Strafen für Heiraten ohne obrigkeitliche Genehmigung waren hoch. 1756 wurde die Strafe für unerlaubte Heirat von einem Jahr Arbeitshaus verdreifacht. Bis 1762 ist eine Hinwendung der Strafbestimmung zu einer Art Resozialisierungsmaßnahme festzustellen. Der Kurfürst bestimmte mit Mandat vom 3. Juni 1762, daß die Zeit im Arbeitshaus nutzbringend verbracht werden mußte. Die Delinquenten sollten im Arbeitshaus spinnen und weben lernen und nicht eher entlassen werden, »bis sie in der feinen Gespunst genügend und mandatenmäßig unterrichtet« wären. Bei ihrer Entlassung sollten ihnen auch Spinnwerkzeug und Spinnmaterial mitgegeben werden, um ihnen so eine Existenzgrundlage zu ermöglichen. Außerdem wollte der Kurfürst mit dieser Maßnahme die Spinn- und Webindustrie seines Landes fördern.

Vorher war es bereits zu einer gewissen Lockerung der Bedingungen zur Erlangung der Heiratserlaubnis gekommen: Im Mandat vom 12. Januar 1762 zur Förderung der Woll- und Webindustrie wurde das Heiratsverbot dadurch erleichtert, daß den unvermögenden Heiratswilligen die Erlaubnis dann nicht mehr verweigert werden durfte, wenn »Entweder das Mannsbild der Weberei oder wenigstens beide zusammen heiratenden Teile der Woll- und Garnspinnerei sowohl mit der Spindl als mit Spinnrädern genügend kundig, auch mit hinlänglich und authentischen Attestaten darüber versehen« waren. Niemandem durfte also die Heiratserlaubnis oder die Niederlassung verweigert werden, wenn einer der Brautleute das Weber- oder Spinnhandwerk beherrschte, nicht einmal das dort ansässige Handwerk. Nur derjenige sollte weiterhin gemäß dem Bettelmandat bestraft werden, der sich lieber »auf die faule Haut und den Müßiggang« verlegte. Fortan konnten sich mittellose Heiratswillige ihre Ehelizenz gewissermaßen erarbeiten.

Aber schon im Juni desselben Jahres mußte der Kurfürst angesichts der Vorhaltungen von Behörden und Gerichten klarstellen, daß nicht jeder, der spinnen und weben könne, heiraten dürfe, sondern nur diejenigen, die ein Attest des kurfürstlichen Arbeits- und Spinnhauses vorlegen könnten.

Auch diese Regelung scheiterte am Einspruch der Behörden in den Rentämtern und Gerichten. Im Mandat vom Juli 1770 kehrte Max III. Joseph wieder zur ursprünglichen Regelung zurück, nach der Brautpaare, die sich ohne obrigkeitliche Genehmigung trauen ließen, wie ausländische Vaganten behandelt würden. Gemäß Mandat vom 12. August 1768 bedeutete dies, daß sie mit dem Buchstaben B gebrandmarkt und des Landes verwiesen wurden.

Die Mandate zur Heiratsbeschränkung aber zielten nicht nur auf die Heiratswilligen, sie wandten sich auch gegen den beteiligten Priester und verfügten, daß er als Mitschuldiger für den Unterhalt kommender Kinder aufzukommen hatte. Ersatzweise konnte der Geistliche 100 Gulden hinterlegen, von denen die Obrigkeit dann für das Ehepaar ein Haus, eine Herberge oder ein Handwerk kaufte. Allen weltlichen Behörden, Beamten und Hofmarksrichtern, Stadt- und Marktobrigkeiten war verboten, Unvermögende heiraten zu lassen.

Den Widerspruch zwischen dem merkantilistischen Anspruch der steigenden Bevölkerung und der Sorge um die Sicherung des Unterhalts spricht Max III. Joseph im Mandat vom Juni 1762 offen an: »In Vermehrung der Mannschaft und Landpopulation geht Unsere Absicht nicht so weit, daß das Land mit einem Haufen unvermögender und nahrungsloser Leute angefüllt werden soll.«

Meist mußte sich der theoretische Anspruch der realen Situation anpassen. Max III. Joseph versuchte mit einer neuen Steuer den Widerspruch erträglicher zu machen. 1775 führte er den Heiratsgulden ein. Jeder Heiratswillige sollte vor der Eheschließung einen Gulden in die öffentliche Armenkasse einbezahlen. Erst wenn die zwei Gulden einbezahlt waren, durfte die Heiratslizenz erteilt werden. Diese Armenkasse speiste sich darüber hinaus noch aus der Musik-, der Spiel- und der Kaffeesteuer. Seither hing die Heiratslizenz nicht mehr von den persönlichen Umständen ab, sondern einzig von der Zahlung einer Abgabe.

Den Beamten der lizenzerteilenden Behörde, die versäumten, vor der Vergabe der Erlaubnis den Heiratsgulden einzuziehen, drohte eine Strafe von sechs Reichstalern. Aber mit den Beamten gab es noch andere Probleme. Im Juli 1776 stellte die Hofkammer fest, daß einige von ihnen den Heiratsgulden nicht weiterleiteten, sondern für sich behielten. Das Rentamt Amberg teilte mit, daß in den Hofmarken der Stände keine Steuer verlangt werde, weil sich deren Beamte, die nicht unmittelbar dem Landesherrn unterstanden, nicht nach seiner Mandatsgesetzgebung richteten und man ihrer »nicht habhaft werden könne«. Trotz Unregelmäßigkeiten und Verweigerung von örtlichen Verwaltungsstellen war auf diese Weise schon 1776 der ansehnliche Betrag von 12 660 Gulden in der Armenkasse zusammengekommen. Zum Vergleich: Die Einnahmen für Musik- und Spielsteuern im gleichen Zeitraum betrugen nur 7859 Gulden.

Überblickt man die Mandate und Erlasse zur Heiratspolitik Max III. Josephs, so erhält man den Eindruck einer restriktiven und strengen Heiratspolitik. Grundlage für die Heiratslizenz war – wie schon bei den Vorgängern Max III. Josephs – der Nachweis einer Versorgungsmöglichkeit der neu zu gründenden Familie. Inwieweit Mandatstexte und die Praxis der Vergabe der Heiratslizenzen übereinstimmten, soll ein Blick auf die übliche Erteilung des Ehekonsenses für bestimmte Bevölkerungsgruppen im Staat Max III. Josephs zeigen.

Bei der bäuerlichen Heirat war der elterliche Segen und – falls die Verhältnisse es verlangten – die Zustimmung der Grundherrschaft der Hofmark in der Regel für die Genehmigung der Eheschließung ausreichend. Es bestand noch die gesetzliche Bestimmung zur Erstellung eines Heiratsbriefes, einer Art Bestandsaufnahme des Besitzes, weil es oft zu Unstimmigkeiten in bezug auf das Heiratsgut kam. Im Heiratsbrief erfolgte die detaillierte Aufzählung der Aussteuer. Außerdem wurde darin die Versorgung der Eheleute nach dem Tod eines Ehepartners geregelt. Derartige Regelungen waren besonders für Frauen von Bedeutung, war die Ehe damals doch die einzige Versorgungsmöglichkeit, auch über den Tod des Ehemannes hinaus. Im Heiratsbrief wurde also die Befriedigung grundlegender Bedürfnisse gewährleistet.

Der Heiratsbrief eines Schuhmacherpaares vom 31. Janaur 1769 führt als Heiratsgut ein Unter- und Oberbett, eine Bettstatt und einen verschließbaren Kasten sowie 50 Gulden auf. Und als Witwenversorgung für die Frau waren »lebenslängliche Tischkost« und Wohnrecht im Haus festgesetzt.

Leibeigene brauchten für eine Eheschließung auch die Zustimmung ihrer Grundherrschaft; wenn sie in eine andere Hofmark hineinheiraten wollten, mußten sie sich um Entlassung aus der Leibeigenschaft bemühen. 1757 fragte die Tochter eines verstorbenen Kleinbauern bei der Hofkammer um ihre Entlassung aus der kurfürstlichen Leibeigenschaft an, um sich in eine Hofmark zu verheiraten. Ihr Vermögen waren 425 Gulden. Um der »Beförderung ihres Glücks« nicht im Wege zu stehen, genehmigte die Hofkammer gegen eine Gebühr von zwölf Gulden und 30 Kreuzern ihre Entlassung.

Daß die Anfragen um Entlassung aus der Leibeigenschaft des Kurfürsten von seiner Hofkammer in der Regel positiv beschieden wurden, hatte auch mit seiner Absicht zu tun, die Leibeigenschaft generell aufzuheben.

Das nächste Beispiel zeigt einen Konflikt um eine Heiratslizenz auf. Der Kleinbauer Hueber aus dem Bezirk des Landgerichts Landsberg hatte über ein Jahr lang mit dem Gericht wegen der Erteilung des Ehekonsenses verhandelt. Im Juli 1775 fragte er beim Gericht an. Dieses lehnte wegen der Überschuldung seines Hofes ab. Der Hueber wandte sich daraufhin an den kurfürstlichen Hofrat. Der Hofrat prüfte die Vermögensverhältnisse und kam zu dem Ergebnis, daß von dem geernteten und abgedroschenen Getreide des Hueber lediglich die landesherrlichen Abgaben und Steuern abzuziehen seien. Den Rest dürfe er zur Existenzsicherung behalten. Die Gläubiger wurden auf später vertröstet. Der Hofrat wies das Gericht zur sofortigen Ausfertigung der Heiratslizenz an.

Gleichgültig aus welchen Gründen die unteren Behörden die Erteilung der Ehelizenz bäuerlichen Ehewilligen verweigerten, der Hofrat des Kurfürsten entschied in der Regel zugunsten des Petenten. Nicht nur Bauern, auch Beamte mußten vor einer Verehelichung das Einverständnis des Dienstherrn einholen, andernfalls drohte ihnen »Verlust ihres Dienstes«. Insoweit waren sie den bäuerlichen Leibeigenen gleichgestellt. Wird die Ehegenehmigung bei mittleren und höheren Beamten keine Komplikationen gebracht haben, so war sie für die untere Beamtenschaft, für Gerichtsschreiber oder Gerichtsboten, von größerer Bedeutung.

Das Besondere am Heiratskonsens für Beamte war die Expektanz, das heißt die Anwartschaft des Dienstes, den sich Beamtenwitwen beim Tod ihres Mannes erwarben. So war es gebräuchlich, daß eine Beamtenwitwe mit Expektanz der Behörde einen genehmen Dienstnachfolger als Beamten und Ehemann präsentieren konnte. Dies war eine materiell befriedigende Lösung zur Alterssicherung von Beamtenwitwen, brachte aber dem Staat zugleich Hemmnisse. Die Behörde konnte wegen dieser Expektanzen nicht die Leute ihrer Wahl in Dienst stellen. Die staatliche Personalpolitik Bayerns blieb dadurch starr und unflexibel, weil dem Landesherrn bei Stellenbesetzungen oft die Hände gebunden waren. Eine Lösung brachte erst die Einrichtung von Witwen- und Waisenkassen.

Der Gerichtsprokurator von Bad Tölz Künsberger hinterließ bei seinem Tode eine Witwe und vier unmündige Kinder. Angesichts der Expektanz seiner Frau auf seinen Posten schlug ihr das Rentamt München vor, sich innerhalb von sechs Wochen ein »taugliches Subjekt« für den Dienst und als Ehemann zu suchen. Da sich die Suche schwierig gestaltete, bat sie noch zweimal um Verlängerung der Frist. Den Anwärtern erschienen die Erträge aus der Beamtenstelle zu gering. Die Witwe mußte nun befürchten, mit ihren Kindern unmittelbar »in den Bettl« gestoßen zu werden.

Da sie keinen Nachfolger und Ernährer finden konnte, schlug das Rentamt vor, die Stelle auf obrigkeitlichen Beschluß mit einem andern Schreiber zu besetzen, der dann monatlich einen kleinen Betrag an die Witwe zahlen sollte. Die Witwe protestierte und ersuchte die Behörde, ihren Sohn, der inzwischen das entsprechende Alter erreicht und die notwendigen Examina abgelegt hatte, mit dem Amt zu betrauen. Das Rentamt war unter folgenden Bedingungen einverstanden: Er müsse sich bereit erklären, die Mutter und minderjährigen Geschwister zu ernähren, und er dürfe sich nicht ohne Erlaubnis des Rentamtes verehelichen.

Zur Wiederverheiratung von Beamtenwitwen auf ihrer Dienststelle war in jedem Fall die Zustimmung der Behörde notwendig. Wollte einer eine Stelle besetzen, auf die die Witwe des Vorgängers die Anwartschaft hatte, so mußte er mit der Stelle zugleich die Witwe nehmen. Diese Praxis war natürlich umstritten. So wandte sich Kreittmayr mit dem Argument dagegen, bei derart zusammengekommenen Ehen litte auch das Amt. Aber das Recht der Expektanz ließ sich nicht durch einen Verwaltungsakt aufheben, es bedeutete die Alterssicherung der Beamtenfrau.

Die dritte vorgestellte Gruppe von Heiratwilligen, die ländlichen Arbeitnehmer, genoß bei Behörden keinen guten Ruf. Die Taglöhner, Dienstboten, Ehalten galten als faul und arbeitsunwillig. Ihnen wurden Müßiggang und zu hohe Lohnforderungen vorgeworfen.

Folgende Beschreibung aus dem Kurfürstlichen Intelligenzblatt vom 28. September 1770 ist typisch für diese Einschätzung: Ein Tagwerker-Ehepaar erwirbt die Ehelizenz und führt dann unter der »ehrsamen Decke des Tagwerkers« ein liederliches, arbeitsscheues Leben. Sie zeugen Kinder und richten sie zum Betteln ab, damit diese ihre Eltern ernähren.

Auch die Behörden der mittleren und örtlichen Ebene waren gegen die Heiratslizenz für Ehalten und Taglöhner. Der Kanzler der Straubinger (Teil-)Regierung, Klieber, schreibt, daß die meisten schon vor der Heirat Kinder haben, die Frauen wegen der vielen Kinder für die Arbeit unbrauchbar seien und mit ihren Kindern betteln gehen. Der Mann bringe den ganzen Tag mit Schlafen und Faulenzen zu, breche nachts bei den Bauern ein und stehle dort zusammen, was er brauche. Seien die Kinder herangewachsen, würden sie allein zum Betteln geschickt. Klieber stellte eine schnelle Zunahme von Taglöhnern in seinem Bezirk fest. Die Zahl sei innerhalb von dreißig Jahren von 50 Taglöhnern auf 600 gestiegen. Die meisten schickten die Kinder zum Betteln und säßen bei Spiel und Bier im Wirtshaus. Das Betteln bringe auch mehr Einnahmen als die Arbeit. Einem arbeitenden Taglöhner verblieben 18 Gulden Verdienst im Jahr bei freier Kost und Logis. Eine Aufhebung des Heiratsverbotes für diese Gruppe werde nur die Zahl der Müßiggänger und Bettler erhöhen. Auch die Gutachten der Rentämter Burghausen, Landshut und Amberg lehnten eine Aufhebung des Heiratsverbotes für Tagelöhner und ähnliche Gruppen ab.

Anders urteilte die Münchner Zentrale. Hier, in enger Zusammenarbeit mit dem Landesherrn und seinen aufgeschlossenen Reformideen,

versprachen sich die Beamten von der Aufhebung der Heiratsbeschränkung für Tagewerker eine Vermehrung dieser Gruppe, was, entgegen der Einschätzung der Mittel- und unteren Behörden, ihrer Meinung nach nötig wäre. Wie entschieden nun die Behörden im Konfliktfall?

Folgendes Beispiel der Pfarrei Unserer Lieben Frau in München zeigt
die Praxis bei der Vergabe der Ehelizenz. Dort wurden 38 Prozent der
erteilten Heiratslizenzen an die Gruppe der Tagewerker, Knechte, Be-
diensteten und Handwerksgesellen ausgegeben. Der Stadtoberrichter
erteilte also relativ großzügig die Erlaubnis zur Heirat und zugleich
das Recht zur Ansiedelung. Das mag an der besonderen Situation der
Residenzstadt München gelegen haben. In anderen Städten wurde
Unbegüterten die Heirat seltener erlaubt.

Die Erteilung auf dem Land hing von anderen Gegebenheiten ab als
die in den Städten. Etwa ein Viertel der Heiratslizenzen im ländlichen
Raum wurden an Tagelöhner und Inleute, das waren Arbeitskräfte, die
beim Bauern wohnten und arbeiteten, ausgegeben.

Für einen Inhäusler übernahm »sein« Bauer die Verantwortung. Die
Verhandlungen über die Aufnahme eines Inhäuslers und über sein
Heiratsgesuch bildeten meist einen gemeinsamen Protokollgegen-
stand bei den Pflegegerichten. Der Bauer kannte seine Inleute meist
schon aufgrund eines früheren Arbeitsverhältnisses als Knecht und
Magd auf seinem Hof. Wenn sie dann mit Zustimmung der Gemeinde
geheiratet hatten, übernahm der Bauer für sie zugleich die Versorgung
im Alters- und Krankheitsfall.

Das verdeutlicht der Fall des Samtjohannser aus Starnberg, der mit seinem Bauern Fink am 27. Mai 1775 beim dortigen Pflegegericht erschien. Bauer Fink ließ beurkunden, daß er den Samtjohannser als In-
mann aufnehme und seine Heirat gestatte. Er verpflichtete sich, die
Versorgung zu übernehmen. Das bedeutete, daß er Samtjohannser mit
Frau und Kindern »mit benötigter Kost verpflegen« werde, falls durch
einen Zufall dieser sich und seine Familie nicht mehr ernähren könnte. Da die Gemeinde, vertreten durch zwei Zeugen, sich mit Aufnahme und Heirat einverstanden erklärte, konnte Fink den Samtjohannser aufnehmen und ihn die Tagwerkerstochter Poschenrieder heiraten
lassen.

Wenn der Heiratswillige als Gemeindearbeiter, Hüter, Schweinetreiber
oder Roßhalter tätig war, übernahm die Gemeinde die Versorgungs-
zusicherung.

So erschien der Unterpfaffenhofener Dorfführer Lämpl am 26. April
1776 beim Gericht Starnberg, um den Bröd in den Dienst der Ge-

meinde als Roßhalter aufzunehmen und darauf heiraten zu lassen. Die Gemeinde garantierte dem Bröd die Versorgung im Alters- oder Krankheitsfall.

Eine andere Möglichkeit, die materielle Zukunft als gesichert auszuweisen, war der Erwerb eines Häusls. Wer ein Leerhäusl besaß oder als Erbe in Aussicht hatte, erfüllte die materiellen Bedingungen für eine Ehelizenz.

Heirateten die Ehewilligen ohne obrigkeitliche Erlaubnis, hatten das Paar und der Geistliche, wie erwähnt, erhebliche Strafen zu gewärtigen. Das mußte für das Paar nicht die Höchststrafe von drei Jahren Arbeitshaus bedeuten. Der Taglöhner Högmayer aus Vohburg hatte 1757 ohne obrigkeitlichen Konsens geheiratet. Der Münchner Hofrat wies das Gericht an, den Högmayer und seine Frau mit achttägigem Arbeitshausaufenthalt »unter geringer Atzung« zu bestrafen. Nach seiner Entlassung habe das Pflegegericht dem Ehepaar eine Herberge zu verschaffen, wo es zur Arbeit anzuweisen war. Die Bestrafung der Frau scheiterte allerdings daran, daß das dortige Arbeitshaus sie und die Kinder nicht aufnehmen konnte.

Für den an ungenehmigten Eheschließungen beteiligten Geistlichen sahen die Mandate die Übernahme der Alimentation für das Paar vor. Derartige Trauungen gab es viele, stand der Klerus doch auf dem Standpunkt, daß der Staat kein Recht zur Einflußnahme bei Eheschließungen habe. So werden die Strafen für die Priester auch für Ärger im Verhältnis des Staates Max III. Josephs und der Kirche gesorgt haben.

Gegenkräfte

Die unteren und mittleren Behörden beklagten in ihren Berichten an den Hofrat des Kurfürsten häufig Trauungen ohne obrigkeitlichen Segen. Der Kanzler der (Mit-)Regierung Landshut, Dachsberg, berichtete von einem Tagelöhnerpaar und einem Herumstreicherpaar, die sich in Regensburg ohne irgendeinen Nachweis auf Versorgung verehelicht hätten. Sie wurden gemäß den Mandaten Max Josephs gebrandmarkt und des Landes verwiesen. Wegen des Verhaltens der betreffenden Priester erging ein energischer Protest an den zuständigen Bischof. Dessen Ordinariat versicherte, daß den Geistlichen die Trauung ohne obrigkeitliche Erlaubnis verboten sei. Der Hofrat und die bayerischen Mittel- und Ortsbehörden glaubten den Versicherungen des Klerus nicht und beobachteten mißtrauisch weitere Fälle.

Einige Male scheinen sich pfiffige Heiratswillige den Segen Gottes – wie weiland Isaak – erschlichen zu haben. So wird erzählt, daß 1768 im Bezirk des Landgerichts Wasserburg gegen Ende der Heiligen Messe ein Paar mit zwei Zeugen vor den Altar trat, um zusammen mit den anderen Kirchenbesuchern vom Priester das Kreuzzeichen zu erhalten in der Überzeugung, dies sei »soviel, als wenn sie zusammengegeben worden wären«. Zur Strafe mußten sie eine Wallfahrt nach Dorfen unternehmen und an ihr Pfarrhaus drei Pfund Wachs spenden.

Außer den Geistlichen entsprachen auch die Pflegerichter in den Hofmarken oft nicht den Vorschriften des Kurfürsten. Die Berichte der (Teil-)Regierungen vermuteten als Grund Geldgier der örtlichen Pfleger, die, um »etwelche Gulden zu erhaschen«, jedermann, »alles liederliches Gesindl« zusammenheiraten ließen. Auch die Hofmarksherren, also die adeligen und geistlichen Grundherren der Hofmarken, hätten ein Interesse an vielen Lizenzausgaben und Heiraten, verdienten sie doch zusätzlich zur Gebühr für die Heiratsbriefe noch zwei bis drei Gulden. Viele Hofmarksherren verkauften zusätzlich die »Freizügigkeit«, das war das Recht, in andere Hofmarken und Gerichte umzuziehen, verlangten freilich weiterhin eine jährliche Schutzgebühr bis zu drei Gulden dafür, daß das Paar wieder in die Hofmark zurückkehren durfte. Mit dieser Regelung, so klagten die Rentämter, verbreiteten viele Hofmarksherren die Armut, die sie durch großzügige Vergabe von Heiratslizenzen hervorgerufen hätten, auch in anderen Hofmarken.

Damit brach ein weiterer Konflikt zwischen dem Kurfürsten und seiner Regierung einerseits und den ständischen Hofmarksherren andererseits auf. Die Landeshoheit war nicht so anerkannt, daß sich die adeligen und geistlichen Herren an die Landesgesetzgebung gebunden fühlten. Den Hofmarksherren gegenüber betonte Max III. Joseph das Argument, Armut und Bettelei zu verhindern, und trat für eine restriktive Ausgabe von Lizenzen ein.

Ganz anders verhielt er sich bei Konflikten mit Gemeinden, Magistraten und Zünften. Deren Bestreben war es, die Zahl der Heiraten in armen Bevölkerungskreisen möglichst niedrig zu halten. Ihre Mitsprache war auch im Bettelmandat vom Juli 1770 vorgesehen: Ohne »ausdrückliche Zustimmung der Gemeinde, welche im Bedarfsfall die Verpflegung zu beschaffen hätte«, durfte sich niemand im Ort ansiedeln. Der Fall des Weilheimer Stadtknechts Weistermayer zeigt auf, wie sich hieraus ein Konflikt mit dem Landesherrn ergeben konnte. Weistermayer wandte sich mit dem Gesuch um Heiratserlaubnis 1762 nicht an den zuständigen Magistrat, sondern direkt an die höchste Stelle, den Hofrat. Daraufhin kündigte der Magistrat dem Westermayer fristlos. Max III. Josephs Hofrat antwortete mit einer Verfügung, welche die Kündigung »bis auf weitere gnädigste Resolution« aussetzte. Der Magistrat kümmerte sich nicht darum und blieb bei seiner Kündigung. Der Westermayer schilderte dem Hofrat die selbstbewußte Antwort des Bürgermeisters des kurfürstlichen Weilheim: Da könne ja »jedweder einen Befehl zuschicken. Sie seien aber die Herren zu Weilheim und hätten in Weilheim zu schaffen«. Der Hofrat befand die Haltung als »vermessen und respektlos« und befahl die Wiedereinsetzung des Stadtknechtes sowie die sofortige Ausstellung einer Heiratslizenz. Der Magistrat ließ sich davon nicht beeindrucken und bekräftigte die Kündigung, unter anderem mit der Begründung, daß der Stadtknecht sich an den Hofrat gewandt habe. Im Februar 1763 bedeutete der Hofrat dem Westermayer, daß er nichts mehr für ihn tun könne.

Die Geschichte ist ein interessantes Beispiel von kommunaler und untertäniger Widerborstigkeit im Zeitalter des Absolutismus.

In der preußischen Geschichtsschreibung gibt es die – unhistorische – Anekdote des Müllers von Sanssouci, der im Streit mit seinem König Friedrich auftrumpfend gesagt haben soll: »Ja, wenn das Berliner Kammergericht nicht wäre!« Die Weilheimer Ratsherren zeigen auf, daß es tatsächlich Beispiele von aufrechter Haltung vor absoluten Thronen gab, in Bayern.

Bei den meisten strittigen Lizenzen, die vor den Hofrat Max III. Josephs kamen, ging es um Handwerker und Handwerksgesellen, die sich »auf ein Handwerk« verheiraten wollten, das heißt, sie wollten mit der Meisterwitwe zugleich die Berechtigung zur Ausübung des Handwerks erheiraten.

Die Zünfte und in ihrem Gefolge die Magistrate versuchten den Zuzug in den Handwerken niedrig zu halten, um ihre Existenz nicht durch zu viele Mitanbieter zu gefährden. Nach der Ablehnung in den städtischen Zünften verdingten sich viele Gesellen als Arbeiter in Manufakturen, wo das Gehalt höher war und es keine Heiratsbeschränkungen gab, oder als Tagewerker auf dem Land. Wenn sie dann eine gesicherte Existenzgrundlage vorweisen konnten, wurde ihnen dort auch die Lizenz erteilt.

So stellte die Tagewerkertochter Fischer aus Graflfing, Bezirk Starnberg, dem Münchner Zimmergesellen Gasteig 1776 ihr ererbtes Häusl zur Verfügung, so daß sie die Heiratslizenz erhielten.

Schwierigkeiten gab es beim Fall des Messerschmieds Hainiser aus Auerdorf, Gericht Auerburg, obwohl die materiellen Voraussetzungen für eine Lizenz vorlagen. Hainiser, Sohn eines Tagelöhners, hatte 1775 eine Schmiede in Pacht. Zur Führung seines Haushaltes hatte er eine

Bauerstochter auserwählt, die er zu ehelichen dachte. Sie hatte bereits ein Heiratsgut von 350 Gulden ausbezahlt bekommen. Der Pflegebeamte des Gerichts bescheinigte dem Hainiser ein ausgezeichnetes Verhalten voll Ehr- und Redlichkeit. Und doch erfolgte die Erlaubnis zur Eheschließung nicht. Hainiser appellierte an den Hofrat und deckte die Gründe der Verzögerung auf: Die bäuerliche Verwandtschaft der Braut hatte sich an das Gericht gewandt, um die Heirat zu verhindern. Die Heirat mit einem Tagewerkerssohn erschien ihr zu gering. Der Hofrat erteilte die Heiratslizenz.

Auch in den Städten und Märkten ist bei heiratswilligen Gesellen eine Unterstützung durch den Hofrat des Kurfürsten auszumachen. Die Zünfte legten meist vergeblich ihr Veto dagegen ein. Hatte der Kurfürst sonst die Existenzsicherung bei Eheschließungen hervorgehoben, so zielte er jetzt auf das Prinzip des Bevölkerungswachstums. Außerdem kam ihm diese Möglichkeit zur Disziplinierung der Zünfte gelegen, stellten sie doch wie die Stände eine tradierte Macht im Staate dar, die Max III. Joseph nicht zu dulden bereit war. Man erkennt diese Absicht schon in der Sprache, mit der der Hofrat widerspenstige Zünfte maßregelte.

Das zeigt sich zum Beispiel im Falle des Maurergesellen Egg aus Mainburg, der 1762 eine Amtmannstochter geheiratet hatte und sich um Aufnahme beim dortigen Handwerk bewarb. Die Maurer und Zimmerer der Stadt wehrten sich vehement dagegen. Da befahl der Hofrat den widerspenstigen Handwerkern barsch, dem Egg nicht »den mindesten Einhalt oder Hindernis zu erzeigen und seine Nahrung nicht zu hemmen«, und drohte bei weiterer Renitenz schwere Strafen an.

In jedem Konfliktfall eines Angehörigen des städtischen Handwerks, der ihn erreichte, entschied sich der Hofrat des Kurfürsten für den Heiratswilligen und gegen den Widerstand der jeweiligen Zunft und des Rates der Stadt, um die starren Zunftschranken aufzuweichen.

Allerdings war Max III. Joseph bei dieser Zielrichtung klar, daß er mit einer Politik gegen Zunftbeschränkungen und für die Gründung neuer Existenzen das Grundproblem der Ernährungslage nicht lösen und auch nicht wirklich mehr Arbeitsplätze schaffen konnte.

Landverteilungspläne

Getreu dem merkantilistischen Grundsatz mußte der Kurfürst neben dem Wachstum der Bevölkerung das Wachstum der Wirtschaft fördern. Das tat er auch. Aber in einem agrarisch geprägten Staat galt die Nutzung von Grund und Boden als erstes Mittel, die Existenz des Volkes gerade in Notzeiten zu sichern. Waren doch diejenigen Gruppen, die nur wenig oder kein Land besaßen, die ersten, die die Auswirkungen einer Wirtschaftskrise direkt zu spüren bekamen. Daß sie kaum Vorrat anlegen konnten, traf sie die Not sofort am Lebensnerv. Die unteren, aber auch die mittleren Schichten standen in dieser Gesellschaft ohne soziales Sicherungssystem ständig in der Gefahr, in die Bettelei abzurutschen.

Max III. Joseph wollte dieser Gefahr mit einer breiteren Streuung von Landbesitz begegnen, er entwickelte eine Art Bodenreform zur Hebung des Lebensstandards der unteren landlosen Schichten. Mit einer Fülle von Mandaten zur Landwirtschaft, den Landeskulturmandaten, und unterstützt von zahlreichen landwirtschaftlichen Schriften von Gelehrten ging der Kurfürst dabei zwei Wege: einmal den der Verteilung und Kultivierung von unbebautem Land und zum andern den der Aufteilung von Gemeindewiesen.

Als Vorgriff hob das Mandat vom 23. März 1762 das Verbot auf, größere Höfe aufzuteilen. Die dadurch entstehenden Hofteile sollten mit eigenen Meiern, also mit selbst wirtschaftenden Bauern besetzt werden. Die örtlichen Obrigkeiten sollten Bauern mit entsprechend großem Hofbesitz vom Sinn einer Zerschneidung überzeugen. Die Maßnahme sollte nicht gegen ihren Willen durchgeführt werden.

In die gleiche Richtung ging die Erneuerung des Verbotes von Zubaugütern: Güter, die zusätzlich zum eigenen Anwesen noch bebaut und benutzt wurden, mußten innerhalb von zwei bis drei Jahren von eigenen Meiern genutzt werden.

Von den so erhaltenen kleineren Hofkapazitäten versprach sich der Kurfürst eine intensivere und bessere Nutzung des Bodens. Zugleich boten sie mehr Familien ein Auskommen und sicherten die Versorgung von mehr Menschen als vorher.

Man kann diese Bestrebungen Max III. Josephs als Politik der inneren Kolonisation bezeichnen im Gegensatz zur Politik der expandierenden Kolonisierung, wie sie Preußen-Brandenburg und Österreich durch Werbung fremder Ansiedler durchführten. Eine größere Bedeutung als die Zerteilung von Höfen und die Erhebung von Zubaugütern zu selbständigen Hofeinheiten hatten andere Pläne, hing doch der Erfolg dieser Zerschneidungen sowieso von der – unwahrscheinlichen – Zustimmung des Eigentümers ab. Einen wichtigen Platz in Max III. Josephs Landwirtschaftspolitik nahm deshalb die Verteilung und Kultivierung von Ödland ein.

Auch den Vorgängern Max Josephs war dies ein Anliegen. So ließ schon Maximilian I. den Umfang derartigen Ödlandes registrieren. Max Emanuel, ständig auf der Suche nach Geldquellen, bot Ödland 1723 zum Kauf an, allerdings mit der Auflage, daß sich die einkaufenden Tagelöhner und Häusler weiterhin uneingeschränkt als ländliche Arbeitskräfte zur Verfügung stellten.

Was denn Ödland sei, in Abgrenzung zur Gemeindewiese, das hatte sich im täglichen Gebrauch rechtlich verwischt. Beide dienten als Viehweide. Für die steuerliche Behandlung jedoch und für Max Josephs Ödlandprogramm ist der Unterschied erheblich gewesen. Öde Gründe galten als »herrenlos« und damit als landesherrlich. Der Landesherr konnte darüber nach Belieben verfügen, zum Beispiel sie gegen Entgelt verleihen. Öde Gründe konnten nach bayerischem Regalien- und Oberhoheitsrecht vom Landesherrn eingezogen werden. Die Gemeindewiesen hingegen waren Eigentum der Untertanen und Grundherrschaften. Auf sie hatte der Kurfürst keinerlei Einflußmöglichkeiten und Rechte.

Es war also für die Durchführung der Reform von großer Bedeutung, daß zweifelsfrei festgestellt wurde, was Ödland sei. Die Hofkammer des Kurfürsten gab in einem Gutachten vom 31. August 1761 darüber Auskünfte: Danach handelte es sich bei öden Gründen um weitläufige unfruchtbare Flächen, meist um großflächige Moose, Moore und Filze, die zwar von Untertanen als Viehweiden, jedoch nicht zum Feldbau genutzt wurden.

Im Gegensatz dazu die Gemeindewiesen: Auch sie dienten zur Viehweide, doch waren sie zum Teil nutzbar und meist kleinflächiger. Ihr Status als Gemeindewiesen mußte nachzuweisen sein, wobei die Gewohnheit und das Herkommen allein als Nachweis nicht ausreichten.

Zur Durchführung, Überwachung und Kontrolle seiner Mandate zur Landverteilung setzte Max III. Joseph als zuständige Behörde 1762 die Landes-Ökonomie-Deputation, eine Art Wirtschaftsministerium, ein. Derartige Ressortgründungen waren auch in anderen Ländern üblich und sind Ausdruck des besonderen Interesses, das im 18. Jahrhundert der Ernährungslage und der Ertragssteigerung, der Wirtschaft und dem Geldwesen, von Seiten des Staats entgegengebracht wurde. Durch Dekret vom 8. März sollte sich die neue Behörde um die Belange der Kultivierung und Verteilung der öden Gründe, der Vermehrung der Meierschaften, aber auch der Beförderung des Kreditwesens, des Nahrungsstandes, der Geldeinläufe, der Errichtung von Fabriken und Manufakturen und um das Ausfuhrwesen sorgen. Die beauftragten Minister waren keine Spezialisten oder Fachleute, sondern sie arbeiteten auch in anderen Deputationen und Kollegeien mit. Es waren: Toerring, Berchem, Kreittmayr, La Rosée sowie die Hofkammerräte Kerz, Faßmann und Stubenrauch. Die Entscheidungskompetenz war eng gezogen: Was »von keiner Wichtigkeit« war, durften sie »gleich ohne weitere Rückfrage erledigen«. Wichtige Entscheidungen behielt sich die Geheime Konferenz des Kurfürsten beziehungsweise die zuständige höchste Behörde, die Hofkammer, vor. Mit der Errichtung dieser Deputation wurden zugleich die landwirtschaftlichen Fragen, Streitfälle und Prozesse vom üblichen Gerichtsweg abgetrennt und nur der Deputation unterstellt.

Diese Regelung konnte nicht durchgehalten werden und so mußte Max III. Joseph mit dem Mandat vom 2. Juni 1773 wieder den ursprünglichen Zustand herstellen und den normalen Rechtsweg auch für landwirtschaftliche Streitfälle öffnen. Damit verlor die Deputation erheblich an Einfluß auf die gestellte Aufgabe, konnte sie doch jetzt nicht mehr wie in der ersten Zeit auf die einzelnen Streitfälle direkt einwirken. War die Deputation bis 1773 noch die am meisten gefragte Anlaufstelle für Anfragen und Beschwerden bei der Durchführung der Reform, so wandten sich Bittsteller und Anfrager danach immer mehr an einzelne Gerichte und (Teil-)Regierungen.

Schon diese Umorganisation zeigt, daß der Reformeifer der sechziger Jahre, der alles zentralisierte und der zuständigen Behörde ausreichende Kompetenzen verlieh, sich im Laufe der siebziger Jahre legte. Die Durchführung der Reform wurde in »normale« Bahnen gelenkt und versandete dort.

Mit wieviel Schwung hatten die Mandate doch zunächst das Problem angepackt: Keinem Regenten, folglich auch nicht Max III. Joseph konnte es gleichgültig bleiben, hieß es im Mandat vom 24. März 1762, daß »ein so großer und merklicher Teil Unserer Länder in voller Öd- und Unfruchtbarkeit daliegt«. Deshalb sollten die öden Gründe, gleichgültig, wem sie gehörten, kultiviert und nutzbringend bebaut werden, »teils pflug- und ackermäßig, teils zu Wiesen und Waldungen gemacht werden«. Bei landesherrlichen Gründen waren keine Schwierigkeiten erwartet worden. Gegen die adeligen und geistlichen Grundherren, die sich dagegen wenden konnten, schoß das Mandat gleich aus vollen Rohren als Träger von »Nachlässig- oder Widerspenstigkeit«. Um gleich zu Beginn ihren möglichen Widerstand zu brechen, erklärte das Mandat, die »mit Fleiß (=mit Absicht) verwahrlosten Gründe« schließlich für verlassen zu achten und sie wie herrenlose Güter, also dem Landesherrn eigene zu betrachten. Nach Protesten und Einsprüchen mußte diese Einschätzung wieder zurückgenommen und den Grundherren mit Mandat vom 26. Mai 1775 zugesichert werden, daß »niemandem das seinige genommen, sondern vielmehr jedermann das, was er schon hat, in verbesserten Stand behalten« könne. Auch das Amortisationsgesetz vom 13. Oktober 1764, das der Kirche Land zu erwerben verbot, setzte Max III. Joseph 1775 wieder außer Kraft unter der Bedingung, daß sie die öden Gründe kultivierte und bemeierte.

Anfangs, 1762, konnte sich jeder, gleichgültig ob In- oder Ausländer, ob arm oder begütert, um einen öden Grund bewerben. Auch Anreize dafür wurden gegeben: Befreiung auf zehn Jahre von allen grund- und landesherrlichen Abgaben, Steuern, Anlagen, von der Verpflichtung, Militär Quartier zu geben, sich mustern und einziehen zu lassen. Vorzüglich sollten bei der Verteilung von ödem Land und auch Gemeindewiesen in jedem Ort zuerst die ansässigen Leerhäusler, also die Landarbeiter, die nur ein Häusl mit kleinem Nutzgarten ihr eigen nannten, bedacht werden. Dreizehn Jahre später ist die Priorität eine andere. Im Mai 1775 legt das Mandat fest, daß den Vorzug der Kultivierung in erster Linie der Eigentümer und derjenige genießen sollte, der das Nutzungsrecht besaß. Erst wenn weder dieser noch jener »Hand an das Werk« legten, solle es vom Staat eingezogen und an diejenigen abgegeben werden, welche sich als erste melden. Für den Eigentümer oder den Nutzer des bisherigen Ödlandes bestand also lediglich ein gewisser Druck, das Land in Zukunft zu kultivieren, wollte er das Land oder das Nutzungsrecht nicht verlieren.

Wie schon in der Änderung der Zielrichtung der Mandate und in der Beschneidung der Kompetenzen der Deputation angedeutet, zeigte die Praxis der Landverteilung, daß dieser zentrale Punkt in Max III. Josephs Reformplan heftig umstritten war. Das Vorhaben war als großer Wurf bewunderungswürdig und den äußeren Kolonisationsmaßnahmen von Brandenburg-Preußen und Österreich vergleichbar. Der bayerische Kurfürst verband die Idee einer intensiven Nutzung von Ödland und Gemeindewiesen mit der Notwendigkeit, für landlose Schichten seines Volkes Arbeit, Brot und Eigentum zu schaffen.

Aber schon 1761, im Planungsstadium, wies die Hofkammer ihren Kurfürsten darauf hin, daß eine derartige landesweite Landverteilung scheitern müsse, wenn nicht begleitende Maßnahmen ergriffen würden. Die Anreize genügten nicht, um die zur Kultivierung Fähigen anzulocken. Wenigstens müsse mit der Kultivierung das uneingeschränkte Eigentumsrecht erworben werden. Auch bedürften die Siedler neben der Freiheit von Steuerleistungen und Abgaben der Unterstützung durch Geld, Brenn- und Bauholz und anfangs auch durch

Lebensmittel. Es sei nämlich zu erwarten, daß sich meist arme und unbemittelte Leute um das Ödland bewerben würden. Und diesen müßte man, um zum Erfolg zu gelangen, großzügig helfen. Woher aber, so fragten die Beamten der Hofkammer ihren Kurfürsten, solle das Land die notwendige großzügige Hilfe nehmen? Sie, denen der Fiskus und die Bewirtschaftung der landesherrlichen Güter unterstand, waren als Fachleute sicher, daß die bayerische Kolonisation und Landverteilung keinen Erfolg haben konnte.

Max III. Joseph plante nach dem Prinzip »Wasch mir den Pelz, aber mach ihn nicht naß!« und hielt das Reformprogramm aufrecht, ohne ausreichende Unterstützung der Kolonisten, ohne juristische Absicherung von Enteignungen und ohne der zuständigen Deputation die erforderlichen Vollmachten zu geben. Die folgenden Jahre sollten zeigen, ob sein Optimismus berechtigt war.

Die Vermutung der Hofkammer, daß sich meist arme und unvermögende Personen um das Ödland bewerben würden, bewahrheitete sich. Aber das hatte der Kurfürst ja auch beabsichtigt. Er wandte sich bei seinen Mandaten, wenn auch nicht ausdrücklich, so doch der Richtung nach, an landlose ärmere Schichten. Und bei ihnen rief sein Mandat auch zunächst eine durchaus positive Reaktion hervor. Gerade den Landarbeitern ohne eigene Felder, den Leerhäuslern, aber auch den Tagwerkern traute er zu, daß sie den Boden intensiv bebauen und nutzen würden. Da sie auch nicht am gemeinschaftlichen Grund der Gemeinde beteiligt waren, hoffte er, daß sie sich der Ödflächen besonders eifrig annehmen würden. Er sah den Erfolg seines Reformprogrammes aus demselben Grund gesichert, den seine Fachleute für sein Scheitern ansahen: der Mittellosigkeit der Bewerber um das Ödland.

Die Reaktion auf die Landverteilungsmandate

Sehen wir uns nun die Reaktionen derer genauer an, die sich durch die Mandate des Kurfürsten angesprochen fühlten. Es war fast die Regel, daß nicht einzelne, sondern gleich mehrere landarme Personen einer Gemeinde sich um die Ödlandverteilung bewarben. Oft taten sich alle Häusler eines Dorfes zu einem Antrag zusammen. So reichten 1766 Mayr und Wintermayr und 49 weitere Leerhäusler aus der Hofmark Bayerdilling, Gericht Rain, ihren Antrag bei der Deputation ein, um die »gnädigste Bewilligung, auf öden Haiden und Grundwaiden Acker und Wiesen bauen zu dürfen«.

Hatte irgendwo eine derartige Gruppe Erfolg und erhielt Ödland zugeteilt, sprach sich dies schnell bei weiteren Interessierten herum und ermunterte sie zur Nachahmung. Es folgten dann oft weitere Anträge aus der näheren Umgebung der Antragsteller. Als die Söldner von Uffing, Gericht Weilheim, 1763 vom Erfolg der Viertelbauern und Achtelgütler ihres Dorfes hörten, die 58 Tagwerk öden Moosgrundes bewilligt bekommen hatten, beantragten sie noch am gleichen Tag bei der Deputation 49 Tag Moosgrund zur Verteilung und Kultivierung. Dieses Beispiel zeigt, in wie starkem Maße der Erfolg des Reformprogramms Max III. Josephs auch davon abhing, welche Signale die Interessenten zusätzlich zu den Landeskultivierungsmandaten des Landesherrn erhielten, wie Erfolg oder Mißerfolg anderer Bewerber, Äußerungen der örtlichen Pfleger, begleitende Propaganda des Staates, erste Erfahrungen von Ödlandsiedlern, Kompetenzveränderungen bei der Deputation, personelle Umbesetzungen in der Verwaltung oder Gerichtsentscheidungen.

Die landlosen Interessenten waren sich durchaus bewußt, daß ihr Anliegen Teil eines umstrittenen Programmes ihres Landesherrn war, der dafür von mehreren Grundherren heftig, wenn auch »untertänigst« angegriffen wurde. Und sie taten das ihre, um die Position des Kurfürsten und seines Programmes zu stützen.

So formulierten Ayerschmalz und 15 weitere Söldner 1777 aus dem Gericht Schongau in ihrem Antrag, daß ihr Beispiel anderen Mut machen solle, daß sie weiteres Ödland kultivierten zum Nutzen des Landes und dem der armen Untertanen. Andere brachten in ihrem Antrag ihre Motive in schönen Gleichklang mit den offiziellen Motiven des Landesherrn, wie sie ihnen aus den Mandaten bekannt waren. Söldner Höck aus Weilheim erklärte sich 1771 bereit, anderthalb Tagwerk Moosgrund »anzunehmen« und »nach höchst dero gnädigsten Intentionen in pflug- oder wiesenmäßigen Stand zu bringen«. 1764 argumentierten die Viertelbauern und Achtelgütler aus Untersöcherung, Gericht Weilheim, daß der Landesherr Steuern einnehme, da sie dann erstmals und regelmäßig in der Lage seien, Steuern und Abgaben zu zahlen.

Meist aber blieb es in den Begründungen der Antragsteller bei der Schilderung der persönlichen Notlage. Der Leerhäusler Schaller aus dem Bezirk Weilheim schilderte 1776, daß er nur ein leeres Häusl besitze und die Familie mit Handarbeit ernähre. Da er dies auf lange Sicht nicht mehr könne, drohten ihm und der Familie Hunger und Bettel. Er bat – erfolgreich – um zwei Tagwerk Grund, um sich eine Kuh zu halten. Ähnlich wie ihm war vielen Häuslern schon mit der Zuweisung von nur wenigen Tagwerk Ödland aus der schlimmsten Notlage geholfen. Aber der Entscheidung über die Zuteilung ging meist ein erbittertes Tauziehen mit anderen Gruppen, zum Beispiel den vermögenden Bauern, voraus. Ihre Motive, aber auch ihre Methoden zeigt das Beispiel der Haider Siedler 1765. Hier, im Gerichtsbezirk Osterhofen, hatten sich Häusler auf dem Moosgrund niedergelassen und begonnen, ihn zu kultivieren. Der Pflegsverweser des Gerichts unterstützte sie gegen den Widerstand der Bauern der umliegenden Dörfer, die das Ödland bisher als Viehweide genutzt hatten. Nach Eingaben der Bauern befahl die (Teil-)Regierung Landshut dem Gericht Osterhofen, den Häuslern die weitere Kultivierung zu untersagen, sonst drohe dem Beamten eine hohe Geldstrafe. Vergebens warb der Pflegsverweser um Verständnis für die Kultivierer auf kurfürstlichem Grund und lobte ihre bisherigen Erfolge. Zehn Jahre später berichtete er, daß die auf der Haid angelegten Felder und Häuser, Zäune und Früchte zerstört und verwüstet wären. Die Kolonisten seien mit ihren Familien zum Betteln gezwungen worden.

Die Auseinandersetzung um die Durchführung der Landverteilung ließ tiefgreifende soziale Spannungen in den Dörfern aufbrechen. Die Trennlinie verlief zwischen den vermögenden und den armen Gruppen eines Dorfes. Die vermögenden, vollberechtigten Dorfbewohner wehrten sich gegen den Versuch der zahlreichen armen Dorfbewohner, sich Landbesitz zu verschaffen. Sie sahen ihre bisherigen stillschweigenden Nutzungsrechte angetastet, wenn Ödland verteilt würde, und hatten Angst, daß sie für die Versorgung der Armen aufkommen mußten, wenn diese scheiterten. Sie weigerten sich schließlich, den Armen zusammen mit Land auch die Gleichberechtigung in der Dorfgemeinschaft zuzugestehen.

Die armen Dörfler, deren Interessen sich mit den Absichten des Landesherrn Max III. Josephs deckten, hatten auch hinsichtlich der Rechtsstellung aller Dörfler eine gleiche Interessenlage wie der Kurfürst. Diesem war nämlich an einem möglichst einheitlichen Untertanenverband ohne Gruppen mit Sonderrechten gelegen, also auch an einer Nivellierung der ökonomisch-rechtlichen Stellung innerhalb von Dorfgemeinschaften.

Die Wirkung der Reform Max III. Josephs

Betrachtet man die Landverteilungsaktion Max III. Josephs von dieser Problematik aus, dann geht ihre Wirkung weit über die Anzahl der positiv entschiedenen Verteilungsfälle und die ökonomischen Änderungen hinaus. Die Landverteilung ohne Berücksichtigung von ständischen Vorrechten und Vermögen, mit Bevorzugung der benachteiligten Schichten rührte an die bisher gültigen Rechte der Gesellschaft. Angesichts dieser Brisanz, die durchaus als solche empfunden wurde, kam es beim einzelnen Konfliktfall darauf an, wie die Gerichte die Einsprüche der vermögenden Bauern behandelten. Die Beamten der Gerichte waren zum großen Teil reformfreudig. Sie nahmen zur Landverteilung und -kultivierung ihres Landesherrn eine positive Haltung ein.

Dagegen wehrten die tradierten gesellschaftlichen Kräfte des Ortes, die Bauern, die Grundherren, besonders die geistlichen, zusammen mit den (Teil-)Regierungen die Ödlandverteilung nach Kräften ab. Die Hartnäckigkeit dieser Machtgruppen, die sich in Verzögerung, Einschüchterung, juristischen Einsprüchen und Geldeinsatz zeigte, war das wesentliche Hindernis bei der Durchführung der Landverteilung.

Die (Teil-)Regierungen stoppten als mittlere Verwaltungsebene nach Möglichkeit die Landverteilungsaktion ihres Landesherrn. Aufgrund einer verwaltungsinternen Besonderheit kam es im Bereich des Rentamts München zu Abweichungen im Instanzenweg. Da es für diesen Bereich keine Mittelbehörde gab, sondern die oberste Instanz, der Hofrat, direkt zuständig war, gab es hier auch keine ablehnenden Bescheide wie in den anderen (Teil-)Regierungen von Straubing, Burghausen, Landshut und Amberg.

Das Hin und Her der verschiedenen Entscheidungsgremien macht der Fall des Müllers Villechner aus Mermosen, (Teil-)Regierung Burghausen, deutlich. Sechs Jahre lang prozessierte er um vier Tagwerk Grund. In dieser Zeit waren mit dem Fall sechs Regierungsinstanzen beschäftigt. 1769 beantragte der Müller bei der Hofkammer, den Grund neben seiner Mühle als Acker nutzen zu dürfen. Gericht und (Teil-)Regierung gaben positive Voten ab, die Hofkammer erlaubte ihm 1770 die Kultivierung. Der Grundherr des Müllers, Abt Emanuel, legte 1772 sein Veto gegen die Kultivierung ein und verlangte die Erhaltung des Grundes als Weidefläche. Ein Gutachten des Burghauser Regierungsrates Berchem stellte klar, daß beides, Kultivierung und Weidemöglichkeit, vereinbar sei. Das Ansinnen des Abtes müsse als »mandatswidrig« abgelehnt werden. 1773 schloß sich die Hofkammer dem Gutachten und seiner Empfehlung an.

Der Abt ließ nicht locker. Er schrieb an die bayerische Regierung, die Geheime Konferenz, und legte dar, daß es sich bei dem strittigen Grund nicht um Ödland handele. Er stellte weiter den wirtschaftlichen Schaden für seine Bauern dar, der sich auf seine grundherrlichen Einnahmen ungünstig auswirke. Die Geheime Konferenz ließ die (Teil-)Regierung von Burghausen die verschiedenen Interessen untersuchen. Inzwischen war die Kompetenz in diesen Prozessen wieder den normalen Instanzen, also der (Teil-)Regierung, zugefallen. Damit wendete sich das Blatt. Obwohl die Geheime Konferenz der Burghauser (Teil-)Regierung aufgetragen hatte, entsprechend den Generalmandaten das Urteil zu fällen, schloß sie sich 1774 der Argumentation des Abtes an und beschloß, entgegen ihrer eigenen früheren Entscheidung, das Ende der Kultivierung. Der Müller erhob gegen dieses Urteil Einspruch beim Hofrat. Er wies dabei darauf hin, daß er zu einer Vereinbarung über die weitere Nutzung des Grundes als Weidefläche bereit sei. Der Hofrat entschied für die Sache des Müllers, wies 1775 nochmals eine neuerliche Appellation des Abtes endgültig zurück. Im letzten Bescheid wünschte sich der Hofrat mehr solcher Kultivierwilligen wie den hartnäckigen Müller Villechner.

Es gehörte wohl nicht nur Hartnäckigkeit, sondern auch einiger Geldaufwand dazu, über Jahre hinweg einen derartigen Prozeß durch mehrere Instanzen durchzufechten. Von daher erklären sich die vielen von mehreren Tagwerkern gemeinschaftlich gestellten Anträge und Eingaben. Auf viele verteilt, verringerten sich die Prozeßkosten.

Prozesse spielen in der Austragung der Konflikte um die Landverteilung Max III. Josephs zwischen den vermögenden und den armen Bevölkerungsgruppen eine große Rolle. Beide Seiten suchten in dem Wirrwarr von überkommenen Machtpositionen und neuen Mandatstexten ihr persönliches Recht.

Das Projekt der Verteilung von Gemeindewiesen

Neben der Ödlandverteilung versuchte Max III. Joseph durch die Verteilung von Gemeindewiesen an landarme Bevölkerungsgruppen diesen ein Auskommen zu verschaffen und den Gesamtertrag zu steigern. Man orientierte sich dabei an den guten Erfahrungen in Österreich und legte sie entsprechenden Mandaten zugrunde. Jedem Gemeindemitglied, vorzugsweise den Leerhäuslern eines Dorfes, sollte ein Teil der gemeinsamen Wiese zur Verfügung gestellt werden.

Verbunden mit der Absicht der Landverteilung kam hier noch eine weitere Zielsetzung der kurfürstlichen Regierung zum Zuge. Sie wollte die Bauern entsprechend den neuesten landwirtschaftlichen Erkenntnissen veranlassen, ihre Kühe in den Ställen zu lassen. Dadurch, so die Agrarexperten der damaligen Zeit, würden Viehseuchen vermieden. Dieser Argumentation bediente sich auch der Kurfürst in seinem Mandat gegen Viehseuchen vom 16. August 1753.

Die Verteilung der Gemeindewiesen verfolgte denselben Zweck wie die Ödlandverteilung. Wenn der Kurfürst dennoch zögerte, die Zerschneidung der Gemeindewiesen ebenso gesetzlich zu fixieren, so hat dies andere Gründe: Wollte man die Aufteilung gesetzlich vorschreiben, war massiver Einspruch von den Nutzungsberechtigten zu erwarten, da ihnen die Möglichkeit zur Weide genommen wurde. Und tatsächlich erledigte sich keine Anfrage über die Zuteilung von Gemeindegrund ohne Konflikte.

Der Prozeß um die Aufteilung der Gemeindewiese Todtenweis, Gericht Aichach, zeigt Interessen und Widerstände in exemplarischer Weise auf. Die 38 Achtelgüter, Söldner und Leerhäusler von Todtenweis begannen 1772 die Gemeindewiese des Dorfes zu kultivieren. Dabei stützten sie sich auf die kurfürstlichen Mandate, besonders auf das vom 24. März 1762. Die 13 Bauern des Ortes klagten dagegen beim Gericht Aichach. Das Gericht wies die Häusler in erster Instanz ab. Sie wandten sich daraufhin 1774 an die Land-Ökonomie-Deputation. Diese entschied zusammen mit dem Hofrat zugunsten der Wiesenverteilung. Das Urteil von Aichach in erster Instanz war damit aufgehoben. Die Bauern legten gegen die Entscheidung des Hofrates und der Deputation Revision bei der Hofkammer ein. Eigentlich war die Entscheidung mit dem Beschluß des Hofrates gefallen, eine höhere Instanz gab es nicht. Aber die Bauern argumentierten, daß einige von ihnen unter der Grundherrschaft des Kurfürsten stünden, und in diesem Fall sei die Hofkammer als oberste Verwaltung der kurfürstlichen Güter zuständig. Tatsächlich entschied die Hofkammer in ihrem Sinne und damit gegen das Hofratsurteil. Sie erlaubte den weiteren Viehtrieb der Bauern auf die Gemeindewiese.

Die Situation war ärgerlich und durfte eigentlich nicht vorkommen: Der Hofrat erlaubte die Aufteilung der Wiese, die Hofkammer verbot sie. Eigentlich hätten beide wichtigsten Verwaltungsgremien des Staates bei einer derartigen Frage zusammenarbeiten müssen. Die Häusler reichten noch eine Appellationsbeschwerde ein, die erst von der

Regierung des Nachfolgers von Max III. Joseph 1778 – negativ – beschieden wurde.

Dieser Fall zeigt die Schwierigkeiten auf, vor denen Max III. Joseph mit seinem politischen Ziel stand, die Gemeindewiesen aufzuteilen. Entsprechend der Situation hat er sein Ziel in seinen Mandaten nur als Wunsch formuliert. Die Interessenten bewegten sich also im Falle einer juristischen Auseinandersetzung auf rechtlich ungesichertem Boden. Dennoch fanden sich in den Dörfern viele Gruppen landloser Häusler, die sich um einen Anteil an den Gemeindewiesen bemühten, weil sie sich von diesem Stück Land eine merkliche Besserung ihrer Lebensverhältnisse versprachen. Damit wurden sie zu Vertretern der neuen Ideen ihres Kurfürsten. Sie trieben die Teilungen voran und unterliefen die bisherigen Gewohnheiten und das Herkommen, das ihnen einen Aufstieg verwehrt hatte.

Ähnlich wie in der Frage der Ödlandverteilung stießen die Mandate des Kurfürsten in den landlosen Bevölkerungskreisen auf große Aufnahmebereitschaft. Somit blieben sie nicht mehr lediglich gesetzliche Akte »von oben«, sondern bewirkten einen Bewußtseinswandel der armen Leute.

Von einem Durchbruch kann bei der Gemeindewiesenverteilung zwar nicht gesprochen werden, aber dies hatte angesichts der schwierigen juristischen Lage auch niemand erwartet, wie die vorsichtige Formulierung der Mandate vermuten läßt. Es kommt Max III. Joseph und seiner Regierung aber das Verdienst zu, bei der Frage der Landverteilung überhaupt einen Anfang gesetzt zu haben.

Wie mag dieser Kurfürst bei gelegentlicher Rechenschaftslegung den Erfolg seiner Reformmaßnahmen beurteilt haben? Alles, was mit so hohem Anspruch und scheinbar wissenschaftlicher Absicherung begonnen wurde, Bevölkerungspolitik, Heiratslizenzierung, Ödland- und Gemeindewiesenverteilung, blieb Stückwerk. Die gewachsenen und gewohnheitsrechtlich aufgebauten Strukturen und Gewalten ließen sich nicht durch guten Willen und eine Fülle von Mandaten hinwegfegen. Da es aber nicht in der Absicht des Kurfürsten liegen konnte, diese tradierten Strukturen und Gewalten, die die Grundlage seiner Herrschaft bildeten, zu beseitigen, mußte ihm die Verwirklichung seiner Reformvorhaben aussichtslos erscheinen.

Daß seine Zeit vor allem damit, daß sie Diskussionen in Gang setzte, Tabus anrührte, Grenzen auslotete und Ansprüche weckte und folglich das Bestehende in Frage zu stellen begann, einen wichtigen Beitrag für den bruchlosen Übergang in eine neue Epoche leistete, das konnte er nicht wissen.

Das Landesgestüt

Aber nicht alle Reformen in der Landwirtschaft blieben nur als Anspruch für spätere Zeiten erhalten. 1767 begann ein Projekt, das nach Max III. Josephs Tod von seinem Nachfolger Karl Theodor aufgegriffen und in großem Stil sowohl in Bayern wie in pfälzischen Ländern weitergeführt wurde.

Das kurbayerische und landschaftliche »Landesgestüt« ist 1767 auf Anregung Landshuter Bauern geschaffen worden. Gemeinsam mit Landwirtschaft betreibenden Landshuter Bürgern beantragten sie, die Regierung möge einige Hengste aus dem Hofmarstall nach Landshut schicken, da die Bauern dieses Gebietes schöne Stuten hielten, die sich zur Zuchtverbesserung eigneten. Nach Gesprächen der Appellanten mit der Landshuter (Teil-)Regierung entstand die Idee eines Zuchtsystems in einem Landesgestüt. An dieser Einrichtung, die keine festen Baulichkeiten oder aufwendigen Personaleinsatz erforderte, beteiligte sich außer dem Landesherrn auch die Landschaft. Es wurde mit dem Landesgestüt eine reine Schreibtischbehörde geschaffen, die aber beispielhaft wirkte. Der Staat beschränkte sich in seinem Beitrag auf die Organisation und die Finanzierung des teuersten und anspruchsvollsten Teiles der Pferdezucht, auf die Beschaffung und Haltung hochrassiger Zuchthengste. Damit führte Max III. Joseph eine direkte staatliche Beteiligung an der bäuerlichen Tierzucht ein. Er überließ jedoch denjenigen Teil der Pferdezucht, der die meiste Arbeit verlangte, die Haltung der Stuten und die Aufzucht der Fohlen und Jungpferde, den Bauern. Das Landesgestüt ist demnach eine gemeinschaftliche Entwicklung staatlicher Behörden und der Bauern um Landshut.

In der Praxis funktionierte das Landesgestüt so, daß die staatlichen Behörden mit für damalige Verhältnisse gewaltigen Geldmitteln die Auswahl, den Zukauf und die Finanzierung der Zuchthengste übernahmen. Insgesamt wurden zwischen 1767 und 1775 61 Beschälhengste gekauft. Während der Wintermonate standen sie in den kurfürstlichen Marställen der Residenz, Nymphenburgs, Schleißheims und Fürstenrieds. Jeweils im März wurden sie mit Beschälknechten aufs Land geschickt. Bayern wurde in vier Beschäldistrikte eingeteilt, wobei es in Ober- und Niederbayern besonders viele Stuten gab. Im Rentamt München gab es die Bezirke Tölz, Hohenburg, Benediktbeuren, Marquartstein, Hohenwaldeck und Ettal. Im niederbayerischen Rentamt Straubing die Distrikte Deggendorf, Sünching und Viechtach, im Rentamt Burghausen den Distrikt St. Martin. In jeden der Distrikte wurden vier Hengstführer oder Gäureiter geschickt, die auf größeren landwirtschaftlichen Betrieben untergebracht wurden, zum Beispiel auf dem Klostermeierhof von Ettal. Nach einem festen Zeitplan zogen sie dann mit den Hengsten im Distrikt von Hof zu Hof.

Der Hauptlieferant des kurfürstlichen Marstalles, Mendl, erhielt für jeden der 61 Zuchthengste aus Andalusien, Piemont und Savoyen einen Durchschnittspreis von 766 Gulden. Das war das Achtfache dessen, was ein Durchschnittshengst auf dem Pferdemarkt kostete. Zum Vergleich: Ein Arbeitspferd kostete 45, eine gute Mutterstute 70 und ein Hengst bis zu 100 Gulden. Der Staat hat also in das System der Veredelungszucht gewaltige Beträge investiert. Jeder Hengst hatte sein »Adelsdiplom« und eine Stammrolle, in die seine Nachzucht eingetragen wurde. Auf jeden Hengst kamen 37 Stuten. Neben der organisatorischen Leistung der Einteilung in Pferdezuchtgebiete war die Durchführung von Stutenbeschauen bemerkenswert. Der Staat verlangte von den Stutenhaltern, daß sie alljährlich im Februar eine Musterung der Stuten durchführen ließen, die sie für die Zucht bestimmt hatten.

Die Musterungspläne wurden so angelegt, daß jeder Pferdehalter seinen Platz in höchstens zwei Stunden erreichen konnte. Die Stutenhalter stellten dann ihre Pferde den Gestütskommissaren vor, die den Zuchtwert der Stuten festlegten. Die Hauptaufgabe der Musterungskommissionen bestand in der Zuordnung der Stuten zu bestimmten Zuchthengsten. Mit der Hengstadresse hatte der Stutenhalter die Berechtigung erworben, daß seine Stute von dem ausgewählten Hengst gedeckt wurde. Nur dann durfte er das Fohlen, das aus der Verbindung stammte, bei der Fohlenmusterung vorstellen und konnte er für das Fohlen einen Zuchtschein oder einen Tauglichkeitsschein für die Kavallerie erhalten. Alle Angaben wurden sorgfältig in Zuchtbücher eingetragen.

Ab 1775 ging man dazu über, neben der Einbringung hochwertiger Hengste die Zucht durch eine Auswahl der Stuten schneller zu verbessern. Die guten Erfahrungen mit dem Landesgestüt veranlaßten Max III. Joseph zu einer weiteren für damalige Zeiten beispiellosen Förderaktion. Auf Staatskosten sollten Zuchtstuten für einen Durchschnittspreis von 160 Gulden – das entsprach dem doppelten Preis einer normalen Stute – angeschafft und den Züchtern kostenlos zur Verfügung gestellt werden. Dem Bauern wurden einzigartige Bedingungen angeboten. Er brauchte nicht nur nichts für die Stute zu bezahlen, sondern erhielt auch ein unwiderrufliches Vorkaufsrecht, wenn er selbst das Tier ankaufen wollte, und das volle Eigentum an den Fohlen der betreffenden Stute. Er konnte das Fohlen frei verkaufen. Auch beim Verkauf an das Militär wurden die Preise für die Pferde nicht festgeschrieben. Die bayerische Armee war angewiesen, ihre Pferde über normale Versteigerungen zu erwerben. Schließlich hatte der Bauer das Recht, die Stute in seinem Betrieb nach eigenem Ermessen einzusetzen. Als Verpflichtung hatte der Stutenhalter die Unterhaltung der Stute auf eigene Kosten und eine Ersatzpflicht bei Verlust des Tieres übernommen.

Die ungewöhnlich bauern- und zuchtfreundlichen Bedingungen dieses kurfürstlichen Programmes hatten großen Erfolg. Innerhalb weniger Jahre waren Tausende hochwertiger Fohlen auf den Pferdemärkten, die in Oberbayern hauptsächlich in Keferloh und Miesbach, in Niederbayern in Griesbach, Landshut und Straubing stattfanden. Ein Jährlingsfohlen aus diesem Programm brachte dem Züchter immerhin bis zu 80 Gulden, eine attraktive Teilnahme. Wo damals die meisten Pferde gezüchtet wurden, läßt sich noch heute aus den Zuchtbüchern ablesen: Ein Drittel aller Aufzuchtfohlen stammte allein aus Griesbach, 20 Prozent kamen aus dem Gebiet des Landgerichts Tölz.

Dieses Programm, das dem Staat hohe Investitionssummen abverlangte, den Züchtern beste Voraussetzungen bot und gute Zucht- und Halterungsarbeit belohnte, war ein hervorragendes Beispiel für eine gelungene Kooperation des Staates mit einem Teil der Landwirtschaft, das für andere Länder zum Vorbild wurde. Karl Theodor hat das Zuchtprogramm seines Vorgängers ab 1777 auf seine pfälzischen und niederrheinischen Gebiete ausgeweitet und in großem Umfang weitergeführt. Das Zuchtprogramm Max III. Josephs war nicht nur eine Abkehr von merkantilistischen Methoden in der Landwirtschaft, die zu großen staatlichen subventionierten Zuchtinstituten in Konkurrenz zur bäuerlichen Zucht geführt hätte. Es war ein neuer, vielversprechender Weg.

Auseinandersetzung mit der Kirche

Max III. Josephs entschiedenstes Reformprogramm ist die Auseinandersetzung mit der Kirche um die Reklamierung des Bildungsauftrags für den Staat. Hier, auf dem Gebiet der Kirchenpolitik, auf dem Gebiet von Erziehung und Schule, sind damals in Bayern neue Grundlagen geschaffen worden. Waren manche Reformansätze auf anderen Gebieten im Gestrüpp widerstreitender Machtgruppierungen und

Behörden steckengeblieben und überwinterten nur als Anspruch einer späteren Generation, so schuf Max III. Joseph mit seinen Maßnahmen zur Volksbildung unverrückbare Fundamente, auf denen noch heute der säkularisierte Bildungsbegriff des Staates fußt. Wie hätte es auch anders sein können, ist das 18. Jahrhundert doch das Jahrhundert der Pädagogik. Hier entstand die naive und optimistische Vorstellung, mit der richtigen Erziehung sei ein neuer, vernünftiger Mensch zu schaffen. Dieser »Schöpfungsakt« der Aufklärer, der die mißlungene Schöpfung zu verbessern trachtete, hatte einen Menschen zum Ziel, der seine Gefühle, Affekte und Triebe in bewußter Kontrolle hält und seinen Platz als ein nützliches Glied in der Gesellschaft sucht.

Max III. Josephs Entzücken über die Basteleien eines Rottmeisters seiner Trabantenleibgarde mit Namen Gallmaier weist in die Richtung seiner Zeit, die durch Erziehung nützliche Menschen schaffen wollte. Der Leibgardist baute übrigens einen künstlichen Türken, der die Flöte blies, eine künstliche Frau, die auf der Orgel spielte und über fünfzig ähnliche Kunstwerke, lauter mechanische Menschen, die genau das taten, was ihr »Schöpfer« Gallmaier ihnen vorgab. Der Kurfürst war ein begeisterter und eifriger Pädagoge, der mit seinen zahlreichen Mandaten und Resolutionen seine Untertanen belehren und bessern wollte. Er und seine Berater kamen dabei mit dem traditionellen Träger der Volksbildung, der Kirche, in Konflikt, den er keineswegs weniger entschieden austrug, weil er persönlich als sehr fromm galt.

Das Instrument des Staates zur Durchsetzung seiner Interessen gegen die Kirche war in Bayern der Geistliche Rat. Er wurde 1768 von Kurfürst Max III. Joseph neu organisiert und mit neuer Aufgabenstellung versehen. Die erste Stelle, die bisher immer ein Geistlicher innehatte, nahm nun der Jurist und aktive Mitarbeiter der Akademie der Wissenschaften, Peter von Osterwald, ein. Er bekleidete ein Amt, das heute die Kompetenz des Kultusministers umfaßt. Von Osterwald galt als entschiedener Feind der Jesuiten und hatte als Direktor der Philosophischen Klasse der Akademie manche Attacken auf sie geritten. Dem Kurfürsten hatte er sich 1766 durch ein aufsehenerregendes Buch empfohlen, in dem er sich für die Wiederherstellung der staatlichen Autorität auch innerhalb der Kirche einsetzte. Das Vorhaben zielte besonders auf den Reichtum der Kirche. Max III. Joseph hatte, wie erwähnt, seine guten Beziehungen zum Heiligen Stuhl dazu benutzt, um die Zustimmung des Papstes für mehrere finanzielle Abgaben der Kirche an den bayerischen Staat zu gewinnen. So hatte der Papst 1757, 1759 und 1764 die sogenannten Dezimationen genehmigt. Nun schlug Osterwald vor, 1768 eine weitere Dezimation auszuschreiben, aber diesmal ohne päpstlichen Konsens, allein kraft des übergeordneten Rechts des Landesherrn. Mit dem Amortisationsgesetz von 1769 wurde der Geldzufluß zur Kirche gestoppt: Zuwendungen an die Kirche durften danach nur noch maximal 100 Gulden und testamentarische Verfügungen höchstens 2000 Gulden betragen. 1770 wurde den Bettelorden das Betteln zu bestimmten Zeiten, das sogenannte Terminieren, untersagt. Um die kirchlichen Institutionen besser kontrollieren zu können und ihre bisherige institutionelle Unabhängigkeit zu beenden, wurde 1769 verfügt, daß jeder Orden eigene Ordensprovinzen in Bayern zu errichten hatte und als kirchliche Vorstände im Land nur noch kurfürstliche Untertanen zugelassen waren. 1770 nahm Bayern das *Placetum regium* in Anspruch, wonach geistliche Verordnungen der landesherrlichen Genehmigung bedurften. Damit war der erste Schritt getan, um eine grundsätzliche Herrschaft des Landesherrn über die Kirche in seinem Land zu begründen.

Man ging in Bayern mit diesen Einschnitten nicht so weit wie Maria Theresia und Joseph II. in Österreich oder wie die Kirchenfürsten von Salzburg und Passau. Aber die Empörung des Volkes über die »Vernünftler in München« war doch groß, als Wallfahrten, Prozessionen, Umgänge, Passionsspiele, Bruderschaften und der Bettelorden verboten und kirchliche Feiertage beschnitten wurden.

All dies geschah in einem erhitzten und erregten geistigen Klima, in dem beide Seiten alle Mittel der Propaganda, Theaterstücke, Pamphlete und Gerüchte einsetzten. Der Hauptstrom der gehässigen Schriften über das angeblich ausschweifende Leben der Mönche und Nonnen kam aus dem josephinischen Österreich. Die Schriften zogen über die Klöster her, geißelten ihren Reichtum, die heuchlerische Frömmigkeit der Insassen, das Armutsgelübde, verurteilten die Scheinwissenschaft in den Klöstern, ja machten sogar deren karitative Einrichtungen schlecht.

Die Hetze bezog sich häufig auf das Eigentum der Klöster. Ihre Vielzahl und die prächtigen Bauten mögen durchaus willkommenen Anlaß gegeben haben. Man sprach von Wucherzinsen, mit denen die Kirche Geld verlieh, von Erpressungen testamentarischer Verfügungen und dem großen Plan, das deutsche Volk wirtschaftlich unter die römische Kurie zu bringen. Die Schreiber waren zumeist entsprungene Mönche. Der Geist dieser Radikalen drang bis in die Kabinette des Kurfürsten vor, der selbst einen gemäßigten Kurs zu steuern bestrebt war.

Osterwald, der seine Schriften und Bücher unter Pseudonymen veröffentlichte, war die Welle von Gehässigkeit gegen die Kirche und die

Klöster nur recht. Sie schuf die Atmosphäre, in der er seine antikirch-
lichen Maßnahmen leichter durchführen konnte. Die Aufklärung hatte auch in den meisten deutschen Territorien die Landesherren auf ihrer Seite. Der Rechtsgelehrte Johann Adam von Ickstatt, Professor in
Würzburg, und der reformfreudige Jesuit Daniel Stadler hatten schon
den jungen Kurprinzen Max Joseph mit den Ideen des Zeitalters der
Vernunft bekannt gemacht. Beide waren Schüler des großen Aufklä-
rers Christan Wolff und Anhänger seiner Vorstellung von Reform und
Volkswohl.

In den ersten Jahren nach seinem Regierungsantritt sind jedoch bei
dem Kurfürsten keine tiefgreifenden reformerischen Einschnitte im
Sinne dieser Aufklärer zu finden. Die Hofratsordnung von 1750 erklärte noch, »daß die landesfürstliche Obliegenheit es erfordere, auf
die Vermehrung der Ehre Gottes, Fortsetzung der wahren, katholischen Religion und Verhütung allen Aberglaubens, Ketzerei und
schädlichen Irrtums zu schauen«. Gerüchten, daß die *religio catholica*
in Gefahr stehe, trat der Kurfürst in einem öffentlichen Schreiben von
1767 entschieden entgegen. Die alte Erbfolgeordnung im Hause Wittelsbach, wonach der jeweils regierende Fürst keinem anderen Bekenntnis als dem katholischen anhängen durfte, wurde erneuert mit
dem Zusatz, daß er keine andersgläubigen Minister, Räte und anderen
Beamten als katholische wählen dürfe. Am Bekenntnis zur römischen
Kirche hat Max III. Joseph denn auch in den Verhandlungen über die
Erbfolge und die Hausunion festgehalten. So wird man ihm bei den
vielfältigen kirchenpolitischen Beschränkungen abnehmen müssen,
daß er lediglich ein anderes Verhältnis zu seiner Kirche aufbauen wollte; er wünschte eine Kirche ohne weltlichen Machtanspruch und untertan seiner Obrigkeit.

Die Vorstellungen mancher seiner Ratgeber und etlicher Aufklärer in
Bayern dürften darüber hinausgegangen sein. Osterwalds Schriften
lassen schon wegen ihres zynischen Stils und des Mangels an Objek-
tivität diese Kirchentreue vermissen. Die Klöster hatten nach dem Urteil dieses Renegaten ihr ursprüngliches Stiftungsziel aufgegeben und
zehrten immer nur vom Staat. Sie wären, so schrieb er, unheimlich
reich geworden. Er führte eine ganze Liste der Einnahmequellen an:
Schenkungen, Testamente, Lehrgelder für die Novizen, Meßintentio-
nen, Wallfahrtsgelder, Begräbnisgelder und schließlich die Geldgeschäfte der Kirche wie Geldverleih und Handel. Er stellte außerdem
unsinnige Behauptungen auf wie die, daß ein klösterlicher Friedhof
mehr Geld einbringe als eine ganze Hofmark. Objektiv kann man diese Argumentation Osterwalds tatsächlich nicht nennen, denn er er-

wähnte nicht die Kosten, etwa zum Unterhalt von Kirchen und Klöstern, die Kontributionen der vergangenen Kriege, die außerordentlichen Gebühren und Abgaben, die die Klöster in den letzten Jahren leisten mußten, »Jägergelder« und Unkosten bei Übernachtungen von Hof und Einzelbesuchen, die kostenlose Ausbildung vieler begabter Kinder aus den unteren Volksschichten, Stipendien, Armenfürsorge oder Krankenpflege.

In einem derartigen Klima gedieh die Animosität gegen klösterliche und kirchliche Einrichtungen. 1769 kam es zum Verbot der Gründung von Bruderschaften ohne landesherrliche Genehmigung, wurde die Vermögensverwaltung der Kirche einer strengen Kontrolle unterzogen, das Aufnahmealter von Klosterinsassen heraufgesetzt, und die Zahl der Franziskaner in ganz Bayern auf 400 beschränkt. Außerdem beschnitt der Kurfürst die klösterliche Disziplinargewalt und untersagte den Bettelorden das Betteln. Im Rückblick auf diesen Kirchenkampf schreiben die reformfreudigen »Annalen der bayerischen Literatur« über Osterwalds Buch: »Sein Buch hat allgemein viel Gutes gewirkt. Es erhielt und nährte unter den Bayern die Neigung, über Sachen nachzudenken, über welche man sich zuvor niemals nachzudenken getraut hätte.« Das mag richtig sein, aber es ermunterte auch manchen, im Zeitgeist mitzuplappern, ohne nachzudenken.

Die Bischöfe versuchten sich zu wehren. Sie setzten Osterwalds Buch auf die Liste der verbotenen Bücher. Max III. Joseph schlug zurück und hob mit kurfürstlichem Erlaß vom August 1766 dieses Verdikt wieder auf.

Der Kampf ging weiter. Schon 1765 waren von den kirchlichen Stiftungen die Einsendung des Stiftungsbriefes und Angaben über frühere und derzeitige Konventualen verlangt worden. 1768 traten drei weitere verschärfende kurfürstliche Erlasse in Kraft. Der eine verlangte, daß alle Orden mit mehr als drei Häusern sich von ausländischen Verbänden und Behörden zu trennen hätten und Ausländern keine Visitationen oder Geldüberweisungen nach beiden Richtungen gestattet sei. Die Teilnahme von Geistlichen an nichtdeutschen Treffen und Generalkapiteln wurde verboten. Nur noch sieben kleinen Orden war der Verkehr mit dem Ausland gestattet, und das nur unter kurfürstlicher Überwachung. Bei der Erwähnung von Ausland und Ausländern ist zu berücksichtigen, daß nicht nur die außerbayerischen deutschen Territorien dazu zählten, sondern auch solche, die zum ehemaligen Stammesherzogtum gehörten wie Freising, Werdenfels, Füssen, Augsburg, Passau oder Regensburg. In einem Kloster durften nicht mehr als sechs solcher »Ausländer« sein. Der jährliche Stand war zu melden.

Sie waren auch von Pfarrstellen und leitenden Positionen ausgeschlossen.

In einem weiteren Erlaß wurde die kurfürstliche Genehmigung von Bruderschaften zurückgezogen. Wieder ein anderer Erlaß verpflichtete alle Geistlichen und vor allem die Mönche, beträchtliche Abgaben zum gemeinsamen Landesschutz und zur Behebung des Bettelns zu leisten. Das nächste Mandat verschärfte noch einmal die Nachwuchsregelung der Klöster: Bei Strafe von 2000 Reichstalern für den Abt oder die Oberin wurde verboten, das Gelübde vor dem vollendeten 21. Lebensjahr abzulegen. Ferner wurde bestimmt, daß bei Klosterkandidatinnen der kurfürstliche Rat zuerst die Personalien überprüfen und sein Urteil abgeben mußte. Die klösterliche Disziplinargewalt erfuhr weitere Einschränkungen, schwere Fälle fielen jetzt unter das weltliche Gericht.

Für viele dieser Maßnahmen gab es zweifellos berechtigten Anlaß. Aber sie wurden in einer Weise durchgeführt, daß Kirche und Klöster den Staat mehr und mehr als Feind betrachten mußten. Das eng mit dem Glauben und seinen Riten verwurzelte Volk in Bayern wurde durch die vielen Maßnahmen gegen die Kirche verunsichert. Ähnelten doch die Vorstellungen vieler Vernünftler und reformfreudiger Räte der Regierung vom Glauben und der Kirche allzu stark dem, was ihm von Ketzern und Freigeistern geläufig war. Angesichts der bekannten persönlichen Frömmigkeit des Kurfürsten traf seine aufgeklärten Ratgeber und Minister um so mehr der verzweifelte Zorn derjenigen Gläubigen, denen man mit Traditionen, Organisationen und Riten auch das vertraute Gefäß genommen hatte, in dem ihr Glaube verwahrt war. Nach allem, was bekannt ist, wurden die Eingriffe in kirchliche Rechte und die Kirchenfeindlichkeit einiger seiner Ratgeber und Minister nicht dem Kurfürsten angelastet. Es ist allerdings kein Fall bekannt, in dem sich Max III. Joseph von einem dieser Kirchengegner distanziert hätte, im Gegenteil: Osterwald erfuhr mehrmals seinen Schutz.

Es lassen sich drei Gründe für den Kurs des Kurfürsten gegen die Kirche ausmachen: Erstens strebte er eine Landeskirche an, ähnlich der Kirche Frankreichs, und kappte deshalb alle Verbindungen außerhalb Bayerns. Zweitens schwebte ihm spätestens seit den sechziger Jahren eine andere Vermittlung von Religion vor: Ohne an den Dogmen der Kirche zu rütteln, wünschte er Veränderungen in Riten, Gottesdienst und beim Kirchenbau. Der dritte Punkt berührt das zentrale Problem seiner Politik. Er brauchte Geld. Nach wie vor gelang es ihm nicht, Einnahmen und Ausgaben zur Deckung zu bringen. Folglich suchte er die Kirchen und Klöster finanziell zu »schröpfen«.

Eine bayerische Landeskirche mit eigenem Nuntius war nicht nur eine Frage des Prestiges für den Kurfürsten. Zweifelsfrei erhöhte es sein Ansehen, wenn der Heilige Stuhl in der Residenzstadt München eine Nuntiatur unterhielt. Es erhöhte auch die Handlungsfähigkeit des Staates, wenn seine und die Grenzen der Kirche identisch waren, wenn kein Untertan »von außerhalb« Richtlinien empfing. Max III. Joseph strebte nichts anderes an als jeder Fürst seiner Zeit: Möglichst viel Macht für den Herrscher in allen Fragen. Der Wunsch nach einer flächendeckenden Landeskirche fällt mit seinem – ebenfalls unerreichbaren – Wunsch nach der vollen Gerichtsbarkeit und Verwaltungshoheit des Landesherrn in ganz Bayern zusammen. Dieses Ziel wird erst mit der Bildung eines einheitlichen Flächenstaates unter Montgelas verwirklicht.

Der zweite Grund Max III. Josephs für seine Reform des Verhältnisses von Kirche und Staat läßt sich nur aus indirekten Signalen des Kurfürsten ableiten. Schon bei der Vorlage der Baupläne zur Wieskirche in den vierziger Jahren distanzierte sich Max Joseph von dem Projekt mit der Anmerkung, daß die Zeit neuer Wallfahrtskirchen doch wohl vorbei sei. Zwar entsprach das höfisch-kühle Ambiente und die Ikonographie des Freskos durchaus seinem damaligen Stilempfinden, aber der Anlaß, die weinende Figur des gegeißelten Heilands von der Wies, mußte ihm fremd vorkommen. Im übrigen ist seiner skeptischen Haltung zu Wundern und dem sorgfältigen Urteil des Pollinger Gelehrten und Augustinerchorherrn Eusebius Amort in den Fresken durchaus Rechnung getragen. Es ist nämlich in dieser Wallfahrtskirche nicht das angebliche Wunder der Wies dargestellt, sondern das Wunder des Glaubens an Christus, beweisbar durch die Zeichen seines Leidens, wie Dornenkrone oder Kreuzigungsnägel.

Ein weiteres, öffentliches Signal seiner Auffassung von Kirche setzte Max III. Joseph mit einem Mandat zum Kirchenbau. Im Oktober 1770, zwei Jahre nach dem Tod von Cuvilliés, beendete Max III. Joseph mit einem Erlaß die Epoche des Rokoko. Er, der das schönste Rokokotheater in Auftrag gegeben hatte, verbot »alle überflüssigen Stukkaturen und andere öfters ungereimte und lächerliche Zierrate«. Die Regierung schrieb von nun an vor, daß Kirchenbauten sich an Normen zu halten hatten, die »nach Größe und Stil von bewährten italienischen Vorbildern abgeleitet werden« sollten. Hof- und Stadtbaumeister wurden angewiesen, Muster für verschiedene Kirchenbauten je nach Größe der Pfarrgemeinde auszuarbeiten. Max III. Joseph verordnete, »daß mit Beibehaltung einer reinen und regelmäßigen Architektur« alle Phantasie und Himmelsseligkeit »abgeschnitten« werden müsse.

Ein einfühlsamer Kenner der Kunstepoche nannte dieses Mandat »die Magna Charta der Aufklärung für die Kunst in Bayern«. Man könnte es auch als Todesurteil für den Rokokostil bezeichnen. In diesem Dokument beschreibt der Kurfürst seine persönliche damalige Auffassung, was Kirchenbaukunst zu leisten habe. Sie sollte Tempel zur »Verehrung des Heiligtums« sein, und deshalb »Simplizität« ausstrahlen, welche die Sinne nicht ablenkt. Welch eine Entfernung von der Auffassung der Gebrüder Asam, daß Kirchen Festbauten zur Ehre Gottes sein, unter Mitwirkung aller Sinne der Gläubigen. In diesem einmaligen Dokument zur Austrocknung einer ganzen Kunsttendenz schimmerte ganz nebenbei Max III. Josephs Vorstellung von zeitgemäßem Gottesdienst als einer schweren, ernsten, feierlichen und empfindungsbewußten Veranstaltung durch. Es war die Kunstrichtung grübelnder Literaten und vor der Allmacht Gottes Erschauernder. Diese Kunstrichtung brachte nur wenige Kirchen oder Kirchenumbauten hervor, und die nur in den Städten. Das Volk auf dem Land liebte seine lebensfrohen, farbigen, das Herz wie die Sinne ansprechenden Barock- und Rokokokirchen und hielt an ihnen fest. In manchen Fällen verteidigten beherzte Pfarrgemeinden ihre Kirchen auch gegen Abriß oder Umgestaltung.

Zum Wortführer der neuen Moderne machte sich der Sohn von François Cuvilliés. Drei Monate nach dem Tod seines Vaters skizzierte er im April 1768 in dem neuen Stil ein monumentales Totenmal für den kleinen Baumeister aus Belgien mit der großen Wirkung: eine Urne auf einer Säule über einem Grabesblock. Ein Monument, das nach Stil und Gesinnung allem widersprach, was Cuvilliés d.Ä. gelehrt und geschaffen hatte. Ein Grabmal hatte jetzt nicht mehr auf die tröstliche Auferstehung Christi hinzuweisen, sondern war allein Ausdruck der Trauer, Hinweis auf die Vergänglichkeit. Welche Säkularisierung, welche Verarmung der menschlichen Vorstellung von Tod und ewigem Leben hatte sich in wenigen Jahren breitgemacht!

Aus dem Kirchenbaumandat geht zugleich Max III. Josephs drittes Motiv im erbitterten Tauziehen mit der Kirche hervor. Der Erlaß stammt vom August 1770, dem Beginn der großen Hungerzeit. Der Kurfürst wollte mit dem Mandat zugleich Kirchen und Klöster zur Sparsamkeit zwingen. Die Verwaltung und er hatten bemerkt, daß sich Gemeinden und Klöster für ihre Kirchenbauten verschuldet hatten. Es war ihm und seinen Ratgebern aber weniger aufgefallen, daß dies meist deshalb so weit gekommen war, weil der Staat der Kirche seit Jahren mit immer neuen Begründungen nahezu den gesamten Reinertrag ihrer Ländereien abnahm. Hatten die Klöster den Landesherren über Jahrhunderte als zuverlässige und liquide Kreditgeber gedient, so hatte der Gläubiger Staat sie unter Max III. Joseph in die Zahlungsunfähigkeit getrieben. Die Jahrzehnte später erfolgende Säkularisation mit der Zerstörung von Kunstwerken und religiösen Strukturen im Gefolge der Aufhebung der Klöster war nach dem ersten Schlag Max III. Josephs nur noch ein konsequenter zweiter. Die Verlierer waren beide Male die Religion wie die Kunst im Lande.

Max III. Joseph folgte dem Zeitgeist, den aufgeklärte Literaten vorgaben und der sich gegen die Sinnenfreude auch in der Kirchenkunst wandte. Auf derselben Linie wie die Zurückdrängung des kirchlichen Einflusses lag die 1773 verfügte Aufhebung des Jesuitenordens. Vorangegangen waren die katholischen Länder Portugal, Spanien, Frankreich und Österreich. Schließlich hob der Papst den Orden auf. Wie konnte es dazu kommen, daß auch Bayern, das seine Gegenreformation dem Bündnis des Herrscherhauses mit diesem Orden verdankte, den Orden aufhob?

Die Jesuiten waren mit der von ihnen vertretenen Philosophie und Theologie der strengen Scholastik zugleich die herausragenden geistlichen Gegner der Aufklärer. Ihren Einfluß suchte ihr bayerischer Hauptgegner Osterwald schon durch das Mandat, das ihre direkte Abhängigkeit von Rom beendete, zu beschneiden. Osterwalds grundsätzliches Argument gegen die Jesuiten überzeugte seinen Kurfürsten von ihrer Gefährlichkeit: Er behauptete, die Sittenlehre der Jesuiten lösche das Licht der Vernunft aus, sie strebten einen Staat im Staat an, vernichteten jede weltliche Jurisdiktion und trachteten danach, sich von allen weltlichen wie geistlichen Behörden unabhängig zu machen. So wurde im Dezember 1769 zunächst die Abtrennung der Jesuiten in einer »Bayerischen Jesuitenprovinz« beschlossen. Kurz darauf wurde ihr Orden auch in Bayern aufgelöst. Der Kurfürst konnte eventuelle Gewissensbisse mit einem Blick ins katholische Ausland beiseite schieben und sich mit der Aussicht, daß die Jesuitengüter eingezogen und zum Besten von Kirche und Volkserziehung verwendet würden, trösten. Es handelte sich nach damaligen Schätzungen immerhin um Güter im Wert von 7,4 Millionen Gulden. Die 546 Jesuiten in Bayern wurden, soweit sie nicht als Missionare oder Gelehrte anderswo ein Auskommen gefunden hatten, mit Pensionen von jährlich 250 bis 400 Gulden abgefunden.

Die akademischen Kreise begrüßten das Verbot des Jesuitenordens in Bayern. Und doch suchte Max III. Joseph die einschneidende Aktion mit einer gewissen Behutsamkeit zu handhaben. Er ließ die Aufhebung zunächst nur in der Münchner Zeitung veröffentlichen und setzte eine Kommission unter Seinsheim zur Durchführung der Maßnahme ein. Diese verpflichtete die Jesuiten in den Kollegien durch Handschlag und Unterschrift zur Unterwerfung unter den Papst und den Landesherrn. Die Ausländer mußten Bayern verlassen. Die alten Ordensmitglieder wurden in das aufgehobene Noviziat gebracht, wo sie »zur Abnährung« wohnen mußten. In der Bevölkerung nahm man die Auflösung des Ordens nicht ohne Widerspruch hin. In München erschienen Schmähschriften, auch gegen den Papst.

Aber es folgten weitere Schläge gegen die Kirche, insbesondere gegen ihre Sonderstellung im Staat. Max III. Josephs Kampf gegen die Hoheitsrechte der Kirche und die geistliche Immunität gründete in seiner Auffassung vom absoluten Staat, in dem es neben dem Landesherrn keine Macht geben durfte. Das kurfürstliche Mandat vom Juli 1769 beanspruchte die weltliche Gerichtsbarkeit für Rechte, die bisher der Kirche zustanden: Eheverlöbnisse sollten fortan vor Gericht abgelegt werden, Streitigkeiten bei Verlöbnissen staatlicher Gerichtsbarkeit unterstehen. Die kirchliche und bischöfliche Zensur wurde durch eine kurfürstliche ersetzt. Die Verwaltung von Kirchenvermögen und die Baulast von Kirchengebäuden wurden staatlich geregelt. Bewerber für kirchliche Pfründen hatten vor kurfürstlichen Kommissären eine Prüfung abzulegen. Die Verkündung und Ausführung von kirchlichen Mitteilungen und Gesetzen unterlagen staatlicher Prüfung und Genehmigung. Mißliebigen Pfarrern wurde eine zeitliche Amtssperre angedroht.

Nun erst fanden sich die Bischöfe zum Widerstand zusammen. Sie protestierten gegen die staatlichen Eingriffe und schlossen sich im Salzburger Bischofskongreß von 1770 in einer Front gegen Max III. Joseph zusammen. Dem Kongreß gehörten die Bischöfe von Salzburg, Regensburg, Passau, Freising, Chiemsee, Augsburg, Eichstätt und Bamberg sowie der Deutsch-Orden an. In den ersten beiden Jahren fanden 27 Sitzungen unter dem Salzburger Domdekan Zeil statt, in denen die kirchenpolitischen Mandate der vorangegangenen Jahre besprochen wurden. Konkrete Schritte abzustimmen erwies sich als schwierig, da einige der Bischöfe dem Mainzer, andere dem Trierer, wieder andere dem Salzburger Erzbischof unterstanden. In den Bischofsländern galten darüber hinaus unterschiedliche Konkordate.

Zu einer schrittweisen Verständigung mit Max III. Joseph kam es erst, als der Kongreß ab 1772 den ersten Kongreßdelegierten Zeil zu weiteren Verhandlungen nach München schickte. Zeil konnte bis 1777 einige Punkte mit dem kurfürstlichen Ministerium einvernehmlich klären, unter anderem die Reform des bayerischen Prälatenwahlrechtes, nachdem es bei der Wahl des Waldsassener und des Seeoner Prälaten in aller Öffentlichkeit zu peinlichen Auseinandersetzungen zwischen bischöflichen und kurfürstlichen Kommissären gekommen war. Auch die Feiertagsreduktion, die Visitationen des Staates, die Zensur oder die päpstlich genehmigte Sondersteuer der Kirche, die Dezimation, wurden in beiderseitigem Übereinkommen geregelt. Zeil gelang es sogar, Pläne der kurfürstlichen Regierung zur Säkularisation verschiedener Klöster wie der drei Münchner Frauenklöster St. Klara, des Bittrich- und des Stiegenregelhauses oder der bayerischen Landklöster Indershofen, St. Zeno Reichenhall und Osterhofen in Erfahrung zu bringen. Zeil leitete erfolgreiche Gegenmaßnahmen ein und vereitelte die Aufhebung der Klöster.

Aufklärerisches Gedankengut verbreitete sich nach der Neuorganisation des Geistlichen Rates nicht nur im kirchlichen Bereich, sondern zunehmend auch in der Universität Ingolstadt, einer einstigen Hochburg der Jesuiten, und im Schulwesen. Ausgehend von Ickstatt, seit 1746 Direktor der Hochschule, und seinem Schüler Lori, wurden den Vorlesungen zum Staats-, Natur- und Völkerrecht immer mehr Lehrbücher protestantischer Autoren zugrunde gelegt. Die theologische Fakultät protestierte. Stadtpfarrer Eckher predigte gegen die »gelehrten Beförderer des Luthertums«. Ingolstadt spaltete sich in Befürworter und Gegner der Reformen. Max III. Joseph beendete den Streit mit einer Bekräftigung der Katholizität Bayerns und einem scharfen Erlaß an die juristische Fakultät. Das war die Situation in Ingolstadt in den späten vierziger Jahren. Ickstatt spielte seinen Einfluß auf seinen früheren Schüler Max III. Joseph aus und legte in einem umfangreichen Exposé die Notwendigkeit dar, auch nichtkatholische Bücher im Studium zu verwenden. Eine Linie, auf die der Kurfürst dann 1752 einschwenkte. Lori ging nach München, wo er in verschiedener Funktion eine wichtige Rolle spielte.

Die Gründung der Akademie der Wissenschaften

Der Münz- und Bergrat Johann Georg Lori legte nach umfangreichen Gesprächen mit Interessierten und Gleichgesinnten dem Bergrat Linprun und dem Hofkammerrat Stubenrauch 1758 den Plan zur Gründung einer Akademie der Wissenschaften vor. Da die Universität Ingolstadt fest in jesuitischer Hand war und im nichtgeistlichen Bereich lediglich die Übermittlung beruflicher Fähigkeiten erstrebte, wollte dieser Kreis mit der Gründung einer Akademie der Wissenschaften in Bayern einen Kristallisationspunkt für freie, konfessionslose Forschung schaffen. Derartige Akademien gab es in verschiedenen Orten, namentlich die Berliner und Mannheimer waren Vorbilder. Aber auch einen innerbayerischen und unvergessenen Vorläufer hatte die Akademie: Prälatengelehrte aus Polling, an der Spitze Pater Amort, waren schon zur Zeit von Kurfürst Karl Albrecht für die bayerische kirchliche Akademiebewegung tätig gewesen. Auf deren Werk, die Herausgabe einer Zeitschrift »*Parnassus Boicus*« fußte der zweite, der weltliche Anlauf zu einer Akademie in Bayern.

Initiator Lori verstand es mit beachtlicher Strategie und Taktik neben Linprun, Stubenrauch und dem alten Eusebius Amort den Regensburger Schottenmönch Kennedy, den Präsidenten des Münz- und Bergwerkskollegiums von Haimhausen und sogar den vorsichtigen Ratskanzler Kreittmayr zu gewinnen. Auch die Schwester des Kurfürsten, die sächsische Kurfürstin, unterstützte das Projekt sowie der Berater und frühere Lehrer von Max III. Joseph, Ickstatt, der in Ingolstadt viel Ärger mit den Jesuiten hatte. Doch die Entscheidung lag beim Kurfürsten! Und in seiner unmittelbaren Umgebung gab es auch Gegenkräfte.

Lori umkreiste mit Gesprächen und Gesten seinen Kurfürsten: Den Plan zur Akademiegründung legte er am Namenstag des Kurfürsten, dem 12. Oktober 1758, vor. Er sah, dem Kurfürsten schmeichelnd, dessen Geburtstag, den 28. März 1759, als Gründungsdatum vor. Die Stiftungsurkunde trägt auch dieses Datum. Das Tauziehen um Satzung und Finanzierung aber zog sich sehr viel länger hin. Der Kurfürst genehmigte entscheidende Satzungsbestimmungen wie die Vorschrift der Selbstzensur und setzte damit die staatliche und kirchliche Zensur außer Kraft. Weiterhin erlaubte er, daß die Mitglieder seiner Akademie ohne Rücksicht auf »Nation und Religionen« aufzunehmen seien; das war im katholischen Bayern etwas Neues.

Lori hatte bei seinem Werben um die kurfürstliche Zustimmung zu dem Projekt nicht versäumt, auf den Prestigezuwachs hinzuweisen, den eine Akademie dem Land und seinem Fürsten bringen werde. Max III. Joseph wird dieses Argument letztlich überzeugt haben. So schrieb Lori auch nach der Unterschrift seines Kurfürsten unter die Gründungssatzung über die Zukunft des »schier allen Leuten unmöglich erschienenen Plan(es)«, daß nun Europa wisse, »die Bayern haben eine Akademie« und »der Hof (könne sie) aus einem Ehrenpunkt nicht mehr sinken lassen«. Mit anderen Worten, Lori meinte damit ein Faktum geschaffen zu haben, das der Kurfürst bei auftretenden Schwierigkeiten kaum mehr ohne Gesichtsverlust zurücknehmen konnte.

Max III. Josephs Einstellung zu seiner Akademie war also zumindest in der Gründungsphase nicht Ausdruck wissenschaftlichen Mäzenatentums, sondern in erster Linie kostspielige Ausstaffierung des Hauses Bayern mit fürstlichen Attributen. Die Benennung der Akademie nach einer bereits unter seinem kaiserlichen Vater erwogenen »*Academia Carola-Albertina*« deutet auf die Betonung der Kontinuität mit der kurzen bayerischen Kaiserzeit hin. Mit dieser Namensgebung bewies Max III. Joseph einmal mehr sein Interesse, den Kaiseranspruch hochzuhalten. Erst später wurde die Akademie auch ein inhaltliches Instrument seiner Politik.

Die herausragende Stellung der Historischen Klasse in der Akademie kam dem Zeitgeist, aber auch Intentionen des Kurfürsten entgegen. Er erwartete sich von dieser Klasse die Darstellung der großen Taten des Hauses Wittelsbach in und mit Bayern. Andere Gesichtspunkt konnten aber hinzukommen. Einen Plan der Akademie zum Aufbau eines Observatoriums griff Max III. Joseph auf und regte das Chorherrenstift Rottenbuch zum Bau auf dem Hohenpeißenberg an.

Es war die Akademie, die die Hexenprozesse als zentrales Thema der Aufklärung aufgriff und letztlich entscheidend zur Beendigung dieser Verfahren beitrug. In der Satzung hatte sich der Landesherr klug die Behandlung religiöser Themen in der Akademie verboten, um sie dann doch über Jahre zuzulassen, wenn es ihm opportun erschien. So war denn auch die Rede des Theatinermönchs Ferdinand Sterzinger aus Tirol gegen den Hexenglauben nichts weniger als wissenschaftlich zu nennen, sondern mehr eine demagogische Verketzerung des bisherigen katholischen Hexenrechtes, aber die Akademie lieh nicht nur ihm, sondern weiteren Agitatoren weiterhin ihr Forum, manchmal sogar im ehrenden Beisein des Kurfürsten. Die Akademie entwickelte sich mehr und mehr zu einem Institut der Aufklärung und des Freigeistes, ungeachtet der vielen gelehrten Geistlichen in ihren Reihen. In späteren Jahren war die Akademie bei der Förderung der Muttersprache und dem geistigen Austausch mit Norddeutschland aktiv. Zusammenfassend kann gesagt werden, daß die geistige Elite Bayerns sich in dieser Akademie wiederfand und die höchsten Staatsstellen ihren Nachwuchs vornehmlich aus den Reihen ihrer Mitglieder rekrutierten. So scheint die Akademiebewegung in Bayern wie ein geistiger Gegenorden gegen verkrustete Kirchenorden gewesen zu sein.

Schulreformen

Sollte die Wissenschaft für das Leben fruchtbar gemacht werden, dann mußte es zu einer Ausstrahlung auf das Schulwesen kommen. Schon mit dem Mandat vom August 1764 hatte Max III. Joseph neue Wege in der Lehrerauswahl beschritten. Wie in der Kirchenpolitik die Ernennung Osterwalds, so ist in der Schulpolitik die Berufung des Geistlichen Rates Heinrich Braun aus Trostberg als ein Durchbruch anzusehen. Nach dem Ausfall der Jesuiten im höheren Schulwesen mußten neue Strukturen und Inhalte beschlossen werden. 1774 erläuterte Ickstatt in einer Rede in der Akademie einen Plan zur Umgestaltung des bayerischen Schulwesens. Er forderte, daß die deutsche Sprache, die mathematischen Wissenschaften und die weltkundlichen Disziplinen in den Vordergrund gerückt und die Menschen nach den Bedürfnissen ihres Standes und ihres künftigen Berufes unterrichtet wurden. Nach der Volksschule sollte der Bildungsweg über die neu eingeführte Realschule zum Gymnasium führen können. Ickstatt setzte sich aber nicht durch.

Pater Braun forderte ebenfalls Realismus in der Schule, dazu Bürgerkunde, aber er wollte die alten Sprachen nicht zurückgedrängt wissen. Im Sinne des beginnenden Neuhumanismus forderte er die Lektüre lateinischer und griechischer Klassiker. Seine dreiklassige Realschule sollte der Jugend der gewerbetreibenden Bürgerschicht eine gehobene Fortbildung ermöglichen. Seine »Gedanken über die Erziehung...« erwiesen sich als praktikabler denn die Ickstatts. Die Schulordnung vom Oktober 1774 verschmolz die alte Lateinschule mit der Realschule: An die Volksschule, Trivialschule genannt, schloß sich eine zweiklassige Realschule, an diese das fünfklassige Gymnasium an. Den Abschluß bildete das Lyzeum. Das Programm war von philanthropischen Vorstellungen durchzogen.

Aber es fehlte an geeigneten Lehrern, an Unterrichtsmitteln und an der allgemeinen Akzeptanz des neuen Programmes. Neue Programme wurden entworfen, alte verworfen und wieder diskutiert. Der Jesuitenfonds reichte bei weitem nicht aus, um die Neuorganisation zu bezahlen. Max III. Joseph erwog, die gesamte schulische Bildung wieder in Ordenshände zu geben, da legte Braun, inzwischen Direktor der bayerischen Mittelschulen, 1777 einen neuen Schulplan vor. Die Gehälter der Professoren sollten herabgesetzt, der Lehrstoff gekürzt und die Zahl der Gymnasialklassen auf vier beschränkt werden. Die Realschule sollte als eigener Schultyp ausgegliedert werden. Das Hauptverdienst Brauns war die Errichtung der Volksschule. Er ist der geistige Vater der öffentlichen Volksschule in Bayern mit staatlicher Aufsicht und allgemeiner Schulpflicht. Schon seit 1771 war die allgemeine Schulpflicht auf dem Papier eingeführt. Es dauerte noch lange, bis sich diese Forderung durchsetzte.

Verbesserung des Gesundheitswesens

Das Gesundheitswesen in Bayern ist ein besonders anschauliches Beispiel für das Zusammentreffen zweier Welten: den vielfältigen Ausprägungen der weisen Frauen, Bader, fahrenden Heilkundigen, medizinischen Empirikern und Autodidakten einerseits und den akademischen Doktoren der Medizin andererseits. Während der gesamten Regierungszeit Max III. Josephs bemühte sich die kleine Gruppe kurfürstlicher Leibärzte, die im *Collegium Medicum* zusammengeschlossen waren, unter der Leitung von Dr. Wolter, die Kontrolle über die nichtakademischen Heilberufe zu erhalten. Doktor Wolter, seit 1743 Leibarzt von Kaiser Karl VII. und später von Max III. Joseph, prangerte seit den frühen fünfziger Jahren die Duldung der fahrenden und nichtakademischen Heilpersonen als eine Gefahr für die Volksgesundheit an.

Er und die anderen Leibärzte des Kurfürsten begannen 1755 gemäß einer neuen Instruktion, das gesamte Medizinalwesen des Landes unter der administrativen und wissenschaftlichen Oberaufsicht ihrer Kollegialbehörde hierarchisch und zentralistisch zu gestalten. Anfang des Jahres hatte der Kurfürst seinen Hofrat aufgefordert, zusammen mit dem Collegium Medicum ein Generalmandat zu entwerfen, das die medizinische und chirurgische Praxis sowie die Abgabe von Arzneien nur noch geprüften Ärzten gestatten sollte. »Vagierenden Ärzten, Zahnbrechern, Marktschreiern und dergleichen Landstreichern«, die nach Angabe der Ärzte den gemeinen Mann betrogen und das Geld aus dem Lande brachten, sollte das Handwerk gelegt werden. Dieses Generalmandat hat nie Rechtskraft erlangt. Die Ärzte erhielten mit ihrer Instruktion vom Oktober des gleichen Jahres keine entsprechende Ermächtigung. Doktor Wolter hatte im Frühjahr auf Befehl des Kurfürsten die Militärspitäler besucht und sich auf seiner Reise durch das Land zugleich eine Übersicht über die medizinische Versorgung im Land verschafft. Seinen Bericht legte er zusammen mit dem Entwurf für eine Medizinalordnung vor.

Der Bericht schilderte in den düstersten Farben die Unfähigkeit und

Dummheit der Apotheker, die Pfuschoperationen der Bader, die Mordtaten der Winkelhebammen an Müttern und Kindern. Weiber, Mönche, Schauspieler, Hirten gäben sich als Heiler aus. Der beigelegte Entwurf der Medizinalordnung umfaßte 78 Paragraphen auf 130 Seiten. Der zentrale Punkt war die Forderung des Collegium Medicum, das gesamte Gesundheitswesen zu kontrollieren und Ärzte, Apotheker und Bader auf ihre Befähigung zu prüfen. Das Collegium sollte auch berechtigt sein, medizinische und chirurgische Stümpereien zu untersuchen und die Herstellung und den Verkauf von Medikamenten zu überwachen. Es sollte die »unerlaubten Praktiken der Winkelärzte, alten Weiber, Quacksalber, Landstreicher, Waldmänner, besonders die auf dem Land herumfahrenden Materialisten«, aufdecken und bestrafen. Gänzlich verbieten wollte der Entwurf das Verkaufen von Arzneien an offenen Ständen durch Quacksalber oder Marktschreier auf Jahrmärkten, Dulten und Kirchweihen und den Arzneihandel außerhalb von Apotheken.

Wahrscheinlich hat Max III. Joseph diesen ausführlichen Entwurf gar nicht gelesen, denn mehrfach und letztlich noch 22 Jahre später, kurz vor seinem Tod, erinnerten ihn die Leibärzte daran und legten ihn mit der Bemerkung völlig unverändert vor, daß sich die Verhältnisse im Gesundheitswesen inzwischen noch verschlechtert hätten.

Das Mandat für Ärzte, Apotheker und Bader von 1756 jedenfalls erfüllte nur zum geringsten Teil die Forderungen des Collegiums. Das Mandat billigte grundsätzlich die fahrenden Ärzte, Marktschreier, Waldmänner und Zahnbrecher, verlangte von ihnen aber, ihre jeweiligen Kenntnisse und Waren beim Physikus des Rentamtes prüfen zu lassen. Der Hofrat wurde angewiesen, nach einer derartigen Prüfung eine Konzession zu erteilen. Um die innerbayerische Konkurrenz zu schützen, erging gegen ausländische fahrende Heilpersonen ein Berufsverbot. Man hatte nämlich beobachtet, daß nach der Neuordnung des österreichischen Gesundheitswesens viele Laienheiler von Österreich nach Bayern umsiedelten, weil ihnen von Wien die Ausübung ihres Gewerbes verboten worden war.

Der Kurfürst ging das Problem der fahrenden Laienheiler also zunächst vom sozialen und wirtschaftlichen Standpunkt an. Die bayerischen Heilpersonen wurden von einem großen Teil des Volkes gebraucht und waren nicht zu ersetzen, während die österreichischen Heiler den bayerischen die Einkommensquelle wegnahmen. So handelte er im Sinne seiner merkantilistischen Grundsätze und kam dem Collegium Medicum zugleich auf halbem Wege entgegen. Den bayerischen Laienheilern blieb der Weg über die Prüfung offen.

Derartige Genehmigungsverfahren wurden in der Regel vom Landphysikus des Rentamtes München durchgeführt. So prüfte 1758 der Landphysikus Dr. Winterhalter einen fahrenden Wurzel- und Kräuterkrämer namens Haller, der aus Mühlbach, Landgericht Riedenburg, stammte. Die Prüfung bezog sich auf Kenntnisse und mitgeführte Arzneiwaren. Die Medikamente waren Gallpillen, grüne und gelbe Waldsalbe, Allermannsharnisch, Gentiana, Angelica, Meisterwurz, Terpentin-, Rosmarin-, Stein- und Cuminöl und weitere Wurzeln und Kräuter. Haller bestand das Examen, und seine Arzneiwaren wurden als gut und unschädlich befunden. Der Hofrat erteilte ihm ein Patent auf Lebenszeit. Damit durfte er weiterhin seine Arzneien auf öffentlichen Märkten anbieten und verkaufen. 1766 wurde ihm das Patent von der Hofkanzlei bestätigt.

Doktor Winterhalter prüfte zur gleichen Zeit den Führbringer aus dem Kufsteiner Grenzgebiet, Pfleggericht Auerburg, und stellte seinen Kenntnissen und den mitgeführten Arzneien Balsam sulfuris, Katharinen- oder Steinöl und Mithridat eine Unbedenklichkeitsbescheinigung aus. Er erhielt das lebenslängliche Patent vom Hofrat ausgestellt. Allerdings erreichte das Collegium Medicum 1760 eine Wiederholungsprüfung, bei der Führbringer nichts zu Herstellung, Heilanzeigen und Anwendungsweisen seiner Präparate sagen konnte. Das prüfende Collegium warf Dr. Winterhalter und dem Hofrat grobe Leichtfertigkeit vor.

Der Oberpfälzer Leinberger schließlich hatte das Kräutersammeln und die Wurzelgraberei von seinem Vater gelernt. 1758 erschien er in München und ließ das Patent seines Bruders, eines Kriegschirurgen, auf seinen Namen umschreiben und vom Hofrat erneuern.

Solche Fälle sammelte das Collegium Medicum um Dr. Wolter. Die Ärzte waren mit der Regelung von 1756 unzufrieden und setzten unter Vorlage derartiger Fälle beim Kurfürsten durch, daß 1760 eine Ordnungsgruppe aufgestellt wurde, die die fahrenden Arzneiverkäufer und Laienheiler festnehmen und ihre Patente dem Collegium zur Prüfung vorlegen sollte. Die Ordnungspolizei bestand aus einer Freikompanie unter dem Amtmann Pindter, der sich später Hauptmann nannte. Es waren sechzig Mann in grünen Uniformen, die Seitenwaffen mitführten und mit Fanghunden ausgestattet waren. Unter ihnen waren auch mehrere Offiziere und Unteroffiziere. Ursprünglich war die Truppe aufgestellt worden, um »liederliches Gesindel« auszurotten, an der Grenze zu patrouillieren, die öffentlichen Märkte zu überwachen, gegen Wilderer, Brandstifter und Räuber vorzugehen, den Umlauf schlechter Münzsorten zu verhindern, die Getreidesperre zu überwachen, Rekrutentransporte zu begleiten, Deserteure einzufangen oder »liederliche Weibspersonen« wegzuschaffen. Diese Ordnungspolizei mit weitgefaßtem Aufgabengebiet brachte nun eine ganze Reihe von fahrenden Heilpersonen auf. Nach deren Überprüfung erklärten die Ärzte des Collegiums, daß sie unter »diesem Gesindel« keinen einzigen gefunden hätten, der von Chirurgie oder Medizin eine Ahnung gehabt hätte. Spätestens hier muß man sich aber klarmachen, daß die Ärzte des Collegium Medicum in der ganzen Angelegenheit sehr voreingenommen waren. Zum einen wollten sie darlegen, daß ihnen die immer noch vorenthaltene Kontrolle aller Heilpersonen zugestanden werden mußte. Zum andern urteilten sie ausschließlich von ihrem schulmedizinischen Standpunkt aus, dem ein tiefer Haß der akademischen Ärzte gegen irreguläre Heiler und ihre Verfahren zugrunde lag. Aus jeder Zeile ihrer Eingaben sprachen diese Abneigung und der Standesdünkel der akademischen Medizin.

Die akademische Medizin war Teil der sich damals wissenschaftlich nennenden Aufklärungsbewegung, und als solche von der Vorstellung durchdrungen, daß sie und nur sie Licht in das Dunkel der abergläubischen Volksmedizin zu bringen imstande war. Sie gestand dem Wissen und Können weiser Frauen und Hebammen, Kräuterhändler und Heilpersonen keinerlei Berechtigung zu. Diese ganz aufs Praktische eingestellten Heiler standen bei den gelehrten Herren mit ihren eingespielten Universitätsriten von vornherein auf verlorenem Posten. Ihre Antworten wurden von den Ärzten nämlich allein an den theoretischen Doktrinen der wissenschaftlichen Medizin gemessen. Möglicherweise sind die Landphysiki in den Rentämtern mehr auf die praktischen Fähigkeiten und Fertigkeiten der fahrenden Heilpersonen eingegangen.

In ihrem Bericht vom Mai 1760 griffen die Ärzte des Collegium Medicum die Leichtfertigkeit der Landphysiki und des Hofrates an. Besonders hoben sie hervor, daß die fahrenden Pfuscher auch Militärkrankenhäuser belieferten und an »liederliche Weibspersonen« Abtreibungsmittel abgäben. Mit dem Hinweis auf die Militärkrankenhäuser wiesen sie auf eine Bedrohung der kurfürstlichen Soldaten hin, die damals im Siebenjährigen Krieg kämpften. Mit dem Hinweis auf die Prostituierten suchten sie die sittliche Entrüstung des Kurfürsten zu schüren, dem man auf diesem Felde »Sittenstrenge« nachsagte.

Dem solchermaßen eingestimmten Kurfürsten schlug das Collegium eine Neuregelung des Zulassungsverfahrens vor. Sämtlichen Irregulären sollten ihre Patente entzogen werden. Wer sich um ein Patent bewarb, sollte ausschließlich vom Collegium Medicum geprüft werden. Das Patent sollte fünf Jahre Gültigkeit haben und auf der Wanderschaft von einem Rentamt in ein anderes dem Landphysikus zur Beglaubigung, beim Eintritt in einen anderen Gerichtsbezirk der jeweiligen Ortsobrigkeit zur Überprüfung vorgelegt werden. Allen fahrenden Ärzten, Zahnbrechern, Waldmännern und Quacksalbern sollte in Bayern die Ausübung ihrer Tätigkeit verboten werden.

Max III. Joseph beauftragte im Juli 1760 den Hofrat wiederum mit dem Entwurf eines Generalmandats zur Abschaffung der irregulären Heiler und Heilmittelhändler. Das Collegium arbeitete an diesem Entwurf mit. Und doch gab es auch diesmal trotz mehrfacher Vorlage keine Entscheidung des Kurfürsten. Weiterhin stellten die Landphysiki Zeugnisse aus, und der Hofrat gab Patente aus. Sogar die Einreise ausländischer Heilpersonen wurde weiter geduldet.

So kam 1770 die fahrende Ärztin Steinzin mit einer Gruppe von zwölf Personen nach Erding, schlug dort auf einem öffentlichen Platz ein Theater auf, in dem Gaukler und Possenreißer das Publikum unterhielten, während sie und ihre Mitarbeiter Patienten behandelten und Medikamente verkauften. Der Umsatz muß beträchtlich gewesen sein, denn immerhin lebten 13 Personen von Heilkunst und Arzneihandel der Steinzin. Die Frau ging zielstrebig vor. Außerhalb der öffentlichen Auftritte machte sie Hausbesuche und führte sowohl medizinische wie chirurgische Behandlungen durch. Dabei werden ihr wohl Mitarbeiter vorangegangen sein, die in den Häusern und den umliegenden Dörfern ihre Arzneien und Kuren anboten und Reklamezettel verteilten. Aufgrund eines Patentes des Münchner Polizeirates war sie dazu auch berechtigt. Zwar beschwerte sich der Erdinger Stadtphysikus Dr. Lamer bei Dr. Wolter vom Collegium Medicum über ihre wochenlangen Auftritte, daß der »schönen Arzneiwissenschaft Schaden, Schande und Schmach« entstünden und die Menschen »Geld und Gesundheit« verlören. Aber seine Bitte, die Steinzin des Landes zu verweisen, wurde nicht erfüllt. Dr. Wolter, so gern er es auch getan hätte, hatte dazu keine Kompetenz.

Unermüdlich bemühte er sich beim Kurfürsten weiterhin um eine Ermächtigung des Collegiums. Aber keinem seiner Vorstöße war Erfolg beschieden. Der Kurfürst war lediglich bereit, die Randerscheinungen der fahrenden Heiler zu beschneiden. So gab es 1772 eine auf Sitte und Anstand zielende Verordnung zur Werbung der fahrenden Heiler mit Affen, Gauklern, Musik- und Komödiengruppen. Auch sie wurde durch Sondergenehmigungen unterlaufen, kaum daß das Verbot erlassen war.

Von anderer Seite wurde Max III. Joseph ebenfalls bedrängt: Die Mautdirektion, also die oberste Zollbehörde, wandte sich gegen ausländische medizinische Marktschreier, die den einheimischen Konkurrenz brächten. Die Direktion schlug vor, die Landstörzer, wie die Wurzelkramer, fahrenden Zahn-, Augen- und Wundärzte auch genannt wurden, im ganzen Land zu verbieten. Als monatelang keine Reaktion erfolgte, wandte sich die Mautdirektion 1774 erneut an Max III. Joseph und fügte den Entwurf einer Verordnung bei.

Jetzt erst wurde der Kurfürst aktiv. Er forderte von den (Teil-)Regierungen in Landshut, Burghausen, Straubing und Amberg Gutachten an. Die Behörden hielten die Landmärkte insgesamt für förderlich und nötig, die Handelspatente sollten aber nicht mehr so großzügig ausgestellt werden. Die beiliegenden Gutachten der Landphysiki gingen auf den Aspekt des Gesundheitswesens ein. So erklärte Landshuts Stadt- und Garnisonsphysikus Dr. Keller, daß aus Österreich viele Arzneiverkäufer und Marktschreier nach Bayern gekommen seien. Er habe schon viele Leute ins Gras beißen sehen, die an einer Bude eines Marktschreiers Medikamente gekauft hatten; einige hätten Blutbrechen, andere Trommelsucht bekommen, daß ihnen die Bäuche aufgetrieben waren wie »aufgeblasenen Fröschen«. Nur solche, die einen »wahren Arzt« aufgesucht hätten, seien gerettet worden.

Sein Kollege Dr. Morasch ging noch weiter und forderte, daß nichtstudierte Heilpersonen gar nicht zu einer Prüfung zugelassen werden sollten. Sie würden schwere Schäden anrichten.

Abgesehen von ihren abschätzigen Äußerungen über die Laienheiler, geben die Gutachten der Rentamtsphysiki einen guten Einblick in das damalige Gesundheitswesen in Bayern. Bayerische und ausländische Arnzeihändler und -hausierer durchzogen das Land. Die Ausländer waren meist Tiroler oder Ungarn. Sie kamen in alle Städte, Märkte, Dörfer oder Einöden und verkauften ihre Pillen, Salben, Geister und Öle. Unter den Arzneimittelhändlern gab es auch fahrende Materialisten oder Apotheker, die gängige Medikamente und zubereitete Arzneistoffe verkauften.

Die große Verbreitung von Arzneihausierern zeigt, daß die Selbstbehandlung damals weit verbreitet war, die Menschen sich aber nicht auf die einfachen Hausmittel und selbstgesuchten Heilkräuter beschränkten, sondern schon höhere Ansprüche an die Behandlung ihrer Leiden stellten. Die Ärzte mußten zugeben, daß diese Volksmedizin durchaus Heilungserfolge aufweisen konnte, dennoch bezeichneten sie die Kräuterkramer als Scharlatane, weil sie weder von der Beschaffenheit des menschlichen Körpers noch von den Säften, weder von Physik noch von der Naturgeschichte oder den Wirkungen ihrer

Mittel etwas verstünden. Einem gelehrten Arzt galt Heilung außerhalb der studierten Medizin als Pfuscherei und Aberglauben.

Auch die Bader gehörten zu den Kunden der Kräuterkramer, bei denen sie sich billig mit Medikamenten eindeckten, anstatt sie teuer in der Apotheke zu kaufen. Auch diese Konkurrenzsituation beklagten die Physiki der Rentämter in ihren Gutachten.

Doktor Wolter bestürmte den Kurfürsten in den Jahren 1774, 1775, 1776 weiter mit der Forderung nach einer Medizinalordnung und einem Generalmandat. Schließlich befahl Max III. Joseph, ihm noch einmal den Entwurf von 1755 vorzulegen. Aber auch jetzt konnte er sich nicht dazu durchringen, dem Collegium Medicum die alleinige Kontrolle über das Gesundheitswesen zu übertragen. Bis zu seinem Tod blieb es bei einem Nebeneinander von Volksmedizin und akademischer Medizin, wobei das Wirken des Collegium Medicum sicher einige Auswüchse der Pfuscherei beseitigt hat.

Max III. Joseph hat, über den gesamten Zeitraum seiner Regierung geurteilt, im Gesundheitswesen Kompromisse geschlossen. Er selbst war in verschiedener Weise von Traditionen geprägt, die einen völligen Bruch mit der Volksmedizin verhinderten. In die Problematik der fahrenden Heilpersonen spielten noch andere, wirtschaftliche und soziale Erwägungen hinein. Sein Zögern hatte Methode. Bei aller Unvollkommenheit und allen – aus der Sicht der zeitgenössischen, aufgeklärten Mediziner – Ungereimtheiten dürfte das kurfürstliche Reformwerk den Notwendigkeiten des konkreten Lebens eher gerecht geworden sein als die radikalen Reformbrüche etwa in Österreich.

Und doch stellt sich die Frage, wie konnte der Kurfürst 22 Jahre lang den ihm an nächsten stehenden Ärzten die Kontrolle über das Gesundheitswesen verweigern? Die Erklärung kann nur lauten, er selbst mißtraute der medizinischen Wissenschaft. Und dazu hatte er allen Grund. Wie oft stellten die Ärzte bei einem Patienten völlig unterschiedliche Diagnosen und propagierten verschiedene Heilmethoden, und das im Namen der Wissenschaft. Er hatte es 1745 am Krankenbett seines Vaters erlebt und mußte ähnliches 1777 auf seinem Totenbett erleben. Die Medizin konnte den selbstgesetzten Anspruch der Wissenschaftlichkeit nicht einlösen. Ambition und Realität klafften zu weit auseinander, akademische Mediziner bekriegten sich zu offensichtlich, und die Erfolge der Volksmedizin waren vergleichsweise zahlreich.

Insbesondere dem eifrigen Dr. Wolter, der über Jahrzehnte immer wieder alle medizinischen Kompetenzen für das Collegium Medicum forderte, traute Max III. Joseph nicht. Er war der Leibarzt seines Vaters gewesen und hatte ihn auf dem Totenbett – wie viele behaupteten – falsch behandelt. Max III. Joseph hatte ihn wie das gesamte Personal seines Vaters übernommen. Aber gegen alle Mitarbeiter, Ratgeber, Minister seines Vaters, den Leibarzt eingeschlossen, hegte er nach den ersten Erfahrungen mit ihnen, als sie ihn 1745 wie einen dummen Jungen behandelt hatten, tiefes Mißtrauen. Zwar hat er keinen entlassen, das lag ihm auch nicht, aber er faßte zu keinem Vertrauen und hat sie des öfteren gegeneinander ausgespielt. Erst in den sechziger Jahren starb mit dem 75jährigen leitenden Minister Preysing der letzte der alten Garde Kaiser Karls VII., nach dem Königsfeld, dem Toerring, dem Seckendorff... Auch an den europäischen Höfen hatte eine neue Generation Einzug gehalten, auf die man sich einzustellen hatte, nachdem die Könige von Spanien und England, Ferdinand VI. und Georg II., der Kölner Onkel, Kurfürst Clemens August, Zarin Elisabeth und ihr Nachfolger Peter III., der sächsische Kurfürst und König von Polen Friedrich August II. und sein bedeutender Minister Brühl sowie Kaiser Franz I. verstorben waren. Die neue Situation an den Höfen und in München erleichterte es Max III. Joseph, sein Ministerium neu und homogen zusammenzustellen. Doktor Wolter war somit ein Relikt aus seinen Jugendjahren. Hätte es noch eines Beweises bedurft, des Kurfürsten Entscheidung auf dem eigenen Krankenbett gegen seinen leitenden Leibarzt Dr. Wolter lieferte ihn. Diese Tage waren kein Ruhmesblatt für die akademischen Ärzte um Max III. Joseph.

Der Tod Max III. Josephs

Es begann am 8. Dezember 1777, als der Kurfürst nach dreistündiger kalter Ritterzeremonie anläßlich des St. Georg-Festes beim Billardspiel erfahren hatte, daß ein alter Adeliger, mit dem er gerade gesprochen hatte, vom Krankenlager seiner an den Blattern erkrankten Nichte kam. Die Blattern hatte Max III. Joseph immer gefürchtet, ebenso wie Vergiftungsanschläge. An den Blattern waren viele seiner Verwandten, zuletzt Herzog Clemens Franz und seine Schwester Josepha, gestorben. Die Krankheit hinterläßt entstellende Narben, und dies wird der tiefere Grund für die panische Angst des fürstlichen Ästheten gewesen sein. Man erzählte, daß das Entsetzen über die Blattern diese Krankheit bei ihm ausgelöst habe.

Der konsultierende Leibarzt Dr. Senftl beruhigte Max III. Joseph am 9. Dezember und meinte, die Teilnahme an einer Hirschjagd könne nicht schaden. Bei dieser Jagd erlitt der Kurfürst einen weiteren Schock. Ein zusammenbrechendes Pferd zerquetschte einem Hofpostillon den Fuß. Die Schreie des Verwundeten und der Schrecken verursachten ein dauerndes Zittern der Hand des Kurfürsten. Die Jagd wurde abgebrochen.

Am 10. Dezember klagte er über Brustdrücken, am 11. vermuteten die Ärzte einen Katarrh und versicherten ihm beruhigend: Im Grunde sei nichts. In den Körperöffnungen des Kurfürsten bildeten sich rote Flecke, deren Herkunft sich die versammelten und diskutierenden Ärzte nicht erklären konnten. Am 13. Dezember sprach Dr. Wolter von einer gewissen Entwicklung des Blutes als Krankheitsbild, Dr. Senftl von Kindsflecken. Da bat die Kurfürstin ihren kranken Ehemann, er möge sich für einen der Ärzte entscheiden, damit das widersprüchliche Diagnostizieren am Krankenbett beendet würde. Schließlich bestimmte der Kurfürst Dr. Senftl, einen derben Alten, zu seinem behandelnden Arzt, wohl weil er sich hinter der Derbheit dieses Mannes einen gesunden Verstand erhoffte. Er sollte sich irren. Zum Stellvertreter wurde Dr. Branca ernannt. Doktor Wolter mußte gehen.

Am nächsten Tag unterhielt Dr. Senftl den Kurfürsten mit Geschichten über Könige, die daran gestorben waren, daß sie sich in die Hände zu vieler Ärzte begeben hatten. Er und sein Kollege Dr. Branca aßen viel und ausgiebig an der Hoftafel. Am 17. Dezember war der Kopf des Kranken so geschwollen, daß seine Züge nicht mehr erkennbar waren. Doktor Senftl vermutete jetzt gutartige Blattern. Man glaubte ihm. Am 19. Dezember bestritt Dr. Senftl Vermutungen über bösartige Blattern.

Er hielt eine Vergiftung für möglich. Dem Kurfürsten floß ununterbrochen Speichel aus dem Mund. Seine Frau säuberte ihn, salbte ihn mit Kakaobutter und süßem Rahm. Gestank verbreitete sich im Raum. Max Joseph klagte über Brustbeschwerung. Am 20. Dezember wurde bekannt, daß Dr. Wolter dringend ein Milchbad vorschlage. Doktor Senftl lehnte dies ab und mokierte sich über den Vorschlag. Der Kurfürst litt unter heftigen Zuckungen.

Am 21. und 22. Dezember begannen im ganzen Land Bittämter, es wurden Messen gelesen und Andachten für die Genesung von Max III. Joseph abgehalten. In einer Bittschrift an die Kurfürstin warnte die Münchner Bürgerschaft vor Dr. Wolter, der schon den Tod Kaiser Karls VII. verursacht hätte. Sie warf ihm außerdem die unglücklichen Geburten der Herzogin Maria Anna und die mißglückten Kuren der Kurfürstin vor.

24. Dezember: Alle klagten über die unverschämten derben Reden des Dr. Senftl. Niemand wagte sich zu beschweren. Am 27. Dezember hielt Dr. Wolter in seinem Haus Konsilium ab. Am 28. Dezember entzündete sich Max Josephs rechter Arm. Senftl nannte die Krankheit Rotlauf und sang derbe Lieder. Die Hofgesellschaft nahm dies gern als Zeichen, daß es dem Kranken besser ging. So sagte Graf Fugger von Zinneberg, daß ihm die elende Stimme Senftls lieblicher als die beste Oper klinge, denn sie sei der Beweis für die Genesung des Kurfürsten. Der Kurfürst litt indes unter starken Schmerzen und erhielt von Senftl nur derbe Zurechtweisungen. Die Frage des Patienten, ob die roten Flecke nicht Vorzeichen von Brand wären, konnte Senftl nicht beantworten. Die übrigen Mediziner schlugen Abführmittel vor.

Inzwischen war der kurfürstliche Kammerknabe Matuschka an den Blattern erkrankt. Am 29. Dezember weigerte sich Dr. Branca, an den Hof zu gehen. Der Kurfürst nahm kein Essen mehr zu sich. Doktor Senftl stellte bei seinem Patienten einen sehr schwachen Puls fest und äußerte zufrieden, dies sei ein Zeichen der Besserung. Der Kurfürst könnte in Bälde wieder öffentlich auftreten. In Straubing und anderen Ortschaften veranstaltete die Bevölkerung, die den Kurfürsten auf dem Weg der Gesundung wähnte, Freudenfeste.

Der Kurfürst konnte nicht mehr verständlich sprechen. Er hatte im Hals eine große Trockenheit. Am 30. Dezember verstärkte sich die Trockenheit, die Zunge hing zwei Finger breit aus dem Mund. Max III. Joseph atmete schwer. Er verlangte nach dem Beichtvater, doch Dr. Senftl sprach sich dagegen aus. Es bestünde keine Gefahr. Schließlich konnte der Leibarzt den Beichtvater nicht mehr daran hindern, den Kurfürsten mit den Sterbesakramenten zu versehen. Die letzten verständlichen Worte des Kurfürsten sollen gelautet haben: »Leb wohl, ewig wohl, Liebe, du, mein schönes Land, meine lieben Untertanen, ihr liegt mir am Herzen, betet für mich, auch ich will für Euch Segen vor Gott erflehen.« Schwere Sätze für einen Sterbenden mit Atemnot. In der Stadt gab es inzwischen öffentliche Bittgänge, die Statue des heiligen Bennos, des Stadtpatrons seit Maximilian I., wurde durch die Straßen getragen, begleitet vom Beten und Weinen des Volkes. Kuriere gingen nach der Pfalz ab. Die Stadttore wurden geschlossen. Die Leibärzte hielten ein Konsilium, ohne Ergebnis. Der Kurfürst erbat durch Gesten, das Bild Marias aus dem Herzogspital zu holen. Er betete und starb. Zuvor schon hatte sich Dr. Senftl mit dem Volk, das das Marienbild an seinen Platz zurückbrachte, aus dem Schloß geschlichen. Die Kurfürstin brach bei der Gewißheit über den Tod ihres Mannes ohnmächtig zusammen. Stundenlang schwebte auch sie, die völlig Entkräftete, in Lebensgefahr.

Am 4. Januar wurde der Verstorbene im Beisein seines Nachfolgers Karl Theodor beerdigt. Sein Herz wurde später nach der Tradition des Hauses Wittelsbach in der Wallfahrtskirche der Wundertätigen Mutter Gottes zu Altötting beigesetzt. Jeder Arme in Altötting und München und einige Hundert in den Rentämtern erhielten je zwölf Kreuzer und ein Brot.

Die Inschrift auf dem offiziellen Trauergerüst lautete, aus dem Lateinischen übersetzt:

»Stehe still, Wanderer, hier liegt Maximilian Joseph, Bayerns Kurfürst, ein Enkel großer Ahnen von Wittelsbach. Er war der letzte aus diesem Stamm, er war nicht der letzte nach Verdiensten. Verwaist, öd und ausgezehrt lag von der Kriegswut das Vaterland. Er beschloß, Ruhe und Frieden dem Vaterland zu schenken, und Ruhe und Frieden waren da. Öd und unbebaut lag die Gelehrsamkeit darnieder, und Bayerns Genius war schlummernd hingesunken. Er stiftete Akademien, und plötzlich loderten Genien in heller Flamme auf, und Wissenschaften und Künste blühten, gereizt durch seinen Schutz und seine Bemühungen. Sein Wille schuf Gesetze, sein Leben war ein Inbegriff davon. Nicht schreckende Befehle, nur sein Beispiel war die Vorschrift für sein Volk. Sein Tod beugt uns so sehr, als wär's der Tod von ganz Bavaria. Schon läge sie durch diesen Fall, so groß ist er, zu Boden, würde sie nicht durch die Gegenwart Karl Theodors vom Falle zurückgehalten.«

Hier zeigte sich eine Regie, mit der Max III. Joseph über seinen Tod hinaus geplant hatte. Zusammen mit Kurfürst Karl Theodor von der Pfalz hat er durch mehrere Verträge und Abmachungen die Erbfolge für das Haus Wittelsbach zu sichern gesucht.

Würdigung

Die Nachrufe und Beschreibungen Max III. Josephs weisen eine beträchtliche Bandbreite auf. Neben eine politische und persönliche Bilanz muß noch eine Betrachtung über seine Beziehung zum bayerischen Volk treten, das ihn schon zu Lebzeiten mit Beinamen wie »der Vielgeliebte« oder »der Gute« auszeichnete.

Beginnen wir mit diesen Beinamen. In der bayerischen Geschichte sind derartige Zusätze zum Herrschernamen keine Seltenheit. Adalbert von Bayern sammelte allein 96 »weniger gebräuchliche Beinamen der Wittelsbacher« aus der Pfalz und aus Bayern. Ein Blick in die Liste lohnt sich: Alexander der Lahme, Friedrich der Herzhafte, Karl der Leichtgläubige, Johann die Hussitengeißel, Karl Ludwig der pfälzische Salomon, Johann der Schwarze, Ludwig Gottesfreund, Luise Maria die Holländerin, Otto der Rotkopf, Ludwig der deutsche Herkules, Otto Uxorius der Weiberknecht, Otto der Verschwender, Rudolf der Blinde, Rupprecht der Zähe oder der dolle Graf Wilhelm Furiosus...

Dazu kommen Beinamen, von denen die meisten den Kennern der bayerischen Geschichte besser geläufig sind wie zum Beispiel Stephan der Kneißl, Ludwig der Brandenburger, Ludwig der Römer, Otto der Faule, Johann Ohnegnade, Ludwig der Gebartete, Rudolf der Stammler, Stephan mit der Hafte, Ludwig der Kehlheimer, Ludwig der Strenge, Ludwig der Bayer oder Max Emanuel der Blaue Kurfürst.

Einige Beinamen sind plastisch, andere weisen ins Mythenreich, einige sind ungeklärt – immer aber sind derartige Beinamen Versuche, das Leben eines Fürsten auf einen kurzen Nenner zu bringen.

Um Max III. Josephs Beinamen »der Gute« zu beleuchten, greifen wir einen anscheinend finsteren Burschen aus dem Angebot heraus, Herzog Arnulf den Bösen. Beide Beinamen, »der Gute« und »der Böse«, sind allgemein und wertend. (Arnulfs Sohn hatte übrigens den Beinamen »der Zänker«, also weiß man schon Bescheid: Es liegt in der Familie, oder nicht?) Inwiefern war Arnulf »böse«?

Herzog Arnulf hatte, mit Zustimmung und Mithilfe der Bischöfe, Klostergut enteignet, um ein Heer gegen die siegreichen Ungarn auszurüsten. In den folgenden Jahren 909 bis 913 schlug er die Ungarn wirklich an der Rott, bei Neuching und am Inn. Aber die Verärgerung über die Enteignung saß bei den die Chronik führenden Mönchen tief. Ein »böser« Herrscher muß also nicht für alle Volksschichten ein schlimmer Wüterich gewesen sein, dieser war lediglich den Mönchen unangenehm nahegetreten.

Eine ähnliche Betrachtungsweise bietet sich bei einem eindeutig positiven Zunamen wie »der Gute« an. Die Geschichtsschreiber und Biographen des 18. Jahrhunderts waren keine Mönche mehr, sondern weltliche Akademiker. Sie hatten sich – erstmals in der Geschichte christlicher Staaten – von der geistigen Vormundschaft der Kirche befreit und fühlten sich häufig selbst als Missionare einer Ersatzreligion, der Vernunft. Auf jeden Fall wollten sie aufklärend wirken. Dabei war die Kirche, eine Institution, die weit in die Vergangenheit hineinreichte, für sie oft ein Gegner, ein Feind des Fortschritts. Von solchen Aufklärern stammen die Niederschriften über Max III. Joseph oder Nachrufe auf ihn mit Bezeichnungen wie Max Joseph »der Vielgeliebte« oder »der Gute«. In diesem kulturkämpferischen Zusammenhang hat man unter den Beinamen wohl die Aussage zu verstehen, daß Max III. Joseph in seinen aufklärerischen Anliegen von weiten Bevölkerungskreisen unterstützt wurde. Außerdem dürfte hier der Beiname »der Gute« bedeuten, daß seine Reformansätze »gut, das heißt fortschrittlich« und aufklärerisch waren. Hätten wie in früheren Jahrhunderten Mönche den Landesherrn beschrieben, wäre der Beiname sicher kritischer ausgefallen, siehe Arnulf der Böse.

Abgesehen von ihrem politischen Gehalt in einer Zeit des Kirchenkampfes stellen Attribute wie »der Vielgeliebte« oder »der Gute« aber auch eine emotionale Aussage dar, an die man zuerst denkt und die auch gerechtfertigt war. Das Volk unterstützte Max III. Joseph nicht nur, es liebte ihn auch und empfand, daß sein Landesherr ein guter, wohlmeinender Mensch war. Für beides gibt es Belege. Die Liebe des Volkes zeigte sich nach zeitgenössischen Berichten in den Wochen der Krankheit und nach dem Tod Max III. Josephs in spontanen Kundgebungen und Gebetsandachten. Es ist auch mit Sicherheit anzunehmen, daß breite Schichten des Volkes, besonders die armen Leute, an der Art vieler Mandate, etwa zur Landverteilung, vielleicht auch angesichts seiner zwar widersprüchlichen, insgesamt aber segensreichen Politik zur Erhaltung des Friedens gespürt haben, daß da einer »voll Güte des Herzens«, »mit besten Absichten«, »segensreich und friedlich« regierte, mit der »Sehnsucht, die Welt zu beglücken«. Soweit einige Zitate von Historikern. Einige der Wendungen machen stutzig, sind wir doch gewohnt, bei bestimmten Formulierungen in einem Arbeitszeugnis zwischen den Zeilen zu lesen. Es ergaben sich Fragen: Kann ein Landesherr zugleich ein »guter« Mensch und ein »guter« Fürst sein? Steht die »Güte des Herzens« dem harten Geschäft des Regierens nicht im Wege? Ist »die Sehnsucht, die Welt zu beglücken«, nicht eher ein gefährlicher Ansatz von Weltverbesserern als eine solide Ausgangsbasis für dauerhafte Reformen? Bedeutet »mit besten Absichten« nicht meist »unfähig, sich durchzusetzen«?

Unsere moderne Skepsis hat ihre Berechtigung. Festzuhalten bleibt jedoch, daß Max III. Joseph die Reformen, die er für nötig hielt, nicht als »arroganter Revolutionär von oben« wie Österreichs Joseph II. oder als »Menschenverächter« wie Preußens Friedrich II., seine konsequenteren Reformer-Kollegen, durchführte, sondern er blieb offen für Kritik und Verbesserungen, verließ nie die Basis einer humanen Regierung, verlor nie die Verbindung zum Volk. In gewisser Weise stimmt die bayerische Redensart »Er mog d'Leit, und d'Leit meng eam«, wenn man darunter nicht gegenseitige Anbiederung versteht. Max III. Joseph war freundlich und gütig und deshalb, wie sein Vater, beim Volk beliebt.

Seine Frömmigkeit, auch dies in fester Wittelsbacher Tradition, gab dem Volk einen Halt in schwerer Zeit. Die Volksseele hing am Alten, Gewohnten, sie betrachtete die Bewegung der Aufklärung um so mißtrauischer, als diese in Wort und Schrift, auf der Kanzel, in der Bierstube, auf dem Pfleggericht und selbst auf der Bühne mit dem Protestantismus und dem Unglauben gleichgesetzt wurde. Da half es sehr, daß der Repräsentant dieses Staates die Kontinuität des Volksglaubens verkörperte. Auf seinem ganz ähnlichen Fundament sollte dreißig Jahre später in säkularisierter Zeit die Popularität des biederen ersten bayerischen Königs Max I. Joseph, des Patenkindes von Max III. Joseph, ruhen.

Manche Würdigung und mancher Nachruf läßt den Zwiespalt des Menschen und seines politischen Wirkens ahnen: »Selten ist der Hingang eines Fürsten so aufrichtig bedauert worden, wiewohl manche Klage über seine Regierung erhoben wurde.« Je nötiger das Volk Max III. Joseph als unbeschädigte Integrationsfigur brauchte, um so mehr mußten seine Berater und Minister für Kritik herhalten. Und zu kritisieren gab es genug angesichts anhaltender Not und wirtschaftlicher Unsicherheit, Korruption der Beamtenschaft, Uneinigkeit der Minister, Widersprüchlichkeit vieler Maßnahmen. Für all das machte das Volk seinen Fürsten nicht verantwortlich. Zu Recht?

Ein Fürst, der die Minister und Ratgeber nach Gutdünken entlassen und berufen kann, der große ebenso wie viele kleine Entscheidungen des Regierungsalltages selbst trifft, ist verantwortlich. Ein Fürst gar, der über Jahrzehnte trotz vieler sachkundiger Mahnungen mehr ausgibt, als er einnimmt, enorme Geldströme in das Manufakturwesen fehlinvestiert, muß sich nach dreißigjähriger Regierung auch die negative Bilanz seiner Herrschaft zurechnen lassen.

Positiv bleiben: das Fernhalten des Krieges von Bayern, Signale zum Aufbau einer vorurteilslosen Wissenschaft und Grundlegung zu Reformen im Rechtswesen, im Schulwesen und bei der Landverteilung. Negativ: verwirrender Zickzackkurs in vielen Bereichen der Innenpolitik, Unversöhnlichkeit gegenüber den Ständen als seinen verfassungsmäßigen Partnern, eine unverantwortliche Ausgabenpolitik und doktrinäre, schädliche Eingriffe in die Wirtschaft.

Seine Regierung teilte insgesamt die Vorteile und Nachteile der Aufklärung und des aufgeklärten Absolutismus: den Glauben an die Wunderkraft der Theorie, der Volkserziehung, des Zwanges, des Planes, die Vielregiererei, den Übereifer und die Unstetigkeit.

Weitere Kennzeichen seiner Regierung waren ein besonderes dynastisches Selbstbewußtsein und ein enger Familiensinn. Beides wirkte sich für die Erreichung allgemeiner Ziele seiner Politik manchmal hinderlich, selten förderlich aus. Max III. Joseph war nicht die kraftvolle Persönlichkeit, die derartige Widersprüche durch Prioritätensetzungen auflösen konnte. Ein Historiker: »Er hat den Gegensatz zwischen Können und Wollen in seiner ganzen Bitterkeit kennengelernt.« Als Gründe dafür nennen Beobachter neben »seinen Räten und dem von ihnen geliebten Regierungssystem«, »den brennenden Geldmangel«, »den Widerstand der Beamten, Privilegierten und Geistlichen«.

Einer bemängelt auch »die mangelnde Mitarbeit der unteren Kreise, der Kleinbürger und Bauern und der im Bannkreise des Volkes denkenden und handelnden niederen Kleriker«. Wer so urteilt, vergißt die damaligen Umstände. Eine mangelnde Mitarbeit der unteren Klassen in einem System ohne Mitwirkungsmöglichkeit für die Mehrheit der Bevölkerung beklagen heißt Ursache und Wirkung verwechseln. Nachweisen läßt sich demgegenüber, daß da, wo der Landesherr die unteren Schichten wie bei der Landverteilungsaktion zum Mitmachen aufrief, es ein großes Echo gab. Viele Menschen der unteren Schichten waren nach einem Anstoß von oben bereit und entschlossen, ihre Chance zu nutzen und selbstverantwortlich ihre Zukunft zu gestalten. Dies sind erfreuliche Signale in einer Zeit, in der das Leben der meisten durch Tradition und Herkommen, Stand und Religion weitgehend festgelegt war.

Die weiteren persönlichen Züge Max III. Josephs, sein Mäzenatentum, seine Kunst- und Musikliebe, seine Jagdbegeisterung, sind Eigenschaften, die auch die meisten seiner Vorfahren in stärkerem oder geringerem Maß aufwiesen. Aber es sind nicht nur Wittelsbacher Tugenden, sondern Herrschertugenden der Zeit, die weit verbreitet waren. Auf zwei einander scheinbar ausschließende Charakterzüge, von denen aus seiner Umgebung berichtet wird, sei noch eingegangen: Übereinstimmend wird Max III. Joseph als sehr freundlich, aufgeschlossen und lernwillig beschrieben, aber zugleich als mißtrauisch, zögerlich und »falsch«. Wie paßt das zusammen?

Die Schilderungen beziehen sich auf zwei Seiten einer Medaille: Max III. Josephs Mitleid mit armen Leuten in einer Notlage war allgemein bekannt. So versuchte mancher sich an den Gesetzen vorbei Zugang zu seinem Herzen und Vorteile zu verschaffen. Die Bewohner des Dorfes Utting am Ammersee waren zum Beispiel für ihre Widersetzlichkeit berüchtigt. Sie gehörten zum Kloster Andechs, weigerten sich aber, Frondienste zu leisten, da sie seit geraumer Zeit nicht mehr zu Scharwerken herangezogen worden waren. Abt Moosmüller ließ deshalb acht störrische Uttinger am 17. Februar 1764 nach München abführen. Da machten sich fast alle Uttinger, darunter auch »Weiber«, insgesamt 130 Personen, nach München auf, um sich dem von der Andacht zurückkehrenden Kurfürsten in den Weg zu stellen. Sie verfolgten seinen Wagen einige Zeit unter Heulen und Wehklagen und erreichten ihr Ziel, ihm ihre Sache vortragen zu dürfen. Als der aber hörte, daß es »widerhaarige« Uttinger waren, befahl er ihnen, sich schleunigst nach Hause zu begeben, sonst würden auch sie eingesperrt. Was beweist, daß das vielgelobte gute Herz seine Leute gut kannte und sich nichts vormachen ließ.

Max III. Joseph stand in dem Ruf, »der letzte Cavalier der alten Schule« zu sein, was wohl bedeutet, daß er durch Aufmerksamkeit und mit Aufmerksamkeiten eine Atmosphäre der Harmonie zu schaffen verstand und dem jeweiligen Gesprächspartner das Gefühl vermittelte, daß er gerade ihm und seinem Anliegen gegenüber besonders aufgeschlossen sei. Der Besucher nahm aus der Begegnung mit dem Kurfürsten den Eindruck mit, dieser teile seine Ansicht und unterstütze ihn. Dieses Verhalten Max Josephs sagt aber wenig über seine jeweilige Einsichtsfähigkeit oder -bereitschaft aus, beruhte es doch auf dem durch Erziehung tradierten Kodex im Umgang mit Menschen. Er wußte, daß die Freundlichkeit und Höflichkeit des Fürsten das nötige Schmieröl im Getriebe des Hofes darstellte. Gelegentliche Besucher wie der Dichter Lessing waren deshalb von der Einsicht und der Freundlichkeit des Fürsten beeindruckt. Anders bei Petenten oder Gesandten, die öfter und mit konkreten Anliegen zu ihm kamen. Ihre Freude, beim Fürsten für ihr Anliegen ein vermeintlich offenes Ohr gefunden zu haben, wurde nicht selten durch die Erkenntnis getrübt, daß er im Endeffekt anders entschied, als das Gespräch es hatte erwarten lassen. Zwar wußte jedermann, daß Max III. Joseph einen Bittsteller ungern ins Gesicht hinein abschlägig beschied, doch überrascht es, daß die Abgewiesenen die Ursache dafür meist in der Tatsache vermuteten, der Kurfürst sei auf Einflüsterungen anderer hereingefallen. Und je häufiger er sich anders entschied, um so stärker mußte er nach Ansicht der Betroffenen in den Sog »übelwollender« Ratgeber geraten sein. Das mag durchaus vorgekommen sein. Aber mancher Zeitgenosse verkannte wohl, daß Max III. Josephs Freundlichkeit und Anteilnahme nicht allein Erziehung und Neigung entsprangen, sondern auch Taktik sein konnten.

Schon frühzeitig entwickelte der Kurfürst die Gewohnheit, sich unerquicklichen Begegnungen zum Beispiel durch Jagdurlaub zu entziehen. Diese Erfahrung steckte hinter zahlreichen Klagen österreichischer Gesandter, die der Kurfürst wochenlang warten ließ, wenn er nicht zur Entscheidung gezwungen oder mit unangenehmen Fragen konfrontiert werden wollte.

Wir sehen, Max Joseph hatte glückliche Anlagen im Umgang mit Menschen, Anlagen, die er durch Erziehung vervollkommnet hat und als taktische Waffe durchaus einsetzte. Sie halfen ihm auch, sich in seinem Kokon ungestörter bürgerlicher Harmonie einzuspinnen. So umgab er sich gerne mit fröhlichen und intelligenten Menschen, und schirmte sich auf diese Weise von schlechten Nachrichten ab. In der ersten Regierungszeit war das ein Kreis von klugen Unterhaltern wie die Grafen Seeau und später Sandern, später umgab ihn in wenig sich wandelnder Besetzung ein Reigen ihm wohlgesonnener Frauen: seine Ehefrau, die Herzogin Maria Anna, bis 1765 die Schwester Josepha, sowie hin und wieder die sächsische oder die badische Schwester.

Überhaupt sind Einflußnahmen der Frauen auf Max III. Joseph von Fall zu Fall erkennbar: von seiten seiner Mutter beim Füssener Vertrag, bei der Zusammensetzung seiner Regierung und der Hochzeit für Josepha, von seiten seiner sächsischen Ehefrau am Beginn des Siebenjährigen Krieges, von seiner Schwester Walpurgis hinsichtlich einer Ergänzung ihres Ehekontraktes oder von der Herzogin Maria Anna wegen einer Neuorientierung nach Preußen. Ab und zu hielten Ehefrau oder Mutter auch ihre schützende Hand über einen Wunderheiler oder eine heilige Nonne.

Und die zweite Seite, sein Mißtrauen gegenüber Ministern und Ratgebern? Max III. Joseph spielte sie gegeneinander aus, behielt sich viele Entscheidungen selbst vor und zog Vorgänge an sich, ohne die zuständigen Minister zu informieren. Dieses Mißtrauen, so berechtigt es der von seinem Vater übernommenen Altherrenriege gegenüber in der Anfangsphase seiner Regierung war, wurzelte in tiefen Ängsten, die einerseits symptomatisch für die Zeit, andererseits auch sehr persönlicher Natur waren. Max III. Joseph lebte über Jahrzehnte nicht nur in der Furcht vor den Blattern, sondern ebenso in der Angst, vergiftet zu werden. Er zweifelte nicht daran, daß sein im Kindesalter verstorbener Onkel Joseph Ferdinand, der Prinz von Asturien, auf dem der Traum vom spanischen Weltreich eines Max Emanuel ruhte, von Wien vergiftet worden war. Und er befürchtete ernsthaft, daß Wien ihm ein gleiches Schicksal zugedacht hatte. Hier tritt hinter einer heiteren Fassade ein verängstigter Mensch hervor. Ein Mensch, der von Angst und Skepsis gezeichnet ist!

Daß Angst ein schlechter Ratgeber ist, wissen wir, selten ziehen wir daraus Konsequenzen. Die Aufklärung brachte eine besondere Angst hervor, die Angst vor Gefühlen und vor Überschwang, vor barocker Unbekümmertheit, vor ausgelassener Lebensfreude, vor ungezügelten Trieben – vor der Natur mit ihrer »Unvollkommenheit« und den Abgründen der Seele.

Max III. Joseph war überzeugt, daß die wilde Natur im Menschen durch Erleuchtung, Belehrung und Disziplin gebändigt werden konnte, wie der große Gulliver im Land Liliput durch Tausende winziger Stricke auf der Erde festgehalten wurde. »Gullivers Reisen« von Jonathan Swift war ja kein Kinderbuch, sondern vermittelte in satirischer Form Zeitängste und Vorstellungen der Aufklärung. Swift starb 1745, und es ist denkbar, daß Max III. Joseph dieses in Übersetzung und vielfältiger Auflage erschienene Buch kannte. Schließlich war bis in unser Jahrhundert nie der kulturelle Austausch zwischen Bayern und England so eng wie zu seiner Zeit. Den Moloch Natur durch Zivilisation zu zähmen, das war ein Anliegen der Aufklärung. Für den Landesherrn Max III. Joseph hieß das: Das Volk durch Belehrung und Erziehung zu bessern und die Arbeitsscheuen und Widerspenstigen in Arbeitshäusern und durch ein abschreckendes Strafsystem zu nützlichen Menschen zu formen.

Die Skepsis dieses Wittelsbachers spiegelt sich in seinem Gesicht, wie wir es von seinen späten Bildern kennen. Sie war das Resultat des in der Erziehung angelegten Widerspruches aus geheiligter Tradition und tiefer Religiosität einerseits und aufklärerischer Fortschrittsgläubigkeit andererseits. Oft handelte Max Joseph wie zwei verschiedene Personen: Der aufgeklärte Gesundheitspolitiker verordnete dem Volk die Impfung gegen die Blattern, der Gottesfürchtige schreckte vor der Vorstellung zurück, sein Blut Krankheitserregern auszusetzen. Der Realpolitiker bereitete nach zwanzigjähriger kinderloser Ehe die Sicherung der dynastischen Erbfolge vor, der Wundergläubige gab zur gleichen Zeit in einer Inschrift, die er auf der Fassade der Münchner Theatinerkirche anbringen ließ, seiner unveränderten Hoffnung auf Nachwuchs Ausdruck. Der rational analysierende Max III. Joseph erkannte in Österreich den Staat, der Bayerns Existenz bedrohte, der vom Kaiserflitter geblendete Max Joseph bot dem verhaßten Kaiserhaus mit seiner Schwester zugleich die Möglichkeit, Bayern an sich zu bringen.

Die Skepsis Max III. Josephs über die neue Zeit und deren Vertreter war berechtigt. Längst hatten ihn frühere Weggenossen überholt und forderten weitere Änderungen, in der Kirche, im Rechtswesen, in der Wirtschaft, im gesellschaftlichen Leben, in der Herrschaft: Freiheitsrechte, Menschen- und Bürgerrechte. Diesen Weg konnte der absolute Monarch mit aufklärerischen Ideen nicht mitgehen.

Die französischen Philosophen wie Rousseau mochte er nicht, die englischen Gelehrten um Adam Smith verstand er lange nicht, und die amerikanischen Praktiker wie Benjamin Franklin kannte er nicht.

In einer Zeit des Überganges verkörperte er sowohl Kontinuität als auch Wandel, das war seine Stärke und seine Begrenzung. Diese Erkenntnis machte ihn skeptisch – gegen überholte Formen der alten Zeit und ihn überholende Forderungen der neuen.

Zeittafel

1727 28. März: Geburt des Kurprinzen Maximilian Joseph

1745 Regierungsantritt als Kurfürst Max III. Joseph, Vertrag von Füssen, Austritt aus der Frankfurter Union, Vikariat, Kaiserwahl, *Friede von Dresden zwischen Österreich/Sachsen und Preußen*
Max III. Joseph fordert Landschaftsverordnung auf, die gesamte Schuldentilgung sowie die ständische Finanzverwaltung an den Staat abzugeben und beschlagnahmt die ständischen Steuern

1746 Neudruck des bayerischen Aberglauben- und Hexenmandates von 1611/12 in unveränderter Form
Vertrag zwischen Bayern und England/Holland über die Überlassung von 6 Bataillonen und einem Zug Artillerie in einer Gesamtstärke von 4742 Mann gegen 150000 Taler jährlich. Englische und holländische Subsidienzahlungen an Bayern bis 1749
Ausbau der Kurfürstenzimmer über dem Antiquarium der Münchner Residenz durch Johann Baptist Gunezrhainer als Wohnräume Max III. Josephs
Max III. Joseph verlangt von den Ständen die Offenlegung ihrer Steuerverwaltung
Bau der Wieskirche (bis 1754): Dominikus Zimmermann
Friedrich von Preußen verfaßt »Geschichte meiner Zeit«
Krieg zwischen Frankreich und England in Südindien (bis 1763)
Georg Friedrich Händel: Oratorium Judas Makkabäus
Leonhard Euler unterstützt die Wellentheorie des Lichtes

1746/47 Erneuerung der Hausunion zwischen der Pfalz, Köln und Bayern

1747 Max III. Joseph muß seine Personalsteuer wieder rückgängig machen, mit der er sich von der ständischen Finanzverwaltung unabhängig machen wollte
Wettinisch-wittelsbachische Doppelheirat
Versuch, eine Porzellanmanufaktur in Neudeck zu errichten. Bis 1750 nur 5 Gulden Einnahme bei 9000 Gulden Investitionen
Andreas Sigismund Marggraf entdeckt Zuckergehalt der Rübe

1748	Bettelmandat: Arme Leute dürfen nicht ohne Genehmigung heiraten
	Französische Subsidien für bayerische Neutralitätspolitik über 240000 Gulden jährlich (bis 1749)
	Friedenskongreß von Aachen, ohne Bayern
	Charles de Montesquieu: Vom Geist der Gesetze
	J. A. Nollet entdeckt die Osmose
1749	Hexenverbrennung in Landshut: Gusterer Liesl, die Mutter Paurin und ein 10jähriges Mädchen
	Grimberghen-Affäre: Finanzielle Forderungen Bayerns an seinen Botschafter in Versailles in Höhe von 2,7 Millionen Livres (= 1/3 bayerischer Staatseinkünfte in Zentralkassen) Stände übernehmen sämtliche Schulden des Kurfürsten. Für die Tilgung kommen Kurfürst und Stände gemeinsam auf
	In Burghausen wird eine Hexe verbrannt
	Georg F. Händel: Feuerwerksmusik
1750	wird in Straubing eine Person wegen Hexerei angeklagt
	François Cuvilliés erhält den Auftrag zum Bau eines Theaters in der Münchner Residenz (heute: Cuvilliés-Theater)
	Vertrag über Subsidienzahlungen von England/Holland in Höhe von 367000 Gulden jährlich (bis 1756)
	J.J. Rousseau: Über die Wissenschaften und Künste
	Tod von Egid Quirin Asam, Bildhauer und Baumeister
	Tod von J.S. Bach, Kirchenmusiker
1751	ein 10jähriges Mädchen und die alte »Geistnandl« werden der Hexerei beschuldigt. Das Mädchen flieht, die »Geistnandl« wird in Landshut hingerichtet
	ein 14jähriges Mädchen wird in Burghausen der Hexerei beschuldigt und hingerichtet
	die reformierte Strafgesetzgebung Max III. Josephs bestraft Hexerei weiterhin mit Verbrennung, rät aber zur Vorsicht bei den Prozessen
	Tod von K.I. Dientzenhofer, Baumeister
	Carl von Linné: Einteilung der Pflanzenwelt
1752	in Landshut werden zwei Personen wegen Hexerei angeklagt und eine hingerichtet
	Zeiller: Kuppelfresko im Kloster Ettal
	Benjamin Franklin erfindet den Blitzableiter
1753	neuer Anlauf für Porzellanmanufaktur in Schloß Neudeck
	Cuvilliés bittet um Gehaltsnachzahlung für die Jahre 1742

	bis 1744. Er erhält 1/3 der ihm zustehenden Summe in kleinen Raten, die letzte 1755

bis 1744. Er erhält 1/3 der ihm zustehenden Summe in kleinen Raten, die letzte 1755

1753   Rückgabe der bayerischen Artillerie durch Österreich, das es seit 1745 beschlagnahmt hatte

Münzkonvention zwischen Österreich und Bayern

Tod von Balthasar Neumann, Baumeister

Viehseuchenmandat: Kühe sollen in Ställen bleiben

1754   in Landshut wird eine Person wegen Hexerei hingerichtet

Bayern kündigt Münzkonvention

Tod des Aufklärungsphilosophen Christan Wolff

an Universität Halle promoviert erste Frau (Medizin)

1755   Gründung der Kurfürstlich privilegierten Landtuchmanufaktur, 1760 erste Schwierigkeiten, 1774 Schließung

Leibärzte des Kurfürsten legen Entwurf für eine Medizinalordnung vor

in Burghausen werden drei Personen vom Verdacht der Hexerei freigesprochen

Treffen der Kurfürsten von Pfalz, Köln und Bayern in München zur Vertiefung der Hausunion

Hochzeit von Max III. Josephs Schwester in Baden

Inspektionsreise des Leibarztes Dr. Wolter in Militärhospitäler

1755–57 Neugestaltung des Steinernen Saales in Schloß Nymphenburg, Fresko von J.B. Zimmermann

1755   *Erdbeben in Lissabon fordert mehr als 30000 Opfer.*

1756   Geburt von Maximilian Joseph, Prinz von Zweibrücken, späterer erster bayerischer König

In Landshut wird die 14jährige Veronica Zerritsch wegen freiwillig gestandener Hexerei verbrannt. Es ist die letzte Hexenverbrennung in Kurbayern

Strafverschärfung für Eheschließung ohne Genehmigung der Behörden auf 3 Jahre Arbeitshaus

Zusammenfassung des Landrechtes

Vertrag von Compiègne zwischen Frankreich und Bayern über jährliche Subsidienzahlungen in Höhe von 360 000 Gulden

Umkehr der Bündnisse: Frankreich und Österreich schließen eine Konvention

29. August: Preußen überfällt Sachsen, Ausbruch des Siebenjährigen Krieges

1757   10. Januar: Bayern stimmt im Reichstag Aufstellung eines

Reichsheeres gegen Preußen zu

1757 14. Februar: Der Bayerische Kreis beschließt Beteiligung am Reichsheer

29. März: Französisch-bayerische Konvention über die Stellung eines bayerischen Auxiliarkorps über 4000 Mann für 79 000 Gulden monatlich

6. Mai: Preußischer Sieg bei Prag, preußische Truppen in der Oberpfalz beunruhigen Max III. Joseph, er erklärt, daß Bayern in dem Krieg neutral sei

preußische Niederlagen bei Kolin und Hastenbeck

November: Ankunft des bayerischen Reichskontingentes auf dem Kriegsschauplatz

22. November: Teilnahme der bayerischen Auxiliartruppen an der Schlacht um Breslau und Einnahme von Schweidnitz

preußischer Sieg bei Roßbach und Leuthen: bayerisches Auxiliarkorps um ein Drittel geschrumpft: 77 Tote, 381 Verwundete, 476 Gefangene

Juni: Mandat zur Steuererhebung für die Landesverteidigung – 1 Gulden 30 Kreuzer je Hof

Oktober: Dezimation – 10% Sondersteuer auf kirchliches Vermögen während 5 Jahren

englische Herrschaft in Indien

1758 Mai: erneut preußische Truppen in der Oberpfalz, Plünderungen, Kontributionspressungen, Werbungen

Max III. Joseph erklärt, daß Bayern nicht mit Preußen im Krieg stünde

Belagerung Dresdens

1222 Wirbeltiere, 677 Weichtiere, 2119 Gliederfüßler und 218 niedere Tiere sind bekannt und beschrieben.

Tod Papst Benedikts XIV., neuer Papst Clemens XIII

1759 September: Max III. Josephs Schwester Maria Antonia Walpurgis geht mit Mann und Gefolge nach Prag

November: Max III. Joseph begleitet Schwester und Gefolge persönlich von Prag nach München, Aufenthalt der sächsischen Gäste bis 1762 in München

Bayern stimmt der Wahl Erzherzog Josephs zum römischen König zu

Gründung der Bayerischen Akademie der Wissenschaften

Befehl Max III. Josephs an bayerische Reichstruppen zum Rückzug

Verlustreichstes Jahr Preußens, Niederlage bei Kunersdorf

1759   Gründung der Wachsleinenmanufaktur in München. 1760
        Schließung
        Tod von G.Fr. Händel, Komponist
1760   Aufstellung einer Polizeitruppe zur Überprüfung der Lizenzen fahrender Heiler und Medikamentenverkäufer
        Juli: Kanonade von Dresden durch Preußen
        England erobert das französische Montreal
1761   6. Februar: Tod des Kölner Kurfürsten Clemens August, Wittelsbacher Nachfolgekandidat Johann Theodor unterliegt
        Verlegung der Porzellanmanufaktur von Neudeck nach Schloß Nymphenburg
        Die Kurfürstin der Pfalz gebiert nach neunjähriger kinderloser Ehe einen Sohn, er stirbt kurz darauf
        September: Besuch von Kurfürst Karl Theodor in München
        Oktober: Freundschafts- und Verteidigungspakt zwischen der Pfalz und Bayern in Schwetzingen
        Joseph Haydn Kapellmeister
        Erfindung der Feuerwehrschubleiter
1762, 1763, 1766, 1774 und 1775 weilt Mozart zu Aufführungen in München. 1777 versucht er vergeblich in einem Gespräch mit Max III. Joseph eine Anstellung zu erhalten
1762   Gründung der Seidendamastmanufaktur Fumasi in München 1763 verschwindet Fusami mit 10000 Gulden Einlage
        Gründung der Wollmanufaktur in Landshut, 1764 Entlassung der meisten Arbeiter, 1770 Schließung
        Max III. Joseph versucht die Finanzierung seiner Schulden über eine Bankgründung. Die Bank soll durch eine Lotterie finanziert werden, was mißlingt
        Landesculturmandat: Größere Höfe sollen aufgeteilt werden
        Rußland verläßt die Koalition gegen Preußen
        J.J. Rousseau: Der Gesellschaftsvertrag
1763   Porzellanmodelleur Franz Anton Bustelli stirbt
        Januar: Ratifikation des preußisch-bayerischen Neutralitätsabkommens, die Pfalz schließt sich an. Friede von Hubertusburg zwischen Österreich und Preußen, Preußen behält Schlesien
        Tod des Kardinals Johann Theodor, Bischof von Lüttich und Freising. Damit endet die jahrhundertelange Besetzung von Bischofsstühlen durch Wittelsbacher Fürsten
        Gründung der Amberger Baumwoll-Manufaktur, nach 4 Monaten Schließung

1763   Gründung der Leinwandmanufaktur in Amberg. 1764 wird sie geschlossen
die österreichische Regierung wirbt Tausende Siedler nach Ungarn an
Friede von Paris: Nordamerika wird englisch

1764   Papst genehmigt auch 2. Dezimation – 5% Sondersteuer auf kirchliches Vermögen für 3 Jahre
Maut- und Akzisenordnung bringt Zollvereinfachungen
Amortisationsgesetz: Kirche darf kein Land erwerben
Johann J. Winckelmann: Geschichte der Kunst des Altertums

1765   Januar: Max III. Josephs Schwester Josepha heiratet den zukünftigen Kaiser Joseph II
18. August: Tod von Kaiser Franz I.
James Watt erfindet die moderne Dampfmaschine, 1769 patentiert

1766–70 »Bayerischer Hexenkrieg«: Die Aufklärer der Bayerischen Akademie der Wissenschaften entfesseln Grundsatzdebatte um die Existenz von Hexen

1766   nach jahrelangen Verhandlungen Salzkontrakt zwischen Bayern und Salzburg
Hauskontrakt zwischen der Pfalz und Bayern
Lothringen fällt an Frankreich
Tod von J.M. Fischer, Baumeister
Vollendung der Kreuz-Kirche von Ottobeuren
Tod von Dominikus Zimmermann, Baumeister
Henry Cavendish entdeckt das Wasserstoffgas

1767   die Stände gründen eine eigene Bank zur Abtragung der Schulden
Gründung des Landesgestüts zur Pferdeveredelung
Max III. Josephs Schwester Josepha stirbt an den Blattern
Vollendung der Fassade der Theatinerkirche nach dreijähriger Bauzeit
Tausende Bayern wandern illegal nach Spanien aus

1767–70 Franz Andreas Schega fertigt die Medaillensuite der bayerischen Herzöge und Kurfürsten des Hauses Wittelsbach

1767, 1768, 1769 Fünf Mandate gegen die illegale Auswanderung

1768   Bettlermandat: Ausländische Bettler werden mit B gebrandmarkt und des Landes verwiesen
Tod François Cuvilliés d.Ä.

1768   *Frankreich kauft Korsika von Genua*

Tod des italienischen Malers Canaletto
James Cook erforscht auf drei Seereisen Australien, Neuseeland, Südsee und Antarktis
1768–74 *russisch-türkischer Krieg*
1769 Sponsalienmandat: Eheverlöbnisse dürfen nur noch in Gegenwart zweier Zeugen vor weltlicher Instanz geschlossen werden
Geburt von Napoleone Buonaparte auf Korsika
A.R.J. Turgot: Entstehung und Verteilung des Reichtums
1770 in Starnberg wird eine Frau als Hexe denunziert. Nach Untersuchung wird der Denunziant bestraft, die Frau freigelassen. Dies ist die letzte Hexenuntersuchung in Kurbayern
1770–73 Hungerjahre in Bayern
1770 1. und 4. Oktober: Erlaß zum Kirchenbau (Ende des Rokokostils bei Kirchenbauten in Bayern)
Bischofskongreß von Salzburg gegen bayerische Kirchenpolitik
Maler- und Bildhauerakademie
Heiratsmandat: Wer ohne Genehmigung heiratet, wird wie ein ausländischer Bettler behandelt
Matthias Claudius wird Herausgeber des »Wandsbecker Boten«
Ph.M. Hahn: Rechenmaschine für Multiplikationen
1771 erneute Bitte der Leibärzte (Collegium Medicum) an den Kurfürsten um ein Mandat gegen Kurpfuscher und fahrende Medikamentenverkäufer
Haus- und Erbvertrag zwischen der Pfalz und Bayern
Gründung einer Real-Landschule bei Ingolstadt, in der Kinder das Spinnen, Weben, Flicken und Stricken lernen sollen. Die Schule wird 1777 geschlossen
6. September: Hinrichtung des Bayerischen Hiasls im Augsburgischen Dillingen
Scheele entdeckt gasförmigen Sauerstoff
Grundsatz der allgemeinen Schulpflicht
1772 Arbeitshaus für 153 Waisen in Ingolstadt. Fast alle sterben bald
Erneute Bitte des Collegium Medicum um Mandat gegen Kurpfuscher und fahrende Medikamentenverkäufer
Heiratsmandat: Töchter von »unehrlichen« Gewerbetreibenden dürfen Handwerksleute heiraten
1772 Verordnung zum Verbot von Komödien und Spielen mit Marionetten und Affen bei ärztlichen Auftritten auf Märkten

versucht Max III. Joseph vergeblich einen Staatsbankrott vorzutäuschen

G.E. Lessing: Emilia Galotti – J.G. Herder: Ursprung der Sprache

Tod von Johann Michael Feichtmayr, Bildhauer

J. Haydn: Abschiedssymphonie, Sonnenquartette

Ernest Rutherford: Entdeckung des gasförmigen Stickstoffs

1. Teilung Polens durch Rußland, Preußen, Österreich

1773	Aufhebung des Jesuitenordens in Bayern

erneute Vorlage des Entwurfes eines Mandates von 1755 durch das Collegium Medicum

Mautkommission kritisiert das Auftreten von ausländischen fahrenden Heilern und Medikamentenverkäufern

1774	Vertiefter Erbvertrag zwischen der Pfalz und Bayern

Schulreform

1774/75 »Gassner-Streit« führt zur größten öffentlichen Debatte der deutschen Aufklärung. Pfarrer Gassner vertritt die Meinung, daß zahlreiche Krankheiten durch Hexen und Dämonen übertragen würden, und betätigt sich als Wunderheiler. Max III. Joseph verbietet Gassner-Schriften

Gründung eines Arbeitshauses als Spinnerei für Frauen, 1776 eingestellt, da unrentabel

Gründung des (heute ältesten) Observatoriums auf dem Hohenpeißenberg durch das Augustinerstift Rottenbuch auf Bitte Max III. Josephs

Mautkommission kritisiert erneut das Auftreten von ausländischen fahrenden Heilern. Stellungnahme der (Mit-)Regierungen erbeten

J.W. Goethe: Die Leiden des jungen Werther

Tod Ludwigs XV., Nachfolger Ludwig XVI. von Frankreich

Pestalozzi gründet selbsterhaltende Arbeitsschule

In Norwegen werden Geschlechtskrankheiten kostenlos behandelt

1775	Gründung der Münchner Armenspinnerei Arnhard, 1778 eingestellt

Stände verweigern dem Kurfürsten die nötigen Sicherheiten zur Gründung einer Bank

13. Januar: Uraufführung von W.A. Mozarts »Finta giardiniera«

1775	*Beginn des amerikanischen Unabhängigkeitskrieges*

Voltaire: Lobrede auf die Vernunft

Tod von Ignaz Günther, Bildhauer
im Stift Kempten wird die letzte Hexe in Deutschland verbrannt
1776   Max III. Joseph versucht der Landschaftsverordnung die
Ständebank zu entreißen
Adam Smith: Natur und Ursachen des Volkswohlstandes
4. Juli: amerikanische Unabhängigkeitserklärung, Er-
klärung der Menschenrechte
1777   Dezember: Max III. Joseph stirbt
A.L. Lavoisier: Atmung ist Oxidation
Jung-Stilling: Heinrich Stillings Jugend

(Pfälzische Linien)

(Bayerische »Ludovizianische Linie)

Herzog Otto I. von Wittelsbach
(1117–1183)

Ludwig der Bayer
Herzog und Kaiser
(1282–1347)

Rudolf der Stammler
Pfalzgraf

Herzog Ludwig der Strenge

Max II. Emanuel (1662–1726)
Kurfürst

**Genealogische
Übersicht**

(Linie Birkenfeld)

(Linie Sulzbach-
Neuburg)

(Linie Sulzbach)

Johann Wilhelm
(1658–1716)
Kurfürst der Pfalz

Karl Philipp
(1661–1742)
Kurfürst der Pfalz

Christian IV.
(1722–1775)
Herzog von
Zweibrücken

Friedrich Michael
(1724–1767)
Kaiserlicher
Feldmarschall

Karl Philipp Theodor
(1724–1799)
Kurfürst der Pfalz
ab 1777 Kurfürst
von Pfalz-Bayern

∞

Maria Anna
Camasse, spätere
Gräfin von
Forbach

Nicht
ebenbürtige
Kinder

∞

Maria Franziska
Dorothee von
Sulzbach
(1724–1791)

∞

Elisabeth Maria
Aloysia Auguste
von Sulzbach

Friedrich Christian
Kurfürst von
Sachsen

Maria
Antonia
Wolpurgis
(1724–1780)

∞

Max III.
Joseph
(1727–1777)
Kurfürst von
Bayern

Maria
Anna
Josepha
(1739–1776)

∞

Maria Anna
Sophia von
Sachsen

Ludwig Georg
Markgraf
von Baden

∞

Karl II. August
Herzog
(1746–1795)

Max Joseph
(1756–1825)
1795 Herzog Zweibr.
1799 Kurf. v. Pf.-By.
1806 König v. Bay.

Joseph Franz
Ludwig
(1761–1761)

Karl August Friedrich
(1774–1784)

Joseph Ferdinand
(1692–1699)
Prinz von
Asturien

Karl Albrecht
(1697–1745)
Kurfürst und
Kaiser Karl VII.

∞

Amalie Maria
von Österreich

Maria
Josepha
(1727–1777)

Maria
Anna
(1734–1767)

Maria
Antonia
Königin, später
Kaiser Joseph II.

Josepha

Ferdinand Maria

Clemens August
(1700–1761)
Kurfürst von Köln
Erzbischof
v. Freising, Lüttich
u. Regensburg

Johann Theodor
(1703–1763)
Kardinal, Bischof

Clemens
Franz von
Paula
(1722–1770)
Herzog

∞

Maria Anna
Josepha von
Sulzbach
»Herzogin
Clemens«

5 Kinder
sterben früh

Literatur

Verwendete Quellen und Darstellungen

- ARETIN, KARL O.: Bayerns Weg zum souveränen Staat. München 1976
- BAUER, HERRMANN U. ANNA, VON DER MÜLBE, WOLF-CHRISTIAN: Johann Baptist und Dominikus Zimmermann. Regensburg 1985
- BAUERREISS, ROMUALD: Kirchengeschichte Bayerns. 7. Bd. 1600–1803. St. Ottilien 1977
- BAYERN, PRINZ VON ADALBERT: Die Wittelsbacher, Geschichte unserer Familie. München 1979
- BEGEMANN, CHRISTIAN: Furcht und Angst im Prozeß der Aufklärung. München 1987
- BEHRINGER, WOLFGANG: Hexenverfolgung in Bayern. München 1987
- BOSL, KARL: Geschichte der Repräsentation in Bayern. München 1974
- BRAUNFELS, WOLFGANG: François Cuvilliés, Der Baumeister der galanten Architektur des Rokoko. München 1986
- DOEBERL, M.: Entwicklungsgeschichte Bayerns, 2. Bd.: Vom Westfälischen Frieden bis zum Tode König Maximilians I. München 1912
- EHRMANN, ANGELIKA, PFISTER, PETER, WOLLENBERG, KLAUS, Hg.: In Tal und Einsamkeit – 725 Jahre Kloster Fürstenfeld – Die Zisterzienser im alten Bayern. Bd. 1 Katalog, Bd. 2 Aufsätze. München 1988
- Festschrift für Andreas Kraus zum sechzigsten Geburtstag. München 1982
- GEBHARD, TORSTEN: Landleben in Bayern in der guten alten Zeit. München 1986
- GLASER, HUBERT: Wittelsbach, Kurfürsten im Reich – Könige von Bayern, Vier Kapitel aus der Geschichte des Hauses Wittelsbach im 18. und 19. Jahrhundert. Bayerisches Nationalmuseum. München 1993
- GROTEMEYER, PAUL: Franz Andreas Schega 1711–1787. München 1971
- HÜTTL, LUDWIG: Das Haus Wittelsbach, Die Geschichte einer europäischen Dynastie. München 1980
- KIRMEIER, JOSEF und TREML, MANFRED, Hg.: Glanz und Ende der alten Klöster, Säkularisation im bayerischen Oberland 1803. Veröffentlichung zur Bayerischen Geschichte und Kultur Nr. 21. München 1991
- KREITTMAYR, WIGULENS FREIHERR VON: Compendium Codicis Bavarici, civilis, judiciarii, criminalis et annotationum oder Grundriß der ge-

mein- und bayerischen Privat-Gelehrsamkeit den Anfängern zur Einleitung, den übrigen zur Recollection. Reprint von 1768, München 1990

- LEBE, REINHARD: War Karl der Kahle wirklich kahl? Über historische Beinamen. Frankfurt am Main 1977
- LIEB, NORBERT: München, die Geschichte seiner Kunst. München 1971
- MÜLLER, WALTRAUD: »Zur Wohlfahrt des gemeinen Wesens«, Ein Beitrag zur Bevölkerungs- und Sozialpolitik Max III. Joseph (1745–1777). Neue Schriftenreihe des Stadtarchivs München, Bd. 133. München 1984
- PETZET, MICHAEL: Bayern, Kunst und Kultur. Katlaog des Münchner Stadtmuseums. München 1972
- PROBST, CHRISTIAN: Fahrende Heiler und Heilmittelhändler, Medizin von Marktplatz und Landstraße. Rosenheim 1992
- PRINZ, FRIEDRICH: Bayerische Miniaturen. München 1988
- RALL, HANS U. MARGA: Die Wittelsbacher in Lebensbildern. Regensburg 1986
- RALL, HANS: Kurfürst Karl Theodor, Regierender Herr in sieben Ländern, Forschungen zur Geschichte Mannheims und der Pfalz. Bd. 8. Mannheim 1993
- RITTMANN, HERBERT: Deutsche Geldgeschichte 1484–1914. München 1975
- RUPPRECHT, BERNHARD U. VON DER MÜLBE, WOLF-CHRISTIAN: Asam, Sinn und Sinnlichkeit im bayerischen Barock. Regensburg 1987
- SCHATTENHOFER, MICHAEL: Von Kirchen, Kurfürsten und Kaffeesiedern etcetera. Aus Münchens Vergangenheit. München 1974
- SCHELLE, HANS: Der Bayerische Hiasl, Lebensbild eines Volkshelden. Rosenheim 1991
- SCHMID, ALOIS: Max III. Joseph und die europäischen Mächte. Die Außenpolitik des Kurfürstentums Bayern von 1745–1765. München 1987
- SCHREMMER, ECKART: Wirtschaft Bayerns. 1970
- SCHROTT, LUDWIG: Die Herrscher Bayerns. Vom ersten Herzog bis zum letzten König. München 1967
- SLAWINGER, GERHARD: Manufaktur in Kurbayern. 1966
- SPINDLER, MAX, Hg.: Handbuch der Bayerischen Geschichte, 2.Bd.: Das alte Bayern, der Territorialstaat vom Ausgang des 12. Jahrhunderts bis zum Ausgang des 18.Jahrhunderts. München 1974
- SPINDLER, MAX, Hg.: Bayerischer Geschichtsatlas. München 1969
- TREML, MANFRED, JAHN, WOLFGANG, BROCKHOFF, EVAMARIA, Hg.: Salz

macht Geschichte, 2 Bände: Katalog, Aufsätze, Veröffentlichungen zur Bayerischen Geschichte und Kultur B. 29. Augsburg 1995
- VOLK, PETER: Ignaz Günther, Vollendung des Rokoko. Regensburg 1991
- WOECKEL, GERHARD P.: Pietas Bavarica, Höfische Kunst und Bayerische Frömmigkeit 1550–1848, Weißenhorn 1992
- WOLF, GEORG JACOB, Hg.: Das Kurfürstliche München 1620–1800, Zeitgenössische Dokumente und Bilder. Würzburg 1930

Buchauswahl zum Thema

- ARETIN, KARL OTMAR FREIHERR VON, Hg.: Der Aufgeklärte Absolutismus. Köln 1974
- AY, KARL-LUDWIG: Land und Fürst im alten Bayern, 16.–18. Jahrhundert. Regensburg 1988
- BARTHEL, GUSTAV, HEGE, WALTER: Barockkirchen in Altbayern und Schwaben. Berlin 1938
- BOSL, KARL: Bayerische Geschichte. München 1971
- BOSLS BAYERISCHE BIOGRAPHIE, 8000 Persönlichkeiten aus 15 Jahrhunderten. Regensburg 1983
- DOTTERWEICH, HELMUT: Das Erbe der Wittelsbacher. München 1991
- DÜNNINGER, EBERHARD U. KIESSELBACH, DOROTHEE, Hg.: Bayerische Literaturgeschichte in ausgewählten Beispielen, Neuzeit. München 1967
- EGGER, WALTER: Bilder aus bayerischer Vergangenheit. Regensburg 1971
- ELIAS, NORBERT: Die höfische Gesellschaft. Soziologische Texte Bd. 54. Darmstadt und Neuwied 1969
- FALK, T. U. JOCHER, N.: Matthäus Günther, 1705–1788, Festliches Rokoko für Kirchen, Klöster, Residenzen, Städtische Kunstsammlungen Augsburg. München 1988
- FISCHER WELTGESCHICHTE Bd. 25: Das Zeitalter des Absolutismus und der Aufklärung 1648–1779. Frankfurt am Main 1981
- GRASSER, WALTER: Bayerische Münzen. Vom Silberpfennig zum Golddukaten. Rosenheim 1980
- GRÜNDLER, JOHANNES, Hg.: Österreich zur Zeit Kaiser Josephs II., Mitregent Kaiserin Maria Theresias, Kaiser und Landesfürst. Katalog zur niederösterreichischen Landesausstellung im Stift Melk 1980, Nr. 95. Wien 1980

- HAHN, W.R.O.: Typenkatalog der bayerischen Herzöge und Kurfürsten 1506–1805. Braunschweig 1971
- HARTMANN, PETER CLAUS: Karl Albrecht – Karl VII., Glücklicher Kurfürst Unglücklicher Kaiser. Regensburg 1985
- HARTMANN, PETER CLAUS: Bayerns Weg in die Gegenwart. Vom Stammesherzogtum zum Freistaat heute. Regensburgs 1989
- HENKER, MICHAEL, DÜNNINGER, EBERHARD, BROCKHOFF, EVAMARIA, Hg.: Hört, sehet, weint und liebt – Passionsspiele im alpenländischen Raum. Veröffentlichungen zur Bayerischen Geschichte und Kultur Nr. 20. München 1990
- HUBENSTEINER, BENNO: Vom Geist des Barock, Kultur und Frömmigkeit im alten Bayern. München 1967
- KRAUS, ANDREAS: Geschichte Bayerns. Von den Anfängen bis zur Gegenwart. München 1983
- NEUMANN, ADRIAN, MAYER, RICHARD: Schlösser, Burgen, Residenzen in Bayern. München 1986
- NÖHBAUER, HANS F.: Die Chronik Bayerns. Gütersloh/München 1994
- REISER, RUDOLF: Die Wittelsbacher in Bayern. München 1978
- REISER, RUDOLF: Die Wittelsbacher 1180–1918. Ihre Geschichte in Bildern. München 1979
- REISER, RUDOLF: Bayerische Gesellschaft. Die Geschichte eines Volkes vom 5. bis 20. Jahrhundert. München 1981
- SCHATTENHOFER, MICHAEL u.a.: Der Mönch im Wappen. Aus Geschichte und Gegenwart des katholischen München. München 1960
- SCHINDLER, HERBERT Hg.: Szenerien des Rokoko. München 1969
- SCHINDLER, HERBERT: Große Bayerische Kunstgeschichte, Bd. 2, Neuzeit bis an die Schwelle des 20. Jahrhunderts. München 1963
- SCHINDLER, MAX Hg.: Unbekannts Bayern. Bd 10. München 1965
- SCHMID, GREGOR M., PIELMEIER, MANFRED: Schlösser und Gärten in München. Würzburg 1992
- SCHÖNING, KURT: Kleine Bayerische Geschichte, Vom Leben eines freien Volkes. Grafenau 1977
- SCHROTT, LUDWIG: Münchner Alltag in acht Jahrhunderten, Lebensgeschichte einer Stadt. München 1975
- SPENGLER, KARL: Es geschah in München. München 1962
- SPENGLER, KARL: Unterm Münchner Himmel. München 1971
- STRAUB, EBERHARD: Die Wittelsbacher. Berlin 1994
- STUTZER, DIETMAR: Geschichte des Bauernstandes in Bayern. München 1988
- TERMOLEN, ROSEL: Nymphenburger Porzellan. Rosenheim 1992

- THOMA, HANS U. BRUNNER, HERBERT: Schatzkammer der Residenz München. Katalog. München 1964
- VEHSE, CARL EDUARD: Die Höfe zu Bayern. Bd. 1, 1503–1777. Leipzig 1994

Hilde Lermann

Die Braut des Märchenkönigs

Sophie von Wittelsbach

Biographischer Roman
288 Seiten, Geb.
ISBN 3-431-03419-5

Ein Leben wie ein Roman – das Leben der Sophie von Wittelsbach, Schwester der österreichischen Kaiserin Sisi, Verlobte des Märchenkönigs Ludwig II. von Bayern. Schon als Zwölfjährige schwärmt sie für ihren zwei Jahre älteren Vetter Ludwig, der auch für sie große Sympathien hegt. Unter dem Druck von Sophies Mutter Ludovika verlobt sich Ludwig mit ihr, doch von dem übereilten Schritt selbst erschrocken, läßt Ludwig die Hochzeit platzen. Sophie, nach ihrem schweren Zusammenbruch von einer schweren seelischen Erkrankung heimgesucht, heiratet den Herzog von Orléans-Alençon. Apathisch, ihrem Ehemann gegenüber völlig gleichgültig, zieht sie mit ihm nach Frankreich, bekommt Kinder, aber kann Ludwig trotz allem nicht vergessen. Als die Nachricht von seinem Tod sie erreicht, erkrankt sie erneut schwer und wird für eine Zeit in die Irrenanstalt eines renommierten Nervenarztes eingeliefert. Nach ihrer Rückkehr nimmt sie ihr normales Leben wieder auf und engagiert sich bei sozialen Aktivitäten. Während eines Wohltätigkeitsbazars findet sie in der brennenden Halle einer alten Fabrik vor den Toren der französischen Hauptstadt den Tod.

Ehrenwirth Verlag München

Alfons Schweiggert

Schattenkönig

Otto, der Bruder König Ludwigs II. von Bayern.
Ein Lebensbild.

160 Seiten mit zahlreichen Abbildungen. Geb.
ISBN 3-431-03192-7

Mehr als 2000 Veröffentlichungen in Buchform und in
Zeitschriften existieren über den berühmten Bayernkönig
Ludwig II. und seine vielbesuchten Märchenschlösser.

Über seinen Bruder, den Prinzen Otto, ist so gut wie nichts
Umfassendes erschienen. Dabei eröffnet gerade die Kenntnis
seiner Biographie interessante, mitunter auch überraschende
neue Aspekte hinsichtlich des Lebens von Ludwig II.

Wer war Otto? Wie unterschied er sich von seinem älteren
Bruder Ludwig? Welches Verhältnis hatte Ludwig zu ihm?
Welche Bedeutung hatte Otto für Ludwig? War Otto geistes-
krank? Diese und viele andere Details zu untersuchen hat sich
vorliegendes Lebensbild zum Ziel gesetzt. Mit belegbaren
Fakten sollen alle Fragen beantwortet werden. Dem, der sich
für König Ludwig und sein Umfeld interessiert, wird es er-
möglicht, bemerkenswerte Querverbindungen zu ziehen.
Otto, der dieselbe Erziehung genoß wie Ludwig, der in derselben Umgebung aufwuchs und der zu seinem Bruder zeit-
lebens intensive Kontakte unterhielt, vermag durch Einblicke
in seinen Lebenslauf manche nicht einfach zu erklärenden
Verhaltensweisen und Aktivitäten seines berühmten Bruders
begreiflicher zu machen.

Ehrenwirth Verlag München

Bayerische Märchen

Erzählt von Alfons Schweiggert
353 Seiten mit Illustrationen. Geb.
ISBN 3-431-03372-5

Volksmärchen sind selten einem einzelnen Autor zuzu-
schreiben; sie entstehen in einer Traditionsentwicklung
und bleiben so lange lebendig, wie sie anderen mitgeteilt
werden. Man kann sie nach-, um- und weitererzählen, sogar neuerzählen. Dabei verbinden sich spielerisch Scherz
und Humor bedenkenlos mit Traurigkeit und Grausam-
keiten. In diesem Buch hat Alfons Schweiggert eine
Sammlung bayerischer Märchen zusammengestellt und
nacherzählt. Sie sind Volksmärchen im besten Sinne: sie
vermitteln etwas von der Seele der traditionsbewußten
bayerischen Kultur, die auch in ihren Märchen eine re-
gionale Differenziertheit aufweist. Dies hat der Erzähler
einfühlsam berücksichtigt, indem er seine Sammlung
bayerischer Märchen regional untergliedert hat: Altbayern, Franken und Schwaben weisen eine Vielzahl jeweils
eigener Volksmärchen auf, die sich insgesamt zu der hin-
reißenden Sammlung bayerischer Märchen verbinden,
die Alfons Schweiggert mit diesem Buch vorgelegt hat.
Für Bayern wie für Nichtbayern ein Genuß!

Ehrenwirth Verlag München

Ursula Sachau

Lucas, der Maler

Biographischer Roman
352 Seiten, Geb.
ISBN 3-431-03417-9

Rom, im Jahre 1523, Papst Clemens VII. bebt vor Zorn. „Sieh es dir an!" schreit er, ungeachtet seiner Würde, seinen Sekretär an. „Eine Mißgeburt von einem Esel, aufrecht stehend, von Schuppen bedeckt, mit Brüsten wie ein Weib – darüber in fetten Lettern ‚Der Papstesel von Rom'! Wir sind gemeint, uns stellt man so dar! – Wir wollen wissen, wer das gezeichnet hat, und er soll seiner gerechten Strafe nicht entgehen." Der Sekretär braucht nicht lange, um die Antwort zu finden: „Lucas Cranach nennt sich der Maler – er lebt in dem Ketzernest Wittenberg und steht in Verbindung mit diesem Luther."

Aufgrund der Ermittlungen, mit denen Pater Johannes vom Vatikan beauftragt wird, entsteht in der Form eines biographischen Romans ein farbiges, detailreiches Lebensbild Lucas Cranachs des Älteren. Entlang der spannenden Romanhandlung wird Cranach in den verschiedenen Stationen seines Lebens als Maler, Werkstattgründer, Politiker, Geschäftsmann, Immobilienbesitzer, Stadtrat und Bürgermeister ebenso anschaulich greifbar wie in seinen Beziehungen zu Albrecht Dürer und Martin Luther. Es ergibt sich ein sorgfältig recherchiertes Lebensbild eines der bedeutendsten Meister, den die deutsche Kunstgeschichte aufzuweisen hat.

Ehrenwirth Verlag München